一步万里阔

荷兰之光
Dutch Light

惠更斯家族与欧洲科学的形成
Christiaan Huygens and the Making of Science in Europe

[英]休·奥尔德西-威廉斯 著
王斌 译

中国工人出版社

图书在版编目（CIP）数据

荷兰之光：惠更斯家族与欧洲科学的形成 /（英）休·奥尔德西-威廉斯著；王斌译. -- 北京：中国工人出版社，2025. 5. -- ISBN 978-7-5008-8110-0

Ⅰ. K835.636.11；G325.09

中国国家版本馆CIP数据核字第2025T6J671号

著作权合同登记号：图字01-2021-4448

Copyright@Hugh Aldersey-Williams 2020
First published 2020 by Picador,an imprint of Pan Macmillan,
a division of Macmillan Publishers International Limited.

荷兰之光：惠更斯家族与欧洲科学的形成

出 版 人	董　宽
责 任 编 辑	杨　轶
责 任 校 对	张　彦
责 任 印 制	黄　丽
出 版 发 行	中国工人出版社
地　　　址	北京市东城区鼓楼外大街45号　邮编：100120
网　　　址	http://www.wp-china.com
电　　　话	（010）62005043（总编室）（010）62005039（印制管理中心）
	（010）62001780（万川文化出版中心）
发 行 热 线	（010）82029051　62383056
经　　　销	各地书店
印　　　刷	北京市密东印刷有限公司
开　　　本	880毫米×1230毫米　1/32
印　　　张	15.75
插　　　页	0.625印张
字　　　数	300千字
版　　　次	2025年7月第1版　2025年7月第1次印刷
定　　　价	89.00元

本书如有破损、缺页、装订错误，请与本社印制管理中心联系更换
版权所有　侵权必究

献给萨姆

惠更斯家族（部分成员）

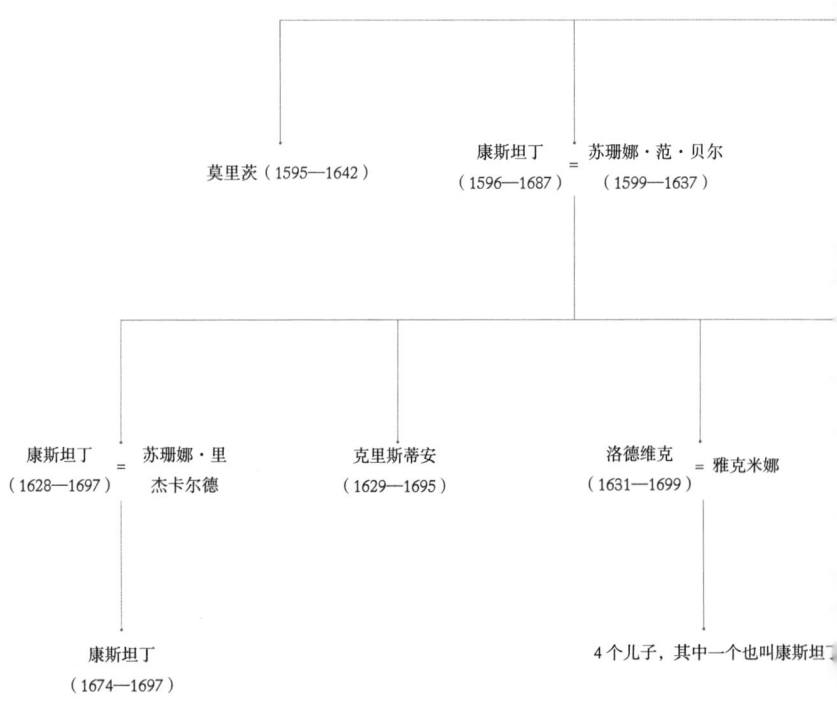

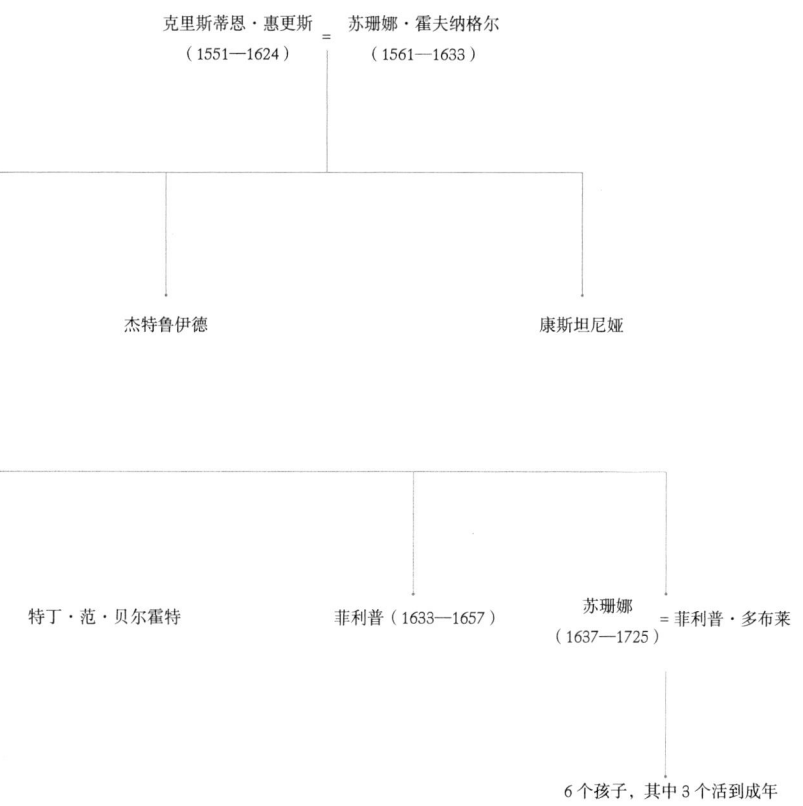

目 录

写作说明………001
主要人物………002

导言………001
第1章　沙子，光，玻璃………020
第2章　万物之专家………046
第3章　遇见天才………067
第4章　家庭生活………100
第5章　一个天才………128
第6章　转变与碰撞………146
第7章　土星………185
第8章　时间与随机性………213

第 9 章　科学社团⋯⋯⋯243

第 10 章　新音乐⋯⋯⋯268

第 11 章　巴黎人⋯⋯⋯287

第 12 章　战争时期的科学⋯⋯⋯324

第 13 章　积怨与磨难⋯⋯⋯349

第 14 章　光与引力⋯⋯⋯388

第 15 章　另外的世界⋯⋯⋯422

后记⋯⋯⋯451

致谢⋯⋯⋯468

写作说明

我使用的主要原始资料来自《克里斯蒂安·惠更斯全集》（以下简称《全集》），其中收录了克里斯蒂安·惠更斯与其通信联系人的法语、拉丁语、荷兰语和其他语言的信件，以及他的主要论著的原文。原始资料还包括《全集》编者对克里斯蒂安·惠更斯科学成就的总结及一篇用法语撰写的简短传记。在引用上述资料以及莱顿大学图书馆所藏手稿的内容时，我进行了翻译。我查阅的许多二手资料是荷兰语（偶尔也有其他语言），我也翻译了这些资料，其中包括诗歌片段；如果有更优秀的译文，我就会引用该译文，并将其列入注释。

书中日期均为公历（New Style）[①]，除非另有说明。

[①] 1582年由罗马教皇格里高利十三世颁行的一种历法，即现行公历。——译者注

主要人物

阿德里安·奥祖（Adrien Auzout，1622-1691），天文学家、仪器制造商，17世纪60年代活跃于巴黎科学界，与克里斯蒂安经常通信讨论光学问题。

弗朗西斯·培根（Francis Bacon，1561-1626），哲学家、政治家、英国大法官，第一代圣奥尔本斯子爵，亦被称为维鲁拉姆勋爵或维鲁拉米乌斯勋爵。他认为科学应该基于系统的调查，而不是盲目地接受。他在《新工具》《新大西岛》等著作中阐述了这些观点。《新大西岛》是一部描绘理想的科学共同体的乌托邦小说，书中描述的科学共同体成为后来皇家学会的模板。

艾萨克·比克曼（Isaac Beeckman，1588-1637），完全自学成才的米德尔堡人，做过蜡烛商、拉丁语教师和教会牧师，他与斯涅尔和梅森通信，并与笛卡儿成为朋友。晚年，比克曼致力于数学、力学和光学研究，这使他成为史蒂文的继承者和克里斯蒂安·惠更斯光学研究的先行者。

威廉·博雷尔（Willem Boreel，1591-1668），1649—1668年任荷兰驻法国大使，对望远镜有浓厚的兴趣。

伊斯梅尔·布利奥（Ismaël Boulliau，1605-1694），出生于卢顿，父母是加尔文主义者，后来他皈依罗马天主教，成为一名神父。他搬到巴黎，在那里他从事了许多学术研究，出版了关于天文学、几何学和光的性质的重要著作。

罗伯特·玻意耳（Robert Boyle，1627-1691），爱尔兰自然哲学家，他在牛津进行的研究使其成为现代化学之父。他还研究了空气和真空的气体力学。"玻意耳定律"指出，在定量定温情况下，理想气体的体积与气体的压强成反比。

亚历山大·布鲁斯（Alexander Bruce，约1629-1680），金卡丁伯爵，富有的苏格兰地主，在早期尝试制作航海摆钟的过程中，与克里斯蒂安合作，后来两人发生争吵。

苏珊娜·卡隆（Susanna Caron，1652-？），克里斯蒂安称

她为苏泽特，她是克里斯蒂安的表亲和密友。苏珊娜嫁给法国贵族弗朗索瓦·德·卡维尔，成为费尔泰夫人。

乔瓦尼·多梅尼科·卡西尼（Giovanni Domenico Cassini，1625-1712），博洛尼亚的天文学教授，1669 年搬到巴黎，管理路易十四的新天文台。他计算了火星和木星及其 4 颗伽利略卫星的自转周期。通过使用镜筒更长、更强大的望远镜，在克里斯蒂安发现的第一颗土卫六之外，他又发现了 4 颗土星卫星。

雅各布·凯茨（Jacob Cats，1577-1660），诗人、政治家，1636—1651 年受雇于荷兰，获得了丰厚的报酬。他创作的诗歌常常充满幽默和道德说教，比老康斯坦丁·惠更斯和穆伊登文人圈的诗作更保守。

玛格丽特·卡文迪什（Margaret Cavendish，约 1623-1673），作家、哲学家。她出身于一个坚定的保皇派家庭，曾在查理一世的妻子亨丽埃塔·玛丽亚的宫廷任职，但后来流亡巴黎和安特卫普，对科学问题产生了兴趣。

让·沙佩兰（Jean Chapelain，1595-1674），诗人、评论家和法国科学院的创始成员。他拒绝了红衣主教黎塞留及其他权势人物的显赫任命，没有野心，对许多朋友都很忠诚，包括克里斯蒂安。

让-巴普蒂斯特·柯尔贝尔（Jean-Baptiste Colbert，1619–1683），路易十四时期的财政总监和国务大臣。柯尔贝尔主义要求加强工业、贸易和监管，所有这些措施的目的都是以国王的名义来增强法国实力。

所罗门·科斯特（Salomon Coster，约1620–1659），克里斯蒂安在海牙合作的第一位钟表制造商。

皮埃尔·德·卡尔卡维（Pierre De Carcavi，约1600–1684），法国皇家图书管理员、数学家，帕斯卡和费马的朋友。

皮埃尔·德·费马（Pierre De Fermat，1607–1665），数学家、律师，他的曲线分析是微积分的前身。他在数论方面取得了进展，并与帕斯卡一起创立了概率论。但他没有把证明自己定理的大量材料留下来。

雅克·德·盖恩二世（Jacques De Gheyn II，1565–1629），德·盖恩家族是由画家和雕刻家组成的佛兰芒家族，与海牙惠更斯家族是邻居。德·盖恩二世得到了奥兰治王室的青睐，并在史蒂文的沙滩帆车上制作了莫里茨亲王的雕像。

利奥波德·德·美第奇（Leopoldo De'Medici，1617-1675），出生于佛罗伦萨的皮蒂宫，属于托斯卡纳大公家族，后被任命为红衣主教和锡耶纳总督。在伽利略的感召下，他成为科学的热情支持者，并建立了西芒托学院。

亨利·路易·哈伯特·德·蒙莫尔（Henri Louis Habert De Montmor，约1600-1679），皇家议员、数学家，笛卡儿的坚定支持者。1657—1664年，他在巴黎家中主持的"蒙莫尔学会"是法国科学院的非正式前身。

吉勒·佩尔索恩·德·罗伯瓦尔（Gilles Personne De Roberval，1602-1675），渴望与同行平起平坐，在数学、力学和光学领域都作出了创新。罗伯瓦尔声称自己还有其他发现和发明，但往往不愿公布，不善于接受批评，好争论。

约翰·德·维特（Johan De Witt，1625-1672），在1650—1672年荷兰无执政时期的大部分时间里，他是事实上的国家领导人。他试图向荷兰共和国引入一种更自由、更宽容和权力下放的政府形式。但在1672年荷兰遭受入侵后，他和他的兄弟科内利斯被一群愤怒的暴徒处以私刑。

勒奈·笛卡儿（René Descartes，1596-1650），尽管出生于法国，但他在荷兰共和国度过了大部分职业生涯，在那里找到了宁静和宽容来发展自己的哲学思想。他的著名的《方法论》由一家荷兰出版商出版。他是老康斯坦丁·惠更斯的朋友，他们一起研究开发透镜，他对克里斯蒂安产生了深远的影响。他偏爱理性的力量而非经验检验，这并不总是对他有利，尽管他作为哲学家的声誉仍在，但他不再被严肃地视为科学家。

约翰·多恩（John Donne，1572-1631），被视为英国最重要的玄学派诗人，也是圣公会牧师、圣保罗大教堂教长、下议院议员。

科内利斯·德雷贝尔（Cornelis Drebbel，1572-1633），一位想象力丰富的发明家，出生在荷兰，后搬到伦敦，受雇于宫廷。他编创了宫廷假面戏剧，并展示了从永动机到暗箱相机等一系列神奇装置，在表演技巧之下，是他对机械和光学原理的精妙理解。

尼古拉斯·法蒂奥·德·杜利耶（Nicolas Fatio De Duillier，1664-1753），出生于瑞士，一生中的大部分时间生活在英国和荷兰，对新数学的精通使他接触到牛顿、莱布尼茨和克里斯蒂安。然而，他没有兑现先前的承诺，加入了一个宗教教派。

弗雷德里克·亨德里克（Frederik Hendrik，1584-1647），奥兰治亲王、执政。作为沉默者威廉的小儿子，他在八十年战争的后半段发挥了决定性作用。1625年，他与阿玛利亚·范·索尔姆斯结婚，并继承了执政职位。

伽利略·伽利雷（Galileo Galilei，1564-1642），物理学家、天文学家，其研究广度和成就都是空前的，他是克里斯蒂安·惠更斯学术研究赖以立足的巨人。比萨大教堂里摆动的灯引发了他对钟摆运动的研究。1610年，他用望远镜观测到了木星的4颗卫星，这是第一次观测到太阳系中明显没有绕地球运行的天体，这与亚里士多德和教会的教义相矛盾。

尼古拉斯·哈特索克（Nicolaas Hartsoeker，1656-1725），天文学家。自儿时起就对科学充满热情，从列文虎克那里接受了显微镜学的指导。1684年，哈特索克定居巴黎，并在天文台建造了大型望远镜。

托马斯·霍布斯（Thomas Hobbes，1588—1679），其最著名的作品《利维坦》，一直是独裁政府的哲学遮羞布。他游历各地，人际关系广泛，兴趣无所不包。他是一位热情有余但能力不足的数学家，他的努力遭到克里斯蒂安等人的嘲笑。笛卡儿的著作激发了他对光学的兴趣，但他担心真空是魔鬼的杰作。

苏珊娜·霍夫纳格尔（Susanna Hoefnagel，1561—1633），老康斯坦丁·惠更斯的母亲，出身于安特卫普一个富裕的商人家庭。她的哥哥乔里斯是著名的微型画家，家族的其他成员也以艺术闻名。

彼得·科内利松·胡夫特（Pieter Corneliszoon Hooft，1581—1647），诗人、剧作家、历史学家。作为穆伊登城堡的地方法官，他在居住的城堡里主持了一个知名文学圈子。

罗伯特·胡克（Robert Hooke，1635—1703），在牛津求学期间，他协助玻意耳工作，成为那个时代最好的实验者。他做出了一些发现，包括以他的名字命名的弹性法则。但他忌妒地守护着自己的成果，这经常导致他与同行发生冲突，人们拒绝给予他应有的认可。他的主要出版作品是《显微术》，一部图片精美的光学著作。

约翰尼斯·胡德（Johannes Hudde，1628-1704），在莱顿大学学习法律，但他对数学、笛卡儿几何学和概率论产生了更大的兴趣，并与斯宾诺莎、德·维特和克里斯蒂安通信讨论这些问题。后来担任阿姆斯特丹市市长，改善了城市运河的卫生状况。

克里斯蒂安·惠更斯（Christiaan Huygens，1629-1695），见本书。

克里斯蒂恩·惠更斯（Christiaen Huygens，1551-1624），克里斯蒂安的祖父，出生于布拉班特。1578年成为沉默者威廉的秘书，1584年威廉遇刺后，他被任命为国务委员会成员，开启了惠更斯家族为荷兰共和国效力的传统。

康斯坦丁·惠更斯（Constantijn Huygens，1596-1687），克里斯蒂安的父亲。见本书，尤其是第二至第四章。1627年，康斯坦丁与苏珊娜·范·贝尔结婚。

康斯坦丁·惠更斯（Constantijn Huygens，1628-1697），克里斯蒂安的哥哥。在他担任威廉三世秘书较为清闲的时候，这对兄弟合作进行透镜研磨和天文观测。1668年，他与苏珊娜·里杰卡尔德结婚，育有一子。

洛德维克·惠更斯（Lodewijk Huygens，1631-1699），克里斯蒂安的弟弟，败家子。大学期间，他曾因参与决斗而陷入麻烦，在戈林赫姆地方法官任上收受不当礼物。他于1674年结婚，有4个儿子。

菲利普·惠更斯（Philips Huygens，1633-1657），克里斯蒂安最小的弟弟，在一次外交任务中因病在马林堡（今波兰的马尔堡）去世。

苏珊娜·惠更斯（Susanna Huygens，1637-1725），克里斯蒂安的妹妹。尽管她的成就本可能与她的兄弟们相当，但父亲并不希望女儿成为一名知识分子。1660年，苏珊娜嫁给表兄菲利普·多布莱，育有6个孩子，其中3个孩子活到了成年。

扎卡里亚斯·詹森（Zacharias Jansen，约1580-约1630），米德尔堡透镜制造商，不靠谱地声称自己制造了第一架望远镜。

安东尼·列文虎克（Anthoni Leeuwenhoek，1632-1723），在阿姆斯特丹做布店簿记员期间，他可能认识了透镜。回到家乡代尔夫特后，他开始用小珠状透镜制作显微镜，通过它们，他第一次观察到大量的原生动物。

戈特弗里德·威廉·莱布尼茨（Gottfried Wilhelm Leibniz，1646-1716），受雇于一些德国选帝侯，能在日常的外交工作中找到时间学习哲学和数学。他发展了今天使用的微积分形式，这导致他与牛顿发生争论。牛顿的"流变"（fluxions）[①]更早地设计出来，但没有发表。

扬·利文斯（Jan Lievens，1607-1674），当他还是莱顿的一个年轻人时，就被赞扬比伦勃朗更有才华。他四处寻找工作，在范·戴克的影响下来到英国，之后他的作品在主题和风格上都变得更加传统。

汉斯·利普希（Hans Lipperhey，? -1619），出生于德国，米德尔堡眼镜制造商。1608年，他在海牙向莫里茨王子展示了他的望远镜。

约翰·洛克（John Locke，1632-1704），英国哲学家、医生，被认为是现代自由主义的奠基人。他的经验主义在很大程度上要归功于培根，他反对笛卡儿的先验推理。查理二世统治时期，他在荷兰流亡了5年。

---

① 数学上的微分学，古代用语。——译者注

路易十四（Louis XIV，1638-1715），5岁即位为法国国王，在位期间采取措施增强法国的军事力量，集中权力，并通过艺术美化政权。

马林·梅森（Marin Mersenne，1588-1648），法国神学家、数学家、音乐理论家，他是那个时代主要的学术人物之一，与他通信的人中包括伽利略和老康斯坦丁·惠更斯。

雅各布·梅提斯（Jacob Metius，? -1628）和阿德里安·梅提斯（Adriaan Metius，1571-1635）兄弟，他们是阿尔克马尔的一位军事工程师、制图师的儿子。同时代人错误地认为雅各布发明了望远镜。阿德里安是一名测量员、数学家。

罗伯特·莫里（Robert Moray，约 1608-1673），作为苏格兰军官，他曾在法国多地效力。1660 年斯图亚特王朝复辟后，他在伦敦定居，是英国皇家学会的创始成员之一。

艾萨克·牛顿（Isaac Newton，1642-1727），英国最伟大的科学家，他解开了彩虹之谜，这令布莱克和济慈这样的诗人感到沮丧。他对光的实验、运动定律和万有引力理论在《光和颜色的新理论》（1672）、《数学原理》（1687）、《光学》（1704）

中，阐述了自己进行的光的实验及运动定律和万有引力理论。他的思想使笛卡儿的科学理论过时，并为启蒙运动奠定了科学基础。他是一个爱争论、令人不快的人，是剑桥大学三一学院的研究员，也是皇家铸币厂厂长。

亨利·奥登伯格（Henry Oldenburg，约1619-1677），出生于不来梅，1653年定居于英国。在欧洲大陆旅行期间，他结识了许多顶尖科学家，后来他被证明是皇家学会无价的"外交大臣"，他促进了那些有时不太愿意交流的通信者之间开展国际性的科学对话。

丹尼斯·帕潘（Denis Papin，1647-1713），法国物理学家、发明家。他与克里斯蒂安、莱布尼茨和玻意耳一起开展大气压强实验，后来发明了蒸汽机的前身——蒸汽蒸煮器。

布莱瑟·帕斯卡（Blaise Pascal，1623-1662），法国数学天才、宗教哲学家。他与费马一起发展了概率论。他还参与了关于压力的物理实验；发明了一种计算机器，后来克里斯蒂安对其进行了修改。

皮埃尔·佩蒂特（Pierre Petit，1598-1677），军事工程师、

测量师。他经常在巴黎与克里斯蒂安·惠更斯一起发明仪器，并为克里斯蒂安制造仪器。

伦勃朗·哈门松·范·莱茵（Rembrandt Harmenszoon Van Rijn，1606-1669），画家和版画家。伦勃朗被许多人认为是荷兰"黄金时代"最伟大的艺术家。老康斯坦丁·惠更斯为他争取到早期的佣金，然而，他的风格后来偏离了宫廷的品位。

威理博·斯涅尔［Willebrord Snel（Snellius），1580-1626］，他接替父亲成为莱顿大学的数学教授，并独立地发现了以自己名字命名的折射定律。

巴鲁赫·斯宾诺莎（Baruch Spinoza，1632-1677），哲学家，被其所在的犹太会堂驱逐。他对伦理学、意识、上帝与自然以及《圣经》真理的研究，使其成为启蒙思想的代表人物。他靠做磨镜师过着卑微的生活，先后住在莱顿附近和海牙附近的福尔堡，这使他接触到了惠更斯兄弟，他们十分尊敬他。

西蒙·史蒂文（Simon Stevin，1548-1620），出生于布鲁日，后搬到莱顿，作为一名发明家，他以富有想象力而闻名欧洲。史蒂文也教授数学，并担任奥兰治亲王莫里茨的财政总管。

他是一位多产的作家，作品内容包罗万象，从簿记到防御工事设计，他用荷兰语写作，这在当时很不寻常。

约翰尼斯·斯瓦默达姆（Johannes Swammerdam，1637-1680），在莱顿学习医学，但很早他就被显微镜下的可能性所吸引，进而发现了红细胞。他对昆虫的简明观察记录奠定了现代昆虫学的基础。

苏珊娜·范·贝尔（Susanna Van Baerle，1599-1637），幼时父母去世，她继承了父亲做生意赚来的一部分财产。她写诗、绘画，画作是以自然为基础的静物画，但她的作品没有被保存下来。1627年，她嫁给老康斯坦丁·惠更斯，生下第五个孩子后去世。

雅各布·范·坎彭（Jacob Van Campen，1595-1657），阿姆斯特丹市政厅（现被用作皇家宫殿）雇用的画家和建筑师，并与彼得·波斯特一起受雇为海牙莫里茨宫的画家和建筑师。范·坎彭曾住在意大利，并将一种严谨的帕拉第奥古典主义从意大利传入荷兰共和国。

约斯特·范·登·冯德尔（Joost Van Den Vondel，1587-

1679），剧作家、诗人，生于科隆。他是荷兰共和国最重要的诗人和戏剧家，写诗为奥兰治王室庆祝，写戏剧反映当时的政治和宗教纷争。

弗兰斯·范·舒滕（Frans Van Schooten，1615-1660），范·舒滕与其父亲一样，都是莱顿大学数学教授。范·舒滕在巴黎住了一段时间，其间他结识了梅森和笛卡儿。后来他将德·维特、哈德和克里斯蒂安带入了笛卡儿的几何学领域。

安娜·罗默·费舍尔（Anna Visscher，1584-1651）和玛丽亚·特塞尔沙德·费舍尔（Maria Tesselschade Visscher，1594-1649），她们是穆伊登文人圈的缪斯女神。费舍尔姐妹在很多艺术领域都卓有成就，并且能在诗歌中保持自己的风格。

约翰·沃利斯（John Wallis，1616-1703），牛顿之前英国首屈一指的数学家。1640年被授予圣职，成为英国内战时期议会方面的密码破译者，但后来成为国王王宫的牧师和皇家学会的创始成员。

威廉一世［Willem（William）I，1533-1584］，奥兰治亲王、执政。他领导了1568年荷兰反抗西班牙的斗争。由于精明的政治判断力和军事才能，他赢得了"沉默者威廉"的绰号，在荷兰被奉为"祖国之父"。

威廉三世［Willem（William）Ⅲ，1650-1702］，奥兰治亲王、执政，英格兰、苏格兰、爱尔兰国王，弗雷德里克·亨德里克的孙子。他于1672年被任命为执政——当年荷兰面对英法两大强敌进攻，被称为"灾难之年"。凭借与表妹玛丽12年前缔结的婚姻，威廉三世于1689年被加冕为英国国王。

导言

　　光穿过铅条玻璃窗，照在房间内黑白相间的光亮的地砖上，以一定的角度形成纵横交错的网格。光遇到窗户表面时发生折射，穿过后再次折射以恢复其原来的方向。它在古老的玻璃上跳跃、扭转、闪躲、迂回，绕过那些瑕疵。分散各处的瑕疵充当了透镜和棱镜，在地板上形成放大和变形的光斑与光团，有时也有小彩虹。最明亮的光线图案是由窗户铅条的尖细阴影剪成的。太阳在天空中的位置，导致这一光线图案落在了一边。但还有另一片光影——在窗户正下方，淡蓝色的朦胧光线出现在地砖上，那是天空光线的反射。

　　房间宽敞明亮，最初人们在此享用晚餐和举行音乐活动。房间三面有窗户，室内甚至比你期待的更明亮。你仿佛置身于室外，乍一看这有些奇怪，因为头顶不是天空，而是厚重的带梁的天花板。于是，你意识到天花板几乎在发光，然而光源位于护城河水面以下，光从这里射出，并被护城河的河水向上投射穿过同一扇窗户。这条护城河环绕着惠更斯家族的房子，这座房子被称为"霍夫韦克"。

这座位于海牙东南3英里处的房产，就是克里斯蒂安·惠更斯在其父亲——诗人和外交家康斯坦丁·惠更斯——去世后生活的地方，克里斯蒂安在这里生活了8年，于1695年去世。当康斯坦丁在大约50年前建造霍夫韦克时，他写道，希望它看上去"仿佛在夜晚生长，像一顶蘑菇显露在光里"。即使在今天，伴随着映照日光的水域的静谧与高架高速路的喧嚣，它依旧如此。在这里，克里斯蒂安完成了关于光和重力的性质的论文，这些论文概括了他对物理学作出的惊人贡献。在这里，他把望远镜架设在开阔的地面上，开始思索其他星球上的生命。

克里斯蒂安·惠更斯是17世纪下半叶欧洲最伟大的科学家，直到艾萨克·牛顿出现，克里斯蒂安才黯然失色，尤其是在英语世界。① 这是科学史上的一个不公正的评判，因为克里斯蒂安的成就在某些重要方面超越了牛顿。作为制造者，亦作为观察者与思想者，他提升了天文学、光学和力学的理论性和实践性。作为一个极富天赋的数学家，克里斯蒂安涉足的领域极为广泛，包括几何学和概率论等，并且他还是最早应用数学公式解决物理学问题的人，这一方法论成为现代科学的基础。他

---

① 我使用"科学家"一词来描述克里斯蒂安·惠更斯及其许多同伴的职业，尽管这个词1834年才出现在英语中。

提出了光的波动学说，两个世纪之后它才被普遍接受。他是最早描述离心力概念的人。通过使用自己设计并制造的望远镜，他发现了土星的光环系统及其最大的卫星——土卫六。他估算了火星的大小以及火星与许多恒星之间的距离。他找到了一种装入钟摆的方法，从而制造出更精确的钟表，实现了伽利略的设想。他在光学和计时仪器方面的发明沿用至今。

克里斯蒂安颇具才华：他是一名出色的制图员，不仅设计机械和光学仪器，而且向世人展示他通过望远镜观察到的行星现象，尽管他也会画肖像素描来讨好女孩子，或者将自己置身于乡村风景画中。他精通音乐，无论走到哪里都会参与表演。偶尔，一曲旋律的几个音符或一首歌曲的歌词会出现在他的科学笔记的空白处。他还想把自己的数理科学应用到音乐中——他提出将一个八度音阶分成 31 个音符，这预示了 21 世纪的音乐革新。

他所做的那些意义深远的努力提升了科学在欧洲的地位，这种努力出现在荷兰共和国，尤其令人惊讶的是，这种努力也出现在法国——他对法兰西科学院的建立起到了重要作用。他也是伦敦皇家学会的早期成员，成为科学跨越国界这一可能性的典型代表。

然而，这并不总是他向世人展现自我的方式。1671 年，当克里斯蒂安从巴黎回到海牙时，他坐下来，让卡斯帕·内切尔给他画肖像画，后者已经完成了其他几位家庭成员的肖像画。内切尔的小幅油画展示了这位艺术家在呈现精致构造方面的高超技艺。克里斯蒂安睁大眼睛，从丝绸和蕾丝的海洋中向外张望。他虽然正处于权力的顶峰，然而身上仍有他曾经作为一个可爱孩童的影子。如果我们要在画中寻找学术陈列——也许旁边的一张桌子上随意地放着科学仪器和计算论文——那么我们将不得不看向别处。毕竟他是一位时尚并有奢华品位的人。

他也是现代科学家的典型。他探讨了很多题目，并适时地在这些题目之间切换，而不是追求今天被称作研究项目的事物，他以勤奋和严谨的态度从事学术研究，尽管与当时的其他很多人一样，他并不总是急于发表自己的研究发现。他对于数学的应用，以及对于可复制性、可证实性和可证伪性标准重要性的认识——理解实验应该可重复以证明其真理性，而当实验结果无法支持假说时，必须摒弃假说——揭示了他的研究工作的根本严肃性。他选择了可以取得实质性突破的研究题目。他不会迷失方向走入迷信，而与他同时代的一些人则并非如此。他专注于学术，1661年他首次访问伦敦时，为了观察更有趣的水星凌日，他甚至婉拒了参加国王查理二世加冕典礼的邀请。

样样精通的克里斯蒂安，毫无疑问是在父亲康斯坦丁的帮助下成长起来的。起初父亲对他宠爱有加，继而惊叹于他的天赋异禀，在向来到家里拜访的笛卡儿等卓越人物介绍时，父亲将他称为"我的阿基米德"。长寿的老康斯坦丁对于克里斯蒂安的一生都产生了强烈的道德和智力影响——以至于当老康斯坦丁最终在 90 岁高龄去世时,当时 58 岁的克里斯蒂安,忧郁地将自己画成身着孤儿衣服的人。

***

身为诗人、作曲家、外交家、建筑师和艺术家,老康斯坦丁与他的儿子相比毫不逊色,这是我在本书中用如此大的篇幅讲述他的原因。老康斯坦丁生于 1596 年,担任了连续几任荷兰执政的秘书,执政(即荷兰联省共和国的总督)。老康斯坦丁是被荷兰人称作"专家"(kenner)的那类人——不是仅仅热衷于自己的研究或消遣的业余爱好者,而是靠刻苦钻研从而成为行家的人,尽管他永远都不需要依靠这些技能谋生。

老康斯坦丁师从当时最好的画家学习绘画,并在发掘年轻的伦勃朗的非凡潜质时,将自己的第一手经验运用得淋漓尽致。老康斯坦丁认为伦勃朗的画作可能适合装饰总督在海牙的宅邸。老康斯坦丁有效地开启了这位艺术家的职业生涯,尽管当越发傲慢的伦勃朗向他追索费用时,他们的友谊逐渐消失在一连串充满敌意的通信中。

老康斯坦丁足以担当设计自家房子的建筑师。他轻而易举地进入荷兰顶尖诗人的圈子,并用诗文记录自己漫长的一生。例如,当他提议从海牙修建一条通向斯海弗宁恩海边的宏伟大道时，他写了一首关于此事的诗。他创作了数百首音乐作品，并能演奏很多乐器。毫无意外，他的外交使命在文化方面获得了成效，这对他并无不利影响。早在40岁之前，他已经在英国和法国受封爵士，他的鲁特琴演奏让英王詹姆斯一世非常满意，他的文学造诣让法王路易十三印象深刻。

老康斯坦丁的兴趣如此广泛，那么他被科学问题吸引也就不足为奇了。他从事科学研究的品质与他的儿子相比很有启发性，这也是要花时间讲述他的另一个原因。如果说克里斯蒂安是现代科学家的典型，那么老康斯坦丁就是早前类型的典范，这类人被称为"爱好者"（curioso）——希望更多地了解自然现象，但并不总是能提出正确的问题或具备所需的知识素养来解答问题。父亲对事物的着迷必定影响了他的孩子们。

老康斯坦丁和妻子苏珊娜本有四个儿子和一个女儿。"专家"天性被赋予了所有孩子，尤其是两个较年长的儿子：大儿子也叫康斯坦丁，是一名技艺娴熟的透镜研磨师；克里斯蒂安则学会了如何为自己的钟表发明和光学仪器制造复杂的装置。父亲的病理性视力受损很可能也是孩子们选择职业道路的一个影响因素。小克里斯蒂安最终继承了父亲的外交家职位，成为执政威廉三世的秘书，并于1688年陪同他踏上穿越英国的胜利之旅，威廉三世与妻子玛丽二世共同统治英格兰。同塞缪尔·佩皮斯一样，老康斯坦丁也用日记来记录日常与政治生活的方方面面，从性八卦到"光荣革命"的进程。

当时惠更斯家族在海牙的生活环境，对于理解克里斯蒂安能成为一个什么样的人至关重要。这个家庭不仅有笛卡儿和伦勃朗这样的客人，而且与联省共和国政府的权力和影响力紧密相连。所有这一切成为克里斯蒂安人生的起点，但接下来的道路需要他自己完成，他所能依靠的就是才华。他在欧洲上层知识界有了一席之地，这些人中包括布莱瑟·帕斯卡、皮埃尔·德·费马、马林·梅森、雅各布·伯努利、罗伯特·胡克、罗伯特·玻意耳、约翰·沃利斯、乔瓦尼·卡西尼、托马斯·霍布斯、约翰·洛克、戈特弗里德·莱布尼茨和艾萨克·牛顿等人。

***

这幅画作中的光线有什么特别之处吗？那是每一个人都想知道的关于荷兰"黄金时代"的画作的问题。比起托斯卡纳或马德里，此处的阳光更柔和，色彩没那么炫目，对比也没那么强烈；窗户更大，室内也没有那么昏暗。荷兰之光引领艺术家第一次陶醉于家庭的日常生活，那里有宁静的田园风光、朴实无华的屋子和彬彬有礼的邂逅。

17世纪早期，荷兰艺术家已经受益于对透视法的科学理解，并了解暗箱这一装置，即场景图像可以通过一面墙或其他屏障上的一个小孔投射到某种屏幕上。这一新奇事物极富创意和情趣,人们发现,通过在小孔中放置一个透镜,可以让外部景象做视觉上的转变,从而让艺术家将无限宽广的全景压缩到画布上。他们仿佛能够将光捕获,然后在鎏金画框之间将其释放,在熠熠生辉的画面中呈现焕然一新的世界景象。但是他们捕捉的景象和运用的光是自然的,也就是说,没有雕琢,浑然天成。这些艺术作品来自当地的土地、空气和水,是那里的艺术。

科学也得益于自然环境吗?我们知道17世纪的荷兰艺术无与伦比:鲁伊斯达尔的风景画,伦勃朗的肖像画,维米尔的室内画。但科学与它势均力敌,我们无须为将这两者相提并论而感到尴尬。正如荷兰画家、艺术学者塞缪尔·范·霍赫斯特拉滕在1687年作出的裁决:"绘画艺术是一门科学,用来展现可见的整个自然能够给予的一切概念或印象,也用轮廓和色彩来吸引眼球。"对于那些善于吸引人眼球的艺术家而言,还有什么工具比运用光的能力更重要呢?光照亮可见的自然,并使我们看见自然。光无疑是使艺术兴趣与科学兴趣结合起来的共同因素。

这一时期的大部分科学研究都指向对光的理解。莱顿的威理博·斯涅尔测量了地球的半径,并重新表述了折射定律,该定律至今仍以他的名字命名为斯涅尔定律。在莱顿附近的代尔夫特、阿尔克马尔和米德尔堡,安东尼·列文虎克、约翰尼斯·斯瓦默达姆和科内利斯·德雷贝尔用自己设计的显微镜开展了一些最早的调查研究。最早的望远镜出现在海牙的一座塔上。除了克里斯蒂安和他的家族，还有很多荷兰透镜研磨师和实验性光学仪器装配者，特别是哲学家巴鲁赫·斯宾诺莎，他在被阿姆斯特丹的犹太会堂驱逐后，靠着做透镜研磨师来赚取微薄的生活费。

斯宾诺莎是葡萄牙犹太移民的孩子，他幸运地出生在相对开明的荷兰共和国。但其他人则专为自由而来。其中最著名的是勒奈·笛卡儿，1628年他逃离法国的宗教骚乱，到荷兰的新大学寻求知识自由，并找到一处安静的地方撰写他的哲学名作《方法论》。在这部论著中，笛卡儿引入了自己的著名论断"我思故我在"，很多人将其视为现代哲学的奠基性著作。但笛卡儿将其视为全面探讨世界性质的系列作品的理论前言，这些作品中包括《屈光学》（*La dioptrique*）——他对光物理学、光的性质和眼睛解剖学的研究。这两位伟大的哲学家都受到了光的指引。

光使得联合省成为一处展望之地。那个开明、爱探究的时代允许这样。这里坚持平整的地面不能有阴影。

你希望看到什么呢？首先要当心。在充满频繁的战争和脆弱的和平的时代里，可能会有危险。行走于平坦的田野上，你也许会注意到正在靠近的陌生人或敌军士兵。在海上，远处的船、陌生的旗子、让船遇险的沙洲，轻轻地划过海面。危险，或许也是机遇。去遥远的海岸拓展贸易和帝国。地图或海图上的任何一个地方，哪怕是还未被标记的地方。那是一个未被发现的地方。想象一下吧。期望的获益不就是所谓的愿景吗？

现在环顾四周。这个国家到底是什么样的？它是由什么构成的？水。这么多的水，平坦的海和湖，当风吹过水面，有时闪亮，有时暗淡。光总在变化。平坦的田野上分布着沟渠和堤坝，一直延伸到很低的地平线，也许还有几棵树木被微风拂过。被海浪冲刷的沙滩、开阔的荒野、被雨水洗过的城镇和乡村，通过其教堂的塔尖依稀可辨。

或者抬头仰望。你也许怀有雄心壮志，去了解无法到达的远方——天空、星辰、行星，以及它们之间的虚空。你能让黑暗变得清晰可见吗？那里到底有什么呢？向下俯视。向内看。仔细看——这是人类第一次能够这样做——自然的微小奇观，种子、昆虫、霉菌、浮游生物。你敢看人类的身体吗？从一面比你所知的更大、更完美的镜子里看自己的身体，或者在外科讲师的解剖学课上看别人（可怜的人）的身体。这两个场景——一个是家里的、隐私的，另一个是戏剧化公开的——在人类对于身体的羞耻和迷信被扫荡之后，逐渐在技术上变得可行并被社会接受。你可能会对生命的起源好奇，并想窥视尚在精液或子宫里的潜在后代。如果你能忍受，就坚持看下去。我们的污垢和灰尘，人体的废物。当我们吐口水和排泄时，我们失去了什么？17世纪，突然间一切都被看到了。最久远的东西,最小的东西,美丽和神奇的东西,宇宙和微观世界。

接下来你可能想看到的特性:编织的精细,钻石的晶莹,艺术家拿画笔的技巧。日常的、普通的、微小的:针眼儿,线头儿,丢失的五分钱或一分钱硬币,口袋底部,孔洞的开端。你或许需要他人帮助才能读懂文字内容,就像父亲康斯坦丁提供的帮助。你可能会想念曾经不需借助任何工具就能看到东西。

看看你,看看你的同胞。他们做得多棒!你甚至可能想仔细地看看邻居的屋子,只要确认他们没什么东西可藏。他们会用光亮的大窗户来吸引你。"这个国家是平坦的,"小说家塞斯·诺特博姆解释道,"这造成了人们的完全可见,这在人们的行为中也很明显。荷兰人不会相互靠近,他们相互对抗。他们用闪亮的眼睛凝视对方,互相考量灵魂。没有隐藏的地方。甚至连房子也不隐藏。他们拉开窗帘,并将其视为美德。"来吧,瞧一瞧,一探究竟。那种语言也是荷兰语。

通过正确运用光学工具,能更好地了解所有这些事情。由于新的解剖学者愿意用锋利的钢刀切入黏滑的内脏,所以人们才明白了人类眼球的晶状体实际上不是视觉器官,而只是视觉的促成者、秘书,将输入的信息进行分类排序,以便大脑进行处理。如果你的眼角膜、房水和晶状体不能胜任这项工作,那就需要使用眼镜或放大镜形式的附加透镜。要看到新世界,你需要新工具:小望远镜或远景镜用于观看远处的大型物体,织物分析镜或跳蚤镜①用于观看近处的小型物体。没有什么地方能比繁荣的荷兰城市更有条件来制造这些仪器,这里是技术中心。

除了艺术家,你还会召唤谁来记录你在目镜里看到的这些形象?

当然,除非你是胜任这项工作的艺术家,克里斯蒂安·惠更斯就是这样的人。

***

克里斯蒂安·惠更斯作出的贡献如此之多:他作出了重要的天文学和物理学发现;他展示了如何用数学来描述自然的运行,无此则现代科学无法发挥作用;他发明和制作了一些精巧的仪器。他的故事值得讲述。如果说需要将他从历史的边缘拯救出来,未免言过其实,因为他的工作与那些更有名的重要科学人物的工作混在一起。然而,就连很多科学史家也故意忽视了他。如今还有谁听说过克里斯蒂安·惠更斯?难道我们不该重温约翰·格里宾的话——"若非他不幸地在科学上与艾萨克·牛顿正好活跃于同一时代",他本可成为"那一代人中最伟大的科学家"。

这种遗忘在英语世界中并非罕见。然而这不只是疏忽,而且是非常不公正的,克里斯蒂安·惠更斯的名望实际上被牛顿高大的存在湮没了。因而撰写克里斯蒂安的故事需要秉持一种

---

①显微镜。——译者注

立场。科学编年史要求，被更优理论超越的理论应该被遗忘。然而，这不太符合克里斯蒂安的情况。他的大部分发现依然成立——你的指针式手表的运行应用了他的力学成果，你知道光像波一样运动。更确切地说，牛顿的光芒太耀眼了，以至于克里斯蒂安显得黯淡无光。

因此要如何讲述克里斯蒂安的故事呢？我应该假装牛顿不存在吗？也许那是可能的。克里斯蒂安在荷兰共和国和法国工作。也许可以在英吉利海峡降下一场雾，从而让不列颠岛国无法被看见，并屏蔽掉那一时期的英国科学，这个想法很有诱惑力。但是，克里斯蒂安和牛顿是同时代的人：牛顿比克里斯蒂安小13岁，并且多活了32年。更重要的是，他们了解彼此的工作。他们通信并且见面。实际上，克里斯蒂安是为数不多的被牛顿看重其科学观点的人之一。

那么，也许我应该将克里斯蒂安置于牛顿的对立面。但那样做的话，讲述的仍然是牛顿的故事，克里斯蒂安的故事就成为对照，一种毫无情节的空洞表述。他成了一个没有解释重力、没有使用微积分、没有用棱镜分离光的人。那样的讲述会固执地坚持这些发现与克里斯蒂安的发现——离心力、数学公式、光的波动理论——之间的对等性，读起来既枯燥乏味又带有倾向性。

或者，那些具有科学头脑的人会插话说，我可以只是客观地撰写克里斯蒂安生活的故事，与牛顿有关的就带入牛顿，与他无关的就不管他。那不是最好吗？为什么要把事情搞复杂呢？的确，克里斯蒂安的生命看起来是一个简单的弧形。1646年，17岁的他已经展现出数学天赋，引起了当时最了不起的专业人士的注意。1655年，土星的卫星土卫六以及那颗行星的神秘光环成了他的名片。1658年，他向荷兰共和国呈送了一个更精确的钟表设计。1659年，他绘制了幻灯机前身的图样，并将其称为"魔幻灯"。17世纪60年代末期，他在巴黎度过了大部分时间，巩固他的职业关系。在对光作了进一步研究后，克里斯蒂安证实它一定具有波一样的性质，又用望远镜和显微镜做了新的实验，还改进了钟表机械装置。1673年和1690年，他发表了关于时间和光的重要论文。从非凡的少年时代起，他凭借运气和才能不断进步（机会垂青于有准备的人，日后一位科学家如是说），抓住机遇，做出令人惊叹的发现，沉下心来执着追求另一些目标，而后创作出一系列杰出的成熟力作，最终进入一段怪异的衰落期。

那将成为一个令人满意的叙述，难道不是吗？但仔细审视后会发现这样过于简单化了。克里斯蒂安的一生远非这般工整的叙事所能概括：他同时研究多个课题，它们时断时续；他在此处（海牙），也在彼处（巴黎）；时而健康，时而患病；有和平，也有战争。所有这一切让人不可能把克里斯蒂安的故事当作一个简单的事件序列来讲述。

克里斯蒂安还有其他的故事。他不只是被掩盖的天才。他是博学者——有强烈的求知欲且能力十足，同时在多个领域取得成就。这个故事富有魅力，尤其在当下，想在一个专业化的细微领域成为专家都很难，博学者就像来自人类堕落之前世界的一个梦。他是通信达人、关系网络达人和外交家。

克里斯蒂安的另一个故事清楚地围绕着异常吸引人的家族：著作等身、家喻户晓、流芳百世的父亲——诗人、作曲家和执政的得力助手，还有他的也叫康斯坦丁的哥哥——接替父亲的职位，陪同奥兰治的威廉三世和平入侵（peaceful invasion）英国，并将此次冒险记录在一部引人注目的日记中。如果英国元老级玄学派诗人约翰·多恩是艾萨克·牛顿和塞缪尔·佩皮斯的父亲，人们不可能设想出比这更完美的家庭组合了。

不仅如此，克里斯蒂安还是一位国际主义者，他毫不在意国家间的差异，因为那些在他的世界里没有意义。他是在17世纪将科学研究构建为国际项目的一个关键人物——也许是最关键的人物。这是一个相当不同的故事。现代早期科学主要是杰出个人的事业，他们享受各地开明统治者的资助。在众多的民族国家出现之前，科学活动当然不是在国家层面组织起来的。这就是让克里斯蒂安在巴黎的岁月变得真正非凡之处。克里斯蒂安作为数学家和天文学家的才华，轻而易举地得到了法国绝大部分一流自然哲学家的认可。1666年，路易十四的有权势的大臣让-巴普蒂斯特·柯尔贝尔提出建立一所学术院的倡议，为法国国家的科学进步提供建议，克里斯蒂安欣然回应了这个倡议。要是没有克里斯蒂安——以及另外一两位像伦敦皇家学会的亨利·奥登伯格这样国际化的中间人——也许在更长的时间里，科学依然是局限于孤立宫廷的没有目标的娱乐活动。

荷兰，作为一个没有君主，甚至在克里斯蒂安职业生涯的大部分时间里连执政也没有的国家，在共和国过渡政权时期，由于殖民征服和海上贸易的扩张而兴旺发达。经济增长带来了一种其他地方所没有的自由。克里斯蒂安无法设想一种更开放的行事方式了。然而，这一时期的荷兰共和国始终无法建立自己的科学中心，因为各个城市与省份之间存在着激烈的竞争。克里斯蒂安很幸运地找到了对他如此开放的巴黎，而法国也很幸运地找到了他。

这一点格外引人注意，人们还记得克里斯蒂安声名鹊起的17世纪下半叶，正是宗教和政治剧烈动荡的时期，欧洲国家处于持续的战争状态。动荡加速了新观念的传播，但也为知识进步制造了现实的障碍。在不同的时代，例如，惠更斯家族熟识的英国哲学家托马斯·霍布斯和约翰·洛克分别流亡于巴黎和阿姆斯特丹，而荷兰培养的画家彼得·莱利和戈弗雷·内勒来到提供更多资助的英国寻找工作。尽管1667年荷兰海军沿梅德韦河逆流而上，放火烧了位于查塔姆的英国舰队，然而，克里斯蒂安仍为自己的航海时钟申请了英国专利。五年后，当路易十四入侵低地国家，荷兰人被迫淹没宝贵的农田以抵御法国人的推进之时，惠更斯继续与法国同事一起工作。

两个因素可以解释为什么惠更斯有资格被视为"欧洲科学形成"中的主要角色：第一，他用严谨的数学来描述物理现象；第二，他发挥聪明才智，为欧洲大陆的科学研究建立起制度框架。没有这两个基础中的任何一个，都无法想象今天的科学进步。据说，克里斯蒂安曾说过："世界是我的祖国，科学是我的信仰。"

***

当漫步在守护荷兰城市不受北海侵袭的沙丘上时，我意识到，克里斯蒂安身处的地理位置与他的工作也许有更实质性的关联。正是这些沙丘提供了制造玻璃用的沙子，而玻璃又被研磨成透镜。这是否解释了发生于此处的光学的异常兴盛？先有斯涅尔，后有克里斯蒂安及众多宣称发展了望远镜的人，随后有显微镜学家列文虎克和斯瓦默达姆，以及哲学家兼透镜制造者笛卡儿和斯宾诺莎。也许真的就像老康斯坦丁所写的那样，"每座沙丘都闪耀着上帝仁慈的光芒"。

这又暗示了另一个故事。这不是一个孤独的天才横空出世的陈旧故事，而是一个与其所处地点有深度关联的研究者的故事，光和沙子对于他而言都是原料。

  这就是我希望在《荷兰之光》里描述的世界。我追随克里斯蒂安的足迹穿越荷兰，来到巴黎和伦敦。我参观了他的房子，或者说，经常来到房子曾经所在的位置。我坐在他曾经画过素描的霍夫韦克的地上，看着阳光在屋内方格图案的地砖上移动。我凝视着——偶尔浏览——仅存的几件他制造和使用过的仪器。我审视他的画像，寻找关于他个性的线索。

  我的主要资料来源当然是 22 卷本《全集》，编纂者是一个由科学家和历史学家组成的国际团队，从 1888 年至 1950 年，历经了两次世界大战，他们为此付出了艰巨的劳动。在这里，我能听见这位科学家的真实声音。在他与父亲及兄弟的通信中，在日记和诗作中，我能听见他们的声音。为了贴近这个人物，我翻阅了莱顿大学图书馆收藏的克里斯蒂安的原始笔记，那些丰富的各式各样的素描和计算展示了克里斯蒂安的多个面相，也展示了他如何同时追寻多个想法——数学的、力学的、天文学的和音乐的。在那里，我拿着克里斯蒂安画的土星及其光环的素描（试图忽略编纂者为了选择它作为插图，而在《全集》中用铅笔在原画周围勾勒的歪歪扭扭的圆圈），行星轮廓的完美圆形及环绕它的椭圆形边线都被准确地画出来。行星周围的空间，以及同样重要的行星表面与光环内层边缘之间的空间，用鸽灰色墨水细致地涂上了阴影，整幅画周围写满了字。1659年,克里斯蒂安画了这幅美丽小巧的画。

我的发现之旅没有展现出显而易见的壮丽。相反,它是一次内心的旅行,通向奢华和闲适的世界,也通向充满好奇心、严谨和目标的世界。从某种意义上说,这是一个平凡但绝非狭隘的世界。宛如一幅荷兰室内画,最终包罗了一切。

第 1 章　沙子，光，玻璃

　　人类曾造出过更快的装置吗？它看起来更像在飞翔，而不是在海牙附近的斯海弗宁恩海滩上缓缓前行，速度达到每小时 25 英里。一个装有 4 只大轮子的底盘支撑着船体，船上可以搭载几十名甚至更多的疯狂乘客。两根桅杆上有方形巨帆，非常适合顺风推进船只。当执政莫里茨亲王——遇刺的沉默者威廉的二儿子——掌舵时，奥兰治家族的旗帜从桅杆顶上飘扬起来。根据 1606 年一位法国观察家的说法，在一阵强风中，帆车（*zeilwagen*）沿着海滩飞驰，驱散了海鸥；它和风一样快，船上的人不再感觉到风吹在脸上。

　　这台令人惊叹的装置是西蒙·史蒂文设计的，他的灵感很可能来自更古老的中式沙舟（Chinese sand-yachts）的图片。这些图片是根据当时冒险家的描述绘制而成，出现在佛兰德绘图师杰拉德·墨卡托的华丽地图集中。在劳伦斯·斯特恩的小说《项狄传》中，特里斯舛的叔叔托比回忆起"那辆属于莫里茨

西蒙·史蒂文设计的"沙滩帆车"载着莫里茨亲王,在斯海弗宁恩海滩上飞驰,亲王的旗帜在桅杆顶部飘扬。

亲王的著名风帆战车,它的设计是如此巧妙、速度出众,在几分钟内载着 6 个人走了 30 德国英里(German miles)"。不过,如果托比真的像他一再声称的那样参加了纳穆尔围城战(1695年),其实很难看到"风帆战车"。

史蒂文是荷兰科学家的雏形。他精通数学,但总是关心自己工作的实际效用。他是来自布鲁日的难民,1581 年,33 岁的史蒂文在莱顿定居,之后开始大量出版算术、几何、测量、簿记、力学和流体力学等书籍,出版速度之快令人惊叹。他还出版了防御工事和水闸的理想设计等主题的应用文本。他没有大学职位,靠各种风车和水利工程项目谋生,但这并不妨碍他取得成就。事实上,他的情况颇能代表这种国情,即"缺乏根深蒂固的科学和哲学信仰……为科学创新提供充分的机会"。对新思想的产生和传播起到最大促进作用的是荷兰共和国由各个骄傲的城市组成的密集的商业和文化网络,而非学术机构。

那是了不起的思想。当然,会计学中的"沙滩帆车"式体系是由史蒂文提出的,以古代中国和阿拉伯的思想为基础,在算术计算中使用小数来代替原本有分母的普通分数(vulgar fraction)。过去,一名商人在计算一天的盈利时,可能要应对以多种货币计算的三分之一、八分之一、五十分之一和六十分之一的价格。

在《论十进制》(*De Thiende*,1585 年)中,史蒂文在整数旁边的圆圈内放置了一个"0",以表示分数的整数部分(实际上表明整数要除以 10 的 0 次幂,即 1,换句话说就是保持不变)。圆圈内的"1"表示 1/10(除以 10 的 1 次幂),圆圈内的"2"表示 1/100(除以 10 的 2 次幂),以此类推。30 年后,苏格兰数学家约翰·纳皮尔简化了史蒂文的记数法,他引入人们熟悉的逗号或点来分隔数字的小数部分,于是带圆圈的数字就没必要了,但以 1/10 的次幂顺序显示这一部分的原则被确立。因此,无理数 π 用纳皮尔系统表示为 3.1416……。用史蒂文计数法则表示为"3⓪1 ① 4 ② 1 ③ 6 ④"。

1590 年,史蒂文受雇于执政莫里茨亲王,担任陆军军需官。他承担了军事勘测工作,对意大利文艺复兴时期堡垒的设计进行了调整以适应当地的条件,引入水闸和护城河取代原来的干壕沟,创造了欧洲最先进的防御工事,这一工事位于荷兰共和国南部与西班牙属尼德兰接壤的不断变化的边境线上。1600 年,应莫里茨的要求,史蒂文在莱顿建立了一所工程学校,并决定用荷兰语而不是拉丁语授课。因此,这一工程领域被称为荷兰数学(*duytsche mathematycke*)。学校最杰出的教师是弗兰斯·范·舒滕,他的儿子也叫弗兰斯,后来范·舒滕成为克里斯蒂安·惠更斯的数学教师。

最初史蒂文总是考虑如何将自己的工作应用于实践,他将纯粹的数学学科,如几何学,用于增进国家的福祉。他希望通过自己持续编写的教科书，自己的经历能被广泛效仿。其中一本书《论透视法》（*Van de Deursichtighe*）是为莫里茨亲王编写的，它以对艺术家秘密创作过程的冷静分析而闻名。书中讲述了一种透视捕捉装置的设计，通过这种装置，人们可以在玻璃视板上准确地记录下背后的景象。这个想法给莫里茨留下了深刻的印象，他制作了一个装置。

然而，史蒂文最伟大的遗产不是沙滩帆车、十进制计数法或防御工事，而是他在尼德兰使用的科学语言。他用荷兰语出版作品，以便这些作品对当地的建筑工人、工匠和商人起到最大的作用。例如，他将《论十进制》献给"占星师、测绘员、地毯测量员、葡萄酒收税官、物体测量员、造币厂厂长和所有商人"。在北部几个省份脱离西班牙统治仅几年后，用荷兰语写作也是一份骄傲的独立宣言，尽管这时的独立仍然脆弱。

但史蒂文所做的远不止于此。在《静力学原理》（*Beghinselen der Weeghconst*，1586年）中，他表达了坚定的信念，即荷兰语是表达科学思想的最佳语言。他的这一结论是基于荷兰语的单音节词异常高的比例，必要时可以合成更长的词。他甚至相信，在想象中的智慧时代（*wijsentijt*），人们就用荷兰语交谈。那个智慧时代远在古希腊之前，一切都已为人所知。

史蒂文使用的科学词汇本身就说明了他的观点。物理学是"*natuurkunde*"，即自然知识。荷兰语的确很独特，它有表示物理学的特有词汇，而不是源自希腊语"*physika*"。其他词汇展示了一个更宏大的计划：不仅通过抛弃源自希腊语或拉丁语的名称来获得一门科学的所有权，而且在"可论证的事物"与"科学的事物"之间建立微妙的关联。于是，数学就成了"*wiskunde*"，可以翻译为"确定的知识"。化学成了"*scheikunde*"，即分离的艺术，表明转向分析科学的开始，并有效替代了"*chemie*"，切断了与声名狼藉的炼金术的词源联系。与此相对照，《牛津英语词典》给出了"chemistry"的第一个英语用法是在1605年，与史蒂文的科学词汇同处一个时代。这个词的定义最初包括炼金术和新兴的化学科学。英语的"chemistry"仍然与它的无用的次要含义相伴随——"神秘的作用或变化"，并且后来它还衍生出了含义——两个人之间的"本能的吸引"。天文学也受到了类似的影响。最初，作为古典四学①中的一门，它指的是关于恒星和行星的运动及其对自然和人类的影响的科学。也就是说，它也包括现在被称为占星术的伪科学。英语用法不得不持续不断地摆脱这种古老的双重含义；史蒂文使用的荷兰语词汇"*sterrenkunde*"，即关于星星的知识，轻松地解决了这一问题。

史蒂文还发明或推广了许多简单明了的描述性词语，用于他所命名的学科，如用"*driehouck*"表示三角形，"*lanckrondt*"

---

①算术、几何、天文、音乐。——译者注

表示椭圆形。梯形是"*bijl*",荷兰语意为斧头,现在每个人都知道它的形状了。他对科学秉持了一种务实的态度。也许下面这个例子最能说明这一点:他调皮地选择"*spiegeling*"这个词来表示"理论"。"*spiegeling*"的字面意思是"镜像",也可以巧妙地翻译为"深思",更具深意的翻译是"对镜凝思"。

如果史蒂文是雏形,那么克里斯蒂安·惠更斯就是成品。史蒂文的经历说明,如果能找到其他资助者,在大学之外也能施展智力才能。与史蒂文一样,克里斯蒂安也关心工作的实际效益。与史蒂文一样,克里斯蒂安的工作也是建立在坚实可靠的数学方法的基础之上,这些方法应用于力学、几何学和光学的交叉领域。于是,一位荷兰博学家为另一位铺平了道路,在史蒂文命名的这些科学领域中,他的继任者将成为典范。半个世纪后,克里斯蒂安将被誉为那个时代最伟大的数学家、天文学家和物理学家。

***

在动荡不安的16、17世纪之交,米德尔堡终于不负盛名地度过了令人兴奋的几十年。它不仅是瓦尔切伦(主要构成泽兰省的6个岛屿之一)的中心防御城镇——如它的名字"Middelburg"所示,而且在一段短暂的时期内是低地国家商业和创造性活动的中心。艺术和科学同时兴盛起来。

在1600年之前的30年里,米德尔堡的人口翻了一番,达到 2 万人，1622 年又增加了 5000 人，超过代尔夫特和多德雷赫特，成为尼德兰北部继阿姆斯特丹、莱顿和哈勒姆之后的第四大城市。在八十年战争期间，这座城市因其位于中心位置而繁荣。这场战争的结果是荷兰共和国的独立。

战争始于 1568 年 4 月，当时奥兰治的威廉一世结束了在德国的自我流放，带着一支雇佣军返回，试图驱逐阿尔瓦公爵，即西班牙国王菲利普二世任命的尼德兰总督。被称为"海上乞丐"的起义者，很快从西班牙军队手中夺取了一些防守薄弱的港口，越来越多的城镇被新教徒控制。在长时间的围攻之后，米德尔堡在 1574 年选择了新教和威廉亲王。城市中心的大修道院被占领，并被用作泽兰省的政府机关。如今，在占据了大修道院建筑群一部分区域的泽兰博物馆中，一幅作者不详的讽刺画展示了当时的荷兰：金发女郎们戴着镣铐跪在阿尔瓦公爵面前，公爵坐在一个挂着刑具的华盖下，而一名红衣主教用风箱鼓起他的自负和愤怒。

阿尔瓦的镇压仍在继续，他的军队不断攻击那些对新教持宽容态度的城市。在欧洲最强大的商业中心安特卫普，镇压尤其残酷。1576 年 11 月 4 日，军饷过低的西班牙军队在"西班牙狂暴"（Spanish Fury）中，掠夺并焚烧了这座城市，杀害了数百名居民。在那之后，安特卫普加入了北方及威廉承诺的脆弱的"宗教和平"，威廉在 1581 年被宣告为荷兰全部 7 个省的执政。①

  1585 年，西班牙人重新夺回了安特卫普，当时这座城市因其贸易动脉谢尔德河被封锁，城中居民濒临饥饿的边缘。新教居民被迫变卖家产，在接下来的 4 年里，近一半的印刷商和金融家、金匠和画家、香料商和布料商向北逃亡，人数将近 4 万，他们是 100 多个行会中的精英。他们到达的第一个地方是仅仅 50 英里之外的米德尔堡，他们在此等待生活回归正常，并希望继续从事老本行。

  长期以来，米德尔堡一直是葡萄酒进口中心，现在由于工匠和商人的涌入，它涉足新的"富裕行业"，经济变得多元化。1592 年，米德尔堡建立了一所"卓越学校"，这是一种规模较小的大学。新的东印度、西印度贸易公司开设了办事处，这些公司的船只运来了香料、瓷器、古玩和陌生的动植物。米德尔堡的富人分享了这些新奇的发现，从而引发了从炼金术到植物学、从数学到烹饪艺术的兴趣爆发。一位叫杰汉·索默尔的公民没有因为拄着拐杖行走就放弃在东地中海航行。探险归来，

---

① 荷兰语 *stadhouder* 直译为"地区持有人"，与法语的"中尉"意思一致。这个头衔在英语中通常被称为"stadholder"，在级别上类似于高级管理者或总督。"stadholder"可以是一省或多个省的总督。当时的 7 个省主要在北方：泽兰、荷兰、乌得勒支、格尔德兰、上艾瑟尔省、弗里斯兰和格罗宁根。这些省的政治代表大会被称为联省议会（the States General）。其他不属于这些省的地区，与海外殖民地一样，由联省议会直接管理。在八十年战争末期签订《威斯特伐利亚和约》之后，这些地区中的大部分加入了荷兰共和国，成为北布拉班特省。

他带回了各种奇异花卉，种植在他的米德尔堡花园里。其中之一是郁金香，众所周知，日后它的狂热爱好者愿意用天文数字的金钱来交换。

***

在安特卫普，自16世纪40年代以来，精美的玻璃一直由来自威尼斯穆拉诺岛的工匠制造，这项技术的秘密在那里已经保守了几个世纪。①1582年，米德尔堡成为尼德兰北部第一个拥有玻璃工场的城市，当时安特卫普人戈弗特·范德哈根带着他的意大利雇工向北迁移，并在城镇边缘的库斯滕塞迪克开设了作坊（由于存在火灾风险，所以与窑炉直接相关的行业通常远离市中心）。

在此之前，低地国家的玻璃一直是"简陋粗糙"的。相比之下，用威尼斯方法生产的玻璃因其白色透明，类似天然水晶石而被称为"水晶"（cristallo）。所有玻璃的主要成分都是沙子，将沙子加热直到熔化在一起，低地国家的玻璃工场可能用泥炭火加热。通过将沙子与含有钾或苏打的碱性熔剂——如草木灰——混合来降低熔点。灰烬中还富含钙，这样就使产出的玻璃不那么脆。在混合物中加入贝壳可以提供更多的钙。最后，有时还会加入一种含锰的矿物，其紫色有助于抵消沙子中常由

---

① 玻璃制造技术在欧洲的传播非常缓慢，部分原因是威尼斯共和国对移民工人施加严厉的惩罚，在某些情况下，甚至派刺客暗杀他们。

铁化合物产生的绿色。

穆拉诺玻璃制造商青睐这些原料的特定来源——来自提契诺河的沙子，提契诺河是波河的支流，从阿尔卑斯山流向米兰西部；来自叙利亚进口的叫作巴利拉（barilla）的盐生植物的灰烬；来自皮埃蒙特山脉的矿石中的锰。北欧的玻璃制造商很难获得这些原料。不过幸运的是，玻璃是一种柔性材料，不必依赖关键成分或精确的混合比例。本地的海藻和沼泽植物能够提供灰烬。锰氧化物存在于画家的颜料中，绘画颜料在低地国家被大量使用，而画家与玻璃制造商属于同一个行会。至于沙子，你只需四处看看，一点儿也不缺乏。在离城市仅几英里的地方，巨大的沙丘像树木一样高高耸立在四面八方。

人们很容易认为，对于米德尔堡在光学科学领域作出的突然且出人意料的贡献，一定有一个自源的解释——正是它独特的沙子，正如化学家、哲学家安德烈·克鲁库恩所言，那是"荷兰景观特有"的材料。但要证明米德尔堡的独特性，需要面对这样一个事实：低地国家沿海地区的大多数城镇都建在沙地上，并由沙丘保护，为什么这些发现没有出现在布鲁日、海牙或哈勒姆呢？用于桌子制造或光学用途的精细玻璃的首要要求是铁含量低的沙子，否则只能生产出深绿色或棕色的"森林玻璃"（forest glass）①，只适合做瓶子。上述地方中的任何一处都可能有这种沙子。但它们没有。尽管人们可以想象从很远的地方运来沙子——经常作为船舶的压舱物——但最有可能的是，戈弗特·范德哈根在库斯滕塞迪克的窑炉里使用了当地的沙子，他手下的工人接受过穆拉诺岛工匠培训，知道如何完成其余的工作。他的工场很快就生产了高度透明的玻璃，可以为米德尔堡的市民制作镜子、珠子和眼镜。

然而，比任何种类的本土原材料重要的是，伴随着来自安特卫普的国际移民潮，米德尔堡形成了鼓励创新的经济和文化氛围，这些移民会继续分散到整个尼德兰，为荷兰"黄金时代"的兴起播下种子。16世纪末，米德尔堡的富人聪明地意识到属于自己的时代已经到来，并尽其所能延长它。1591年，泽兰省将当地玻璃制造专利权授予戈弗特·范德哈根，并给了他一笔无息贷款，以确保他不会去阿姆斯特丹。他们的适时行动将确保他们的城市在科学史上占有一席之地。

***

1594年，米德尔堡玻璃工场的地位已经稳固。这时，紧挨着修道院的圣尼古拉斯教堂旁边住着一个德国移民汉斯·利普希，他开了一家眼镜店，开始在当地购买玻璃制作眼镜。理想

---

① 森林玻璃是中世纪欧洲在森林地带生产的钾钙硅酸盐玻璃，以其独特的绿色调与粗犷质感著称。——译者注

的地理位置令他很容易找到顾客。商人的交易场所、城市造币厂和"卓越学校"都位于修道院附近。大多数需要在工作中阅读并因此可能需要戴眼镜的人，都出现在他的家门口。不断增多的客户名单很快就把他置于一张遍布荷兰各省及其他地方的权势人物与学者的关系网的中心。

眼镜片可以用多种方法来制作。第一步是将一个吹制的玻璃球打碎成弯曲的碎片，然后从这些碎片中切割出小圆盘（薄玻璃可以用剪刀粗略地切割，这通常是在水中进行的，以防止碎片飞扬）。接下来，可以在这些圆盘的一面或另一面进行研磨，制成凸透镜或凹透镜。然而，原始玻璃球的表面不一定是均匀弯曲的，这会产生光学畸变。另一种方法是从镜面玻璃开始，其中一面保证完全平整，从而没有畸变。另一面可以被磨成需要的形状，从而更可能制成一个好镜片。

利普希一定进行了长时间的试验，验证这些可能性。他发现自己制作的透镜，靠近镜片中心处质量上乘，但边缘处就不那么完美了。然而，他注意到，如果他只用一个不透明的环来阻挡光线穿过镜片外部，就可以提高所观察场景的整体清晰度。早在16世纪中叶，人们就知道，把两个合适的透镜相隔一段距离放置，并把眼睛靠近其中一个镜片，就可以产生放大的图像。但这样的图像从未完全聚焦。利普希用两个透镜——一个凸面物镜和一个凹面目镜——制作了一根管子，并引入了一个部分式光圈来阻挡光线穿过物镜外部。他又发现，虽然因穿过透镜的光线减少而降低了亮度，但放大的图像的清晰度大大提高了。在光的路径上插入一个光圈的简单行为——如果违背直觉的话——引导利普希发明了实用的望远镜。

1608年9月25日，利普希收到了一封泽兰当局的推荐信，允许他向位于海牙的国家政府展示他的"眼镜景观"，他希望在海牙获得专利。几天后，他走上了执政宫殿庭院新塔楼的橡木楼梯，同行的还有执政本人拿骚的莫里茨，即未来的奥兰治亲王，以及他的同父异母兄弟弗雷德里克·亨德里克，后者将接替他的职位。一同参加此次演示的还有莫里茨亲王的主要顾问约翰·范·奥尔登巴内维尔特和西班牙军官安布罗乔·斯皮诺拉。前者参与了这个新生国家与法国和英国的谈判，三国建立联盟来对抗西班牙；后者是西班牙在低地国家军队的热那亚指挥官。二人进行了大半年的谈判，来安排漫长战争中的休战。参加科学演示对于聚集在一起的大使和将军来说一定是一种受欢迎的消遣。

演示活动被证明是一场胜利。据报道，这些人能够看到5英里开外的代尔夫特钟楼和两倍远的莱顿教堂窗户——也许捕捉到了夜晚的光线。可以辨认出1英里之外或更远处的小物体，以及以前肉眼看不见的夜空中的星星。如果莫里茨事先知道这个仪器的功能如此强大，他肯定会在没有敌人在场的情况下安排演示，因为所有站在庭院塔楼上的人立即发现了其具有的军事潜力。斯皮诺拉说："从现在开始，我将永远不会安全，因为你可以从远处看到我。"莫里茨承诺，尽管他的士兵也许真的能看到他，但他命令他们不要开枪。

一周后，经过进一步的检验，联省议会付给利普希300荷兰盾，要求他生产一个双筒设备，并使用透明度更高的玻璃。几个月后，他交付了双筒望远镜，又获得了600荷兰盾的奖励。法国大使不失时机地要求利普希也为他制作一台仪器。然而，联省议会与这位米德尔堡人签署的协议条款明智地禁止他为其他方面工作。利普希曾试图将每台设备的价格提高至1000荷兰盾，但无论如何，300荷兰盾都是一笔可观的数目。全部款项足以让他立即买下他在米德尔堡的邻居的房子，他把它改名为"De Drie Vare Gesichten"（三台望远镜）。

尽管荷兰采取了预防措施，但是这项发明的相关消息还是迅速传播开来，完成和平谈判回国后的外交官更加速了消息在欧洲的传播。一则消息很快在海牙传开了，"呈给莫里茨伯爵的是一种小型望远镜（lunettes）[①]，人们借助它可以清楚地看到三四里格之外的物体，好像它们就在百步之外"。几周后，消息就传到了巴黎。很快，整个欧洲大陆的皇帝、亲王、学者都拥

[①] 法语，字面意思为"小月亮"或"眼镜"，其在科学史上特指早期望远镜的雏形。——译者注

有了自己的仪器。由于未能与利普希达成协议，所以法国大使采取了一个权宜之计，即找一名法国士兵来对付在战场上使用"远望"的荷兰人，并以这种方式获取了设计的秘密。

第二年春天，间谍镜（spyglasses）在巴黎出售，其中一个被带给了帕多瓦的伽利略。他对设计进行了调整，声称自己已经设想出这个原理，并制作了几十个模型，然后将残次品送了出去。很快，更多人意识到这种仪器能够将远处的东西带到近前。1610年1月，伽利略用他的"眼镜"观测到了围绕行星木星运行的4颗卫星，这是自古典时代以来在太阳系发现的第一组新天体。第二年，布拉格的约翰尼斯·开普勒发表了对这一高度实用的发明的第一个理论分析，这一发明被命名为"望远镜"。

然而，米德尔堡在这个故事中扮演的角色还未谢幕。联省议会没有授予利普希寻求的专利保护，因为议会已经知道有其他原告申诉。其中一个是利普希在米德尔堡的近邻扎卡里亚斯·詹森，一个有名的酒鬼和造假者。他声称，自己早在1590年前后就完成了这项发明。这一说法曾一度被信以为真，这主要归功于他的儿子约翰尼斯·萨卡里亚森创造神话的努力。几十年后，萨卡里亚森经营了自己的镜片研磨和眼镜制作生意。然而，1590年时的詹森还是个孩子。更有可能的是，这个声名狼藉的人很快复制了他在1608年看到的利普希的产品，并看到了从中渔利的机会。

似乎整个城市是光学创新的温床。在眼镜市场的支持下，制造商和用户都可以自由地探索这项技术更深层次的潜力，来为他们提供娱乐和指导。所有专业的学者都被激起了好奇心，从进步的哥白尼派牧师，如菲利普斯·兰斯伯根，到诗人雅各布·凯茨，后者于1621年成为该城的法官。在《眼镜人丘比特》(*Cupido brilleman*)中，凯茨留下了一句关于米德尔堡望远镜制造师的幽默诗句，其中描绘了丘比特为了更好地做媒而拿着仪器："现在他只是一个点，那么第一个观察者是谁。"这是一句光学双关语，意指观察者与被观察对象相互观察时，他们看到的对方大小发生了变化，但这句话也有讽刺意味，因为"点"在荷兰语中既可代表笑话，也可指代作为客体的人。

利普希在海牙的演示会结束两周后，阿尔克马尔的雅各布·梅提斯提出了一个貌似更合理的说法，他是威廉一世的军事工程师阿德里安·梅提斯的儿子，也是弗兰克尔大学（University of Franeker）数学教授的兄弟。他的仪器似乎不如利普希的强大，因为政府只用了100荷兰盾就将他打发走了，并命令他改进设计。梅提斯有可能拜访过米德尔堡，尽管它离阿尔克马尔很远，因为他抱怨过通常得到的玻璃质量差，而米德尔堡以最好的玻璃而闻名。也许就在这样一个场合，他随意地把太多想法透露给了镇上最好的眼镜制造商汉斯·利普希。

关于梅提斯是望远镜真正发明者的说法，后来被赋予了可信度。起因是勒奈·笛卡儿在1637年的光学论文中这样称呼梅提斯，很可能他是从梅提斯的兄弟那里听说这件事的，他们曾在弗兰克尔一起学习光学。[1] 尽管如此，笛卡儿仍然被这样一个想法所困扰——仅仅一个工匠，没有得益于任何科学理论的指导，也可以取得如此重要的突破。

梅提斯的阿尔克马尔与利普希的米德尔堡之间的更牢固的联系，确定无疑是由科内利斯·德雷贝尔建立的。他是17世纪最多产的发明家之一，后来他在伦敦和布拉格的宫廷里展示了"永动机"和其他一些疯狂的想法，从而闻名于世。德雷贝尔出生在阿尔克马尔，后跟随当地一名雕刻师做学徒。他与梅提斯兄弟同处一个时代，可能是从他们那里第一次学会了用玻璃做活儿。1600年前后，他搬到米德尔堡，在那里住了几年。他设计了城市喷泉，并继续提升玻璃匠的技艺，他能熟练地研磨透镜，并利用自己的发明家头脑设计机器来从事这项工作，从而生产出比手工生产更稳定的产品。1608年，德雷贝尔与有竞争关系的专利申请人在海牙发生冲突后，搬到了伦敦，后来他成为望远镜制造商，并认为梅提斯是望远镜的发明者。

---

[1] 在1632年的对句中，老康斯坦丁也称赞了梅提斯，尽管他肯定知道利普希为执政所做的演示，他父亲当时担任国务委员会的秘书。在这一点上，克里斯蒂安后来则站到了笛卡儿和他父亲的对立面，他在后来的一篇光学论文中把望远镜的发明归功于利普希。(Huygens ed. Worp, *Gedichten* vol.2 236; OC13 438)

德雷贝尔通过指导年轻人学习研磨透镜技术，在光学技术的发展中发挥了重要作用。他的一个学徒是艾萨克·比克曼，比克曼的家庭和其他许多家庭一样，在八十年战争初期从南方逃到了米德尔堡。同样作为博学者，比克曼在水利工程、医学和气象学等领域进行了研究，还成为笛卡儿的重要朋友，并鼓励笛卡儿对自然世界进行数学研究。在牧师兼天文学家兰斯伯根的劝说下，比克曼致力于在伽利略设计的望远镜基础上开发出更好的望远镜，并在17世纪二三十年代，将透镜研磨的艺术和科学推向了新的高度，最终超过了萨卡里亚森等资深透镜研磨师的技术水平。

另一个跟随德雷贝尔学习的人是老康斯坦丁，他于1621年在伦敦结识了这位荷兰人。尽管德雷贝尔"看起来像一个荷兰农民，"老康斯坦丁写道，但很明显，"他的目标是在知识方面超过古希腊人和古罗马人。"他的神秘知识和奇妙的力学实验给这位年轻的外交官留下了深刻的印象，德雷贝尔还教给他如何研磨透镜——老康斯坦丁后来将这项技能传给了他的儿子们。

***

这是一个关于水、冰和平坦的土地的故事。

1622年冬天，整个欧洲遭遇了严寒。就连伊斯坦布尔的金角湾（Golden Horn）也冻住了。莱顿附近的小湖、河流、运河和沟渠里都结着厚厚的冰。威理博·斯涅尔的学生们带着测量

科内利斯·德雷贝尔肖像画,他是一位多产的荷兰发明家和工程师,他曾于泰晤士河上展示过一艘潜艇,并指导老康斯坦丁磨制镜片。

仪走到冰面上。冰面是做科学实验的邀请函。

多年来，斯涅尔一直在从事一个宏大的项目——测量这个年轻国家的面积。斯涅尔利用同胞杰玛·弗里修斯设计的三角测量法，把阿尔克马尔置于一个三角形的数学网络之中，由此他开始非常精确地计算长距离。用铁链量出每个三角形各个点之间的距离，用一个大的黄铜象限仪计算角度，其刻度可精确至两弧分，即三十分之一度。最后，通过从一座教堂塔楼望向另一座教堂塔楼，他构建的测量基线向南沿近似同一经线延伸，直至 150 千米外的贝亨奥普佐姆。

用天文学方法确定该子午线上已知长度线的每一个终点的纬度，他能够计算出地球的大小。他计算出每一个纬度为 2.85 万莱茵兰测杆[①]（Rhineland rod），于是得到地球周长为 3.86 万千米——比今天的已知值少了大约 4%，这是一个相当接近的估算。他将这一结果发表在一部名为《巴达维亚的埃拉托斯特尼》（*Eratosthenes Batavus*）的著作中，书名分别来自古希腊数学家埃拉托色尼（他通过比较不同地方的阴影来估算地球的大小），以及罗马帝国时期荷兰的古老部落巴达维亚。这是对相当大面积的土地进行的较早的一次实际测量，很快就激发了人们在英国、意大利和法国开展类似的活动。然而，斯涅尔对自己早期测量结果的不准确感到不满，现在正是在水平冰面上获得更准

---

① 长度单位，1莱茵兰测杆约等于3.66米。——译者注

确读数的机会，他和他的助手被吸引来到寒冷的户外。

斯涅尔·范·罗伊恩，1580年生于莱顿。他的父亲鲁道夫是威廉一世1575年所建大学的第一位数学教授，威理博最后会接替父亲的职位。在布拉格跟随第谷·布拉赫和约翰尼斯·开普勒学习天文学，并在巴黎学习法律几年后，威理博于1604年回到莱顿，跟随父亲学习数学，并着手将西蒙·史蒂文的著作翻译成拉丁语，以便更多人阅读。他写了关于圆锥曲线和航海的书，并讨论了计算 π 的更精确的方法，然后开始了不起的大地测量。

然而，斯涅尔的名声并不是来自这些工作，而是源于以他的名字命名的折射定律。用现代术语来说，斯涅尔定律（Snell's law，他的名字拼写在该语境中通常被英语化）指出，当光从一种介质传播到另一种介质时，入射角与折射角的正弦之比与两种介质的折射率之比成反比。他的思想大概形成于1618年，当时他开始用望远镜工作，例如，通过在两个地点得到的观测数据之间的视差关系，推断出某一颗彗星的轨道一定远在月球轨道之外。将透镜用于这种设备，至少需要对折射现象有一种本能的领悟。但是斯涅尔得出自己的定律是通过思考一种更简单的情况：水面下方的一个光点，如运河底部被太阳照射的一枚硬币。在水面上方的人看来，硬币好像处于比实际深度更浅的水中，因为光的路径在水面上弯曲了。1621年，经过多次实验，斯涅尔证实，光在水下的实际路径与表观路径的长度之间存在着确定的数学关系，而且这种关系与光通过水面时所成角度的正弦之比成正比。

然而，正如科学史上经常发生的事情，整个故事更复杂，因为，事实上，在斯涅尔做实验的前后那段时间里，"斯涅尔定律"反复被发现。① 由于斯涅尔当时并没有公布自己的发现，而且他的原始手稿后来也丢失了，所以他在这一系列事件中的应有地位变得难以确定。1601年，英国数学家托马斯·哈里奥特利用悬浮在水中的星盘发现了正弦关系的本质，但他也没有发表自己的观点，他的工作也是后来才被发现的。直到1637年勒奈·笛卡儿关于折射的论著《屈光学》（ *La dioptrique* ）问世，折射定律才被登载出来。

笛卡儿似乎是通过使用类似于斯涅尔的几何学分析，独立发现了折射定律，尽管他本人没有进行任何直接的实验或测量。那是1626年，他住在巴黎。两年后笛卡儿来到荷兰，把这件事告诉了他的朋友艾萨克·比克曼。然而，荷兰学者艾萨克·沃修斯读过斯涅尔的作品，并将其用于自己关于光的本质的论文。他认为笛卡儿一定也看过斯涅尔的书。克里斯蒂安·惠更斯在

---

① 与现代科学史上越来越多的情况一样，现在人们认识到，这一发现实际上完全是由其他人做出的，而且是在更早的时期的更遥远的东方。数学家阿布·赛尔德·阿拉·伊本·萨赫尔在10世纪的巴格达使用了同样的几何公式来制造更有效的燃烧镜。[R.Rashed, *Isis*, vol.81（1990）464-91]

自己的光学论文中附和了这一观点,并在1693年向哲学家皮埃尔·拜尔证实,"尽管有种种表象,但折射定律并不是笛卡儿先生发明的,因为可以肯定的是,他读过斯涅尔的手稿,我也读过"。

讽刺的是,当笛卡儿发表折射定律时,它的有效性似乎受到了威胁,因为对于光的运动方式有了一些新的发现,例如,它分解成多种颜色,以及它遇到某些透明材料时——如冰洲石(iceland spar)——表现出的奇怪运动方式。在一代人的时间里,折射定律似乎根本就不具有其他定律的权威性,直到牛顿和克里斯蒂安开展进一步的研究,才能够证明折射定律针对这些效应仍然有效。

***

这是已知的伦勃朗最早的作品,他以视觉感受作为创作的开端,是恰到好处。

《卖眼镜的小贩》(*De Brillenverkoper*)是关于人类感官的5幅寓言画作之一,创作于1624年,艺术家伦勃朗当时只有18岁。这幅小画布展示了一个吉卜赛眼镜小贩努力说服一对老夫妇买眼镜的景象。小贩穿着一件异国情调的外衣,戴着一条深紫色头巾。他的肩膀上挎着一个托盒,里面装有许多副眼镜。眼镜可能已经按光学强度分类摆放,因此他能够挑选出最适合某个年龄段顾客的眼镜。满脸假笑的他拿出一副眼镜递给老人。

老人指着自己那酒瓶般的茄子鼻子，好像他最大的烦恼是找不到能架到他的鼻子上的眼镜，而不是矫正视力。老人的妻子站在他身旁，眼睛半闭着，手试探着向前伸，这暗示了她实际上是看不见的，不管有没有戴眼镜。

也许老夫妇不是理想的顾客，但此处的寓意是什么呢？荷兰语的"卖眼镜"（brillen verkopen）曾经意味着欺骗，因为买家无法看到自己买的是什么。卖家是骗子。

无论如何，这幅画揭示了荷兰共和国早期这种交易的性质。眼镜流行很慢有多个原因。视力不良主要被视为一种疾病，而不是能用光学方法矫正的问题。与"阅读石"①或布商的织物分析镜的厚镜片相比，大多数人戴眼镜所需的薄镜片很难制作，因为它们的曲率较小，必须非常小心地控制。尽管富人自13世纪以来就能买到眼镜，但印刷术的出现最大限度地满足了大众的需求。然而，当时没有眼科检查或个人处方。寻找眼镜来改善视力是一件需要反复试错的事情。这就是为什么《卖眼镜的小贩》中的托盒如此沉重。小贩至少在为客户的视力障碍提供解决方案，如果这些方案算不上是完美的话。没有框架的眼镜摆放在盒子的天鹅绒衬里上，几乎看不见，只有光线映照在每片圆形镜片的边缘时，极淡的铅白色油漆痕迹才表明了它们的

---

① 中世纪至文艺复兴时期用于辅助阅读的光学工具，多为天然水晶（石英）或玻璃制成的半球形凸透镜。——译者注

存在。镜片的透明度暗示，这些样品是由上等的水晶制成的，而不是呈现绿色的"森林玻璃"。（荷兰语"bril"的意思是一副眼镜，源自拉丁语"beryl"，一种几乎透明的水晶矿物，而非玻璃。）这个买卖迅速发展成为一个繁荣的行业，眼镜商人不仅挨家挨户售卖眼镜，而且在商店里和市场上出售。由于人们不停地寻找合适的度数，所以眼镜销量激增。以该时期的英格兰为例，威廉·霍华德勋爵在13年里买了至少27副眼镜，大概是因为他的需求难以被满足。与此同时，一则在荷兰广为流传的笑话，反映了这个市场的活力和整体较高的识字率。这个笑话讲道，一个人试了许多副眼镜，但是都不行，原来他根本不识字。

***

在不到一代人的时间里，为改善人类视力而精心设计的玻璃镜片被人们所熟悉，这足以成为讽刺作品的主题，而更专业的光学仪器开始在行家中流行开来，人们开始努力理解这些仪器工作的基本原理。视力模糊的老康斯坦丁最先进入了这个光明的视觉世界，之后依次是他的四个儿子。

第 2 章　万物之专家

1578 年，27 岁的克里斯蒂恩·惠更斯被任命为奥兰治威廉亲王的 4 名秘书之一。①克里斯蒂恩来自布拉班特最重要的家族之一，尽职地接受过法律方面的训练，因此他能够胜任这个职位，而能为这位亲王效力也是一种荣幸。就在几个月前，亲王成功地将几个新省份纳入与荷兰和泽兰的联盟，并且很快他将被誉为"祖国之父"。

根据克里斯蒂恩儿子的家族回忆录，克里斯蒂恩于 1551 年 4 月 22 日晚上 10 点至 11 点之间出生在特尔海登，靠近布雷

---

① 就像加布里埃尔·加西亚·马尔克斯的《百年孤独》中的布恩迪亚家族一样，惠更斯家族几代人使用了很少的几个名字，很容易令人混淆。这里的克里斯蒂恩·惠更斯（1551—1624）是诗人和外交家康斯坦丁·惠更斯（1596—1687）的父亲。康斯坦丁的第一个儿子也叫康斯坦丁（1628—1697），第二个儿子叫克里斯蒂安（1629—1695），以他祖父的名字命名，他是我的首要研究对象。我用以前的拼写"Christiaen"来指祖父，"Christiaan"来指孙子。在他们容易混淆之处，我偶尔会加上"老"或"小"，来指明是哪一个康斯坦丁，而这家人也用了各种昵称来区分。更糟糕的是，三代惠更斯的妻子都叫作"Susanna"或"Suzanna"，这也是老康斯坦丁的女儿的名字，但上下文通常足以避免歧义。

达，那里有奥兰治—拿骚王室的宫廷。那时，克里斯蒂恩的父亲已经去世了，而母亲在他5岁时也去世了。

此时，威廉已经继承了他的出生地黑森选帝侯国的拿骚、法国的奥兰治市以及在荷兰、佛兰德和布拉班特的土地，这个路德宗男孩正是在布拉班特接受了罗马天主教的教育。尼德兰的大部分领土自16世纪初就处于西班牙哈布斯堡王朝查理五世的统治之下，省总督——即执政——由西班牙任命。1559年，26岁的威廉被西班牙国王菲利普二世任命为尼德兰、泽兰和乌得勒支的执政。

在这里，威廉试图平衡各种对立的宗教利益，保持对天主教会的忠诚，这是哈布斯堡西班牙统治者所要求的，同时也宽容新教信仰。尽管威廉凭借相当了得的政治技巧为自己赢得了"沉默者"的绰号，但是事实证明，这是一项不可能完成的任务。1566年，新教信仰越发大胆的表现，引发了狂热的"圣像破坏运动"。第二年，菲利普国王的令人憎恶的总督阿尔瓦公爵，用武力重申了西班牙对该地区的控制。

在阿尔瓦的狂热恐怖驱使之下，新教徒或逃往国外，或改为秘密活动，低地国家准备好了起义。退到德国的威廉，起初对于参加武装斗争犹豫不决，但他很快发现自己成为抵抗运动的焦点人物，城镇与省市之间逐渐结成联盟，这种联盟具有宗教和商业的特性。然而，在八十年战争初期的小规模战斗中，尼德兰人无法与阿尔瓦抗衡。经过几年的推进和撤退、围攻和战略性洪水，西班牙人控制了天主教的尼德兰南部，而在北方，新教得到了巩固。威廉认为，重新控制布拉班特和其他南部地区的最大希望，是促进建立一个既允许天主教信仰又允许新教信仰的政权。1578年9月，他在布鲁塞尔宣告了"宗教和平"。

克里斯蒂恩·惠更斯谨慎地进入了这个分裂的世界。1581年，在一次棘手的任务中，他证明了自己具备外交秘书所必需的素质。根据他的儿子康斯坦丁的讲述，当时西班牙驻伦敦大使雇用了一个名叫威廉·扬森·范·胡伦的荷兰间谍，他承诺将为西班牙人保卫弗利辛恩港，这个港口当时是英军驻地。当这个人航行前往弗利辛恩时，他10岁的儿子作为人质被扣押在伦敦。范·胡伦要了大使，并将这一阴谋告知威廉，克里斯蒂恩很快被通知前往伦敦解救男孩。当克里斯蒂恩准备离开房间时，在门口停住了，他被用来开门的绳索和滑轮装置缠住了。威廉笑着说，这是一个警告：克里斯蒂恩必须当心，不要在绳子上终结他的生命。幸运的是，这次冒险取得了成功。克里斯蒂恩设法用谈话拖住了大使，与此同时，一名随行士兵夺回了男孩儿，对弗利辛恩的攻击得以避免。

1584年7月10日，奥兰治的威廉一世在代尔夫特的住所亲王宫（Prinsenhof）的楼梯下，被一名勃艮第天主教徒枪杀。这是第一次有人用手枪暗杀一名国家元首。此时，克里斯蒂恩已经展现了忠诚和能力，他继续为奥兰治家族威廉的继任者做秘书，并确立了一条家族职业道路，从他的儿子延续到他的孙子，长达百余年，以至于似乎从来没有一个时刻，惠更斯家族不与荷兰王室联系在一起。

如果说康斯坦丁·惠更斯从父亲那里继承了外交职业和清秀的容貌，那么他对艺术的喜爱无疑来自母亲。1592年8月26日，克里斯蒂恩与30岁的苏珊娜·霍夫纳格尔结婚。霍夫纳格尔是安特卫普一流的绘画世家。苏珊娜的哥哥乔里斯以细致的城市景观画和微型画而闻名。他对博物学，尤其是对昆虫的高度精确的描述，使他有资格被称为科学插图之父。乔里斯的儿子雅各布追随父亲的脚步，成为布拉格神圣罗马帝国皇帝鲁道夫二世的宫廷画师。

克里斯蒂恩夫妇一定通过他们所处的圈子给孩子——四个女儿和两个儿子，尤其是两个儿子，即1595年出生的莫里茨和1596年9月4日出生的康斯坦丁——树立了一个光辉的榜样，但他们也采取了与众不同的步骤来引导、教育孩子。克里斯蒂恩夫妇模仿"儿童游戏的吸引力"，使音乐、歌唱、舞蹈以及日后的写作和语言教学更有吸引力。法语是通过背诵法文祈祷文来记忆的，而克里斯蒂恩夫妇鼓励孩子跟随流亡在海牙的法国胡格诺派教徒学习，从而促进轻松的交流。这种模式对康斯坦丁·惠更斯很有效，后来他在教育自己的孩子时也采用了同样的方法。

***

荷兰国立博物馆收藏的一个华丽的大键琴琴盖，彼得·艾萨克斯于 1605 年前后在琴盖上绘制了神话中的阿姆斯特丹少女（Maid of Amsterdam），她像一个所有者那样将手优雅地放在地球上，审视着来自世界各大洲的财富。许多异域风情的人物形象、物产和精致的文化宝藏似乎被冲上了荷兰海岸，因为盖子也是这个国家版图的形状。这件作品名为《世界贸易中心阿姆斯特丹》。

17 世纪初，荷兰艺术在民族起义后繁荣起来，在涌入的流亡艺术家和迅速扩张的贸易的刺激下，出现了空前绝后的艺术繁盛。艺术品和装饰物不再是贵族的专属物品，而是商人和工匠拥有的物品。

但是，"买家当心"（caveat emptor）、"卖家当心"（caveat venditor）：不是所有艺术家都技艺精湛，也不是所有买家都出于美好的感情而购买。要驾驭这个丰饶的新世界，需要艺术判断力和鉴别力，康斯坦丁接受的教育让他具备了一系列艺术技能。除了骑马、剑术和正确的着装，这位当代绅士不仅培养了对艺术的兴趣，而且通晓各种艺术——他的目标是成为一个专家、一个鉴赏家，也就是真正懂行的人。要正确地评价一幅画，就必须会画画；要欣赏一首乐曲，就必须会演奏，最好还会作曲。

康斯坦丁都能做到。"我可以在中等水平的艺术家中获得一定的声誉。"他如此评价自己作为画家的能力。随着时间的推移，他将把这种来之不易的真知灼见的价值传递给他的孩子。

康斯坦丁最早接受的家庭教育为其日后的发展奠定了基础：他从4岁开始学习语言、歌唱和舞蹈。6岁时，他开始学习六弦提琴，很快开始学习其他乐器。康斯坦丁很早就会使用羽毛笔了，这对于一个在漫长的外交生涯中写了多达10万封信的人来说很重要。他的字迹小巧工整、朴实高效，显示了书法技巧。但这也是必需的，因为康斯坦丁经常被要求在小纸片上书写，这些小纸片可以紧密折叠起来秘密发送。不久之后，他开始写诗，起初用拉丁文，后来用法文和荷兰文，灵感来自他所读的罗马诗人的作品。

康斯坦丁师从著名的制图师和雕刻家亨德里克·洪迪乌斯学习制图和绘画，然而洪迪乌斯冰冷的建筑学风格对康斯坦丁没有太大的吸引力，康斯坦丁更愿意接受画家雅克·德·盖恩二世的更自由的指导。他还探索各种应用艺术，甚至尝试象牙雕刻，为此他还有了自己的车床。通过跟随这些大师学习，年轻的康斯坦丁获得了对艺术理论和实践的透彻了解，这使他后来能够推荐有前途的艺术家获得资助，并为他在宫廷的雇主获取和委托创作作品。他成了一名专家（kenner）。

很难恰当地翻译这个词。从表面看，"kenner"与英语（法语）的"connoisseur"完全一致，但后者的当代用法已经退化，不再具有实践专长和学术兴趣的含义。这个词最适合用来与业余爱好者（liefhebber）进行区分。业余爱好者缺乏纪律，往往又充满无知的热情，在这片新近富裕起来的土地上有很多这样的人。这些追求新奇美学的人，在1637年臭名昭著的郁金香狂热中被烧伤手指，他们遭到了塞缪尔·范·霍赫斯特拉滕等真正的艺术家和批评家的贬低。但业余爱好者也比名号买家（naamkoper）好，后者仅仅凭艺术家的名气购买艺术品。

专家知道如何研磨颜料、混合油彩和使用画笔，业余绘画爱好者偶尔会涉猎这些知识。专家能将这些具体知识应用于绘画，以及确定作品的真实性和解决归属问题。因此，专家的创作并不纯粹基于视觉分析，而是涉及一种更复杂的感觉，他使用画笔的肌肉记忆会因看到画布上的笔触而被激活。

很多时候康斯坦丁·惠更斯都要发挥这项能力。更为重要的是，他能够识别出年轻的扬·利文斯和伦勃朗的超凡才能，并帮助他们获得早期的委托创作任务。但他也能够发现专业人士的不当行为。佛兰德画家冈萨雷斯·科克斯曾受奥兰治的弗雷德里克·亨德里克的委托创作一系列以普赛克（Psyche）为主题的绘画作品。当科克斯将转包给一位资历尚浅的艺术家的作品呈现出来的时候，康斯坦丁指出，这些作品不带有这位艺术家的明显印记，实际上是模仿了拉斐尔的一些版画作品。这引得宫廷哄堂大笑，也使科克斯感到极度尴尬。

康斯坦丁的丰富技艺一定有助于他的外交官工作，在整个职业生涯中，他很关注精致礼物的交换。有时，他甚至直接运用自己的创造力。他一直认为，自己作为音乐家的才能是让他接触到权势人物的一个重要因素。但他也会赠送艺术作品。康斯坦丁写给花卉静物画家丹尼尔·塞格斯的一首短诗，表明康斯坦丁认为自己的画艺炉火纯青，甚至敢于在他给弗雷德里克·亨德里克的一封信中附上一幅小画，以感谢亨德里克赠送的一幅插着玫瑰的花瓶画作。

> 请用同情的目光注视我枯萎的花朵，
> 上帝之下的花匠。它们不能妄想，
> 如塞格斯作品般精美绝伦……

康斯坦丁显然认为，应终其一生培养艺术才能。例如，他去表亲雅各布·霍夫纳格尔那里学习水彩画艺术；而到了晚年，他还学习了吉他。如此高的造诣自然也带来了纯粹出于愉悦自身的创造性的满足感。仅仅是转向一种新的媒介有可能帮助康斯坦丁克服了在另一种媒介上遇到的创造性障碍。创作力上有如此多选择，康斯坦丁可能会担忧在一种艺术上表现出太多的非凡才能，会让人们低估他的其他艺术能力。

此外，康斯坦丁能够对自己的美学环境施加一种令人羡慕的控制。他委托一批时尚艺术家为自己及家族成员画肖像画，这些艺术家包括安东尼·范·戴克、扬·利文斯、卡斯帕·内切尔和米歇尔·范·米里维尔，并拥有伦勃朗和彼得·萨恩雷丹等风格迥异的画家的作品。这些画挂在位于海牙平原上的房子里，房子由当时最优秀的两位荷兰建筑师根据康斯坦丁的精练说明设计而成。

西蒙·沙玛在对17世纪荷兰文化进行的引人入胜的研究中使用了一个短语——"财富的尴尬"，在加尔文主义日益盛行的共和国里，这种"尴尬"感受尤为强烈。对世界文化宝藏的广博了解，为人们提供了一种不违背公共节俭的拥有方式。但是正确的改革行为并不等同于简单的节制，太多的荷兰人太富有了。这就是专家的鉴赏力发挥作用的地方。如果奢侈品是"正宗的"，而不只是虚夸，它们更容易被接受。康斯坦丁在平原上建造的房子宏伟而并不浮夸。事实上，它具有内敛的古典风格近乎简朴。

追求科学为挥霍个人财富提供了一种更为谨慎的方式。望远镜和星盘，测量和绘图仪器，收集矿物和填充动物标本，都展示了严肃的生活和学习态度。在康斯坦丁接受的教育中，科学没有被忽视，他学习物理学、医学和炼金术。他对它们的充分了解足以帮助笛卡儿制造望远镜镜片，后来他积极地参与了儿子们的天文学活动。他也有自己的科学兴趣，如草药学。他还对香水产生了兴趣，抄写下了数张香料及其他混合成分的长长的清单，并很可能在自己的家庭实验室里蒸馏制剂。

康斯坦丁·惠更斯是最后一批有理由声称精通许多领域的通才之一。在他有生之年，艺术和科学取得了巨大发展，对于他的孩子而言，"通才"不再是可以实现的愿望。克里斯蒂安是那个时代最接近职业科学家的第一批专家之一。

***

在莱顿大学，康斯坦丁·惠更斯进一步拓展了自己的学识。他在医学、科学以及哲学和神学方面都打下了坚实的基础。他聆听了拉丁诗歌主要倡导者的论述，如丹尼尔·海因休斯和卡斯帕·巴莱乌斯，后来康斯坦丁与他们有着激烈的竞争。他发现自己的许多同学傲慢自大，他们嘲笑那些更有德行的同伴；也许康斯坦丁给人留下的印象也有点儿高傲和自负。然而，他确实与一些人建立了友谊，其中包括塞萨尔·卡兰德里尼，他们曾一起租房，后来卡兰德里尼搬到伦敦，成为一名坚定的加尔文派牧师。

毕业后，康斯坦丁也想利用在海牙的家族关系去英国，当时两国结成反西班牙联盟，荷兰国务委员会中有许多英国代表。1618年夏，他得到了机会，与英国驻海牙大使达德利·卡尔顿爵士一起旅行。带着脚上的疖子和痈以及对瘟疫的恐惧，他蹒跚着去看绘画收藏集,参观了温莎、格林尼治、牛津、伍德斯托克和剑桥,拥抱了他的朋友卡兰德里尼,给家里写诗并抱怨旅行和医疗费用。由于来自一个新成立的共和国,所以康斯坦丁渴望看到一个真正的国王是什么样子。7月10日,他的好奇心得到了满足。当天,詹姆斯一世按每年惯例,拜访康斯坦丁英国之族的东道主、长期任职的荷兰大使诺埃尔·德·卡隆,品尝他在兰贝斯的住所花园里的成熟樱桃。卡隆大使采用了一种仪式性的做法,包括搭建通向樱桃树的台阶并铺上地毯,以便国王可以摘到最好的水果。

几周后,康斯坦丁和卡隆一起去了坐落于萨里郡巴格肖特的王宫,在那里待了一周。他写信给父母,并附上了一些鹿肉酱。国王追逐这只鹿一整天,直到它误入池塘才被抓住。康斯坦丁对野兽的死亡进行了无情的描述,"从中你可以推断出,应该以敬畏和尊重的态度吃掉它"。他还描述了自己如何在这种场合为国王弹奏鲁特琴:

> 我不知道来自右手的恶魔鼓励了我什么,让我去演奏一些值得一位伟大国王聆听的东西。我在半个小时里表现得很好,以至于不太喜欢音乐的王子也不得不中断他的纸牌游戏来听我演奏。他的举止优雅,毫不吝啬地用平常的话语让我确信他感到满意,甚至对我说话时和蔼可亲、面带微笑,

这让我深感荣幸。我吻了他的手,十分得体地道别。对于这次小小公务取得的成功,我很满意。在这半个小时里,上演了一出《伊利亚特》式的精彩故事。

秋天,卡隆被派遣回荷兰,以应对那里发生的一场新的宗教和政治危机。康斯坦丁设法回到海牙,参加了多特宗教会议的一些会议。多特宗教会议是国际新教大会,它巩固了荷兰归正会(Dutch Reformed Church)的教义,并确立了一个标准信仰,即人类是必死的且不可救药的罪恶生灵。这件事促使康斯坦丁作诗忏悔,他还在自己的诗中插入了《使徒信条》的语句。在"他将再次来审判生者和死者"这句话下面,他写出了天国的景象:

当水、空气和大地都在颤抖,
当日、月的光芒都消失,
当天上没有光,星辰不再闪耀上帝的光芒,
这一切都是征兆。

康斯坦丁一定在英国证明了他的价值,因为 1619 年他又被选中陪同另一个外交使团。同年 12 月,联省议会与欧洲贸易共和国威尼斯签署了条约。这次旅行经历对康斯坦丁而言有着重要的影响,意大利的艺术、建筑和音乐令他大开眼界,甚至改变他的创造力。在维琴察,他参观了由建筑师安德烈亚·帕拉迪奥设计的奥林匹克剧院;在威尼斯的圣马可大教堂,他聆听了克劳迪奥·蒙特威尔第指挥自己的作品。

***

1621年1月,康斯坦丁再次来到伦敦,正式担任荷兰驻英国使馆的秘书。荷兰人的目标是争取詹姆斯的帮助来支持新教的波希米亚——那里的国王(詹姆斯的女婿)被废黜,以对抗哈布斯堡帝国的扩张野心。然而,由于英国不想惹怒哈布斯堡西班牙,这是一个无望的目标。康斯坦丁的任务是在国际会议及外交官之间的双边会议上做记录,但他的职责也包括参加从骑马比武到芭蕾舞表演的无休止的娱乐活动,这些活动折射出那个处于中世纪与现代世界之间的历史时刻。

随着三十年战争在中欧蔓延和荷兰再次试图摆脱西班牙统治者,紧张局势加剧了,外交风险也增大了。短暂返回海牙后,康斯坦丁回到了英国。他试图将荷兰关于英、荷东印度贸易公司因竞争激烈而导致的争端的观点阐述清楚,并希望詹姆斯远离与西班牙日益密切的友好关系,其中包括他的儿子查尔斯王子与西班牙公主联姻的可能性。对于他来说,这是一段充满挫折感的经历,其间偶尔也会出现让人觉得坚持下去或许还有些价值的想法。这样的一个时刻发生在他被派去赫特福德郡罗伊斯顿的王室狩猎小屋面见国王的时候。令人惊讶的是，这次会而结束后，他被授予了骑士称号。然而，在回伦敦的路上，他和他的马被一支路过的马车队逼离了道路，被困在那里直到获救。在后来的生活中，他感谢的不是王室荣誉，而是从这场灾难中解脱出来。

毫无疑问，康斯坦丁在英国的迅速晋升不仅归功于他的魅力和能力，而且归功于年长的卡隆的影响。早在1585年，卡隆就与伊丽莎白一世女王巩固了英荷联盟，并在她的继任者手下保住了自己的职位。康斯坦丁经常承认得到了这种帮助，这又促进了他在社会阶梯上进一步上升。

尽管如此，他还是以一种讽刺的超然态度看待自己的职业。他在一首诗中回顾了自己去往英国的使馆之旅，他这样描述大使的工作：

> 他是一个诚实的间谍，在海外是一名精明的商人，
> 在此处则是一名危险的多面手，
> 亲王最长的手臂，不速之客，
> 无论处在多么好的地方，他们必须找到自己的位置。

与此相对照，惠更斯家族在海牙的曾经的邻居，卡隆的前任亨利·沃顿爵士则有过这样的著名说法："大使是为了国家利

益被派往国外撒谎的诚实人。"

然而,即使是大使馆团队中的初级职员的生活也并非完全没有乐趣。康斯坦丁利用闲暇时间扩展了自己的社交和音乐网络,他结识了一些卓越人物,如作曲家尼古拉斯·拉尼尔和当时一流的鲁特琴演奏家雅克·戈蒂埃等。他也利用在伦敦工作的机会增长自己的科学知识,因为他知道自己在这方面还比较欠缺。

他首先找到了61岁的维鲁拉姆勋爵弗朗西斯·培根,长期以来他一直欣赏培根的文学作品。这位多产的律师、自然哲学家和历史学家曾升任国王詹姆斯手下的大法官,但近来因一桩丑闻而失宠,并因此被短暂地关押在伦敦塔。幸运的是,作为一名作家和思想家,他的作品基本上没有受到公共事务的负面影响。在1620年出版的《新工具》(*Novum Organum*)一书中,他提出了基于观察、实验和归纳推理的科学方法。当康斯坦丁认识他时,他正在写《新亚特兰蒂斯》(*New Atlantis*),这是一部乌托邦小说,描述了科学知识的"所罗门宫殿"——后来皇家学会的虚构原型——并列举了新的科学方法可能带来的奇妙创新的例子。

康斯坦丁对培根一直怀有一种神圣的敬畏,即使他觉得这位英国人在为其作品选择的标题上可以更谦逊。他最钦佩的是培根写作的惊人广度,从历史到法律、科学和宗教,还有许多其他主题的文章。他认同并大段地引用培根在《新工具》开篇章节中论述的论点，即与古典时期的科学繁荣相比，17 世纪早期的科学正处于一种停滞状态。尽管最后康斯坦丁与培根见了几次面，但这几次经历被证明是一种彻底的失望。他发现培根"在傲慢自大和矫揉造作方面不甘示弱"。在康斯坦丁面前，培根说话和打手势的方式是浮夸的，让人心烦意乱。这位年轻的外交官注意到，当培根和朋友们在一起时不是这样的，他在他们中间表现得十分自然。尽管有了这些失望的会面，但康斯坦丁对培根的"崇高学识"的仰慕丝毫未减，还帮忙安排将培根后来的一些作品翻译成拉丁文，但他只希望抹去自己对培根的印象。他在年轻时撰写的自传中写道："我不认为个人之间的交往会对伟人的名声造成更大的伤害。"

***

康斯坦丁与科内利斯·德雷贝尔的交往则比较友好，后者是出生于阿尔克马尔的发明家，自 1605 年起一直住在伦敦，除了曾在布拉格有过一段长期的旅居。德雷贝尔用看似不可能的发明给国王詹姆斯一世和鲁道夫皇帝的宫廷留下了深刻的印象，这些发明包括一台貌似永动机的装置、一台能投影的简陋幻灯，甚至一架由太阳能驱动的大键琴。他的漂亮英俊的外表和低调的举止完全不同于人们期望在骗子身上看到的东西，人们对于他本人与他所做的演示一样感兴趣。他毫不费力地在这两个城市得到了资助，并由他的英国捐助者在离格林尼治不远的埃尔瑟姆宫建立了一个实验室。

尽管德雷贝尔基本上没有接受过正规教育,但他的科学活动范围很广。他的发明依赖于机械、水利、热学和化学等手段。他还是技艺精湛的雕刻师和制图师,曾用铜制作了一幅精美的家乡城市地图,后来他永远地离开了家乡。他只获得了一两项专利,因此他的主要兴趣似乎是炫耀自己的创造才能,而不是从中获利。尽管获得了如此多的支持,他仍然艰难地谋生。

德雷贝尔做出的最惊人之举发生在泰晤士河上,或者确切地说是泰晤士河河底——他展示了一艘载客潜水艇,时间大约是1621年康斯坦丁到达伦敦之时。当时的记述含混不清,但这艘船很可能是以一艘倒置的船为基础,船身包裹着兽皮,涂了油脂以防水,还有用皮革连接的小洞,8名船员可以通过小洞把桨伸到船外,以便在水下推进船只。据说,船上的空间可以容纳16名乘客。潜水艇的底板似乎可以打开潜入河水,船依靠内部的空气压力和非常小心的驾驶技术来保持稳定。

虽然康斯坦丁没有亲眼看见这次展示,但他后来报告说:

> 能与其他所有发明抗衡的是那艘小船,他驾驶着船愉快地潜入水下,国王、整个宫廷的人和数千名伦敦人都屏住了呼吸。据说,当他们连续三个多小时没有见到他时,大多数人以为他成为自我,直到他在离潜水处很远的地方再次浮

出水面。

据说，这艘船可以在水下停留长达 24 个小时。在没有管子通向水面的情况下，潜艇船员是如何在相当长的时间里获得空气的，这仍然是一个谜。下一代最重要的化学家罗伯特·玻意耳曾高度评价德雷贝尔——"这位当之无愧的著名机械师和化学家"。玻意耳清楚德雷贝尔使用了"一种化学酒"，而他不愿透露其成分，这种酒能够在船内制造空气的"某种精华（如化学家所言）或纯净的部分"。德雷贝尔非常熟悉他那个时代的重要炼金术士，例如，他知道加热硝石能释放维持生命的气体。150 年后，这种气体才被分离出来并被命名为氧气。人们普遍认为，他就是利用这一反应，来保障船上有可呼吸的空气。然而，还有其他化学方面的可能性。1690 年，小康斯坦丁·惠更斯在伦敦时，科内利斯·德雷贝尔的大女儿来看他，向他讲述了她父亲著名的潜水艇的故事，并解释说他用了一根"带水银的管子"来供应空气。这说明德雷贝尔可能采用了另一种化学反应——将氧化汞加热分解成汞和氧气，约瑟夫·普里斯特利正是用这一反应在 1774 年分离出"无燃素的空气"。

作为一个对科学奇观充满热情的人，德雷贝尔对光学感兴趣也就不足为奇了。1613 年，当他准备从布拉格返回伦敦时，他希望用一件礼物再次赢得国王的青睐。他声称，这是自己发明的"一个仪器，通过它可以读出1英里之外的字母"，或者是5英里、6英里、7英里、8英里甚至10英里，他如此这般洋洋洒洒地描述。此时，望远镜已经在欧洲宫廷广泛传播，很可能德雷贝尔做了一些改进，他最初在阿尔克马尔跟随雅各布·梅提斯学习研磨透镜。他可能是使用机器辅助研磨来制造标准化透镜的第一人。他也是一个吹玻璃高手，能为自己的永动机制造精巧的玻璃组件。17世纪20年代早期，德雷贝尔通过引入两个凸透镜对望远镜进行了改造，将其变成一台原始的显微镜。在早期的幻灯表演中，他通过变换透镜的排列，用墙上的投影给伦敦人带来娱乐。

老康斯坦丁在1621年春天与德雷贝尔有过短暂的接触，并被他的渊博学识所打动，将其比作毕达哥拉斯和恩培多克勒。第二年，老康斯坦丁回到伦敦待了较长一段时间，两人得以更频繁地见面，形成了一种亦师亦友的良好关系，德雷贝尔还引导他的侨胞进入物理科学的神秘世界。"很可能"老康斯坦丁在这个时候从德雷贝尔那里学习了透镜研磨技术。老康斯坦丁还从德雷贝尔那里为自己和其他人买了眼镜、一架望远镜和一个照相暗盒，在任职结束时将它们带回了海牙。

他们一定是很奇怪的一对友人，老康斯坦丁有着修剪整齐的深色胡须和轮廓分明的五官；德雷贝尔身材魁梧、不善言辞，一头蓬松的金发，不在乎社会等级。从表面上看，一个胸怀青云之志的青年外交官竟然花时间跟这样一个惹眼的古怪之人在一起，这很奇怪。老康斯坦丁的父亲甚至写信警告他的儿子远离德雷贝尔，但老康斯坦丁回答说："我最后一次嘲笑你，你洋洋自得地警告我当心德雷贝尔的魔法，并指责他是巫师。"他逗乐般地让父亲放心，并表示德雷贝尔可能拥有一些秘密，这些秘密会在夏季将要重开的战争中被证明有用，并答应带回一个照相暗盒送给他们的邻居画家雅克·德·盖恩二世，"那当然是他巫术的杰作之一"。

照相暗盒本质上是一个暗空间，一侧有一个镜头或针孔，明亮的外部场景通过它投射到二维表面上——反转或倒转——形成图像。列奥纳多·达·芬奇很早就准确地描述了这种设计。德雷贝尔的版本是一个"轻型构造的仪器"，旨在方便携带。这个暗盒有一个密封盒，由于多加了一面反光镜，所以密封盒里的图像以正向出现在白色半透明的屏幕上。德雷贝尔应该是用了一个异常清晰的镜头，因为老康斯坦丁对自己所见图像的质量印象深刻。"我无法用语言向你们描述这种美，"他告诉自己的父母，"所有的画都失去了意义，因为这里有生命本身或者更高等的事物。"

老康斯坦丁同样被德雷贝尔的显微镜征服了。他写道："没有什么比进入大自然的这座宝库能更强烈地激励我们崇拜造物主的无限智慧和力量了。"他很想知道像德·盖恩这样的艺术家会用这样的仪器做什么。德·盖恩在仍能创作的时候去世了。"如果德·盖恩二世活得再久一些,想来他会用非常精细的画笔准确地描绘最小的物体和昆虫,并把这作为自己的任务。我已经开始鼓励他朝那个方向努力,而他也想那么做。他会把它们收录成册,取名《新世界》。"

无法知道德·盖恩本人对于这些可能性的重视程度如何。显而易见的是,老康斯坦丁立即凭直觉知道——他的书名暗指当时正被荷兰等国家殖民掠夺的美洲——微观领域的新世界首先对眼睛而言是一个宝库。值得注意的是,老康斯坦丁将这两个装置视为艺术家能加以使用的手段,而不是探索自然的科学工具。老康斯坦丁在海牙展示了照相暗盒后,荷兰画家确实更广泛地——也不那么隐秘——使用了照相暗盒。然而,显微镜下展示的景象在很长一段时间内仍然过于模糊,也许对于加尔文主义规范而言,这些景象格格不入、令人生厌,艺术家无法将其视作恰当的主题。

第 3 章　遇见天才

在早期的外交旅行中,只要一有可能,康斯坦丁·惠更斯就疯狂地写作。他在海上、床上、军营里甚至马背上写诗——两行短诗很适合这些场合,他会写数百首。在他专注于学习古典诗人的技巧时,主要用拉丁语写作;但现在,受到与诗人雅各布·凯茨会面的鼓舞,可能也出于对自己国家独立意识的增强,他越来越多地选择荷兰语。

1621 年底,在前往英国的航程间歇,他给凯茨寄了一首用荷兰语写的长诗,有荷兰语标题"福尔豪特"(*Voorhout*)和拉丁语标题"巴达维亚的坦佩谷"(*Batava Tempe*)。福尔豪特是海牙一处宜人的开放场所,比大街要宽,不如广场规整,惠更斯家族就住在那里,这群时髦的精英就聚在那里的椴树下闲聊和调情。由于长年离家而生发出对家乡的爱恋,康斯坦丁大胆地将自己的家乡重新构想为坦佩谷,那是古希腊诗人描绘的阿波罗的田园生活。夕阳作为"小偷的背叛者和透镜的朋友",穿过

"树叶屋顶",展示了一个令人惊讶的现代的世俗场景,充满城市的朝气,诗人毫不愧疚地偷听他们的爱情交流。紧接着寄出的是一首更尖锐的讽刺诗《科斯特利克商店》(*Costelick Mall*),它嘲弄了时尚的疯狂,康斯坦丁告诉凯茨(身处米德尔堡),"也许读起来就跟在海牙一样"。

康斯坦丁通过阿姆斯特丹的谷物商罗默·费舍尔认识了其他的杰出诗人,其中包括荷兰最伟大的人文学者之一——历史学家兼诗人彼得·科内利松·胡夫特。这两个人是穆伊登文人圈(Muiden Circle)的领袖,这是一个作家和艺术家非正式团体,在30多年时间里成员偶尔碰面。除了康斯坦丁,成员还包括悲剧作家约斯特·范·登·冯德尔、莱顿的哲学教授卡斯帕·巴莱乌斯、建筑师雅各布·范·坎彭,以及著名的制图师、玻璃制造商和剧作家扬·弗斯,他不屑于用诗歌来获得商业合同。

该团体的名字取自穆伊登的炮塔城堡,离阿姆斯特丹不远,胡夫特以该镇治安官的身份拥有居住权。胡夫特将堡垒进行了现代化改造,用作避暑寓所,并布置了花园,在那里举行派对、演出戏剧。在履行公务期间,他身处一间气势恢宏的接待厅,但为了更好地创作诗歌,他选择了一间小房间。在这个房间可以看到须德海的全景。事实上,穆伊登文人圈的成员很少见面,以至于这个绰号——后来的文化神话的产物——从未被合理地证明。一些主要成员可能在穆伊登或阿姆斯特丹的费舍尔家相遇，几十年来只有一两次。康斯坦丁由于外交职责不经常来访，其他大多数人也有类似的职业压力。

"文人圈"可能是虚拟的，而非现实，但它确实不仅仅是一个文学标题。作家们认为有机会"塑造举止和情感，以回应普遍的不文明"，他们希望通过开发荷兰语的潜力来做到这一点。他们之间进行的轻快且富有诗意的争论，为实现他们的目标作了很大贡献。即使在不得不求助于书信时，诗歌交流也提供了一种更直接、更简洁的沟通方式，绕过了传统通信要求的精致礼节。当罗默·费舍尔于1620年去世时，他在该团体中的位置被他的两个美丽女儿安娜和玛丽亚·特塞尔沙德取代。这两位女士对于男人来说是缪斯，也是他们诗歌的奉献对象，而她们也完全有能力用自己的诗来回应男士的骑士般的示好。这些诗作可能会令她们的仰慕者们兴奋不已，或被嘲弄一番，这全凭她们的心情而定。正是安娜把康斯坦丁介绍给胡夫特的。康斯坦丁后来写了一首诗给胡夫特，将安娜描述为"智慧的安娜"，将她的妹妹描述为"美丽的特塞尔"。胡夫特作出了回应，他奉承康斯坦丁，将他比作阿喀琉斯。两人继续交换十四行诗，每次都在回复中巧妙地使用相同的押韵词。

从现存的少量图片来看，这两个女人都非常有吸引力，而且都在文学和语言方面接受过非常好的教育。她们与胡夫特和康斯坦丁交换的诗作，在诗意和引用典故方面，与这两位男士

玛丽亚·特塞尔沙德·费舍尔,诗人,也是穆伊登文人圈的一员。老康斯坦丁·惠更斯曾为她翻译约翰·多恩的诗作。

的诗相匹敌。她们也擅长绘画、书法和黏土造型，以及更令人期待的音乐和刺绣。她们会骑马，甚至在坐落于阿姆斯特丹的家宅旁的盖尔德塞卡德运河里学会了游泳。安娜的专长是金刚石笔雕刻，这是一项在玻璃上刻图案的费力的威尼斯技术，需要稳定的情绪和手力。她用华丽的书法雕刻了罗默［荷兰语称这种玻璃为罗默（roemer），而她是罗默的女儿］，她是早期使用这种介质雕刻自然图案的艺术家之一。康斯坦丁也委托安娜雕刻了一幅玻璃画作，其中一面上刻有一只蜻蜓和各种花卉，另一面上刻有"致康斯坦丁·惠更斯"以及她的诗，这暗示了当写作遇到障碍时，她转向了金刚石笔雕刻——这个想法一定吸引了多才多艺的康斯坦丁。

玛丽亚比姐姐小10岁，她的别名"特塞尔沙德"具有致命的吸引力。在她出生之前3个月，也就是1593年的平安夜，一场大风暴袭击了躲在特克塞尔岛附近海路上的一支船队。罗默·费舍尔是那天遭受损失的商人之一，当女儿受洗礼时，他想起了那一天；特塞尔沙德的意思是特克塞尔损失或特克塞尔损坏。

康斯坦丁写了许多首诗给他的两位"阿姆斯特尔河的宁芙仙女（Amstel-nymphen）"，尤其是给特塞尔沙德，结婚后她仍然是穆伊登文人圈的活跃伙伴。当康斯坦丁1622年回到伦敦时，给她写了一首长诗，赞美家乡的景色："斯海弗宁恩的沙丘，海牙的草地……"但是康斯坦丁在1623年创作的纪念她婚

礼的一系列诗歌中写道:

> 亦敌亦友的手啊,
> 从一开始,是你解开胸膛,
> 袒露我脆弱的胸部,
> 从一开始,是你挥动斧子,
> 砍倒了我的自由。

即使在今天,见到写给一个新婚女子的如此热情的文字,也令人很惊讶。这样的诗句反映了穆伊登成员允许的社交放纵。在后来的几年里,特塞尔沙德皈依罗马天主教信仰给康斯坦丁造成的痛苦,使后者创作了"他最好的散文和诗歌"。

与其他诗人相比,如胡夫特和凯茨,康斯坦丁的诗通常被认为"难"。从中领悟意义和获得乐趣绝非易事,但大多数读者最终觉得努力得到了回报。他的诗性语言绵密丰富,偶尔浮夸,但也因具有自我意识而明亮。他尤其钟爱谐音、双关等文字游戏,并热衷于将其巧妙地融入人名和地名的编排。例如,1618年的济里克泽之旅是一个很好的理由,可以援引古希腊神话中的女巫喀耳刻。他喜欢抑扬格韵律,这种韵律有助于荷兰语发音——其词尾往往没有重读,而与他同时代的人则希望少一些人为的韵律,多一些音乐韵律。他使用的意象和词汇源于其异常广泛的兴趣、对多种语言的熟悉以及旅行中的见闻。对科学话题的熟悉给他的诗增添了一种其他人所缺乏的情趣,他能够揭示和描述自然的神奇,这一少见的技巧深受同行的钦佩。通过与穆伊登文人圈的交往,康斯坦丁找到了一种通过诗歌和戏剧表达思想的方法,他的作品中充满了自然流露的机智和热烈的情感。这些艺术创作无疑恰似一股清流,浸润了康斯坦丁充满外交辞令的枯燥生活。他还从与其他成员的相互取笑中获得了更大的灵活性和敏捷性。他离开这个团体后,整个荷兰文学文化因他带来的新元素而拥有了更富诗意的语言。

***

1630 年,他们各自组建了家庭并很快有了孩子,康斯坦丁给特塞尔沙德寄去了他翻译的约翰·多恩的一些诗歌。康斯坦丁可能在 1619 年 12 月访问了海牙,并在那里布道时听说了这位英国玄学派诗人。但康斯坦丁肯定是在自 1621 年起在伦敦任职期间结识了多恩,当时后者已经被任命为圣保罗大教堂教长。他不止一次听多恩在那里布道,并称赞他的水平。多恩在有生之年没有出版自己的诗,但他的支持者中流传着多恩的手稿。特塞尔沙德一定知道康斯坦丁有副本。尽管康斯坦丁忙于创作自己的长诗《一天的工作》(为他满意的婚姻生活而写的家庭交响曲),但他还是挑选了两首挽歌和两首歌曲,包括多恩著名的爱情怨言《太阳升起》。几年后,康斯坦丁又翻译了 15 首诗,包括《跳蚤》，但略去了其他几篇名作。

康斯坦丁看重多恩诗歌的黑暗和复杂，但这些特点使翻译异常困难，他从未对自己的努力十分满意。伴随着1633年第二批译作的完成，他写了一首短诗，来回应特塞尔沙德的期望：

> 译诗较之未经翻译的原诗总有所欠缺，
> 就如同影子之于生命，而影子是黑夜；
> 但请不要因这些不足而轻视译诗，
> 它们是高贵的少女，它们是光明的女儿。

胡夫特的结论是，康斯坦丁成功地"在荷兰的蜂蜜中保存了英国的果实"。但是冯德尔取笑了他们所有人。

> 那位英国的多恩，
> 那轮暗日，
> 并为凡眼所识，
> 惠更斯所言不虚。
> 精通多种语言的海牙人，
> 鱼子酱的品鉴家，
> 鼻烟与烟斗的享用者，
> 总让生涩的头脑烹煮得透彻；

然此乃稀世养料，

这是为总督①举办的盛宴，

也是为我们的小伙伴，

可爱的特塞尔沙德准备的。

冯德尔对康斯坦丁的描述可能是一种讽刺，但这确实表明，康斯坦丁更喜欢感官带来的愉悦，而他的作品并未体现出这种倾向。

翻译的技术挑战揭示了康斯坦丁作为诗人优先考量的事项。他的英语很流利，完成这项任务时，他已经是一名荷兰语诗人。康斯坦丁选择了多恩的一些更容易理解的诗，这些诗在今天仍然是最著名的诗，他避免了那些深度涉及神学争论和包含残酷或粗俗意象的诗句。如果康斯坦丁希望发现英国诗歌与自己的诗歌存在某种程度上的差异，那么他会发现，其实两者存在着本质上的差异，英国诗歌具有一种更强烈的诗意表达。多恩的情感自发性是任何译者都很难复制的，而康斯坦丁更习惯于巧妙设计文字，也许他不是这项工作的理想人选。

多恩的英语诗句已经够复杂了。将其翻译成荷兰语需要对诗的形式、句长和押韵方案以及单个单词作出决定，因为康斯坦丁努力保持诗作的完整性。例如，当康斯坦丁翻译《跳

---

① 胡夫特在穆伊登文人圈的正式头衔。

蚤》时，尽管他的亚历山大诗体要求用 12 个音节来代替多恩的 8 个和 10 个交替的音节，但他还是逐句地遵循了多恩的诗意。原作的押韵对句被保留下来，但字义的准确性最终战胜了才思。康斯坦丁版的《太阳升起》折损更多，失去了多恩笔下被打扰的情人强烈的愤怒。多恩的开篇诗句——"忙碌的老傻瓜，桀骜不驯的太阳，你为什么这样，透过窗户和窗帘召唤我们？"——在回译时就成了一句温柔的询问："忙碌的老傻瓜，是什么让你照耀我们，透过窗户和窗帘把我们从床上唤醒？"针对"桀骜不驯的太阳"的指责中的坏脾气大都消失了，激情耗尽了。

　　康斯坦丁承认了这些中途折损。他在给胡夫特的信中写道，多恩的"结构是如此之好，即使没有诗的形式，也仍然是令人愉快的翻译"。他的努力只是"美丽的身体在微弱阳光下的阴影，由于要承受众多事务带来的压力，我投射的光线过于微弱了"。然而，如果他的目的是传达多恩诗句的字面意义，那么他的成功是令人钦佩的。康斯坦丁仅比原文多用了几个音节就完成了所有内容表达。在翻译时，他意图让特塞尔沙德准确地理解多恩所写的东西，他的确做到了。在此基础上，特塞尔沙德可以用她的诗歌情感来推断多恩建立的一些更深层次的联系。无论如何，康斯坦丁已经做得足够多了。在他写给特塞尔沙德的封面诗中，他抱怨道："这道英国菜何其坚硬方正，何其苍白滚烫,又何其沉重。"

***

出于某种原因,它不得不消失——老人的头。他红润的脸转向地板,秃顶发亮,灰白的胡子在胸前散开,像餐巾一样。他创作过很多类似的形象。伦勃朗最终用颜料覆盖了大画板,转而创作了一位老妇人的形象——他的母亲被认为是模特。她戴着一顶有刺绣衬里的黑天鹅绒兜帽。她的灰色眼睛凝视着我们,嘴唇紧闭且严厉,坚韧的脸上刻着岁月的痕迹。作品温柔却并不伤感。这个女人没有生病或失败,她当然不是寻求我们的怜悯。她只是老了。这幅画是对时间流逝的诚实、坚定的记录。也许康斯坦丁·惠更斯第一次踏进位于莱顿的这间掉漆的工作室时,最欣赏的作品就是这幅画。22岁的伦勃朗·哈门松·范·莱茵也许与更年轻但更有名气的朋友扬·利文斯分享了他的这幅作品,因为它很快被打包发往伦敦,作为执政弗雷德里克·亨德里克送给英国国王查理一世的礼物。

时间来到1628年,康斯坦丁一直在为他的主上——执政——寻找荷兰的彼得·保罗·鲁本斯,他称鲁本斯为"画家中的王子,世界七大奇迹之一"。康斯坦丁寻找的就是能与这位佛兰德天才的宏大笔法和富有表现力的风格相媲美的荷兰画家。现在他找到了两位。他们的才华令他惊叹不已,尤其是因为他们出身低微,伦勃朗是磨坊主的儿子,利文斯是刺绣工的儿子。

几年后，康斯坦丁在自传中写道，"即使说他们是唯一能与许多早期伟大人物中的绝对天才相提并论的人，我还是没能充分公正地评价这两个人的优点"；"当我说他们很快就会超越那些天才时，也只是在解释最好的鉴赏家基于他们惊人的首次亮相所抱的期望"。

作为称职的制图师和画家，康斯坦丁完全能够在艺术偏好上作出自己的决定，但这一次，他很高兴与其他鉴赏家保持一致。显然，并不如有时宣称的那样，康斯坦丁"发现"了伦勃朗和列文斯，但他处于一个理想的位置，来改变他们的前程，从而加快他们前进的步伐，而成功肯定是摆在他们面前的。要做到这一点——同时能讨好他的主上——就要确保他们获得执政官邸墙壁绘画的重托。

然而，这两个没长胡子的奇人还有待打磨，"从他们的面庞来看，与其说是年轻男人，不如说是男孩儿"。这幅"老妇人"画作只是他们前途的一个象征。康斯坦丁发现伦勃朗在"情感的准确性和生动性"方面更胜一筹。他觉得，利文斯胜在"伟大的发明与大胆的主题和人物"，并显示出更大的极限潜力。但他认为，两个人都没有接受适当的教育。接受拉斐尔和米开朗琪罗等意大利大师的技艺教育后，他们可能真的会有所成就。但两个人另有想法。他们不想在意大利浪费时间，他们急于开始工作。"这些人生来就是要把艺术推向顶峰的，他们更了解自己!"

尽管康斯坦丁对这两位画家进行了细致的评估,但他对这次早期相遇的记录无法掩盖这样一个事实——实际上是伦勃朗的作品真正让他热血沸腾,也许他并未意识到这一点,或者不愿承认。当他看到艺术家的一幅《圣经》场景的大型壁画《悔改的犹大归还银币》(1629年)时,他顿悟了,这幅画可以"与整个意大利相媲美,是的,包括从远古时代留存至今的一切神奇美丽的东西"。画中的一个姿态就足以引发他写了一段非比寻常的描述性散文:

> 犹大陷入了绝望(更不用说这幅画中所有其他令人印象深刻的人物了),孤独的、疯癫的犹大喊叫着,乞求他永远无法企及的宽恕,在他的脸上,一切希望的痕迹都被抹去了;他面容憔悴,头发脱落,衣服撕破,手臂扭曲,双手紧握,直至鲜血淋漓,猛地一头栽倒在地上,整个身体在可怜、可怕的悔恨中扭动着。这一切能比得上各个时代的美。

而这一切都是由一个"还没有冒险走出他出生的城市的荷兰人"完成的!

康斯坦丁不受控制的情绪反应——远远夸大了画面的实际内容(没有撕破的衣服,没有流血的手)——肯定正是伦勃朗所寻求的。这是已知的对艺术家描绘"灵魂的运动"的非凡能力的第一次描述。康斯坦丁的整个职业生涯都体现出谨慎和矜持，如果他当着伦勃朗的面审视这幅画时情绪如此激动，那么伦勃朗一定会受宠若惊。

不过，康斯坦丁很可能仍保持着谨慎。他一定担心过，这位难以控制的天才会继续创作什么作品。自己能否克服有点保守的品位？自己能否克服宫廷对佛兰德和意大利绘画风格的偏爱，说服执政给年轻的荷兰人一个机会？外交官身份让他很清楚，如果他的门徒画出别人想要的东西，他们的生活会更容易一些——他也一样。尽管康斯坦丁的建议很合理并且充满善意，尽管两位艺术家都知道康斯坦丁处于独特的地位，能给他们提供所寻求的机会，但他们坚持拒绝了他的帮助。他们不仅回避了康斯坦丁让他们学习意大利绘画的建议，而且每个人都调皮地选择了对方更擅长的主题，利文斯创作了历史画，伦勃朗创作了肖像画。

然而，利文斯确实想画一幅肖像画——康斯坦丁的肖像画。康斯坦丁同意了，条件是利文斯来海牙与他待在一起。仅仅几天后，利文斯就赶到了海牙，他兴奋得睡不着觉。康斯坦丁还是一如既往地忙碌，冬季的白天又很短，利文斯画完了衣服和手就回家了，他更愿意凭想象来画面部，不过他还是在春天返回海牙完成了画作。康斯坦丁对画作非常满意。朋友们表示，利文斯所画的康斯坦丁的"沉思的表情"掩盖了他的"和善"，康斯坦丁反驳说，当时他因家庭事务而忧心忡忡（苏珊娜于 1629 年春天生下了克里斯蒂安）。

最终，康斯坦丁似乎对年轻艺术家施加了一些影响，就像他后来对自己的儿子所做的那样。利文斯去了伦敦寻找机会，这无疑是康斯坦丁介绍的。1628 年，伦勃朗头发凌乱也不戴帽子；时间来到 1631 年，他至少戴上了一顶帽子，能够向潜在的赞助人展示一个像样的形象。也许一个清楚自己形象的力量的人不需要太多的指导，但人们很容易相信，这位高明的廷臣能够就人类外表的表现向伦勃朗提供一些有用的建议。

1632 年，康斯坦丁再次拜访伦勃朗，请他画两幅小型版画肖像画——一幅是他的兄弟莫里茨的，另一幅是他朋友的儿子雅克·德·盖因三世的。如果说这是一次考试的话，那么对于伦勃朗而言，创作康斯坦丁所熟知的两个人的肖像是一次严格的考试。他通过了考试——尽管可能只是勉强通过，如我们所见——并很快开始为弗雷德里克·亨德里克的妻子阿玛利亚·范·索尔姆斯画像。但王室题材也许不是伦勃朗诚实画笔的最佳选择。他完成的阿玛利亚肖像画被替换为一位更传统的艺术家的画作。他又接受了一个不同寻常的挑战，创作《十字架升起》《基督下十字架》，这两幅画可能完成于 1633 年。这些画很受亲王欢迎，于是伦勃朗又接受了创作三幅新的"基督受难图"

的委托。《升天》完成于 1636 年。几年后，伦勃朗又完成了两幅大型画作——《埋葬基督》《复活》。这五件作品中的每一件都将近一米高，有曲面顶部，大概是为了适合一系列拱形空间。

***

仅存的一组伦勃朗信件是他在 1636 年和 1639 年写给康斯坦丁的关于这些画的 7 封信，这些信件强烈地暗示，康斯坦丁要为伦勃朗争取到更多的佣金。多亏了这位外交官的高效文书系统，我们才有了唯一的书面材料，得以洞悉伦勃朗作为艺术家的特权以及他在与客户的关系中所处的卖方地位。由于康斯坦丁的回信没有保存下来，所以只能通过伦勃朗的话语来推测两人之间关系的全貌。

最初通信时，双方都抱有很高的期望，最后却以"相互不满"而告终。伦勃朗幸运地得到了一份工作，由此可能得到更多的工作机会。然而，他也意识到，如果要达到自己被寄予的高度，就必须以鲁本斯为榜样。1636 年 2 月，这位艺术家写信告诉康斯坦丁，他正在"非常勤奋""熟练"地创作这三幅新画。其中一幅《升天》已经完成了，另外两幅"完成了一大半"，正如西蒙·沙玛所指出的，用拖拖拉拉的自由职业者的语言来说，这可能意味着完成了不超过"十六分之九"。接下来，也许是为了转移对自己拖延的关注，伦勃朗把球抛回了康斯坦丁的宫廷，他想知道亲王是想同时收到三幅画，还是希望分别接收每一幅画。

康斯坦丁一定回答说，他想看那幅已完成的画作。因为两周后伦勃朗在下一封信中宣称，他很快会去看看，把它挂在《十字架升起》《基督下十字架》旁边的效果如何，后两幅完成于1633年。伦勃朗要求获得200荷兰盾，"但无论阁下出多少钱，我都满意"。考虑到17世纪书信中的繁文缛节，显然伦勃朗在与康斯坦丁的通信中表现出的礼貌程度是相当有限的，他显然觉得康斯坦丁会忍受自己所说的"无礼"，并且毫无歉意。

又过了3年，伦勃朗才在第二次王室委托订画时完成了剩下的两幅作品。1639年1月12日，他终于再次写信给康斯坦丁，对自己取得的成就感到满意，极想把完成的画交给他，"因为在这两幅画里能发现最伟大和最自然的流动性，这也是我花费了如此多的时间创作这两幅画的主要原因"。伦勃朗还向康斯坦丁承诺，会用"一幅10英尺长、8英尺高"的画，作为自己对康斯坦丁的耐心的补偿。（如果这幅作品真的完成了，几乎会是所有5幅受难图的面积之和的两倍。）

伦勃朗呈现给康斯坦丁的视觉效果是他将动态与情感表达相结合。动态与情感通过高度戏剧化的画面明暗对比生动地传达出来。光线集中到每幅画的中心，当它们被置于凹室中时，这种效果自然会被强化。伦勃朗的光线并不像自然光那样落下或辐射，而是像每幅画中故事的矢量：在《十字架升起》中，它随着十字架的上升而向上倾斜；在《基督下十字架》中，它随着基督身体的重量而下落。它在《埋葬基督》中侧着滑落，在《复活》中随着从天而降的天使下落，在最后的《升天》中它又升起。按恰当的叙述顺序展示，这些不同的主旨形成了有生命力的韵律和系列整体的对称性。

康斯坦丁试图婉拒伦勃朗的这幅超大画作礼物，但传话要求把最后两幅受难图带给他。伦勃朗寄去了这些画，并要求每幅画的报酬"不少于 1000 荷兰盾"。这一定让康斯坦丁震惊，因为 6 年前完成的这一系列画作中的前两幅，伦勃朗总共得到了 1200 荷兰盾的报酬。然而，这位艺术家当月签署了合同，以 1.3 万荷兰盾的价格在阿姆斯特丹的布里街购买了一栋豪华的房子，需要现金支付定金。

康斯坦丁对这一要求置之不理，几天后，这位艺术家在阿姆斯特丹的一个崇拜者介入了，提出了一个解决方案，在海牙的执政财务部门处理付款之前，预付 1200 荷兰盾（每幅画是无可争议的 600 荷兰盾）。与未来并不确定的更多的钱相比，伦勃朗还是愿意很快就得到一些钱，于是他赶忙且有点不雅地接受了这些画的出价，"既然无法打动善意的阁下抬高价格，即使它们显然物有所值……如果能补偿我为两个乌木框架和板条箱所花的共计 44 荷兰盾的费用"。1244 荷兰盾的款项如期支付，伦勃朗与康斯坦丁的关系戛然而止。

伦勃朗始终对康斯坦丁心存感激。他的信中多次提到他们的"友谊",他在最后一次通信中写道:"我将永远寻求以崇敬、服务和友好的敬意来回报阁下。"康斯坦丁可能失望了,伟大的荷兰的希望似乎不太在乎宫廷资助(尽管几年后他又画了两幅画),而且他肯定对他们私人友谊的结束方式错愕不已,尽管他们就商业交易达成了一项协议。然而,伦勃朗的艺术发展方向已不再符合康斯坦丁的品位,因此决裂迟早会到来,这是不可避免的。外交官可以这样安慰自己——不难发现站在伦勃朗一边是错误的。富有的阿姆斯特丹官员扬·西克斯,也许是除了惠更斯,唯一一位出于个人兴趣与伦勃朗合作的重要客户,但在17世纪50年代,两个人也闹翻了,这位艺术家的昂贵的房子再次成为他们摩擦的根源。

***

但这个故事有转折——结局也有一根刺。

伦勃朗提出要画一幅大型画,"放在我的主人家里以示敬意",康斯坦丁对此不作答复。我们当然不能判断康斯坦丁是真的设法回避这份礼物,还是仅仅表现了过度的礼节。总之,艺术家曲解了康斯坦丁的沉默。无论如何,伦勃朗还是"违背了我主人的意愿",把它寄来了,并建议将它挂在光线强烈、"它最能闪闪发光"的地方,人可以站远一点儿。

伦勃朗所谓的"第一件纪念品",也是他送给康斯坦丁的最后一件纪念品。什么算作合适的纪念品？这幅巨型画的主题是什么？画作的时间（1636年）和尺寸都符合《刺瞎参孙》，这是一幅令人震惊的作品。刺眼的日光从画的背景透进洞里，那里正在发生一幕骇人听闻的暴力，被出卖的参孙被一名非利士士兵按住并刺瞎了眼睛，而另一名士兵站在旁边，他的黑色长矛在参孙发亮的胸前映衬出明显的轮廓，士兵准备将其奴役。

伦勃朗会如此麻木不仁——或者如此恶毒残忍——以至于把这个独特的主题送给他的戴眼镜的、经常担忧自己和他人会失明的客户吗？康斯坦丁去世近一个世纪后，当他的藏画被出售时，这幅画并不在清单中，但是许多资料仍认可这一说法。这幅画的尺寸与伦勃朗给出的尺寸一致，但从现存的近现代复制品可以知道，原画作的尺寸甚至更大。康斯坦丁并不完全反感令人毛骨悚然的主题，例如，他很欣赏朋友的一件复制品——康斯坦丁喜欢的鲁本斯的《美杜莎之头颅》，这幅画是出了名的血腥。康斯坦丁也会对这幅画的整个故事背景很敏感，在这幅画中，参孙很快就会为以前的罪恶忏悔——换句话说，他的道德观会恢复，这正是康斯坦丁关于失明的诗歌的主题。另一些人认为伦勃朗一定给过康斯坦丁另一幅画，比如现在被称为《达那厄》(Danaë)的一幅画，它也是在1636年画的，这幅画同样是从更大的画上裁剪下来的，至少比伦勃朗承诺的作品小一些。也许康斯坦丁的加尔文主义头脑还是更喜欢《圣经》

故事，而不是这则古希腊神话中的软色情内容。

康斯坦丁对伦勃朗的艺术作品一直心存疑虑，但并未告诉别人。1632 年，当这位艺术家正创作他的第一批测试作品，以赢得为宫廷工作的机会时，康斯坦丁悄悄地自娱自乐，写下了一些诙谐的对句，嘲讽伦勃朗为雅克·德·盖恩三世所画的肖像。一个典型的例子如下：

> 如果这就是德·盖恩的脸，
> 那么它就是德·盖恩的真实形象。

换句话说，那不是他的脸，也不像他。当康斯坦丁作为专业人士与伦勃朗合作时，他谨慎地不发表这些短诗。但在他们的工作关系结束 5 年后，他收集了 7 首小诗，收录在 1644 年出版的诗集《即兴杂咏》（*Momenta Desultoria*）中。诗集中略去了对画家指名道姓的第 8 首诗。

对于伦勃朗来说，他显然成为讽刺短文攻击的目标，这让人很不快。与惠更斯家族关系密切的很多人——诗人、画家和朝臣，他们会知道或猜到实情。虽然康斯坦丁小心翼翼地为诗作加了标题——"关于雅克·德·盖恩的肖像，开玩笑地说，很不像他"，并穿插了他擅长的文字游戏，但如果伦勃朗对它们的出版感到尴尬和愤怒，是可以理解的。

伦勃朗的画作《对艺术批评的讽刺》，创作于1644年。画面中一个人坐在桶上，把眼镜放在脚边，这个人物也许是康斯坦丁·惠更斯。

看起来伦勃朗立即读了那部诗集,因为在诗集出版的同一年,他就画了一幅小型钢笔画,他称之为"对艺术批评的讽刺"。这幅素描描绘了一位艺术家蹲在地上,他的一系列画作被展示给一位傲慢地跨在木桶上的鉴赏家。穿着长袍、戴着帽子、佩戴职务链徽的各式各样的体面的大人物,都在等待这位鉴赏家说出的每一个字。鉴赏家对作品品头论足,用烟斗指着它们。画作中从鉴赏家帽子伸出的巨大驴耳朵,以及画家排便后一边擦着屁股一边恶毒地回头看着我们,可以很明显地看出伦勃朗的粗俗用意。

这幅永恒的画像代表了一种令人沮丧的无力,这种无力存在于艺术家与各色有影响力但往往无知的人物——评论家、资助人、管事、鉴赏家、无聊的时尚追逐者——之间的关系中。之所以伦勃朗描绘的很可能是一个特定的人物,即曾经的支持者康斯坦丁,并不仅仅因为画中人棱角分明的脸与康斯坦丁很相似。在鉴赏家脚边的地上,一副眼镜被人忽视了——自然,他没有用眼镜来仔细查看作品,因为他虚荣,也因为愚蠢的鉴赏家不会真正地欣赏。

***

无论伦勃朗多么无礼,他一定很快重新赢得了惠更斯家族的青睐。1645年夏季的一天,就在康斯坦丁·惠更斯发表了关于德·盖恩肖像的诗作一年后,他的16岁的儿子克里斯蒂安当时正在莱顿学习。在一堂干彩画课上，克里斯蒂安凝视着伦勃朗的旧画《老头》，它正是康斯坦丁1628年看到的被覆盖在"老妇人"画像颜料下面的那幅画。克里斯蒂安如何能够临摹一幅在他出生前就已经被覆盖的画？也许当伦勃朗在莱顿工作或者离开莱顿之后，原画的副本在那里绘制并流传。或者，康斯坦丁得到了一幅副本，克里斯蒂安第一次参观画室时发现了它。克里斯蒂安用石墨和红白粉笔出色地描绘了这幅画，再现了老人隆起的前额的光泽，并在一侧的眼睑上画了一个生动的红斑。根据克里斯蒂安的说法，这幅小型素描花了他大量的时间和精力，其效果一定与伦勃朗的油画成就不相上下，因为他写信给他的兄弟洛德维克说："你几乎看不出差别。"

***

1632年春天，康斯坦丁·惠更斯前往莱顿，拜访了阿拉伯语学者雅各布·戈利乌斯，后者被任命为莱顿大学的数学教授，接替威理博·斯涅尔。在那里，康斯坦丁遇到了36岁的勒奈·笛卡儿。三个人讨论了折射的光学性质。康斯坦丁对这位法国人以及他对物理现象做出令人信服的解释的能力印象深刻。令康斯坦丁兴奋的是，自己的解释显得多余了。他们分别后，康斯坦丁觉得自己仍然被这位"奇妙的高卢人"所笼罩。

从那一刻起，康斯坦丁就成为笛卡儿物理学和哲学的狂热崇拜者。作为培根科学推理和实验力量的信仰者，他开始了解这位法国人更具概念性的方法。这两种截然不同的策略合在一起，有可能为他在追求自然哲学的理论和实践方面奠定完整的基础，堪与任何一个欧洲人相比。

笛卡儿也毫不吝啬对康斯坦丁的赞美之词。他写信给戈利乌斯说："有些品质会令人们尊敬那些拥有这些品质的人，却不会让我们爱他们；有些品质会让我们爱他们，却无法让人尊敬。但我发现他完美地拥有这两者。"

笛卡儿于1618年第一次来到荷兰共和国，希望参军。笛卡儿住在布雷达，这里位于荷兰防御圈的南部，但他没有看到任何军事行动，因为八十年战争的长期停战协定仍然有效。这反而让他有时间沉溺于赌博和其他数学挑战。猜谜海报有时会张贴在城市各处，任何人都可以尝试。笛卡儿遇到了艾萨克·比克曼，后者为他翻译了这些告示，基于他们对科学的共同兴趣，二人发展出了友谊。

笛卡儿出生在都兰，后来被送到当地一所已经很有名的新建的耶稣会学院，他在那里接受了良好的文学和数学的自由教育。一位名叫弗朗索瓦的神父，试图通过证明超自然现象不过是由镜子和哈哈镜达到的效果，对其进行驳斥。这极大地激发了笛卡儿对光学的兴趣。他以类似的方式揭穿了占星术和魔法，这使得年轻的笛卡儿对严格的调查方法产生了持久的兴趣。

大学毕业后，笛卡儿体验了巴黎的生活，但他发现社交场合单调乏味。出国旅行后，他返回巴黎再次体验了这座城市，但一切都没有改变，1629年，他永久地离开了巴黎，前往荷兰共和国。虽然促使笛卡儿这样做的原因可能是荷兰共和国的宗教宽容和更大程度的思想自由，但对于笛卡儿来说，共和国首先是一个无聊的地方，正如他告诉朋友的那样，荷兰人只对贸易感兴趣，他可以安稳地睡个好觉。他先是在弗里斯兰省弗拉讷克的大学城定居，但很快搬到了阿姆斯特丹，也就是在那里他遇到了康斯坦丁。后来，他再次离开城市，搬去了荷兰北部的沿海小村庄埃格蒙德－宾嫩，在那里，他将脱离物理学的具体问题，转而思考这些问题背后的普遍原理，并撰写他的第一部重要的哲学著作——《方法论》以及关于气象学、光学和地质学的3篇论文，前者成为后三者的扩展导言。

笛卡儿在荷兰共和国生活了20年，直到1649年被吸引去了瑞典女王克里斯蒂娜的宫廷。为了安排与女王的辅导课，他必须忍受寒冷和早起，而这让他难以忍受，次年他就在斯德哥尔摩去世了。在他去瑞典之前不久，弗兰斯·哈尔斯为他画了一幅肖像画，这幅肖像画已经成为我们的这位哲学家的标准形象。画框中的笛卡儿严肃地看着我们，嘴巴宽大，下巴紧绷，棕色的长发垂落在衣领上。一只仿佛脱离躯体的手正悄然伸向画作底角，握住他的帽子，这简直就像在拿这位哲学家的身心二元论观点打趣。

***

《方法论》阐述了后来被称为笛卡儿怀疑论的哲学方法。在书中，笛卡儿的出发点是怀疑一切可以被怀疑的事物；除了我们自己的存在，为了怀疑其他一切，我们不能怀疑自己的存在。这就是他的格言"我思故我在"的由来。为了让人类的思想认识这个世界，它首先必须被感知。然而，怀疑也会存在，因为我们的感官告诉我们的东西可能不是真实的。客体事物可能只不过是感官知觉，而我们的感官可能无法准确地感知。由于视觉是我们最重要的感官，也是笛卡儿时代最容易受到科学研究影响的感官，所以就可以明白，为什么光学成为笛卡儿研究的重要组成部分，甚至引导他解剖公牛的眼睛。

思考那些引起人们困惑的光学图像——德雷贝尔用他的暗箱产生的图像，可能让身处伦敦的康斯坦丁产生了很大兴趣；或者像笛卡儿的老师弗朗索瓦神父能够证明的那些并非出自魔鬼之手的图像。在一个地方看到的物体的样子是如何传递到另一个地方的？这两个物体图像有什么不同？它们各自都拥有怎样的真实性？这些问题甚至都不涉及人工仪器的干预。时不时地，透过波纹起伏的水面，你可能会瞥见一幅支离破碎的图像——阳光照射下的树枝的倒影，突然看起来像是一分为二；或者从水里冒出来的一根棍子，好像在水面上突然扭结。这一幅不连贯的图像是如何呈现在眼前的？图像被完整且完美地传播出去，只是在传递中破碎了，是这样吗？或者，它被以某种方式拆解，然后在行程结束时又不完美地重新组合，如果把它的转变描述为一次行程是否正确？当然，光学反射是人们熟悉的，可以说基本上是被理解的。然而，导致水里的棍子出现扭曲的折射违背了人类的直觉（哈里奥特和斯涅尔的工作并不广为人知）。

现在，想象一位观察者通过望远镜观看一颗行星或者通过显微镜观看微生物。这个观察者看到一个放大的图像，靠近眼睛，就好像观察者可以把手伸进仪器的目镜，去抓住它。这一特异的景象是如何以这种新的尺寸出现的？当然，观察者必须借助的玻璃镜头已经被精心设计成特定的形状，并沿着视线仔细定位。很明显，这些简单的玻璃形状必须独自表演这个把戏。但在至少可以解释物体与图像之间比例变化的光线图出现之前，人们相信光学实际上产生了物体的复制品，这样的想法并不罕见。

这些问题曾困扰着古希腊和阿拉伯的哲学家，诸如恩培多克勒和海什木［通常被称为海桑（Al Hazen）］。正是望远镜的发明给了他们新的动力，而望远镜的出现并不需要任何光学基础理论。令笛卡儿苦恼的是，这样的发明居然可以完全不用参考基础的科学原理。他认为，如果能有这种缺失的指导的便利，也许可以建造出具有无限放大能力的望远镜。然而，笛卡儿并不仅仅满足于建立一个折射的经验法则，即所谓的正弦之比（光在一种介质与另一种介质之间的界面发生弯曲所形成的两个角度之比），它对制造光学仪器很有用。一如往常，他还想用这种方法来追寻光弯曲的终极原因。

笛卡儿的光学实践受到米德尔堡的多才多艺的工程师艾萨克·比克曼的友情指导。他们之间的关系是聪明的学徒与有成就的大师之间的关系，因为笛卡儿把关于透镜理论的想法与比克曼无与伦比的透镜制造技术相结合。同时，笛卡儿还希望把一位名叫让·费里埃的巴黎工匠带到阿姆斯特丹，聘请他制造一台能够磨出更完美透镜的机器。他告诫费里埃，这将是一项艰巨的任务，但会有很高的回报，"如果你能用一两年时间来适应所有必要的事情，我敢期望，我们能借助你的手段看到月球上是否有动物"。

实现光学上的完美，其困难似乎在于透镜的精确曲率。尽管球面透镜（凸面或凹面，其表面与球的曲率一致）具有表面上的几何理想性，但穿过透镜边缘附近的光线无法像更多的中心光线那样，聚焦到相同的焦点。除了这种球面像差，它们还产生了色差，这是因为透镜的玻璃像棱镜一样，把通过它的光分离成色彩。对于像笛卡儿这样的几何学家和理论家来说，球面透镜不会产生单一焦点的知识，这立即提出了一个挑战——寻找一种能产生单一焦点的形式。当时的假定是，这样一种形式即使不是球形，在理想数学中仍然有它的基础。笛卡儿受圆锥截面几何知识的影响，推断数学上的另一种完美曲线即双曲线可能是答案。

不久之后，笛卡儿就与比克曼和费里埃都闹翻了，但是他坚持要磨双曲面透镜。因此，他与康斯坦丁的初次相遇恰逢其时。由于康斯坦丁的数学知识主要限于会计学，所以他不能在理论上作出贡献，但他确实从德雷贝尔那里得到了研磨透镜的第一手经验，并有许多有用的人际关系。不巧的是，他只能等到1635年夏天的战役结束后，才能投入这个研究。康斯坦丁向笛卡儿保证，他的热情并没有冷却，并告诉笛卡儿，他在阿姆斯特丹找到了一个车工，可以做这项工作。他们商定了透镜的尺寸和需要的光学性质，即一面是平的，另一面是凸的，焦距为14个拇指。康斯坦丁随后绘制了他们一起为车工勾勒的双曲线。几个星期后，康斯坦丁写信给笛卡儿，自豪地附上根据"我的双曲线（Hyperbola）"制成的透镜。他的话一语双关，"并非没有真的夸张（hyperbole），对于第一次尝试，我认为它做得很好"。但是笛卡儿发现，透镜在许多不同的点上都能聚焦成像，因此是无用的。也许是不想伤害新资助人的感情，笛卡儿暗示，车工可能没有遵循康斯坦丁的图纸，车工则责怪这张图纸。

两个人给出了新的说明，这次使用了笛卡儿绘制的双曲线，但这个透镜也是无法令人满意的。一年后做了第三次尝试,康斯坦丁请笛卡儿的年轻助手、数学家弗兰斯·范·舒滕绘制这条麻烦的曲线。曲线在数学上是准确的,但作为结果的透镜又一次没有产生清晰的图像。经过两年的努力,笛卡儿和康斯坦丁未能达到费里埃 10 年前的技艺水平,他们在实用科学方面的合作结束了,而笛卡儿仍然相信工匠的手是错误的根源,并希望找到一种机械方法来完成这项任务。

这次不愉快的经历充分体现了康斯坦丁渴望参与新思想的前沿,同时,他天真地认为这样一个基础的光学问题可以如此简便地解决。然而,康斯坦丁还有更重要的方式让自己对这位法国哲学家产生影响。伽利略的《关于托勒密和哥白尼两大世界体系的对话》出版后引起了一些争论,1633 年,伽利略因异端罪名在罗马受审。笛卡儿听闻此事后,推迟出版已完成的著作。他的不愿意似乎有点令人惊讶,因为他在荷兰不会遇到这样的困难。在荷兰,他的思想和伽利略的思想都不被认为是危险的。

康斯坦丁不是一个把神学与科学对立起来的人。他将笛卡儿视为理性主义的灯塔,并愿意在《方法论》准备出版时,尽其所能来帮助朋友。康斯坦丁写信给笛卡儿,对这部作品赞不绝口:"我如饥似渴地拜读了你的《方法论》,这真的是我见过的最好的、最大胆的作品,而且在我看来,正如意大利人强烈赞美的那样，它是一部最富魅力的作品。如果你想了解我的意见，我会宣称它在各方面都让我满意。"他说服范·舒滕对手稿进行批判性评论，并为这部作品的科学和数学部分提供数据。《方法论》以莱顿的扬·梅尔的化名出版于1637年6月。康斯坦丁也运用他的外交特权，通过荷兰驻法国大使馆将笛卡儿的信件转交给巴黎的同事，并通过谈判，保证荷兰出版商的利益在法国得到尊重，从而为该书在法国的出版铺平了道路。于是，一个荷兰人为法国最重要的一部哲学著作，在它的祖国充当了助产士。

后来，当笛卡儿的思想在荷兰共和国遭到攻击时（尽管从未达到伽利略在意大利所面临的生存威胁的程度），他能够求助于老康斯坦丁，请求他向执政求情，出面斡旋，以保证自身免遭知识界对手的伤害。然而，这位法国人可能并未充分理解荷兰的宽容体制运转得有多么强而有力。诚然，他的观点有时会受制于法律和当地的禁令，但他错误地将这些行为理解为人身攻击。与其屈服于这些愤怒的谴责，还不如把它们当作一种督促，以更大的力量重新加入战斗。尽管笛卡儿面临着种种困难，但是他在荷兰始终保有工作和出版的自由，而笛卡儿式的思维方式在17世纪中叶的荷兰，稳步地赢得了阵地。

在荷兰共和国，笛卡儿发现自己受益于欧洲独一无二的环境。真正的思想自由体现在不断涌现的相互冲突的思想，以及几乎任何事情都是可以想象的观念。那个他曾认为只愿意从事贸易的令人昏昏欲睡的国家，也愿意从事思想的贸易。科学并不局限于既有的大学，在那里它很容易被正统观念扼杀，就像在意大利的城市或巴黎一样。相反，遵循西蒙·史蒂文设定的模式，科学在市民环境中蓬勃生长，人们期望它可以提供实际利益，无论是用于城市防御、开拓农业土地，还是用于加速人与货物的流动以促进贸易增长。新的运河以及从沼泽地获取的呈网格状延伸到地平线的农田开拓地，展现出一种控制自然的潜力，这无疑使笛卡儿感到兴奋，并支撑他度过在荷兰的那些年。与此同时，生活在城市里的有教养的市民，准备帮助笛卡儿传播新思想。在这些有教养的市民中，笛卡儿发现了一个名副其实的典范——康斯坦丁·惠更斯。

第 4 章　家庭生活

康斯坦丁·惠更斯围绕自己建立的家族将成长为令人生畏的一代，永远为荷兰共和国和奥兰治家族工作。在后来的生活中，伴随着家族成员去各地执行不同的任务，康斯坦丁的四个儿子及他们的姐妹与康斯坦丁一起建立了一个遍布欧洲的网络。克里斯蒂安是这一家族安排的主要受益者，这不仅得益于他父亲的经济支持、个人关系和外交建议，还得益于兄弟对他的望远镜工作的实际参与，以及姐妹对他的健康幸福的时刻关注。

***

康斯坦丁·惠更斯于 1621 年委托安娜·罗默·费舍尔制作的雕刻玻璃是送给多萝西娅·范·多普的礼物，多萝西娅是他在福尔豪特的邻居和多年的亲密朋友，他们相识于 1614 年，当时他 18 岁，她才 20 岁出头。她似乎在两人的关系发展中掌握了主动权。他给她写诗，称她为"歌""歌曲"。1616 年他去莱顿大学时，他们交换了戒指，但由于相互不信任，这段关系很快就动摇了。康斯坦丁向她保证自己忠贞不渝，并且似乎在一首四行诗中指责她，这首诗与他们名字的首字母相关联："尽管'D'破碎了，'C'依然完整。"然而，他对忠诚的看法可能比她更随意。他们的热情逐渐冷却，最终变成了一段偶尔会有麻烦的友谊。多萝西娅从未结婚，而康斯坦丁则写诗声明他对女人的厌恶。

他声明了太多次。1622年7月，苏珊娜·范·贝尔和她的姐妹参观了惠更斯家族的房子。当时她23岁，漂亮又有才华，拥有一笔来自父亲在阿姆斯特丹的贸易的财产，18岁时她失去了双亲。康斯坦丁的父亲克里斯蒂恩认为她应该嫁给自己的大儿子莫里茨。然而，苏珊娜拒绝了莫里茨，后者很快娶了别人，这给了康斯坦丁机会。由于苏珊娜写诗、画画（绘画题材包括鸟、花和昆虫），所以她与这个年轻人有更多的共同点。康斯坦丁发现，自己还能够与苏珊娜讨论政治和科学问题，而与多萝西娅是不可能的。丧偶不久的胡夫特也向苏珊娜求爱，但康斯坦丁最终用一连串的诗作赢得了她的芳心，其中包括一首高明的爱情讽刺诗《解剖学》，诗中充满了对身体部位和功能的比喻，很像莎士比亚的十四行诗《我的情妇的眼睛一点也不像太阳》。康斯坦丁写道：

走进你的花园，你会看到我触摸，

比你的肌肤更美丽、更甜蜜的红宝石，

它们是樱桃、草莓和醋栗。

他有足够的时间求爱。康斯坦丁从英国回来后，等待下一个外交任务，他通过写诗和学习西班牙语来打发时间，西班牙语是敌人的语言，在国家谈判中肯定会有用。1625 年，沉默者威廉的小儿子弗雷德里克·亨德里克接替同父异母的兄弟成为执政。不久之后，老执政的秘书去世了。康斯坦丁写了一段赞美词："扬不知疲倦地读写，扬会算术，扬忠诚，从不吝啬，扬受到上上下下的爱戴。扬曾经参与了一切事务。"这说明康斯坦丁清楚这项工作需要做什么。实际上，这是他的工作申请，最终他得到了这份工作。

他可以通过获得旅费和符合职责的赠予，大幅增加 500 荷兰盾的微薄工资。但他对工作的实际情况或由此产生的矛盾几乎不抱任何幻想。现在，执政是一个有实权的人，也是国家的象征。弗雷德里克·亨德里克也是新的奥兰治亲王，他还有其他各种头衔，这种令人不适的传统可追溯至哈布斯堡王朝在低地国家的统治尚未受到挑战之时。因此，康斯坦丁的地位类似于君主制中的朝臣，但执政是共和国的领袖，对联省议会负责。康斯坦丁深刻地理解了执政这一角色所固有的种种矛盾，他的角色亦是如此。他不是贵族，但他的家族多年来与奥兰治家族关系密切，他本能地知道如何在"皇家"和市政环境中行事。他学会了读懂执政的心血来潮和脾气，并在秘书工作经常被打断时忍受这种情绪。不过，总的来说，弗雷德里克·亨德里克是一个谨慎、通情达理的人，像他的父亲一样，尽可能寻求妥协。他是战士，也是思想家，在康斯坦丁的陪伴下，他成为了艺术的重要资助人。

***

康斯坦丁在 1626 年 9 月向苏珊娜求婚，正如他用诗记录的那样，转年的 1 月，苏珊娜坚如钻石的心终于在他的鲁特琴琴声中碎成了水晶沙。她送给他一枚镶嵌"S"形钻石的胸针作为礼物。这个一直被他称为"星星"的女人属于他了。她为这场婚姻带来了 8 万荷兰盾；除了大好前程，他带来的东西寥寥无几。

康斯坦丁对自己的职业地位日益增长的信心，在这一时期他的肖像画中可以明显看出来。这幅画由阿姆斯特丹一流的肖像画家托马斯·德·凯泽绘制。康斯坦丁看起来很年轻，皮肤光滑，修剪整齐的山羊胡凸显了他纤细的骨骼和尖细的脸。他的眼睛又大又凸出。他的手纤细，右手伸出来接过他的书记员递过来的折叠的信，左手没戴手套，放在一张桌子上，桌子上摆着象征学识和文化的符号——钢笔和墨水、指南针、时钟、地球仪、建筑平面图和书籍，以及一把奢华的鲁特琴，这些物品在斜射而来的寒冷光线中格外醒目。康斯坦丁穿着时尚——一顶黑色帽子、白色领结、一件棕色相配的斗篷和缀着浅金色刺绣的短上衣。牛皮靴子的上部时尚地向下翻折,露出马裤的花边。他坐在那里,愉快且喋喋不休地谈论着即将到来的婚礼。

1627年4月6日,苏珊娜和康斯坦丁在阿姆斯特丹结婚。那年晚些时候,他们在海牙的兰格豪特街置办了婚后的家。作为一个商人的继承人,苏珊娜接受了全部家庭生活技能的培养。她接受过良好的教育,自信,有很强的逻辑性甚至精确的数学思维。他们在一起的时候,她和康斯坦丁共同做出重要的家庭决定。但是在夏季的几个月里,康斯坦丁经常被叫去跟随弗雷德里克·亨德里克的军队出征。此时,苏珊娜的条理性和独立性对家庭的运转至关重要。

在他们婚后的头几个月里,康斯坦丁有了第一次真正的作战经历。在1609年至1621年的12年停战结束后,八十年战争的敌对状态重启,形势出现了逆转,荷兰共和国重要的驻防城市布雷达于1625年投降,这发生在弗雷德里克·亨德里克就任后仅仅数周。执政采取行动平息城市中的宗教紧张局势,并加强了军队的力量。1627年夏天,康斯坦丁跟随弗雷德里克·亨德里克来到东部的格尔德兰,对赫龙洛的占领标志着共和国突破西班牙包围圈迈出的重要一步。康斯坦丁发现自己身陷中世纪与现代军事技术的奇怪融合中,听到了军号声、鼓声和隆隆的炮声、长矛与戟的碰撞声、火枪声，以及用绊网和点火装置引爆的新型地雷的爆炸声。但也有无聊的时候，他就写信给弗雷德里克·亨德里克的妻子阿玛利亚，如她所要求的，向她保证她丈夫的安全，并写诗与胡夫特交流战役的进展。他用对家的思念安慰自己，给苏珊娜写情诗，并开始构思重要的诗作，作品以他们理想化的家庭生活中的一天为背景。

***

苏珊娜与康斯坦丁在接下来的 10 年里生了 5 个孩子。他们的大儿子于 1628 年 3 月 10 日出生。教父、教母希望用孩子祖父的名字"克里斯蒂恩"给这个男孩子取名，但苏珊娜更喜欢用丈夫的名字，孩子在福尔豪特的克鲁斯特克教堂以康斯坦丁的名字接受了洗礼。

一年多以后的 1629 年 4 月 14 日，克里斯蒂安出生了。这两个孩子从小就在一起玩耍，后来接受了同一位家庭教师的指导。由于具有相似的天赋和兴趣，而且年龄相近，所以他们建立了密切的联系，这使得他们在许多场合一起工作，在分开的时候经常通信。

洛德维克出生于 1631 年 3 月 13 日，是他们的第三个儿子。父亲说，他是所有孩子中哭得最少、笑得最多的，成长得很健康而且胆子很大。他也像某人说的，"是这些孩子中最英俊的"。他更喜欢身体锻炼而非学术研究，这意味着他的教育道路将与他的兄弟略有不同。然而，后来当他去国外旅行时，成为家族联盟的有用成员，尽管也会给惠更斯姓氏带来耻辱。

又过去了两年，1633年10月12日，第四个儿子菲利普出生了。苏珊娜在分娩时，希望生一个女儿，但痛苦如此之大，她从来没有觉得自己离死亡这么近，因此她立即放弃了生女儿的愿望，以免可怜的女孩儿有一天要经历同样的痛苦。菲利普是唯一一个出生时康斯坦丁没能陪护的孩子，因为他有军务而离开了。一个星期后，他得到了消息，及时赶回家参加了孩子的洗礼。4年后，他再次从战场回来，发现这个婴儿变成了一个健康的小伙子，总是会提出令人惊讶的问题，或者对碰巧出现在家里的任何人作出有趣的评论。菲利普是几个孩子中寿命最短的——1657年，康斯坦丁在国外担任大使时，菲利普去世了，年仅23岁。

1637年3月13日，苏珊娜终于生了一个女儿，也取名为苏珊娜。康斯坦丁在家里待了很长时间，看到了婴儿开始观察，开始大笑和玩耍，并看到她的灰色眼睛变成了棕色。但当夏天到来时，他又被叫去了战场。这个女孩后来成为家里的关键人物，协调她的兄弟和父亲来来往往的事宜，确保他们外出时能及时了解家里的情况和城市的新闻，并确保他们总是有干净的衣服。她喜欢追随他们所到之处的时尚，并让他们订购精美的物品然后寄给她。她于1660年嫁给了她的表兄菲利普·多布莱,她是寿命最长的一个孩子,于 1725 年去世。

正如他的父亲之前所做的那样,康斯坦丁仔细地描述了孩子们的出生和早年生活。他为每一个孩子确定了教父、教母和奶妈,逐项列出了洗礼礼物,当礼物是银器时,给出了它们的重量。毫不奇怪,他把最全面的描述给了第一个孩子小康斯坦丁。作为一个新手父亲,他慈爱地描述了孩子每一步小的发展,逐月细数了婴儿期的磨难和疾病,记录了自己应对婴儿时的感受,带着对陌生的自然奇迹的好奇心,注意到了婴儿每一个新的行为。

但是 13 个月后,克里斯蒂安的出生既体现了记述的即时性——例如,这是唯一一次康斯坦丁记录婴儿的体重——又揭示了父亲生活的不同寻常的性质:

> 我们的第二个孩子克里斯蒂安是 1629 年 4 月 14 日凌晨两点出生的,那一天是复活节前的星期六。他就出生在小康斯坦丁出生的那间房间里。前一天早上,母亲开始意识到分娩时间快到了,原本我从 7 点开始就在外面看解剖课,9 点被叫回了家。

康斯坦丁对艺术和科学知识的渴望,尤其是对它们可能存在交叉之处的渴望,引导他去看解剖演示,这些演示已经开始不定期地举行，为有抱负的医生、各类好奇之人和任何愿意支付入场费的病态公民提供教导。康斯坦丁提到的解剖课演示者是他的学者朋友克里斯蒂安·罗姆夫，他曾对莫里茨亲王的尸体进行了解剖。解剖学课程通常在冬天进行——这一次是在冬季末——并在清晨开始，当时还很寒冷，这有助于尽量减少身体腐烂部位散发的恶臭。康斯坦丁回家后记录了那一天的情况：

无论如何，似乎一切都过去了，中午时分，我的妻子与我们一起在餐桌上吃饭。晚上10点左右，疼痛第一次真正降临到她身上。从11点起，她开始经历一次极其辛苦的分娩，肯定比第一次更辛苦。我们发现这个孩子果然很大，在洗礼那天称重有9磅……他来到这个世界上，没有任何损伤或畸形，尽管我妻子担心会出现相反的情况，因为她被一个在街上路过的可怜男孩吓坏了，他的脸颊粗大畸形，看起来很可怕。

苏珊娜刚从产后发烧中恢复过来，就于4月22日举行了洗礼。两周后，也就是5月3日，康斯坦丁不得不离开家，加入驻扎在斯海尔托亨博斯的军队，执政正准备对这座被西班牙控制的城市发动大规模进攻。

当康斯坦丁在斯海尔托亨博斯通宵工作，翻译从被包围的城市偷带出来的西班牙加密信件时,弗雷德里克·亨德里克逐渐欣赏他的秘书的真正能力。当执政惊讶于康斯坦丁的能力时,后者回答说那只是一件单调乏味的苦差事,他宁愿花一个星期的时间转动磨盘。但他为自己的贡献感到自豪,并为得到这样的认可感到高兴。这次围攻的成功证明,荷兰人在战争中占据了上风,这也让弗雷德里克·亨德里克获得了作为军事领袖的名声。

第二年,康斯坦丁花费 41820 荷兰盾买下了位于瓦尔河南岸格尔德兰的瑞利赫姆地产。伴随而来的是一枚盾形纹章、一座有护城河的城堡、土地、教堂物品、地方行政长官职位和瑞利赫姆领主的权利。许多年后,年轻的小康斯坦丁为这个地方画了一幅精美的素描,展示了宽阔的瓦尔河的一个弯道,一艘风帆驳船停泊在堤道上,堤道蜿蜒曲折,靠近烟囱林立的城堡。康斯坦丁将瑞利赫姆的纹章改为一棵树伸出树枝,上面挂着 3 个橙子[①],以示他对弗雷德里克·亨德里克的感激之情。1638 年和 1642 年,他获得了沿岸更多的土地,但在收租和支付教堂费用方面持续出现麻烦,法律纠纷频繁出现,这块地产最终给他带来的经济利益微乎其微。

作为一个真正的鉴赏家,康斯坦丁自然会选择用更多的艺术品纪念自己的晋升。除了德·凯泽为他画的婚礼肖像画,以

---

① 奥兰治与橙子的拼写相同。——译者注

及一年后他发现扬·利文斯的惊人天赋时订购的画作，安东尼·范·戴克于1632年1月访问海牙时也为他画了肖像画。这件作品现在已经丢失，它可能是一件使用浮雕式灰色装饰画画法绘制的作品，旨在作为铜版画的基础。这幅画被收入范·戴克的《肖像集》，这是一个长期的项目——制作一本欧洲当代名人图册，最终包括100名贵族、政治家、学者和艺术家。一幅版画复制品显示了康斯坦丁穿着华丽的长袍，额头上的头发稀疏。他面对着我们，疲惫的眼睛显然被艺术家旁边桌子上的某个物品吸引。

虽然土地可能是比郁金香或东、西印度公司的航行更安全的投资，但康斯坦丁也没有从他的其他财产中获得很好的收益。[①]通过婚姻，他拥有了英国唐卡斯特附近的哈特菲尔德切斯约70英亩土地，在此处，国王查理一世曾雇用荷兰工程师科内利斯·维穆登为他的狩猎庄园的沼泽地排水。后来康斯坦丁在此处购买了更多的土地，但英国法院对改良后的土地征收重税，此地还有一个令人讨厌的习惯做法，即维护住在那里的人的古老权利。当他的母亲于1633年去世时，他继承的遗产包括泽兰和布拉班特的其他开拓地、安特卫普祖传家族住宅的大部

[①] "买地，因为土地不再增加"，这一杜撰的忠告通常被认为出自马克·吐温之口。但它并不适用于荷兰共和国。例如，17世纪上半叶，由于围海造田，荷兰省境内的耕地面积增加了将近三分之一。（Helmers and Janssen 35）

分份额，以及深红色的壁毯、锦缎床单和家族画像。他的父亲克里斯蒂恩曾于1617年给这片土地排水，在1621年战争开始时，作为防御措施，这片土地被洪水淹没。康斯坦丁为这次的损失请求过国家赔偿，但没有成功。后来，他获得了执政恩赐的位于泽勒姆（离现在比利时的哈塞尔特不远）的一处有72座房子的面积可观的地产，这令他获得了一个更高级的贵族头衔。也许，他最不寻常的投资是参与修建了一条运河，该运河连接纽纳沙泰尔湖与日内瓦湖。这是一个大胆的计划的一部分，该计划要在北海与地中海之间开辟一条航运线路，这样就能绕过伊比利亚半岛的敌方水域。康斯坦丁于1637年购买的运河项目3%的股份在30年后才产生收益。总而言之，尽管这些财产可能没有使康斯坦丁发财，但这些财产并不是毫无价值的投资，它们为康斯坦丁带来了他更渴望的东西——社会地位，而非金钱。

***

1620年8月，康斯坦丁从威尼斯回到海牙，带回来的不仅仅是荷兰大使馆官员的正式任命和随之而来的金链子。他的脑子里装满了意大利北部新古典主义建筑的画面，尤其是安德烈亚·帕拉第奥的作品。在威尼斯，他看到了帕拉第奥设计的宏伟教堂。但更吸引他的是帕拉第奥设计的更具创新性的世俗建筑。在维琴察，康斯坦丁以剧作家的身份，欣赏了帕拉第奥设计的极富戏剧性的最后一部作品——奥林匹克剧院,这座剧院完工于1585年,即帕拉第奥死后5年。康斯坦丁发现这是一座"现代建筑,确实在欧洲没有比这更美丽的所见了"。康斯坦丁仔细测量了其错觉透视法,"一个奇妙的所见,可以愚弄最警觉者的眼睛,尤其是在烛光下"。他乘坐布尔基耶洛船(burchiello)①沿布伦塔河航行,观察到这条河大约同代尔夫特与鹿特丹之间的运河一样宽。河岸上的房子构成了"一个连续的毗邻区,其中有人们能想象到的最高耸的宫殿和别墅,数量如此之多,以至于我失去了记笔记的意愿"。

另一个帕拉第奥式模型是位于伦敦怀特霍尔街的由伊尼戈·琼斯设计的白厅宴会厅,1621年3月康斯坦丁作为官方外交官首次访问伦敦时,宴会厅开放了。那是一个巨大的双立方体房间,光线从两层楼的窗户涌进。②整座建筑既克制又宏伟,每一处细节的比例堪称完美,但又保留了基本的简洁。它激发了这位雄心勃勃的加尔文主义者在海牙建造自己的房子。

康斯坦丁需要一个更大的家宅供其不断壮大的家族居住。然而,更重要的事情是,在这样一个著名的地方建造家宅可以

---

①16—18世纪威尼斯共和国时期用于布伦塔河及潟湖航行的豪华平底船,专供夏季贵族从威尼斯前往帕多瓦避暑使用。——译者注

②1625年查理一世即位后,鲁本斯受托在这座建筑的天花板上画上爱国主义寓言,老康斯坦丁在后来的访问中对此大加赞赏。后来当画家们受托为"奥兰治厅"进行创作时,这成为他的灵感。"奥兰治厅"位于海牙城外的豪斯登堡宫,是遵照阿玛利亚·范·索尔姆斯的命令在她丈夫1647年去世后建造的。

炫耀他作为建筑潮流引领者的才能，并显著地提高他的社会地位。机会出现了，1633年，市中心规划了一个新的广场［现在的"中央广场"（Het Plein）］，靠近位于宾内霍夫的奥兰治宫廷。弗雷德里克·亨德里克将广场西侧一块360英尺×90英尺的长方形土地给了康斯坦丁，而与之毗邻的一块地则被授予了拿骚·西根伯爵约翰·莫里茨，他是弗雷德里克·亨德里克的堂兄弟，也是荷属巴西总督。

"专家"康斯坦丁当然学过建筑学，这意味着他对罗马建筑师维特鲁威提出的古典秩序有很好的理解。然而，他既没有时间也没有实际技能来管理自己的工程。幸运的是，他认识哈勒姆画家、建筑师雅各布·范·坎彭，他是穆伊登文人圈的外部成员，康斯坦丁在1623年特塞尔沙德的婚礼上或不久之后认识了他。八十年战争战火重燃，终结了本世纪初的奢侈。范·坎彭将自己以艺术家身份游历意大利期间接触到的新古典主义风格，融合了北方特有的严谨简约气质。由此，他开创了独树一帜的艺术风格，最终确立了属于自己的艺术定位。这种风格非常符合荷兰政府的表达需求，康斯坦丁的房子也成为这种风格的第一个伟大的广告。

两个朋友一起设计，康斯坦丁密切地参与了细节方面的工作，包括应该使用什么样的檐口。他们甚至谈论将维特鲁威和帕拉第奥的权威建筑学书籍翻译成荷兰语。如果顺利的话，范·

建成不久的老康斯坦丁的房子和带有围墙的花园，位于海牙的广场上，通向莫里茨房子的大门在房子最右边。

坎彭将从这份工作中获得双重回报，因为康斯坦丁有很好的条件为他提供新的设计委托。当建设开始时，另一位来自哈勒姆的建筑师彼得·波斯特受雇在现场贯彻范·坎彭的意图。后来康斯坦丁在诗中赞扬了范·坎彭和波斯特，他写道，他们已经从荷兰盲从的"劣质建造者"眼中揭去了肮脏的哥特式标尺。而在给鲁本斯的一封信中，康斯坦丁向这位艺术家保证，他正在努力解决英国护照被拒的问题；他吹嘘说，希望这所房子能为在低地国家复兴古典建筑学作出一点儿贡献。①

主屋用砖砌成，呈长方形，为对称结构，狭长的两翼向前凸出，形成一个庭院。内部主要是由康斯坦丁和苏珊娜设计，独立的套房通向房子的每一边。外部细节——如壁柱的顶部——是按照帕拉第奥的门徒文森佐·斯卡莫齐的风格制作的，康斯坦丁曾费力地编制表格，根据维特鲁威、塞利奥、帕拉迪奥、斯卡莫齐和亨利·沃顿的古典秩序版本作比较。山墙上的雕像体现了维特鲁威的建筑原则，即坚固（Firmitas）、实用（Utilitas）、美观（Venustas）。[1624年，大使沃顿——曾经是康斯坦丁在福尔豪特的邻居——用英语将其解析为商品性（Commodity）、稳固性（Firmness）和愉悦感（Delight）。]约翰·莫里茨的房子虽然整体上更大，但没有雕像，前面只有7

---

① 具有讽刺意味的是，这座房子在1876年被拆除，取而代之的是新哥特式司法部大楼，至今屹立。

建筑师雅各布·范·坎彭晚年时期的肖像画。他设计了惠更斯家族的房子、阿姆斯特丹市政厅和其他荷兰巴洛克式地标建筑。

个凸窗，惠更斯家有 9 个。

实际上，苏珊娜才是工程的常客，她已经是四个孩子的母亲了。当康斯坦丁长时间不在家的时候，她经常去施工现场监督工程。她召开会议，谈判价格，准备账单。一张由 7 岁的小康斯坦丁模仿母亲的笔迹伪造的"账单"被交给了父亲，父亲被彻底愚弄了。苏珊娜本身就是制图师和画家——在她丈夫看来比自己更胜一筹——她还做出审美方面的决定。与此同时，老康斯坦丁定期去范·坎彭的乡间别墅拜访，或者在荷兰执行军事任务时，在方便的地方接待范·坎彭。1635 年 10 月，海牙暴发瘟疫，全家人到阿默斯福特附近与康斯坦丁会合，他再次与范·坎彭相遇。在家里时，康斯坦丁所能做的就是抱怨那些工人，他们"比昏睡病病人还懒，比糖浆流动还慢"，并对苏珊娜表示同情，因为她不得不应付这一切。

尽管采取了经济节约的措施来确保两座房子使用相同的材料，工程还是由于战争造成的材料短缺而进展缓慢。例如，黑森州的橡木需要西班牙驻布鲁塞尔总督的进口许可，反过来，这又需要康斯坦丁的外交干预。檐口的青石、门楣和窗台在运输中被耽搁。建筑工人生了病，然后死去。最终，惠更斯夫妇用出售兰格豪特街的房子获得的收益支付了全部建造费用。

1634 年，建筑工程进度放缓，范·坎彭为他的客户画了一幅非凡的肖像画，以此来打发时间。康斯坦丁侧身而坐，凝视着前方。他的细密的黑发没有被遮盖，下巴上留有修剪整齐的山羊胡。他太虚荣了，没有戴平常使用的眼镜，眼睛凸起，眼睑下垂。他手里拿着一张乐谱——以示婚姻和谐——但他正盯着乐谱的上方看。苏珊娜坐在康斯坦丁的右边，从观众的角度看，她在他身后，向前倾着身子越过丈夫，直视画布的外面，眼睛黑亮，噘着嘴巴，似乎向画家、她的建筑师发出挑战：你真的想要我这样吗？

康斯坦丁巧妙地回应了范·坎彭构图中不寻常的光学现象。

> 忠贞的光芒是受人祝福的，
> 它为男人和妻子照亮了道路，
> 共度欢乐与苦难的时光，
> 这种观念更加令人肃然起敬，
> 男人和妻子望向同一个方向。

1636年底，房子还没有完工，苏珊娜已经怀孕6个月了。对房子的需求变得急迫。老房子的出售时间定在1637年2月，搬家日期是5月1日，在婴儿预产期之后几周。3月初，小康斯坦丁突然被带到乌得勒支做颈部手术。接下来，13日，婴儿出生了——一直渴望得到的女儿。两个多星期后，苏珊娜突然患上口腔溃疡。搬家的最后期限迫近，只剩下3天，而她的情况恶化了,似乎还有生命危险,于是她被转移到她的姐姐家接受照顾,那里更安静。康斯坦丁惊慌失措,他要如何应付孩子们,当大儿子回家时,他要如何解释最糟糕的情况?他注意到,8岁的克里斯蒂安是多么不愿意离开母亲的床边。苏珊娜最后一次拥抱她的女宝宝,称她为"小甜心",并立了遗嘱。5月10日下午晚些时候,她静静地死去了——悲痛欲绝的丈夫称之为"美丽的死亡"。搬家按计划进行。苏珊娜下葬的第二天,康斯坦丁写道:"我有了新的住处,但是,唉,没有了我的爱人。"

对于康斯坦丁来说,广场上的房子永远是对他心爱的苏珊娜的纪念;对于康斯坦丁来说,纪念她的最好方式,就是把它作为孩子们的家。"我心爱的人把这所房子献给了我,作为她的爱的最后回忆和她的象征,"他后来写道,"我含着眼泪,与我的重要的小家庭一起,接受了它。她被夺走了,我的另一半,我像一只孤独的鸽子,永远为她哀悼。"50年后,在遗嘱中,康斯坦丁重申永远不要出售这座房子,要留给家族。

就当下而言,这座房子在政治层面上也是不可或缺的,因为它靠近执政政权的中心——宾内霍夫。它成为秘书与执政之间亲密关系的公开展示,尤其是当它为皇家娱乐服务时。例如,1638年,差不多在灰泥尚未凝固之时,在这里为布雷达伯爵的婚礼安排了为期5天的持矛刺环比武。

康斯坦丁的房子作为文化符号的价值也不可小觑,作为范·

坎彭和波斯特最早的重要设计作品之一，它标志着荷兰建筑学的新转向，不久之后也影响了荷兰艺术领域。在此期间，两位建筑师继续创造了许多"黄金时代"的标志性建筑。波斯特设计了绿树繁茂的豪斯登堡宫，作为海牙森林中的皇家度假胜地。范·坎彭设计了执政的宫殿诺尔登德，接下来，范·坎彭设计了阿姆斯特丹市政厅，竣工时，它借鉴了康斯坦丁宅邸的一些特征。是世界上最大的世俗建筑，也是"共和国有史以来最宏伟的建筑工程"。这座巨大的建筑，粗犷地强加在中世纪纷乱的街道和运河网络上，最清晰地表达了建筑师的意图，即把从意大利学习的古典建筑学理想与加尔文主义规范相融合，从而创造一种真正的荷兰巴洛克风格。尽管这座建筑有雕刻的水果窗饰，但环绕其四周的两层粗壮的壁柱排列有序，宛如一排哨兵，使得这座建筑冷峻而令人生畏。

房子承受了这一切重负。也许并不奇怪，康斯坦丁后来委托建造了第二座房子，新房子几乎在每个重要方面都不同于广场上的那座房子，在后来的岁月中，他在那里度过了很多时光，寻找诗的灵感，并从城市生活中获得喘息。

***

当然，霍夫维克（Hofwijck）是双关语：霍夫（hof）指的是宫廷，或者仅仅是庭院或花园；维克（wijk）指的是区域或是地区，也可以是一段步行路或一个人通常活动的范围或路线，一个隐居处，甚至指从某处逃离。因此，霍夫维克是他的"庭院区"或"花园环路"，同样是"从宫廷的逃离"。只是他远远没有退出宫廷生活。这个名字是一个喜欢玩文字游戏的诗人的自嘲。

1639年12月，他买下了"美丽村庄，或者更确切地说，美丽小镇"福尔堡附近的一块土地，位于弗利特河畔，这是一条连接了荷兰几个主要城市的古运河。往南走，渡过弗利特河，便是水草地。毗邻这片区域的城市有代尔夫特、莱顿、豪达和鹿特丹等，该地区曾经是一个大型淡水湖——佐特湖，在康斯坦丁生活的时代，佐特湖逐渐变成圩田。在其他方向，康斯坦丁可以看到代尔夫特的城墙、许多风车和海牙的教堂塔楼。他就像一只"风信鸡"（weathercock），不确定转向哪里才能看到最好的风景。

康斯坦丁很快获得了邻近的大片土地，得以扩大庄园，并种植树木来装饰自己的世外桃源。建造工作于1640年开始，1641年底完工。建筑师是那些在城市里为他工作过的人，这座房子是由范·坎彭的"富有理性的头脑"构思的，并通过波斯特的笔"助产"来到世界上，康斯坦丁如是说。康斯坦丁又一次在总体设计的构思中发挥了重要作用。对于广场上的房子，轴对称是一个指导原则，但这座理想别墅的构造更纯粹——一个简单的砖立方体，看起来像漂浮在一个方形的湖上。

在这座房子里，没有"弯曲的角落"或"不平等"的地方，它模仿了上帝的完美创造——人类。双层窗户使得建筑物的立面形成了眼睛、耳朵和鼻孔的形状。

这是一个真正的隐居处，因为它太小了，无法招待留宿的访客或者维持讲排场的生活。大门直接通向主室，主室经常用于举行音乐聚会。主室一侧设置了一个小小的图书馆空间。楼下有一个厨房，一家人通常在那里吃饭，没有繁文缛节。楼上有两间小卧室，再上面是阁楼，克里斯蒂安后来在里面从事科学工作。正如他为城市建筑引入了一种新的荷兰巴洛克风格，康斯坦丁也在乡村开创了一种潮流。17 世纪 30 年代，很少有富有的荷兰公民拥有乡村宅邸，但在一代人的时间里，他们中的近一半人拥有了乡村宅邸，17 世纪末，这些"伪贵族"中的五分之四拥有了新的庄园。特别是弗利特河沿岸，很快就别墅林立，变成了北方的布伦塔河，那是康斯坦丁访问威尼斯时极为推崇的地方。

1636 年，弗利特河已经成为不断发展的公共交通和驳船网络的一部分。1638 年，就在康斯坦丁置地之前，海牙增加了一条支线。17 世纪中叶，大约每小时有一班驳船服务，连接鹿特丹、代尔夫特、海牙、莱顿、哈勒姆与阿姆斯特丹；1665 年，城市间运河的长度已达到 400 英里。驳船起初由人拉，后来由马拉。当运河结冰时，纤道仍然提供了方便的人行通道。康斯

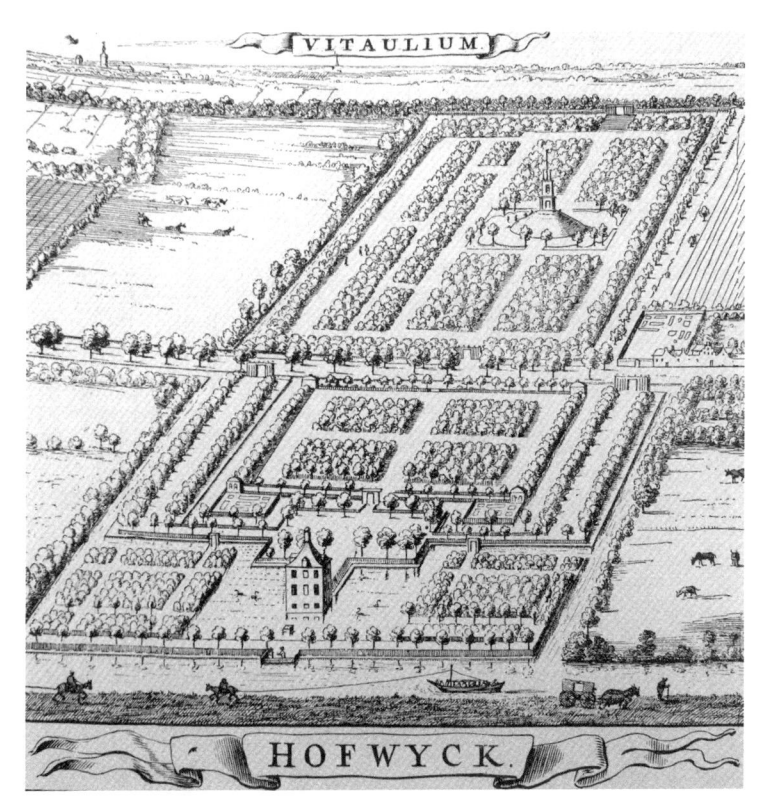

霍夫维克花园规划图。画面前景是弗利特运河。这座房子被一道护城河环绕着,而植物种植和小径布局则遵循了维特鲁威的理念,就像人体结构一样。

坦丁在霍夫维克建造了一个登陆台,从那里出发,40分钟到达海牙。在旅途中,他喜欢听船长们开玩笑,听人们用方言交谈,他可以利用方言使戏剧中的对话生动起来。

正是在诗人的天堂花园里,他得以充分地展示维特鲁威原则,即理想的规划应该以人体为模板。这一想法可能受到了这块场地的狭长比例的启发。房子是头,窗户是眼睛,横跨护城河的桥是脖子。手臂从花园的两边伸出来。中间是胃,这是一个果园,家人在那里种植苹果树、樱桃树和甜瓜。腰部是一条公共道路——韦斯泰因德路,这条路穿过康斯坦丁买下的土地。除此之外,维特鲁威式人物的双腿沿着小路和水沟伸展开来,对于有科学头脑的康斯坦丁来说,水沟代表了新发现的血液循环和身体(房屋)温度的调节机制。整个庄园很紧凑,最宽35杆(rods),长110杆(125米×410米)。①

树木是根据一个详细的计划栽种的,因此每一棵树都在整个构图中发挥作用。康斯坦丁从弗雷德里克·亨德里克那里收到了一份礼物——高大的松树及其他针叶树。桦树"像教堂里的蜡烛一样"矗立在四周,但橡树在沙土中生长不良。这块土地很长,各种树起初会遮挡房子里的人的视线。从房子里走出

---

① 霍夫维克花园保存下来的只有"腰部"以上。19世纪,随着铁路的建设,"双腿"被截掉,后来的高速公路进一步侵占了花园。具有讽刺意味的是,良好的交通联系是康斯坦丁获取这块土地的原因之一。

来，穿过这些树木，就从物质世界来到了精神世界。"来自未开化文明的被驯服的荒野"，康斯坦丁在他特有的对比论述中写道。康斯坦丁担心清理排水沟时掘出的土所产生的成本和破坏，他甚至想到在花园中央用多余的泥土建造一个中心土堆。站在土堆顶上，可以看到海牙、"斯海弗宁恩的沙丘白墙"，以及远处的大海。他在小土丘顶部立了一块方尖碑。"打开我心灵的钥匙，"康斯坦丁写道，"就是通往这个花园的钥匙。"

新的隐居处激发了康斯坦丁写下最长可能也是最迷人的一首诗，这首诗写于1651年12月。在2824行密集的亚历山大体诗中，他将霍夫维克描绘成一个充满生命的神奇地方，就像一夜之间"一顶蘑菇显露在光里"。《霍夫维克》实际上是乡间别墅诗的一个早期例子，许多诗人在访问富有的朋友或资助人的庄园后，为表达感谢而创作这种类型的作品。这些诗通常都融合了对房子及其主人良好品位的欣赏，以及对乡村生活方式和文明追求的赞美，从种植树木到看星星。①

---

① 康斯坦丁的《霍夫维克》与安德鲁·马维尔在同一年写的《阿普尔顿庄园》有足够多的相似之处，一些人认为，这两个人一定比较过草稿（Huygens tr. Dvidson and van der Weel 208）。诚然，这两首诗都使用了步行穿过树林走向房子的想法，并且都援引了维特鲁威的建筑理论，然而，马维尔的这一概念并不符合他的主题———所旧房子，曾经的修道院，它缺乏必要的建筑学理想。马维尔还写出了阿普尔顿庄园的漫长历史（这对于新的霍夫维克是不可能的），并叙述了其主人的英雄事迹（康斯坦丁如果这样写会显得不够谦虚）。当马维尔在17世纪40年代访问荷兰时，康斯坦丁陪同这位英国人参观霍夫维克是有可能的。然而，没有证据显示这两个人曾经见过面，无论在荷兰还是在英国。

由于康斯坦丁既是诗人又是庄园主,所以他能够贡献更多。他不仅展示了房子和花园,而且展示了他大部分的人生哲学。他证实了霍夫维克作为避难所的重要性,列出了一系列被禁止的事情。诗作开头写道:"我禁止整座海牙以及在那里发生的所有诽谤。我禁止肮脏的瘟疫。……"尽管弗利特河上的驳船驶过庄园,道路穿过庄园,但这里仍是众人的避难所,他很高兴地把这美妙的环境描绘成一个共同体的一部分。他自负地认为,高大树木可以保护福尔堡的居民免受狂风的侵袭。最重要的是,霍夫维克对于康斯坦丁而言是这样一个所在——与朋友交谈,坐在户外草地上独自思考世界,在室内与乐器和书籍为伴。他担心乐器与书籍会给房子的木头带来压力。他想象在未来的某一天,带领自己的读者参观这个地方,"仿佛我们的昨天已经是一个时代之前的事情",那时他的孙子孙女可能就住在这里。他还想象,他所珍爱的树苗已长成参天大树,这将成为一份遗产,由后代精心呵护。他毫不谦虚地意识到,《霍夫维克》这首诗可能会比霍夫维克这座房子更持久。

> 现在的霍夫维克,我想让陌生人看到,
> 将来的霍夫维克,荷兰人必须阅读。
> 人类成就如此虚弱,还不如纸张持久。

与此同时，静水中的倒影似乎以"奢华炼金术"的幻象让他的财富倍增，"若非如此算我孤陋寡闻"。冬天，草坪被淹没了，水结冰了，溜冰的人在冰面上雕刻图案。夏天，夜莺在花园里筑巢，让他想起了那个声音甜美的女人——他的音乐伙伴之一——乌特里西娅·奥格尔曾在那里唱歌。

然而，整首田园诗带着一种痛苦的失落感。这种失落感来自康斯坦丁对遥远未来的想象，它反映了他应有的谦逊以及他在创作中获得的满足。他甚至预见到霍夫维克在某次神圣的灾难后倾覆在废墟中，关于幸福婚姻的记忆也被埋在倒塌的石头中。

最卑微者被抛向高空，

最高贵者却坠入尘土，

仍可辨认远处的铭牌。

苏珊与康斯坦丁，悲伤地倒下，

但他们永不分离，因为他们注定如此，

我指的正是他们的灵魂，如同曾为一体的身体。

事实上，康斯坦丁在霍夫维克度过了很多个夏天，特别是在始于 1650 年的无执政时期，其间他的外交负担减轻了。之后他把霍夫维克传给了孩子们，这里最终成为克里斯蒂安不那么幸福的家。

第 5 章　一个天才

从位于宾内霍夫的莫里茨塔顶看到的景象展示了惠更斯家族的世界。塔的脚下是霍夫维弗湖,执政的庭院沿着湖边向右延伸。范·坎彭的大房子坐落在湖的另一边,莫里茨宫坐落在湖的远端,惠更斯家族在广场上的房子坐落在湖的右岸。向北不远处是福尔豪特,康斯坦丁·惠更斯在那里度过了青少年时光,新栽的树苗随风摆动,树冠已高过屋顶。西边高耸着城市中最大的教堂——圣雅各布教堂——的六角砖塔。你几乎不需要拿起利普希的望远镜就能看到其余的事物:东南3英里处是福尔堡小镇和弗利特运河,康斯坦丁的隐居处霍夫韦克就在运河岸边;北面是一大片沙丘,远处是斯海弗宁恩教堂的尖顶,沙丘后面只有大海。

想象一下,广场上的房子不是一个陵墓或博物馆——尽管它的大小几乎是隔壁莫里茨宫的三分之二,莫里茨宫现在是一个美术馆,收藏着惠更斯家族最重要的一些绘画——而是一个家，4个小男孩儿飞跑着穿过走廊，在楼梯上跑上跑下，婴儿苏珊娜的咯咯声加入了喧闹。康斯坦丁·惠更斯在家时，他按照现代资产阶级的方式管理房子，而不是模仿他在宫廷里看到的生硬的方式。孩子们还很小的时候，一家人就一起吃饭。父亲亲切地关注他们的成长，观察每个人的性格，为每个人寻找适合其个性的活动，并用他认为最好的方式塑造他们。惩罚是从零用钱中扣除罚款，而不是打骂。

但康斯坦丁经常不在家，要么跟随执政在战场上效力，要么被召去执行外交任务。于是，挂在大房子墙上的严肃的肖像画，提醒孩子们他们唯一的父亲的存在。在父亲缺席的时候，最小的孩子可以求助家庭帮工，而大一些的男孩儿很可能发展出了很强的自立能力，并找到了让自己开心的方式。

康斯坦丁对家庭生活的投入在阿德里安·汉内曼所画的肖像画中得以展现。这幅画像完成于1640年，也就是苏珊娜去世近3年后。画上的5个孩子各自在圆形图案中，紧紧围绕着他们的父亲，男孩子的年龄从11岁到6岁，苏珊娜还不到3岁。一幅可能由这位艺术家早先所画的素描，画面中央是一对已婚夫妇，他们周围只有4个用来画孩子的圆形图案，这说明这幅画可能是在他们最后一个孩子到来之前就计划好的。如果真是这样的话，那么康斯坦丁在苏珊娜死后继续委托绘画这一事实说明，他坚忍地接受了降临在自己身上的灾难。

在完成的画作中，尽管男孩子年龄相差很大，但是看起来非常相似，每个人都有相似的赤褐色卷发和漂亮的脸庞。小康斯坦丁望向画布之外，面带一种警惕的神情，嘴唇上略带一丝愉悦的痕迹，好像用棕色的大眼睛领会画家正在做的一切。圆圆的脸颊、上翘的鼻子和噘起的嘴唇，让克里斯蒂安看起来最具女孩子气质。父亲写下了"他很像母亲"，在两个弟弟出生之前，他有时确实被误认为女孩子。与他的哥哥不同，他不是在审视艺术家，而是望向艺术家身后的远方。8岁的洛德维克看起来与克里斯蒂安年龄相仿，事实上有时他俩被认为是双胞胎；他显然更愿意坐着让艺术家画。6岁的菲利普戴着一顶羽毛帽子，披着一件金色刺绣的斗篷，这让他看起来比实际年龄大，缩小了与他的兄弟们之间的差距。也许是意识到了自己的奢华装束，菲利普努力抑制住内心的笑意，呈现出艺术家要求的严肃表情。最顶上的圆形图案里是蹒跚学步的苏珊娜，她的头发比兄弟们的更漂亮，戴着一顶白色蕾丝花边帽子，上面有一朵花饰，双手紧紧抓住一个苹果。

妻子去世后几个星期，康斯坦丁安排了表妹凯瑟琳娜·祖埃里乌斯（或被叫作斯维茨）加入了这个家庭。大家都说，她无法履行母亲的许多职责——也不可能期待这样的事情发生。很快康斯坦丁就不喜欢她了，他的儿子们也不喜欢她了，尽管如此，她还是在这个家里服务了30年。多年以后，这些兄弟在欧洲各地写信，仍然会让彼此了解她最新的滑稽举动，并将她视为衡量标准，其他女性与之相比都只会更好。她从吃力不讨好的工作退休12年后，于1680年10月去世，康斯坦丁写了一首无情的纪念诗：

> 这里躺着凯瑟琳姨妈。还能写些什么呢？
> 因为，斗胆地说，
> 在83年的时间里，她做了该做的事情，
> 那就是争论不休、唠叨不停、专横跋扈，然后死了。

尽管男孩子的外表确实很相似，会被认错，但克里斯蒂安不如他的哥哥身体强壮，也总是对哥哥保持尊重和敬畏，但他很快就显示出自己在其他方面与哥哥不相上下。他们的名字被缩写成"蒂恩"和"蒂安"，他们在一起共度了很多时光。他们没有被送去上学，因为父亲认为这会浪费时间，而且教学大纲太受限制了。他们在家里接受的更广泛、更雄心勃勃的教育，使两个人更加相似。教学以父亲的教导为榜样，教学内容包括古典和现代语言、数学、神学、逻辑和哲学，以及马术、击剑、舞蹈、音乐和绘画。克里斯蒂安很早就展现出过人的音乐才能，会唱歌并演奏好几种乐器，而小康斯坦丁是一名优秀的制图师。

小康斯坦丁是两个男孩子中更安静、更严肃的那个，也许

他更强烈地感受到了来自父亲的期望的压力。另外，克里斯蒂安总是热情洋溢，欢快地歌唱、喋喋不休，像小狗一样跟着父亲在屋子里转来转去，缠着他问各种问题。很可能他真正的智力潜力没有被及早地发现，因为他更年幼。

洛德维克总是最难对付的儿子，不如蒂恩和蒂安聪明，也没有他们那样守规矩，总是通过干傻事来寻求关注。童年时他的主要爱好是骑马和击剑，康斯坦丁担心他会成为一名士兵。菲利普的学习能力也不如两个年长的男孩子，父亲对他的进步也没有那么感兴趣。另外，小苏珊娜非常聪明。她比最小的男孩子年幼近4岁，她单独接受教育。她像任何一个与她具有相同社会地位的女孩一样，学习了缝纫和刺绣。她还学了法语——宫廷语言——但没学习拉丁语或希腊语。此外，她的音乐能力很强，这让父亲非常高兴，他教她弹奏键盘。随着她的成长，康斯坦丁意识到，她有可能成为他认识的穆伊登文人圈里的知识女性，但他不想让女儿过这种生活。

康斯坦丁为所有的孩子感到骄傲。这表明了他与孩子们的亲密关系，也表明了他与奥兰治亲王的熟悉，当他在军营时，他会给亲王看孩子们寄来的信。还有一次，在海牙，康斯坦丁带小苏珊娜去与亲王会面。一回到家，小苏珊娜就宣称她没有见到亲王，只见到"一个疲惫的老人"。康斯坦丁后来对弗雷德里克·亨德里克重复了这句话，后者大笑起来。

✳✳✳

克里斯蒂安亲笔修改了文章标题——《少年之作》（*Juvenilia pleraque*）。他画掉了"童年"（*Puerilia*）这个词意思是："主要是少年之作"，而非"主要是童年之作"。他不希望被当作神童。一捆松散文件中的一张纸片说明了年轻的克里斯蒂安涉猎之广。纸片的一面是用木炭和红色粉笔快速绘制的素描，画中是一棵树和灌木丛，前景中向上伸展的树枝和草充满了表现力，展示了自信的笔触；另一面是一些分散的图表，其中一个展示了绘制完美椭圆的装置，另一个是用垂直槽切割的圆形板，可能是用于研磨透镜的，纸片边缘处还有一些几何形状的涂鸦——切线、抛物线和悬链线。

父亲本可以指导孩子们学习算术和音乐，但很快，惠更斯家的大男孩儿就看到排着队来到新家的家庭教师。1637年7月，第一位教师亚伯拉罕·米尔金纽斯来到惠更斯家，他教授拉丁语。一年后，亨德里克·布鲁诺来了，他也只有18岁，在莱顿大学学习神学，是一个有抱负的新锐拉丁语诗人。不幸的是，他给孩子们带来的第一个"礼物"是疥疮，而他很难管住孩子们，但他一定很快就建立了良好的工作关系，因为他待了9年。

教授两个男孩子这么长时间，布鲁诺自然而然地注意到他们的独特天赋。克里斯蒂安的能力如此之强，"他几乎可以被称为神童"，布鲁诺在给他们父亲的一份报告中写道，但愿他别把这么多时间花在"自己发明和制造的仪器和机器上,尽管它们可能很巧妙,但总是会出毛病,让人分心"。这些精心制作的玩具——带有轮子和齿轮的小玩意儿,类似于磨坊和车床模型——也让克里斯蒂安的父亲产生了担忧,他不鼓励这种与学习无关的活动。父亲认为孩子们的第三年和第四年的生活很无聊,因为他们关心的全是玩耍,而他在其中毫无作为。既然他们长大了一点儿,一切都得朝着学习的方向发展,而且在家里玩的那些稀奇古怪的游戏总是蕴含着某种道德教诲。随着克里斯蒂安年龄的增长,手工娱乐令父亲产生了一种不可思议的恐惧——担心他的儿子可能只满足于从事手工艺。

其他几位家庭教师相继到来。扬·斯坦皮奥恩曾跟随数学家弗兰斯·范·舒滕学习,1644年春天搬进来,为15岁的克里斯蒂安在逻辑学、哲学、物理学、天文学、光学和几何学等学科上打下坚实的基础。显然,克里斯蒂安在这些学科上表现出了最大的天赋。斯坦皮奥恩为克里斯蒂安所列的书单包括笛卡儿关于透镜研磨的书、史蒂文关于透视的书、兰斯伯根关于天文学的书、海什木关于占星术的书,以及斯卡莫齐关于建筑学的书。

斯坦皮奥恩是鹿特丹"卓越学校"的数学教授,后来成为弗雷德里克·亨德里克的儿子——未来的奥兰治威廉二世——的家庭教师。他作为几何学和三角学方面的专家,名声不太好。

他曾公开交换数学问题和答案，甚至匿名地宣布自己设置的问题的答案，以此来宣扬才华。其中一次挑战几乎有些过分了。当时，斯坦皮奥恩给笛卡儿出了一个问题，需要使用一个未明确绘出的四次方程来解题。笛卡儿给出了这个方程，但没能用它解决问题。斯坦皮奥恩认为这个答案不完整，这激起了笛卡儿的愤怒回应。赌注是 600 荷兰盾，因此两位争论者很快就安排了一场决斗。作为与这二人都认识的人，康斯坦丁很不情愿地介入并平息了这场争吵。

这使得斯坦皮奥恩担任惠更斯家的家庭教师有些令人惊讶。斯坦皮奥恩为皇室工作的履历，以及康斯坦丁对笛卡儿暴躁脾气的了解，最终可能都成为对斯坦皮奥恩有利的因素。或者，在选定斯坦皮奥恩的时候，他也许已经成熟了。亨德里克·布鲁诺观察到斯坦皮奥恩在数学方面对克里斯蒂安产生的惊人影响，并对他的方法进行了批判性的描述，他要求"首先要有良好的智力，其次要不断地练习，最后要有实现目标的强烈愿望；如果所有这些条件都具备了，那么获取学识绝非一蹴而就，而需循序渐进，每一步都要通过长期学习来实现"。

***

1646 年 5 月 11 日，两兄弟进入莱顿大学，口袋里装着父亲对于他们如何行事的详细的学习和道德指导。他们被劝说要常给家里写信，而且总要使用恰当的称呼。小康斯坦丁比克里斯蒂安更好地适应了这一规定,克里斯蒂安只愿意在必要时写信,例如,他进入大学两个月后,发现自己的钱花光了。两个人都是安静、勤奋的学生,他们有意识地避开学生生活中喧闹的一面。有一次,小康斯坦丁震惊地发现自己惹恼了寄宿家庭的暴躁房东,便写信向家里讲述了这件事情。他的父亲觉得为了儿子的利益,自己有必要介入这件事,他的影响力依旧很大。

从尼德兰革命爆发伊始,它就见证了教育的兴盛。莱顿于1575年被选为尼德兰第一所大学的所在地,目标是培养管理新国家及其归正会的年轻人。17世纪40年代,大学有500多名学生,其中一半来自国外,它是新教世界规模最大的大学。尽管自然哲学没有明确地出现在课程中,但大学创立了北欧最早的一批植物园之一和第一个解剖学剧场。1633年,莱顿大学成为世界上第一所拥有自己的天文台的大学。

康斯坦丁认为,如果能建设性地控制不良的东西,就能产生良善的东西。在父亲的鼓励下,小康斯坦丁和克里斯蒂安一起修了几门课,其中包括阿诺德·维纽斯的法律课和弗兰斯·范·舒滕的数学课。维纽斯是一位著名的法学家,小康斯坦丁也许从他那里学到了更多;但对于克里斯蒂安来说,范·舒滕的教学给了他最大的启发。

弗兰斯·范·舒滕(小)是一个著名的新教徒、自由思想家、坚定的笛卡儿主义者,自由思想家的身份对克里斯蒂安的教育至关重要。他是一位杰出的数学家，专门研究解析几何，与笛卡儿交往10年，并在莱顿大学为笛卡儿的学说辩护。在莱顿大学，他的哲学思想只能以极其谨慎的态度来讨论，并很快被完全禁止，因为这些思想可能被视为支持无神论。范·舒滕教授的其他有才华的学生，也将在数学和其他领域取得显著成就。其中最主要的学生是约翰·德·维特，他比克里斯蒂安早一年进入莱顿大学。德·维特是尼德兰的政务委员，在1650年至1672年的漫长时光里，尼德兰联合省没有一个总的执政，德·维特成为事实上的国家领导人，但这也没有阻止他发表几何学论文。然而，两个人并没有直接交往，似乎克里斯蒂安没有找到很多志同道合的人并与他们建立终生的友谊，而这在大学是常见的。

范·舒滕有一种罕见的能力，能在现实世界中发现几何图形，并提炼出它们的纯粹本质。与他的父亲一样，范·舒滕也接受了史蒂文的军事工程数学教育。这种训练让他对几何曲线产生了一种"运动学"的感觉，他仿佛能够感觉到这些形状背后的意义。例如，他证明了"园丁椭圆"（gardener's ellipse）——一种生成椭圆的经验方法，用带有两根钉子的木板和一根绳子来安排植床——与圆锥曲线家族中的纯椭圆是相同的。他把这种存在于抽象几何学与物理世界之间的深刻联系感，传递给了克里斯蒂安·惠更斯。克里斯蒂安在跟随范·舒滕的一年里，开始解决悬链线问题——在两点之间自由悬垂的一根链条形成的

"自然"曲线，它抵抗了所有试图揭示其数学秘密的尝试。除了与笛卡儿保持密切的联系，早些年范·舒滕还去过巴黎，结识了那里的顶尖数学家。这些人中的许多人后来都欢迎克里斯蒂安·惠更斯加入他们的行列。

克里斯蒂安的父亲也在忙于建立联系。1646年9月12日，他写信给法国数学家、神学家马林·梅森——他们定期通信，讨论音乐问题和磁铁等科学奇观——请他关注自己十几岁的儿子们的数学能力。康斯坦丁不可思议地声称，他们"对您关于双曲线的四次方程以及您提出的重心概念极为感兴趣"。男孩子附上的信证明确实如此。这令梅森印象深刻，他回寄了一道新的数学难题来测试孩子们。克里斯蒂安回复了关于悬链线的一些具有前瞻性的内容，梅森又指出了一个关于钟摆的问题，于是通信变得频繁。经过几个月的交流，梅森写信给康斯坦丁，他写道："我毫不怀疑，如果他继续发展，有一天他会超过阿基米德。"此后，两个人都习惯性地称克里斯蒂安为他们的"小阿基米德"或"荷兰的阿基米德"。梅森可能意识到，这样一个标签会给这个年轻的学生带来沉重的负担，因此，作为学术前辈的梅森，给出了自己的建议："不要太过担心，因为你的未来还很长，如果你每年做一次如悬链线一样美丽的展示，你就足以在杰出人物中名列前茅了。"梅森很快就把克里斯蒂安与众不同的才华告诉了其他法国数学家，如布莱瑟·帕斯卡，后者也开始与克里斯蒂安分享他们的问题。但是，随着 1648 年梅森去世，两个人之间的通信戛然而止，这一年法国内战爆发，克里斯蒂安去巴黎旅行的计划成了泡影。

***

曲线的力量是什么？这些形状为什么吸引了这个时代中如此有能力的头脑？一些人肯定被这样的希望所吸引——更透彻的理解将有助于他们解决建筑学或弹道学的实际问题。但对于其他人来说，一定是纯粹的抽象吸引了他们。随着透视法的发现，文艺复兴时期的艺术家已经驯服了直线。它是一条朝着所指方向并直接到达的线。如果说直线有意图，那么这个意图是清晰的。但曲线是另一回事。有些事物（如圆的周长）显然遵循了一个简单的规则。但另一些事物，如羽毛笔写下华丽签名时画出的线条，显然可以延伸到任何地方。介于这些事物之间的是什么呢？它们是一些曲线，如圆锥曲线，即以一定角度切割圆锥体所呈现的曲线——椭圆、抛物线和双曲线，它们似乎和圆一样是最基本的几何图形。这些能像圆一样用数学重新定义吗？还有那些在自然界中被发现的曲线，如植物的生长曲线或者海浪的波动曲线，又该如何被定义呢？

接下来是关于"求积"的问题。求积（即求平方）是积分学的前身，这是一种用纯代数而不是直接测量来计算以线为界的面积的方法。但是弯曲的线不能求平方，众所周知，圆就是如此。事实上，在跟随范·舒滕学习一年后，克里斯蒂安就投入精力解决这些问题，他将与法国和佛兰德的竞争对手就这一特定计算的方法展开长达10年的争论。

悬链线似乎是另一种基本曲线。就像炮弹升降遵循的抛物线路径，它存在于现实世界中。克里斯蒂安借用了拉丁语 "*catenaria*" 一词，它源于 "*catena*"，这个词在他的笔记和通信中的意思是"链"，因为悬链线是由在重力下悬垂的均匀重量的绳子或链条所形成的曲线。但是用几何方法生成和操纵这条曲线的尝试都失败了。克里斯蒂安利用自己对悬挂重物的梁的重心的研究，用物理学的方法解决了这个问题。这就是梅森提出的"撞击中心"的问题，撞击中心是指以其末端悬垂的梁上的一个特定点，敲打此点能使梁像钟摆一样摆动，而支点处不产生反作用力。由此出发，克里斯蒂安开始探索：当在一根悬挂的柔性绳索上不同位置悬挂重物时，其重心会处于何处。第一个重物使绳索呈现为两条直线段，在重物悬挂点形成夹角。随后，通过在绳索上逐步增加更多重物，克里斯蒂安得以趋近均匀重链的状态。用这种方法，他能够证明悬链线与抛物线并不一样，尽管史蒂文和伽利略认为两者很相似，悬链线是圆锥曲线中未被发现的一种新曲线。

早在1646年的通信中，梅森就让年轻的克里斯蒂安关注另一种特殊的曲线，人们试图理解它的各种努力都受挫了。这就是摆线，当轮子沿着平坦的表面滚动时，它的圆周上的一点所勾勒出的路径。这样一条曲线差一点就被设计出来以展示纯数学与机械世界之间的联系，这种联系对于克里斯蒂安来说如此重要。虽然此时克里斯蒂安没有解决这个问题，但过不了几年，摆线会再次占据他生活的中心位置。

仅仅几个月后，小康斯坦丁就离开了莱顿，与他的父亲一起为执政做秘书工作。克里斯蒂安于1647年3月离开，前往布雷达的奥兰治王室学院，该学院是在1637年荷兰夺回该市后建立的，是服务外事的培训学院。虽然他的父亲是管理者之一，但是学校陷入了困境，当克里斯蒂安到达那里时，只有大约60名学生，教职员工中还出现了道德丑闻。克里斯蒂安写信给小康斯坦丁，讲述了他在布雷达看到的女孩子和音乐，但他只上了那位不受欢迎的数学教授的几节课。法律课也好不了多少，但他能够进行论文答辩。吵吵闹闹的洛德维克显然更适合这个地方，当克里斯蒂安来到学院时，他已经在那里待了两年。然而，洛德维克卷入一场决斗后，他们的父亲最终意识到，那里对于任何一个年轻人来说都是不合适的，并把他们拉了出来。

惠更斯兄弟正在迈入一个崭新的世界。在老康斯坦丁的一生中，以及在他父亲的整个成年生活中，这个国家一直处于战争之中。现在，疲于奔命的西班牙军队与疲惫、患病的执政之间长达5年的谈判接近尾声。弗雷德里克·亨德里克于1647

年3月去世,他的儿子威廉继位。1648年4月,《明斯特和约》签署,结束了八十年战争,并最终确认了荷兰共和国的独立主权。许多荷兰城市都举行了宴会和庆祝活动。老康斯坦丁在海牙写信给仍在布雷达的克里斯蒂安:"今天我们将焚烧'胜利'号,运到登内韦格的大炮将鸣放9次。"也许是作为一种和解的个人姿态,他们的父亲第一次用西班牙语写了一首诗,后来又翻译了西班牙谚语,毫无疑问,这些谚语是他在漫长的战争年代中从谈判会议上收集的。

***

克里斯蒂安还记得那个带着奇怪口音的人吗?在他小时候,那个人一定在老房子里拜访过他的父亲。虽然许多说法表明,这个男孩子一定见过笛卡儿,但这一幕似乎不太可能发生,或者说,就算他见过笛卡儿,在一个习惯于见到许多显赫来访者的家里,他也不记得那是什么特殊的场合。康斯坦丁与笛卡儿的亲密往来在1637年结束,当时克里斯蒂安只有8岁,尽管两个人又保持了10年的频繁通信关系。间接证据则指向相反的方向。晚年,克里斯蒂安在记录笛卡儿给年轻的自己留下的深刻印象时,没有写下任何相遇的逸事。1649年秋,离开布雷达学院后,克里斯蒂安开始执行对荷尔斯泰因和丹麦的外交任务,并希望继续前往瑞典女王克里斯蒂娜的宫廷看望笛卡儿——如果他在学生时代真的遇见过笛卡儿,那么这次的追寻可能就不那么急切了。

可以肯定的是，年轻的克里斯蒂安确实吸收了笛卡儿的思想，这要感谢他的父亲对笛卡儿作品出版的帮助，以及斯坦皮奥恩和范·舒滕的教导。不久，克里斯蒂安也成为笛卡儿主义者。1644年，还不到16岁的克里斯蒂安读了《哲学原理》，笛卡儿在书中详细地概述了他的科学理论。显然，他发现笛卡儿的论述逻辑极具说服力。笛卡儿的思维模式是逻辑的、不迂腐的，伴随了克里斯蒂安的一生，他对光学、力学和其他领域的物理现象的描述，尽管是基于更透彻的观察和经验，但总是遵循笛卡儿的清晰榜样。

笛卡儿的哲学具有的激进主义以及建立一种对自然的全新理解的雄心，令人激动。这个法国人相信所有的物质都是通过可以量化的空间和时间延伸的。几何学，特别是笛卡儿将代数引入几何学，是揭示这一宇宙构架的重要工具。笛卡儿的这一创新（尽管事实上应归功于克里斯蒂安的老师范·舒滕）现在被称为笛卡儿坐标系，它以一种可以用代数处理的方式打破了维度空间，这为分析诸如物体运动之类的空间事件提供了一个强有力的新武器。

在力学中，笛卡儿承认运动的物体倾向于继续做直线运动（后来被称为牛顿第一运动定律），但他不相信存在原子、真空或远距离作用。像所有物理相互作用一样，他把地球引力解释为物体之间相互作用的结果。当物体没有发生实际的物理接触时，就像太阳将太阳系的行星控制在其轨道内一样，就用存在于每个物体周围的"旋涡"来解释这种作用。例如，光以光压的形式作用于从一个旋涡传递到另一个旋涡，通过光源和接收者之间的透明介质传递。

尽管笛卡儿相信，一切都可以通过数学来理解，但是他并不具备取得许多实际进展的能力。笛卡儿的光学著作——如《屈光学》——缺乏数学证明，这一事实令克里斯蒂安震惊。克里斯蒂安发现了一个机会，开始尝试只用球面曲线来理解所有曲线的几何学。他实际希望的是，如果可以在一系列操作中使用不同球面半径的模具研磨望远镜镜片的话，那么将望远镜镜片研磨成所需的复杂形状，从而在完美焦点产生图像，可能会变得容易一些。他没有达到这个目的，但这项工作确实使他提出了关于球面透镜性质的一般理论，该理论将球面像差考虑在内，并形成了一套计算这种透镜焦距的规则。

***

克里斯蒂安后来被称为最重要的笛卡儿主义者，现在听起来，这种称呼有点儿像一种诽谤。这与克里斯蒂安没有多大关系，而与笛卡儿在17世纪下半叶及之后的声望变化有很大关系。"笛卡儿主义者"这个用语很快就获得了贬义的意味，这是由于这位哲学家教条地坚持肉体与灵魂分离，并且令人不快地断言动物是没有感情的机器,以及人们担心"笛卡儿怀疑"可能成为无神论的幌子——其中没有一个概念是克里斯蒂安关注的重心。虽然自这些麻烦出现以来,笛卡儿作为哲学家的声誉大增,但他作为科学家的地位却急剧下降。这在某种程度上是一种相对的下降,必须与这一时期科学研究标准的提高相对比,这一时期见证了对实验方法的更清晰的理解和科学实验报告的兴起——也许具有讽刺意味的是,克里斯蒂安是这一发展的主要贡献者。事实上,克里斯蒂安从来都不是笛卡儿的非理性拥护者,当他的观察或计算产生了挑战哲学家信仰的意外结果时,他更愿意相信自己。尽管如此,克里斯蒂安一生都忠于笛卡儿博大精深的自然哲学,并与他有着共同的严肃的抱负——致知。

一旦牛顿物理学揭露了笛卡儿的错误,人们就很容易批评克里斯蒂安是笛卡儿主义者。但在 1650 年,如果他不是笛卡儿主义者,那才令人惊讶呢!

第 6 章　转变与碰撞

笛卡儿在斯德哥尔摩度过的第一个冬天便死于肺炎的消息慢慢传开了。两个月后的 1650 年 4 月，克里斯蒂安向他的哥哥小康斯坦丁转述，他在安特卫普公报上看到了报道，"在瑞典，死了一个疯子，他说他想活多久就能活多久"。克里斯蒂安补充道："请注意，这是笛卡儿先生。"小康斯坦丁觉得这"相当有趣"。

这位哲学家的去世促使克里斯蒂安写了一首短诗作为墓碑铭文，这是他唯一一次表现出追随父亲的文学道路的迹象。四节诗中的最后一节是：

> 大自然，开始哀悼，首先哀叹伟大的笛卡儿，
> 并展示你的悲哀；
> 当他离去的这一天，你失去了光明，
> 只有通过那支火炬，我们才能想象你。

那年冬天早些时候，同样恶劣的天气迫使克里斯蒂安放弃了从丹麦继续前往瑞典拜访偶像的计划。与此同时，他的哥哥正在瑞士和意大利享受"轻松洒脱"的旅行，他喜欢那里的冰冻甜食，"带有樱桃、草莓、柠檬、琥珀、肉桂等的强烈味道"，他发现它们是在小瓶子里制成的，小瓶子放入混合了盐和硝石的雪中。他惊叹于"阿尔卑斯山的巨大山峰，从我的房间远望，它有点儿可怕"，并抱怨克里斯蒂安对于他的旅行所见没有任何可说的。小康斯坦丁希望克里斯蒂安也写日记，这样回家后就可以一起读了。事实上，克里斯蒂安没有隐瞒什么。他没好气地回答自己看到的景象："我在［丹麦］见到的最大的东西可不像阿尔卑斯山，更像是我父亲在霍夫维克的花园里造的福尔堡山。"

那年晚些时候，11月6日，传来了一个更令人震惊的死亡消息，它对惠更斯家族产生了严重的影响。奥兰治亲王威廉二世死于天花，年仅24岁，在位仅3年。8天后，他的妻子玛丽·亨丽埃塔·斯图尔特生下了一个儿子——奥兰治的威廉三世，他最终继任执政，并成为英格兰、苏格兰和爱尔兰的国王。

在短暂且狂暴的统治期间，威廉二世比前任弗雷德里克·亨德里克更积极地击退西班牙人，并在曾经由西班牙控制的地区积极推动新教改革。但他的推进在一定程度上损害了共和国的内部团结，因为各个省份就自主权问题展开了争论。7月30

第6章 转变与碰撞　　147

日，为实施全面控制，威廉发动了一场政变，旨在使荷兰（最强大的省份，首都为阿姆斯特丹）与其他省份保持一致，并确定奥兰治王室在和平时期扮演的角色。这一大胆的行动似乎解决了自主权问题，威廉承认执政并非君主制的等级身份，因此与共和国的存在并不矛盾，他承诺建立一个新的政治秩序。他的英年早逝立即毁掉了这一成果的大部分，联合省进入了一个长期无执政的时期。在海牙，一场大雪降下，威廉的葬礼不得不被推迟，因为哀悼者无法到达这个城市。那年春天，融雪加上风暴潮，造成了 80 年来荷兰最严重的洪水。荷兰人非常清楚这些预兆意味着什么。

对于康斯坦丁来说，30 年来作为秘书为各个执政效力的日子结束了，随之一起结束的还有他对国事的影响力。然而，他还保持着与奥兰治王室的关系，继续为弗雷德里克·亨德里克的苛刻遗孀阿玛利亚效力，尤其当阿玛利亚在海牙的豪斯登堡宫为丈夫建造一座宏伟的纪念堂时。这个大厅里有荷兰和佛兰德最好的艺术家的画作，以纪念他为荷兰共和国取得的胜利。

惠更斯家族的命运突然逆转，使克里斯蒂安可能步其父亲（以及祖父）的后尘，为奥兰治执政做秘书的期待化为乌有，他满怀感激地抓住了这个机会，全身心地投入数学和物理领域。从现在开始，尽管他通常还是会同时进行各种研究活动，但这些活动都基于一个基本的意愿——更多地了解物理世界。克里斯蒂安·惠更斯开始把自己塑造成一类尚未出现的人——职业科学家。最初他既从事应用研究，又从事理论研究，包括改进望远镜的设计、考虑流体的性质，以及更容易描述但难以解决的问题，如固体形状如何在水中漂浮。[①] 对曲线几何学的扩展分析包括一种计算椭圆圆周给定截面长度的新方法。当应用于二分圆（椭圆的特例）时，产生了自阿基米德以来的第一个新方法，将数学常数 π 精确到小数点后 9 位。这项工作令他曾经的老师范·舒滕非常高兴，克里斯蒂安经常与他通信，这项成绩也使他在数学领域成名。

　　克里斯蒂安的成就证明了马林·梅森早期对自己的朋友康斯坦丁的"小阿基米德"的支持是正确的。去世之前，梅森在巴黎和其他地方曾大力传播这位荷兰年轻人的名字，并使法国最伟大的数学家帕斯卡和皮埃尔·德·费马了解了他的才华。1651 年 12 月，当洛德维克·惠更斯去伦敦旅行时，他发现哲学家、未来的数学家托马斯·霍布斯也从梅森那里知道了哥哥的才能，而且声称就在几天前，他还在仔细地研究克里斯蒂安的抛物线和双曲线的求积法。洛德维克说："霍布斯对此赞不绝口，并表示，如果克里斯蒂安继续从事这个领域的研究，他

[①] 这个阿基米德问题背后的完整理论直到19世纪才发展起来，建立在克里斯蒂安·惠更斯创设的原理之上，即无论其形状如何，浮体的重心都将尽可能地低（OC_{II} 83-92）。

很可能成为本世纪最伟大的数学家之一。"

***

克里斯蒂安开始在力学领域取得更大的进步,是在他注意到笛卡儿运动定律的缺陷之时。1652年1月,他第一次向鲁汶大学的数学教授、笛卡儿曾经的助手吉拉德·范·古特肖文提出了自己关注的问题。笛卡儿列举了一些定律,是关于以不同速度运动的不同质量物体之间的碰撞。其中包括这样的表述:较小的运动物体与较大的静止物体碰撞,不会导致静止物体运动,而只会导致自身反弹。这显然是错误的,用两块鹅卵石试一下就知道了。但是笛卡儿不是一个善于做实验的人,他可能觉得,既然自己讨论的是理想的物体,而不是自然界中存在的任何事物,这样的演示就没有什么意义了。

尽管克里斯蒂安受到笛卡儿主义的影响,但他始终关注物质世界。他重新审视了这位法国人的碰撞理论,然后认识到,重要的不是一个物体或另一个物体,而是整个系统的重心——在这个例子中,是把两个不相等的物体放在一起考虑。这个重心在撞击后具有与撞击前相同的速度和方向,或者正如克里斯蒂安所说,"运动量"是守恒的。在这个新的碰撞理论中,他很不情愿地推翻了笛卡儿的观点,这个理论很接近于牛顿在接下来的10年中完整阐述的力的概念。

然而,范·舒滕并不热心于他的门徒的思路将自己引向何方。他坚持认为笛卡儿一定是正确的,并可能因此说服克里斯蒂安不要发表他的分析结果。这项工作成果只出现在 1669 年法国的《学者杂志》(*Journal des Sçavans*)刊载的一篇论文中,即牛顿运动定律发表几年之后,后来又出现在一篇更长的论文《论物体的碰撞运动》(*De Motu Corporum ex Percussione*)当中,直到克里斯蒂安去世后才发表。

《论物体的碰撞运动》中的一幅版画插图中有两个人,一个人站在驶过的驳船上,另一个人站在岸上,面对着船上的人。也许克里斯蒂安的这个想法来自穿梭于经过霍夫维克花园的弗利特运河上的摆渡人。岸上的人伸展开双臂,手里提着两个同样大小的用绳子悬挂的球,驳船上的人也伸展开双臂。因此,我们可以想象,岸上的人可以很快地将两根重量相等的绳子传递给驳船上的人。

站在岸上的人让球像钟摆一样摆动,两个球碰撞时,它们的速度发生了变化;换句话说,他右手中的那个球在撞击之前一直向左摆动,现在向右运动,反之亦然,它们分离的速度与最初接近的速度是一样的。当行驶中的驳船上的人跟随做这个动作时,情况完全一样。然而,在岸上观察的人现在看到,两个球原本不同的相对速度在碰撞后进行了交换,这是由于驳船的通过产生了额外的速度。克里斯蒂安以阿基米德的方式,通过使用几何命题而不是我们今天所期望看到的代数,将对这个问题的分析扩展到了不同质量的物体，从而得出了一个更完整的碰撞理论，提出了相对运动的概念。克里斯蒂安相信，即使是持最大怀疑态度的人，看到这两个人和运动的驳船的视觉形象，也会相信这一相对性原理的正确性。①

1652年，克里斯蒂安对这些可逆碰撞的力学作了进一步的思考，发现这个系统的总动能是守恒的。他陈述这个命题如下："在两个物体相遇的情况下，将它们的质量之和乘以它们速度的平方，所得的量在碰撞前后是相等的。"这一次，他确实发现使用代数更有利，他用代数符号表达这一规则，这标志着第一次用数学公式来描述物理学中的一种关系。

亚里士多德在几何问题中用字母来表示简单的量，如长度。伽利略清楚，可以用数学来描述某些自然规律，尽管他使用的是比率和数列，而不是代数关系。但是，克里斯蒂安似乎是第一个用一个符号表示一个函数的人（此处指速度或速率），并将其与其他量一起纳入数学方程进行运算的人。在他的命名法中，"a"和"b"代表在人与驳船的版画中看到的两个质量，它们各自的速度用"x"和"y"表示。它们碰撞前后的动能方程表示为"axx+byy"等。这些方程出现在他的笔记中，但克里斯蒂安没有在《论物体的碰撞运动》的最后文本中继续使用代数方法，

---

① 《克里斯蒂安·惠更斯的全集》的编辑补充道："我们必须附上惠更斯的名字，而不是其他名字，以区别于爱因斯坦在现代提出的更普遍的同名原理。"（OC16 27）

也没有在其他可能有助于阐述内容的情况下使用代数方法，如描述钟摆的性质。即使在莱布尼茨和牛顿的微积分显示了更有潜力的发展道路之后，克里斯蒂安仍然忠于古典数学家的几何学方法，在这方面，他确实没有辜负父亲和梅森起的绰号："荷兰的阿基米德"。

我们习惯于接受这样一种观点，即许多科学定律最好是——也就是说最简洁有力、最清晰明确——用数学公式表示。实际物理量的符号表示和处理现在被认为是科学的基本工具。但是在17世纪，人们仍然常常试图用线和角度代表变量来解释物理世界。然而，这并不是一种原始的方法。20世纪的物理学家理查德·费曼在他的《物理定律的本性》一书中，讨论几何学和代数学各自的优点时说："画出正确的三角形，注意面积的变化，并想出如何做到这一点，需要技巧。"成果是对事件的直观和定量描述，如物体在重力作用下下落时的加速度，以前只能用定性的术语来观察和描述。以这种方式使用的几何学试图展示而不是辨别，这是数学公式所不能企及的。对于克里斯蒂安来说，它当然也是荷兰的一个传统，包括测量家如史蒂文和斯涅尔，制图家如杰拉德·墨卡托和威廉·布劳，以及许多掌握了透视法的画家，所有这些人都依赖三角形几何学，并受到了像纸张一样铺展在他们面前的土地的启发。

※※※

　　1652年末，克里斯蒂安·惠更斯开始思考透镜的问题。像笛卡儿一样，最初他处理这个问题的方法是理论性的和数学性的。笛卡儿曾试图证明椭球或双曲面透镜不会受到球面像差的影响——球面透镜倾向于只通过中心部分生成聚焦图像，而穿过透镜边缘的光线在其他焦距处汇聚。正如克里斯蒂安的父亲从他与研磨师合作的失败实践中所发现的那样，问题在于这种形式的透镜很难制作。然而，克里斯蒂安认为，如果在光的路径中放置第二个磨成球形的透镜，光学图像可能没有像差。然而，他无法用笛卡儿的双曲线，将这种可能性的数学证明转化为实际的装置。但这次失败确实激发了克里斯蒂安对折射理论的兴趣。

　　克里斯蒂安在自家阁楼的工作室里，尽可能准确地计算各种玻璃和水的折射率。尽管他最关心的是望远镜设计的实用性，但他以高度的数学严谨性来处理折射的光学性质，旨在为该仪器提供坚实的光学理论，这种仪器已经广泛使用了近半个世纪，但没有理论基础。在一系列利用正弦折射定律的几何命题和证明中，他分析了光在日益复杂的透镜中传播和折射。几何学在这里成为一种极具说服力的工具，通过代表入射光线与折射光线的线段长度差异，折射率数值得以一目了然地呈现。克里斯蒂安甚至将数学分析扩展到对彩虹的研究，它产生了折射角，但没有关于其颜色起源的线索。无论如何，这项工作都是有价值的。克里斯蒂安绘制的几何图形通常是光学图，精确地展示了光的路径，那时人们还不知道光的传播方向，大多数关于光学仪器的图画，对于光穿过透镜之间的神秘空间时发生了什么，描绘得非常模糊。

然而，就像克里斯蒂安的许多研究成果一样，"望远镜理论"没有在他有生之年发表，尽管这次范·舒滕支持了他。如果他发表了，将确保他在解释折射的某些方面优先于日后的英国数学家艾萨克·巴罗和牛顿的光学著作。克里斯蒂安继续做出新的光学发现，这些发现最终被编入他的主要光学论著《光论》(*Traitéde la Lumière*，1690年)和一部在他去世后出版的论述折射主题的著作。对于他来说，这些对数学光学的早期探索也许是最重要的，因为当他第一次开始制作自己的透镜时，这些探索提供了思想上的准备。望远镜的幸运发明给自然哲学家出了一道发展光学理论的难题。现在，理论已经准备好影响实践了。

＊＊＊

关于如何研磨透镜的最好的描述之一来自米德尔堡的拉丁语教师、自然哲学家艾萨克·比克曼的日记。在即将走到生命尽头之时，他只有40多岁，身体状况欠佳，并且常常看起来忧郁、衣冠不整，由于没有找到能提供符合他心意的望远镜的供应商，他转而自己研磨镜片。1634年的日记记录了他所能读到的关于这个主题的一切信息，以及他直接从米德尔堡及其他地方最好的透镜研磨师那里所能收集到的所有透镜，并记录了他为了能与研磨师的技艺相媲美所做的奋斗。记录如此详细，这本日记可以成为其他人的指导手册。

研究文献之后，比克曼买了一个研磨碗和其他必要的设备，并从约翰尼斯·萨卡里亚森那里学习了一些基础知识，后者声称自己的父亲发明了望远镜。尽管萨卡里亚森很乐意使用回收的玻璃作为原材料，但是比克曼很快就喜欢上了"威尼斯水晶"，这是一种光学清晰度非常高的玻璃，可以从米德尔堡的高级玻璃厂买到。但是，他不喜欢更透明的天然水晶或者纯硅石，因为它们的表面反射性很强。研磨师先用烧热的钳子从平面玻璃片上切下镜片的基本形状。接下来开始塑型。对于凸透镜制作来说，研磨师使用的是铸铁或其他金属碗，其曲率半径比所需的镜片略大。对于凹透镜制作来说，研磨师使用的是圆形石头，要么徒手拿着使用，要么悬挂在绳子上，画出一个恒定的半径。

扁平的玻璃片被更精细的磨料磨出形状。研磨师从粗沙开始，先将粗沙弄湿成糊状。接下来，他用更细的沙子重复这个过程几次。根据比克曼的描述，先用更细的织物筛选沙子，然后将其放在雨水中冲洗。最细的沙子必须用蒸馏过的雨水弄湿，这样磨料介质就不会受到有机物的污染，也不会留有较大的颗粒。研磨碗中刻有的凹槽有助于保持沙子的位置。研磨师有时还会在玻璃与碗之间放入一层皮革或布，从而使施加的压力分布得均衡。

研磨过程中的许多工序都要求透镜研磨师技艺娴熟、细致严谨。每一个阶段都比上一个阶段需要更长的时间，因为新的更细的混合物必须抹去前一个阶段使用的较粗介质在玻璃上留下的划痕。研磨师需要非常细心，避免玻璃出现坑坑洼洼，并集中注意力控制镜片的中心。"必须轻磨足够长的时间，如果在沙子破碎之前就开始用力压，会造成划痕。"比克曼写道。在日记中，他不仅比较了不同的专业透镜研磨师的方法，而且比较了其他领域的工匠的方法，广泛寻找可能的技术改进。例如，他观察到油不适合与沙子混合，并指出画家在将颜料与油混合用于绘画之前，先用水研磨颜料。

如果残留一颗过大的磨料颗粒，即使最后是漫不经心地擦拭镜片，也足以让之前数小时的努力成果付诸东流。还有其他需要遵守的预防措施。例如，比克曼曾去阿姆斯特丹拜访一位英国透镜研磨师，后者警告比克曼说，他应该注意手不要沾有油，因为这可能会损坏正在使用的皮革。

整个春天和夏天，比克曼都在努力完成他给自己设定的任务，但偶尔的挫折击倒了他，他觉得无法继续下去。

直到今年 7 月 25 日,除了偶尔地触碰,我从未主动擦拭碗上的玻璃,而且再也不能擦亮它了。可能是我擦拭时用力过猛,上面总是有一些灰尘。太不小心了:有东西沾在布上、我的手上和胳膊上等等。我洗玻璃的时候把这些东西到处放,没有把它弄干净,没有洗手,用手臂触碰落灰的衣服,等等。

但他的坚持最终得到了回报。1635 年春天,在米德尔堡一个朋友的家里举行了一场即兴比赛,结果显示,比克曼的镜片优于萨卡里亚森的镜片。然而,就目前所知,比克曼没有继续制造工作望远镜,他的工作成果也没有发表,两年后他去世了。

***

1652 年 11 月,同样由于未能找到足够好的望远镜成品,克里斯蒂安·惠更斯也采取了比克曼的工作方式——边摸索边工作,并就最佳做法寻求建议。他写信给古特肖文,询问应该使用什么形状的模具、筛沙子需要多细,以及使用什么样的胶水(需要使用一种强力胶暂时将玻璃粘到手持木制结构上)。古特肖文给出了有益的建议,并提醒克里斯蒂安研磨玻璃时维持对称轴的重要性,以便透镜有一个中心焦点。

克里斯蒂安模仿了比克曼的许多技术,但也作出了一些创新。例如,克里斯蒂安发现,非常透明的白色玻璃有"出汗"

或者失去光泽的趋势,因此他更喜欢其他玻璃,即使它们可能有微微的颜色。留存下来的克里斯蒂安使用的早期镜片带有明显的灰色和绿色,但明显没有气泡和其他缺陷。他还试着用平衡锤和车床来转动研磨玻璃的碗。这些都是节省劳动力的创新,尽管他对自动化的热情很可能也有笛卡儿理想主义的成分。[①] 随着对研磨镜片的了解越来越多,克里斯蒂安也做了笔记:让沙子保持湿润,以延长它在研磨碗中的使用时间,但不要太湿,否则玻璃容易晃动,等等。偶尔停下来休息是可行的,但是,在工作时保持高强度的手工劳动和精细的运动控制是必不可少的。他提醒自己:"一直要想着保持同等的压力。常常停下来,然后再施以同样的压力。最好是一个人练习。"

事实上,克里斯蒂安在研磨镜片时经常和他的哥哥小康斯坦丁一起工作,并在合作中找到了快乐。增加的手动车床要求另一个人提供动力。很明显,与家人一起做这样一件要求很高又很单调的工作,让人觉得很自在。晚年,克里斯蒂安结束了在巴黎的辉煌生涯回到海牙,而小康斯坦丁在1688年陪同威廉三世入侵英国,克里斯蒂安很怀念那段平静的时光。

尽管透镜研磨工艺具有明显的视觉呈现潜力,而且这一行业也相当盛行,但坐在工作台前的透镜研磨师却从未成为荷兰

[①] 一位与众不同的哲学家——巴鲁赫·斯宾诺莎——总是喜欢手工研磨镜片。见第12章。

画家的热门题材。与写信的人、演奏音乐的人一样，研磨师也具有静谧创造性的意味，甚至还自带一个恰当的道德主题——通过诚实的劳动来获得（精神层面）更清晰的视野。但这可能是一项过于专业化的活动，并不适合作为一幅可销售的画的主题。

谁来转动那个驱动旋转平台的手柄？谁把住玻璃进行研磨？很可能兄弟俩轮流进行，哪怕只是为了调剂工作的乏味，尽管有理由认为，更有艺术修养的小康斯坦丁更擅长承担把住玻璃的技巧性任务。即使车床隆隆作响，这仍是一件需要静下心来的工作。研磨的混合物是如此精细，磨损中几乎没有发出什么声音。没有火或烟，很少的气味。只有滑轮的轻柔呆板的节奏打破寂静，除非其中一个人说话。为了洗掉或添加更多的混合物，连续的劳动会时不时地中断。除此之外，这项任务还有一种冥想式的朴素。① 由于有灰尘，最好穿普通衣服。所需要的磨料数量是很少的，操作员施加非常小的压力——但要均衡！——就能获得最好的结果。此外，操作员的主要作用是轻微地调整玻璃相对于下方碗平台的横向和旋转位置。开展工作的房间必须精心布置并保持清洁，以尽量减少在该过程早期阶

---

① 将惠更斯两兄弟的透镜制作，与近一个世纪后赫歇尔兄妹威廉和卡罗琳为其反射望远镜打磨反光镜相比较还是很有趣的，那是"肮脏、令人筋疲力尽和单调乏味的工作，他们穿着粗糙的衣服，无视日常的家庭生活常规和细节"（quoted in Holmes 86）。

段使用较粗混合物时，较粗颗粒与精细混合物发生交叉污染的风险。简而言之，研磨镜片几乎被设计成了一种活动，它除了满足加尔文主义虔诚的需要，没有什么其他目的。

***

荷兰历史上的无执政时期，即从 1650 年至 1672 年，一开始就出现了不祥之兆，在各省之间，在忠于奥兰治家族的贵族和军队与创造了这个国家可观财富的城市商人利益集团之间，上演着争夺影响力的现实戏剧。任何关于共和国的理想主义情绪很快就被城市骚乱的现实和国际紧张局势的加剧所粉碎。

1651 年 10 月，英国议会颁布了《航海法案》，旨在保护本国航海者的商业利益不受更高效的荷兰海上贸易的影响。次年，英国对荷兰海上船只持续增多的骚扰，引发了第一次英荷战争。与此同时，约翰·德·维特许诺各省在联邦共和国中享有更大的自主权，从而赢得了国内的支持，并在 27 岁时被正式确认为荷兰大议长。海上的胜利很快到来了。

对于英国与荷兰共和国之间的困难关系——在反对君主制的理想方面是盟友，但在贸易和国际扩张方面是敌人——安德鲁·马维尔在其讽刺诗歌《荷兰的性格》中做了有趣的描述。马维尔非常熟悉荷兰人，也学会了这种语言。17 世纪 40 年代英国内战之时，他还是个年轻人，进行了为期 5 年的欧洲旅行，当他去荷兰时，甚至可能在海牙拜访过惠更斯家族。他的诗充满了矛盾,因为他努力把曾经对荷兰共和国的赞赏转变为国家宣传的手段。

他首先贬低这个国家,"只是冲洗了英国的沙子……大海未消化的呕吐物,恰到好处地落到荷兰人身上"。在马维尔看来,荷兰的缺陷不仅仅是低洼的地形,还有这些通晓多种语言的人们,他们鲁莽地竖起了"他们那片汪洋中的巴别塔"。他也对这个地方的宗教多元化感到困惑,尤其是这里的人们对与新教并存的罗马天主教信仰的相对容忍的态度——"以前从未孕育的双重信仰,从未如此富有想象力的信仰,在这片海岸上繁衍"——以及洪水的持续威胁产生的合作精神,进而出现了真正的共和国,这是英国当时努力效仿的。对于1806年才获得城市地位的海牙,他补充道:"那里的礼仪也不需要耕耘,他们明智地选择了一个村庄作为自己的宫廷。"

马维尔的诗很好地实现了爱国目的,对诗人本人也大有益处。他的诗在17世纪60年代、70年代的英荷战争中两次出版。与此同时,荷兰作家巧妙地使用"*Engelsen*"(英国人)和"*engelen*"(天使)的文字游戏,回应了这位英国诗人与荷兰的爱恨情仇。荷兰人将曾经的盟友英国人描绘为堕落天使。一些争论则没有那么模棱两可了。例如,冯德尔把伦敦比作"新迦太基",暗示荷兰是文明的罗马。

***

这一时期，惠更斯家族面临考验，他们必须在过去的忠诚与新的政体之间取得微妙的平衡，特别是当荷兰看起来要输掉战争时，奥兰治派与德·维特的共和政府之间的紧张局势加剧。由于对数学有着共同的热情，克里斯蒂安至少能够与德·维特保持私人联系，这一定有助于确保家族与共和政府保持平稳的关系。1658年，克里斯蒂安将自己关于时钟的第一篇重要论文献给了德·维特，他认为这样做是有利的，这篇论文将有助于海洋计时学的进步，并为荷兰人在海上获得更大的荣耀。第二年，德·维特请克里斯蒂安阅读他关于曲线几何学的论文，找出错误并提出建议。

与此同时，克里斯蒂安的弟弟洛德维克密切地参与国际政治活动。年轻时他曾与霍布斯相遇，当时他父亲为他争取到一个赴伦敦特别使团的助理职位，该使团由诗人、前荷兰大议员雅各布·凯茨领导，这是一次命运多舛的旨在避免战争的努力。1652年2月12日，洛德维克在日记中写道，他访问了著名的哲学家霍布斯，他因在《利维坦》一书中发表的奇怪见解而被逐出法国，现在又回到伦敦生活。他是一个60多岁的人，大部分时间体弱多病。不过，他的穿着仍然是法式的——带有褶边的裤子，配有白色纽扣的靴子和时髦的上衣，外加一件长款睡袍。

他们愉快地交谈了一个多小时,霍布斯只说英语,洛德维克用拉丁语插话。毫无疑问,他们讨论了各自国家的状况,但也讨论了运动物理学和引力,霍布斯对克里斯蒂安的数学充满了钦佩之情。

虽然外交努力以失败告终,但对于20岁的洛德维克来说,这次旅行本可以成为个人的成功,他的父亲曾希望这次外交之旅能使他猛然清醒,摆脱不成熟,并获得一次学习英语的机会。作为著名的奥兰治派家族的一员,洛德维克可能被认为同情保皇派,他在奥利弗·克伦威尔的英国可能处于一种尴尬的境地。他本应该小心谈话的对象,并仔细思考自己所说的话——相比于考虑周到和更负责任的两位哥哥,他更需要这些教育。

***

那位父亲呢?没有了执政可以效力,他如何打发时间呢?当然,他还有诗。他在这个时期完成了描写静居处的伟大诗篇《霍夫维克》,并在克里斯蒂安的协助下,开始筹划他的一部重要诗集,诗集的标题为《谷神诗穗》(Koren-bloemen)。这是最早一批用荷兰语出版的诗集之一,它的增补版于1672年出版,除了《霍夫维克》,还包括他的长诗《白天的工作》(Daghwerck)和《海洋—街道》(Zee-straet,关于他提议修建一条从海牙延伸到斯海弗宁恩海边的大道,后来建成了)。诗集还收入了《特里杰·科内利斯》(Trijntje Cornelis)——"17世纪最令人捧

洛德维克肖像画。他是康斯坦丁·惠更斯的第三个儿子。虽然他不像两位哥哥那样擅长科学，但仍然能够协助他们，将他在国外执行任务时遇到的天文学家和哲学家的消息寄送给他们。

腹的滑稽剧之一"，它讲述了一个荷兰船夫的妻子，在天主教安特卫普的陌生世界中的不幸遭遇。这部戏剧以使用当地方言达到喜剧效果而闻名，它绝对不是严厉的加尔文主义者所认可的东西。① 整部诗集共计 1300 多页，其中有几千首用各种语言写成的四行短诗。

尽管以他的名字命名的长子最紧密地跟随了他的职业道路，但康斯坦丁最渴望的陪伴者总是克里斯蒂安。克里斯蒂安显然很有文采，在筹备出版父亲诗集的过程中发挥了很大作用，他们喜欢一起创作音乐，可以讨论绘画和艺术。他们还能讨论科学问题，尤其是光学，当康斯坦丁发现可以掌控时间时，他对光学的兴趣复苏了。然而，父亲和儿子对科学（当时仍被称为自然哲学）到底是什么，必然有不同的认知。他们两代人恰好处于有时被称为"科学革命"的起始时期的两端，因此值得简要地叙述两个人的迥异观点。正如我们所看到的，对于克里斯蒂安来说，科学已经具有了一种职业地位，需要秉持严谨和奉献精神来从事，即使他确实同时研究多个课题。而康斯坦丁仍然是"一个完美的涉猎者"。他对物理世界有着极大的好奇心，并对哪些领域值得探索有所见地（他对光学和医学感兴趣，但

---

① 康斯坦丁·惠更斯建议他的《被拒绝的雏鸟》只用于私人演出，在3个世纪里始终如此。直到1950年，比利时国家剧院适当地在安特卫普举行了公开首演。（Huygens ed. Hermkens 28, 21)

对炼金术和占星术持怀疑态度)。但大体而言，他缺乏回答自己提出的问题的工具——实验设计、艰苦的观察、准确的测量、数学分析，这体现在一段引人注目的插曲中。这段插曲与那个时代最伟大的知识女性之一有关。

***

康斯坦丁·惠更斯收录在《谷神诗穗》中的一首长诗叫作《眼睛的安慰》(*Ooghentroost*)，这首诗是写给一位家族朋友的，他的一只眼睛因白内障而失明。这个单词从字面上翻译为"眼睛的安慰"，但它也是小米草(*euphrasia officinalis*)的荷兰语名字，传统上受到草药学家的青睐，他们用它来缓解眼睛的不适。这不是康斯坦丁唯一一次使用这个题目，他的选择反映了他始终关注自己和他人的视力。康斯坦丁可能患上了一种叫作眼球突出症的甲状腺疾病，这种疾病会造成眼球后方的组织增生，导致他"眼睛睁得大大的、鼓起"，从童年起就不得不戴眼镜。也许这也激发了他对光学的兴趣。

康斯坦丁把自己视力不佳的情况与那位视力严重受损的朋友的情况相提并论，他还逐项列举了许多可能被视为(道德上)"比我们更盲目的"人：有道德的人和有罪的人，守财奴和浪子，快乐的人和悲伤的人，野心家和有权势的人，甚至是诗人本人和"整个宫廷"——惊人的自嘲。

另一类"盲人"是只顾埋头阅读书本的有学问的人。这一思想引导康斯坦丁对同时代的科学争论做了简单的考察。毕竟，既有相信地球围绕着太阳转的人，也有相信相反观点的人，因此至少有一个派别是盲目的。炼金术、血液循环和化圆为方的数学难题（或者应该"化方为圆"？）同样如此。即使是视觉科学，也会面临争议性的反对意见，一些人认为"我们的眼睛是弓，射出光线"——"粗俗的谎言。"康斯坦丁补充道。

康斯坦丁在《眼睛的安慰》中对另一个令人惊讶的群体保留了一点火力："画家称我为盲人……他们只通过调色板看世界，并建造一个自然……甜蜜而愉悦；但是你认为在那里阅读，能读懂大自然祖母到底是怎样的吗？"当他写这首诗的时候，实际上处于与画家群体接触最密切的时期，当时他是奥兰治家族的政务委员和阿玛利亚·范·索尔姆斯的知己，后者希望在豪斯登堡宫用一个绘画大厅来纪念她的丈夫弗雷德里克·亨德里克。

这个房间，现在被称为奥兰治厅，是由雅各布·范·坎彭设计的，他曾是惠更斯家族房子的建筑师。创作了弗雷德里克·亨德里克一生中英雄场景画作的人包括杰拉德·范·洪索斯特、雅各布·乔登斯和托马斯·博斯卡特，以及创作了惠更斯家族群像画的阿德里安·汉内曼。康斯坦丁的"发现"——扬·利文斯——创作了一幅缪斯主题的画作，但伦勃朗没有得到工作委托。总体而言，阿玛利亚和范·坎彭挑选画家的原则是他们的风格与鲁本斯相近，这是一种有点过时的偏好，忽视了以新方法进行创作的众多荷兰艺术家，但这很符合康斯坦丁的品位，更重要的是符合弗雷德里克·亨德里克的品位，这是他的纪念堂。

除了履行秘书职能，康斯坦丁在装饰奥兰治厅方面几乎没发挥什么作用。或许这样也好：当阿玛利亚重新任命冈萨雷斯·科克斯时，他必定心生畏惧——这位画家曾因将弗雷德里克·亨德里克委托的画作转包给其他画家而被揭发，从而名誉扫地。

***

克里斯蒂安的父亲经常在女性伴侣中寻找消遣。在苏珊娜死后的孤独岁月里，康斯坦丁的女性朋友名单会成为一部名副其实的低地国家女性主义先驱名录，如果17世纪人们需要这样一份文件的话。

康斯坦丁重点关注的穆伊登文人圈成员特塞尔沙德·费舍尔于1649年6月去世。一次，特塞尔沙德来到海牙与他待在一起，睡在他楼上的房间里，两个人被"我的冰冷的天花板和她的冰冷的荣誉"隔开，这件事令他十分惊讶。但是当她皈依天主教时，他感到痛苦和失望，尽管他们一直保持联系，直到特塞尔沙德去世，但在精神上失去了"著名的，但是，唉，罗马化的特塞尔沙德"，还是令他非常伤心。

他最喜欢的歌手乌特里西娅·奥格尔是乌得勒支英国总督

约翰·奥格尔爵士的女儿，她是他的另一位终生朋友（她的不寻常的名字指的是出生的荷兰城市）。他称她为"迷人的小鸟"，鸟的荷兰语单词"*vogel*"与她的姓"Ogle"押韵。结婚后她改姓"Swann"，他很高兴有机会以同样的风格继续文字游戏，他同她的丈夫也成为朋友。

但毫无疑问，康斯坦丁的最聪明的女性朋友是在科隆出生的安娜·玛丽亚·范·舒尔曼。她的父亲作出了一个不同寻常的决定——让她和她的兄弟们一起接受教育，她精通十几种语言以及神学、历史、地理和数学。她还掌握了多种手艺，包括剪纸、绘画、木雕和刺绣，并在铜版雕刻方面取得了独特的成就。1636年，她受邀为乌得勒支大学的落成典礼写一首拉丁语诗，她在诗中强调，自己还是被取消了在那里学习的资格。此后，她被允许参加一些讲座，但她必须坐在男学生的视线之外。

康斯坦丁与范·舒尔曼的相识始于1633年，当时她26岁，以其诗歌闻名于诗界。她寄给他一幅精致的凹版自画像，在画像中，她假装害羞地望向一旁，仿佛在寻求认可，而一个压抑的微笑有意地暗示她不需要这样的认可。在画面前方，她举着一张纸片，上面写着：如果她没能在此处把自己的容貌很好地描绘"在永恒的铜上"，那么她将不会承担描绘其他人的"更重要的任务"。它实际上是一张名片。康斯坦丁回复了十几行字，嘲弄"无手女士"把展现天赋的工具藏在纸片后面。

最重要的是他们的思想可以交融。康斯坦丁称赞范·舒尔曼具有的多种语言能力——甚至超过了自己——能与男人相媲美，他曾把同样的赞美之词送给妻子的工程管理技能。康斯坦丁让舒尔曼评论《白天的工作》，这是他为庆祝家庭生活所作的长诗，因为他想要一位诗人以及一位女性的观点。康斯坦丁没有将自己与其他一些女性朋友交流时使用的熟悉的、有时是下流的语言，用于与舒尔曼的交流。相反，他在拉丁语通信中称她为"高贵的处女"或"高贵的夫人、高贵的朋友"。他看重她的渊博学识以及她与欧洲主要思想家的广泛联系。她宣称的独身主义引起了他的好奇，但如果他认为这是她为创造自由付出的代价（女人结婚后通常会放弃诗歌及其他智力追求），那么他最终会认为这个代价太大了。他相信自己的女儿苏珊娜有一种智慧，"可以把她培养成一个舒尔曼"，但在女儿的教育问题上，他避免效仿舒尔曼父亲的做法。

一些更年轻的女性在某种程度上满足了康斯坦丁的某种渴望，这是范·舒尔曼必定无法做到的。1652年，康斯坦丁被介绍给比阿特丽斯·德·库桑斯，这位洛林公爵夫人有着广泛的社交网络，其中包括很多皇室成员。她还是一位音乐家，康斯坦丁为她写了几首供弹奏的曲子以及许多诗歌，它们往往使用了双关修辞。其中最臭名昭著的是一个描述脱下紧身胸衣的谜语，康斯坦丁在最初的法语版本中，为每一行诗都设计了相

安娜·玛丽亚·范·舒尔曼于 1632 年刻下了这幅自画像。作为一位精通十几种语言的学者和艺术家,她是第一位就读于荷兰大学的女性。

同的押韵来描述他的感受——"我爱它胜过琥珀、灵猫香和麝香",结尾一行还引诱人"猜猜是谁在卖弄"。康斯坦丁冒险把诗寄给了她,起初没有什么反应,但是后来,受到丈夫虐待的比阿特丽斯告诉他,她很高兴得到他的关注。

比阿特丽斯、乌特里西娅和安娜·玛丽亚各自都有与众不同之处,她们都是不可触及的理想。另外,玛丽亚·卡森布鲁特比康斯坦丁小 25 岁,活泼美丽,能够以更直接的方式使日常生活变得明亮起来。苏珊娜去世后,她是康斯坦丁找到的最接近真正伴侣的人。虽然她也是一位有才能的音乐家,但康斯坦丁在诗中强调了她更脚踏实地的品质,他将她的名字写成双关语"*kaas-en-brood*",即奶酪和面包。

另一位年轻的女性朋友是玛丽亚·范·奥斯特维克,她是一位教会牧师的女儿,6 岁时搬到了福尔堡。康斯坦丁一定很早就知道她,当她开始展现出成为一名画家的潜质时,他无疑对她很留意。她取得了相当大的成功,不少欧洲宫廷购得了她创作的细腻的花卉静物作品。她在 41 岁时的肖像画显示她依然很美丽,宽阔的嘴巴和脸,一头细密的黑发,手里拿着调色板和画笔,腿上放着一本打开的书。

无论康斯坦丁与这些女人的关系是什么性质,显然他非常喜欢女性的陪伴,而且从未放弃寻找伴侣。1682 年,86 岁的他还在四处忙活着为亲王(恢复了地位的执政威廉三世)办事。

有一天，他像堂吉诃德一样，骑马来到乌得勒支附近的尼詹罗德城堡，绝望地向玛丽亚·玛格达莱娜·珀金斯求爱。令他伤心的是，美丽的琳几个月后嫁给了别人。

尽管康斯坦丁的玩笑常常有失体统——当霍亨索伦公主玛丽亚·伊丽莎白表示自己因为穿着宽领衣服，不能为他演奏鲁特琴时，他把她的拒绝理解为"公主唯有脱去衣装时演奏得最好"——但是他对其他人的兴趣总是坦诚的，被他关注的对象都明白这一点。他有时给人的印象可能是一头老山羊，但也是一个迷人的人，没有一个女伴曾经与他断过联系。从这些关系最初建立的方式就可以明显看出来他的开放与大方。正是乌特里西娅·奥格尔把他介绍给范·舒尔曼；他把玛丽亚·卡森布鲁特介绍给范·舒尔曼；他在给乌特里西娅和比阿特丽斯的信中，以钦佩之情提到了卡森布鲁特；在给乌特里西娅的一封多情的信中，他也提到了"她的预言家女神"范·舒尔曼；诸如此类。如果他对任何一个人怀有认真的浪漫兴趣，上述事情都不可能发生。

***

还有一个女人值得注意，因为康斯坦丁与她讨论当时的一个科学热点问题时找到了共同的基础。1653 年 9 月 15 日，康斯坦丁欣喜若狂地写信给他的音乐友人乌特里西娅·斯旺，当时他刚被介绍给纽卡斯尔公爵夫人玛格丽特·卡文迪什，她的丈夫是她的表亲，"这位女士最近讲述的那本精彩的书令我震惊，书中的奢华原子让我昨晚久久无法入睡"。这本书是她新近出版的《诗歌与幻想》，其中有一大段阐述了她对于原子理论的观点。

年轻时，玛格丽特·卢卡斯是国王查理一世的妻子亨丽埃塔·玛丽亚的侍女。英国内战期间，玛格丽特先来到牛津，后来流亡法国。在巴黎，她嫁给了比自己大 30 岁的鳏夫威廉·卡文迪什，他和她一样来自一个坚定的保皇派家庭。现在她发现自己扮演了招待这座城市主要学者的女主人角色。她遇到了笛卡儿和几位数学家，如皮埃尔·伽桑狄和吉勒·德·罗伯瓦尔（他们后来成为克里斯蒂安·惠更斯的助手）。虽然早年接受的教育使她只具备了平常女人的素养，但她的活泼、好奇的天性显然吸引了这些男人。通过与梅森的通信，她知晓了欧洲的其他知识分子，包括埃万杰利斯塔·托里拆利、霍布斯和康斯坦丁·惠更斯。

查理一世被处决后，威廉和玛格丽特无法返回英国，他们在安特卫普定居，依旧体面地住在鲁本斯的老房子里，举行音乐晚会，其他流亡者和他们的荷兰新邻居也来参加。旅居欧洲大陆极大地帮助了玛格丽特成长为一名作家和思想家。她才 20 多岁，在这个国度里，至少不会有人阻止她向范·舒尔曼、特塞尔沙德·费舍尔这样的女性学习。玛格丽特通过模仿这些文

第 6 章 转变与碰撞

学女性，克服了自己在正规教育方面的欠缺和阅读障碍，最终写出了（在一名抄写员的协助下）许多戏剧、诗歌、故事以及几篇关于自然哲学的论文，这些论文对于当时的女性而言非比寻常。她把自己的遗憾记录在案，"发明透视眼镜来观察月球的不是一个女人"，以及没有一个女人能与帕拉塞尔苏斯、盖伦或维特鲁威相提并论。她最著名的作品《对一个炽热新世界的描述》是乌托邦科幻小说的早期范例，它以富于想象力的方式，融入了她的自传的一些内容，被誉为早期女权主义论争之作。

玛格丽特·卡文迪什发现，为了推进自己的工作，塑造一种引人注目的形象是很有利的，而且她无论走到哪里，都成为一个知名人士。为此，她设计了那些奢华的衣服，有些还很暴露。后来她的英文昵称"疯狂的玛吉"，可能与一部16世纪安特卫普戏剧（以及随后的勃鲁盖尔画作）中被称为"疯狂的梅格"的令人敬畏的战斧有某种联系。这种虚张声势也许是一种弥补羞怯的手段，但更有可能是一种策略，告诫那些遇到她的人，要准备好与一个同样充满活力的智慧之人接触。一些人——尤其是男性——被搅得心烦意乱，但另一些人成功地解码了这条信息。未来的英国驻荷兰共和国大使威廉·坦普尔爵士的妻子多萝西·奥斯本，这样评论《诗歌与幻想》："这本书比她的衣服奢华10倍。"

康斯坦丁至少在1657年和1658年在安特卫普见过玛格丽

特·卡文迪什，之后他们通信了很长时间。身为诗人和剧作家，以及新科学和哲学的热情追随者，他成为她的主要崇拜者，乐于与她的广博思想打交道。康斯坦丁能够给新朋友提供的不仅仅是精神上的支持。玛格丽特·卡文迪什知道自己的思想如果要获得更多读者，需要用拉丁语交流，但她不具备这项语言技能。当然，康斯坦丁习惯用拉丁语阅读和写作，于是成了她的重要助手，制作了她的著作的拉丁语索引，使所有国家的学者都有机会了解这些著作。康斯坦丁表现出坚定的支持，证明了玛格丽特·卡文迪什的科学工作在当时得到了重视，而一些现代历史学家认为事实并非如此。

他们之间进行的主要科学对话的内容是令他们着迷的一种现象，它的英语名字是"鲁珀特之泪"（Prince Rupert's drops）。它们是几英寸长的泪滴状玻璃珠，表现出其他形状玻璃制品不具备的明显矛盾的性质。每一颗蝌蚪状玻璃珠的头部都非常坚固，能够抵抗大锤的打击。但是如果尾部尖端被折断，整个珠子就会爆裂，只留下散乱的糖状颗粒。它形成了一种戏剧性的对立：玻璃物体始终拥有的脆弱之美与暴力破坏的可能性之间的对立。

虽然关于这种泪滴状玻璃珠的最早记录可以追溯到1625年，但它们在1650年前后的荷兰和德国更广为人知，在那里它们被称为"巴达维亚眼泪"或"荷兰眼泪"。1656年，它们的古怪性质在亨利·路易·哈伯特·德·蒙莫尔的巴黎学者圈子里得到了展示，很快就成为整个欧洲自然哲学家思索的主题。然而，当莱茵的鲁珀特亲王把一些标本带给他的表亲查理二世国王，这些标本成为皇家学会的实验对象后，它们就成了一种广泛的时尚，并获得了它们的英语名字。在 1663 年带有讽刺意味的《格雷沙姆学院的民谣》中可以捕捉到它们一时的盛名：

> 让它们声名大噪的是，
> 纷乱中，它们向国王展示，
> 如果你将它们的尾巴扭下来，
> 玻璃扣子将变成粉末。
> 如何用这么小的力量做到的，
> 确实让学院讨论了一个月。

1657 年 3 月 12 日，康斯坦丁试图了解玛格丽特·卡文迪什对此的看法："这些奇妙的玻璃的自然原理，正如我告诉过您的，夫人，如果打破了它们尾巴的最细小尖端，它们就会飞散成粉末，而如果不用这种方法，它们几乎不会被任何力量击碎。"他补充说，无论是法国国王还是"巴黎最好的哲学家"都无法解释这一点，这样就不会伤害她的自尊。他推测，她会做一个真正的实验，于是建议她如何安全地用"这些无害的小枪":"仆人可以紧紧地握住它们,您可以毫无危险地打破它们尾巴的末梢。但是,正如我之前斗胆地告诉您的,我不愿意认为,任何女性的恐惧会在世人所钦佩的过度男性化的智慧中占主导地位。"

一周后,玛格丽特·卡文迪什愉快地回复了,对这种现象的可能原因给出了详细的论证:"就外在而言,这种玻璃的头部、身体或腹部看起来确实有液体物质,可能是硫黄油或硫黄成分。"当尾部破裂时,密封在里面的挥发性液体可能会随着爆炸的力量喷溅。她得出这个结论,不仅因为她观察了看起来很空的玻璃滴,而且正如她坦率地解释的那样,作为女性,她对玻璃球耳环很熟悉,耳环里经常放着色彩鲜艳的丝绸碎片。

然而,康斯坦丁对此并不满意。他争辩说,当然,如果玻璃内封装了含硫黄的液体,靠近的火焰会点燃它。他试过了,但没有成功:

> 夫人,到现在我也不明白这是怎么回事。我把其中一个玻璃瓶烧得通红,不仅没有观察到任何预期的效果,而且瓶子冷却后,它失去了原有的全部特性。我竟然能将整个瓶身掰成碎片,其碎裂方式与普通玻璃别无二致。

玛格丽特·卡文迪什再次回复,这次的推理不太可信,她认为玻璃瓶含的油可能把火熄灭了，或者它像蒸气那样漏出去了。

  因此，先生，您可以从我的论证中看出，我努力证明自己曾经的意见或感觉是正确的，在此过程中我没有固执己见，而是坚持真理。但事实是，尽管我没有发现玻璃瓶的真相，然而我的确是您的卑微的仆人。

纽卡斯尔夫人

  这封信值得注意，倒不是因为它解决了一个科学难题——玛格丽特·卡文迪什和康斯坦丁并没有完全理解，这一点我们很快就能明白——而是因为两位文化人欣然接受了培根的科学方法，尽管他们有许多成就，但很难被视为"专业的"自然哲学家（如与他们同时代的人——笛卡儿、罗伯特·玻意耳，当然还有克里斯蒂安·惠更斯）。即使他们像寻找真相的老手那样，在假设与实验测试之间来回转换，正如玛格丽特·卡文迪什承认的那样，真相是他们并不真正知道发生了什么。事实上，玛格丽特·卡文迪什相信，无法完全了解真理，自然哲学家只会讲可能性，这与克里斯蒂安后来阐明的立场非常相似。

  尽管"巴达维亚眼泪"首先是一种好奇心，但人们有充分的理由想知道它们何以表现如此。望远镜和显微镜的镜片最初通常都是用熔化的玻璃珠制成的。在制作时，玻璃介质固化时发生的任何不规则变化，都会引发担忧，因为它可能损害光学质量。一些人可能也设想过这种小型爆炸装置的军事用途。因此，皇家学会会员自然也想更多地了解它们。

1661年3月在格雷沙姆学院所作的演示由皇家学会主席罗伯特·莫里爵士全程记录，英格兰共和国时期他流亡荷兰共和国，很熟悉该国的玻璃工业。他仔细观察了鲁珀特亲王送给国王的5个逗号状玻璃滴，国王出于令人钦佩的自我克制或纯粹的厌倦，忍住了想要拧扯的冲动。其中两个看上去含有液体，而其余三个看上去是固体。虽然那些聚集来看演示的人们，对于它们是如何制成的没有专门的知识，但一个实验助手显然不费什么力气就做成了一些玻璃滴，它们与国王收到的礼物的性质相同。一系列详尽的实验包括在各种条件下"引爆"玻璃滴——水下、水泥块中、火中以及玻意耳气泵形成的真空。

罗伯特·胡克最敏锐地理解了它们的运作原理。他解释说，当玻璃滴落入水中突然冷却时，它的表面形成了一个坚硬的外壳，而内部凝固较慢，且试图收缩，因此产生了巨大的张力。（康斯坦丁在与玛格丽特·卡文迪什交流期间，加热了其中一个玻璃滴，发现它失去了爆炸性。在不知情的情况下，他将玻璃从今天用于汽车挡风玻璃的"钢化"形式转变为无张力的退火形式。）内部不同的热收缩率可以解释这样一个事实——有些玻璃滴是空心的，而有些是实心的。胡克用拱形进行了对比，来解释玻璃滴曲面内部力的分布，《显微图谱》一书中有一张完整的玻璃断裂线图，这是他通过引爆被鱼胶固定住位置的玻璃滴来捕捉和绘制的。

皇家学会的一些成员毫不犹豫地接受了这一分析，抑或他们只是希望不要用科学来毁掉这美好的晚会把戏。① 在1662年1月的一次晚宴上，塞缪尔·佩皮斯目睹了"化学玻璃"的再次演示，"通过打破细小的末端，它碎成了粉末——这对于我来说是一个巨大的谜"。

几年后，"疯狂的玛吉"访问了皇家学会，佩皮斯仔细观察了她。她观看了与光、磁性和化学溶剂有关的实验。光学是另一个讨论的话题，玛格丽特·卡文迪什贬低了包括胡克在内的显微镜学家的努力，她认为胡克的仪器揭示的只是扭曲的自然图像。这是女性第一次访问该学会，而且出席者众多，因为玛格丽特·卡文迪什当时已经是名人了。在当月早些时候，佩皮斯记录了自己看到玛格丽特的壮观的黑色与银色相间的马车穿过公园，一些马车在后面追赶，还有"100个男孩子和女孩子追着看她"。但与康斯坦丁不同，佩皮斯对她的科学智慧仍然视而

---

① 玻璃滴仍然是当代科学研究的主题。参见 H.Aben et al., On the Extraordinary Strength of Prince Rupert's Drops. *Applied Physics Letters*, vol.109, 231903（2016）.

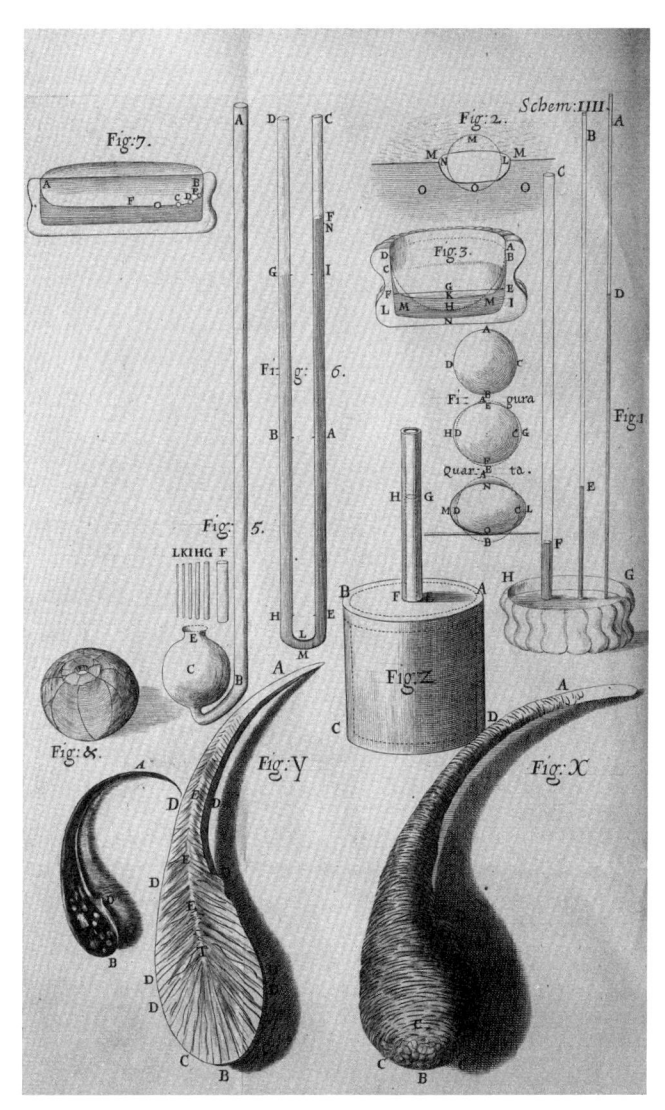

罗伯特·胡克在《显微图谱》中绘制的"巴达维亚眼泪"。图 X 显示了在为了防止飞散而涂有鱼胶的玻璃滴表面捕捉到的应力线,而图 Y 则显示了推测的内应力线。

不见。1667年5月30日,玛格丽特访问皇家学会,佩皮斯在当天的日记中写道:"公爵夫人是一个很漂亮的女人,但是她的衣着如此滑稽古怪,举止如此不同寻常,我一点也不喜欢她,我也没有听到她说过什么值得听的话,但她非常受崇拜,非常受崇拜。"

第 7 章 土星

1655 年初春，很可能是在坐落于广场上的家族住宅的花园里，克里斯蒂安安装了一架由自己和哥哥一起制作的望远镜，它包括一根 12 英尺长的管子，装有平凸物镜和一个放大率为 50 倍的简单目镜，并将其转向土星。

17 世纪，土星是已知的太阳系中最遥远的行星，除了一个重要方面，它与古典天文学家研究的行星相比没有变化。1610 年，伽利略发现了 4 颗卫星围绕木星运行，这意味着可能还有更多有待了解的东西。土星是一个新的谜题，因其大小和亮度的变化方式似乎很不像行星，所以它成为当时许多天文学家关注的焦点。这也许是惠更斯兄弟持续努力改进他们的望远镜的动力。

在那些寒冷的夜晚——只有为数不多的夜晚是晴朗的——克里斯蒂安仔细观察了行星的变化，画了许多幅素描，有些可能是在幻灯片投影的辅助下完成的。3 月 25 日，他观测到这颗行星附近的一颗似乎是卫星的天体以及另一个天体,并将其标记为"星体B"(étoile b.)。令人惊讶的是,他并未测量这些天体的确切位置,但他还是进行了足够多的观测,从而得出结论:"星体b"是"游移不定的",因为几天后,由于云层遮挡,他再也找不到它了。他观察到,真正的卫星位于距离其母行星3分钟的弧线距离,并且有一个固定的轨道周期,他测量这个周期为15天22小时39分钟。4月、5月他连续观测,以确认自己确实在太阳系中发现了自伽利略的"美第奇星"以来的第一个新天体。

克里斯蒂安在写给英国数学家约翰·沃利斯的信中提到了这个发现,信中主要涉及他对几何曲线的分析。他只用极为简短的一般性术语提到了自己对望远镜的应用,他采用了变位词的形式,这是一种传统方式,用来揭示某人作出了一项重要发现,但尚未揭示其确切性质。① 他用罗马诗人奥维德的一句引语来设置这个几乎不可能被解开的字谜,并将其用清晰的大写字母写出来,旁边还有一堆杂乱无章的剩余字母:ADMOVERE OCVLIS DISTANTIA SIDERA NOSTRIS,VVVVVVVCC

---

① 变位词也是惠更斯家族的一种痴迷。克里斯蒂安的父亲有时会通过计算人名字母的排列数量自娱自乐,并为人们找到揭示性格的变位词。他苛刻地将阿玛利亚·范·索尔姆斯(Amalia van Solms,文雅法语为Amelie de Solms)的名字变成了"sommeille d'aise"(舒适的睡眠)和"sale de sommeil"(熟睡的人)。他自己的名字"Constantinus Hugenius",转换成"Continuus, haut segnis"(持久,一点儿也不懒惰)。(KA 48 ff. 240-1)

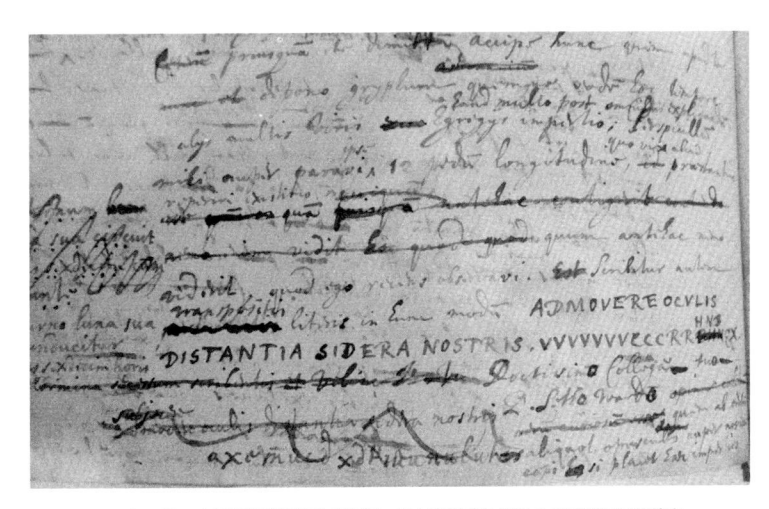

1655年3月,克里斯蒂安使用的变位词,其中隐藏着他发现土星首颗卫星的消息。

CRRHNBQX。经过适当的重新安排，这些字母被译成"土星的一颗卫星绕其运行一周需时 16 天 4 小时（Saturno luna sua circunducitur diebus sexdecim, horis quatuor）"。无论克里斯蒂安选择何时解释这一发现，其内容都足以确立他发现土星首颗卫星的优先权。他进一步补充道，在优化了先前的观测数据后，该卫星绕土星旋转一周为 16 天 4 小时。

尽管克里斯蒂安没有给这颗卫星命名——一个多世纪后，约翰·赫歇尔称之为"泰坦"（Titan）——但他对自己的发现感到兴奋。他拿起金刚石笔，沿着他发现这颗卫星的物镜的玻璃边缘，修改了变位词中的奥维德诗句，永远地标记了那个"把遥远的星星带到我们眼前"的透镜。

***

这是克里斯蒂安随身携带的秘密。几个星期后，按照父亲的指示，他与洛德维克一起旅行，这是他第一次来到巴黎。7 月 23 日，克里斯蒂安给哥哥写了一封简短的信，描述了他对这个地方的第一印象，5 年前，这里是小康斯坦丁伟大旅行的一站：

我们已经在这个城市生活 9 天了，如果你知道我们是如何利用这段时间的，我保证，与我们相比，高康大在你看来只是一堆懒骨头。我不想提自己看到的美丽、壮观的事物，因为这对于你来说不会是什么新鲜事。我觉得最令人愉快的是，昨天我们从布洛涅森林回来时看到的巴涅奥莱花园（Bagnolet），不知道你去过没有。我们的常任法律顾问是塔辛，每天早上他都来找我们。我发现就像你描述的那样，他是一个爱吹牛的人，而且非常愤怒，至于谈到他的声音，我可以用音符来表达。我还没有找到文人或音乐家，只是与另外两个同伴在街上转悠。我们一起拜访了博雷尔大使，他说话严肃。后来在布拉塞先生家里，我们还见到了他的女儿，我发现她对荷兰发生的一切都很了解，甚至是最微小的事情。其余的人不如往昔美丽，但还是一如既往的幽默。我们只去过一次库尔林荫道（Cours），去过一次喜剧院（Comédie），它并不比殿下在海牙的剧院更好，每人的入场费要一埃居。这里的一切都很贵，但我主要担心的是乘坐马车出行的费用相当可观。我一个人住在一间几乎铺满了地毯的房间里，上面有一个阁楼，老鼠经常来陪伴我。除此之外，虫子在晚上频繁地打扰我，我的手上和额头上都留下了记号。大概你也不会希望处于我的境地。

毫无疑问，他们的外交官父亲将克里斯蒂安和洛德维克带到巴黎，视为家族网络在欧洲的最新延续。当他们的哥哥见到这座城市时，他已经去过很多地方，途经了奥兰治家族的普罗旺斯（自1544年沉默者威廉继承这座城市以来，它及其周边地区始终是荷兰人手中的封建公国），日内瓦，然后到达了阿尔卑斯山和意大利。此前小康斯坦丁前往伦敦，抵达伦敦后的第四天，国王查理一世被斩首，他不得不放弃伦敦之旅。克里斯蒂安已经去过北方的荷尔斯泰因和丹麦，这是一次失望之旅。1652年，尽管爆发了第一次英荷战争，洛德维克的英国之旅还是比克里斯蒂安更成功，他后来加入了驻马德里大使馆。最小的兄弟菲利普后来向东沿着波罗的海海岸前往但泽[①]执行类似的任务。在一次突发疾病后，他于1657年5月14日在马尔博克去世，年仅23岁。

然而，对于26岁的克里斯蒂安来说，巴黎这座大都市是一个启示。1660年和1663年，他又对那里进行了两次短暂的访问；1666年，他在那里安家，生活了16年。持续时间越来越长的访问，最终让他在法国首都度过了多产的职业生涯的半程。

为了避开经西班牙人控制的荷兰南部的艰难陆路旅行，克里斯蒂安和洛德维克从布里勒乘船出发，由他们的表亲菲利普·多布莱和另一个朋友陪同，航行于多佛与加莱之间，"我们非常清楚地看到了这两个地方，两边的海岸都很高，尤其是英国海岸，看起来完全是白色的"。一行人在迪耶普下船，然后骑马穿过美丽的乡村来到巴黎，他们跟父亲的朋友一同住在圣日耳曼郊区的塞纳街，这是一个新教地区，也是佛兰德人、荷兰

[①] 今格但斯克。——译者注

人和德国人的热门聚集场所。在接下来的夏天,他们花了几个星期的时间参观了巴黎周边的大房子。最精彩的要数枫丹白露,那里有露台和喷泉,室内展示了提香的几幅画、拉斐尔的一幅"估价5万埃居"的基督诞生画,以及列奥纳多·达·芬奇的《蒙娜丽莎》。

克里斯蒂安一直待到11月。他对一切都很感兴趣。他遇到了许多数学家和自然哲学家,他们会在适当的时候成为他的通信者、同事和朋友。其中最主要的是吉勒·德·罗伯瓦尔、伊斯梅尔·布利奥、皮埃尔·德·卡尔卡维、梅尔奇塞德·泰维诺和克劳德·米隆。他还幸运地遇到了更年长且更重要的数学家、天文学家皮埃尔·伽桑狄,他是第一个观察到行星(水星)凌日的人,那年10月他去世了,当时克里斯蒂安还在巴黎。

克里斯蒂安拜访了巴黎的一家透镜制造商,并与荷兰大使威廉·博雷尔进行了讨论,这位出生于米德尔堡的大使热衷于寻求最新式的望远镜和显微镜。他很可能拜访了主要的钟表制造商,其中也许包括艾萨克·图瑞特,后来他们进行了合作,又为设计一种更精确的钟摆机械而争吵不休。他还找到了父亲的几位音乐挚友,然而对于他来说,更难忘的可能是遇到了交际花、艺术赞助人尼农·德·朗克洛斯和著名的意大利女高音歌唱家安娜·贝杰罗蒂。

9月,他沿着卢瓦尔河旅行,去领取他从昂热大学购买的法学博士学位,昂热大学是法国少数几所仍招收新教徒的大学之一。(日后出售学位会成为丑闻,但当时这是普遍的做法。)与此同时,克里斯蒂安的哥哥大部分时间都待在海牙的家里,以避免感染瘟疫。兄弟俩通常每周都写信,然而不是每封信都能收到,一方经常会因为对方的沉默而心生不满。他们讨论的话题很容易在科学观察相关的技术问题与年轻人更普遍的关注之间转换。例如,有一次,小康斯坦丁向克里斯蒂安要求:

> 一些女孩子最喜欢的那种轻快短小的新歌曲,因为一个月前我结识了几位英国小姐,正是为了她们我才需要……如果洛德维克弟弟是一个懂音乐的人,我相信他会很乐意为这些英国美人效劳。说真的,如果你能给我寄一些,我将非常感激。

不过,小康斯坦丁并没有完全分心。他还在制作一个镜筒长 20 英尺的望远镜,经过对比各个眼镜商送来的玻璃样品,他评判这些样品并不比"我们的凸透镜"更好。兄弟俩在天文观测中经常发现,自己制作的透镜优于任何能获得的成品透镜。此外,研磨玻璃的体力劳动也是一项有益的工作。"制作镜片会让我们有事情可以忙。"小康斯坦丁写道。他期待克里斯蒂安回到荷兰。

克里斯蒂安回复了哥哥的音乐请求。

我有很多新曲子，但不是你需要的……你答应给我画一幅木星及其周围区域的画，我求你把它寄给我，这样我就可以和布利奥先生讨论了。前天他给我看了佛罗伦萨公爵送来的大望远镜，在我看来它足够好，镜筒有 10 英尺长，但只有一个凹透镜，可视范围特别窄。

尽管荷兰天气恶劣，但小康斯坦丁还是设法观察到了横贯木星的赤道条带，"在中间或稍高一点的地方，有一条白线，在其两侧还缠绕着两条黑线"。他答应送去一张自己绘制的观测图，以便与克里斯蒂安的素描进行比较。

几周后，克里斯蒂安寄去了自己画的木星图及 3 首歌曲的歌词和乐谱。其中一首是"全新的"歌曲，它的歌词（法语）是：

我承认，这是真的，你的美貌囚禁了我的灵魂，
唉，如果我能打你的屁股，我就会知道自由，
如果你愿意在我的沙发上休息一下来满足我的愿望，
我会吻你的眼睛和嘴巴一百次，然后快乐地死去。

克里斯蒂安补充道,他为"女王最漂亮的伴娘梅内维尔"创作了这首歌。

克里斯蒂安对土星所做的富有启发性的观察,极大地激发了他在巴黎的新朋友的兴趣。尽管克里斯蒂安还没有准备好在一年内正式宣布自己发现了土星的卫星,但他与在法国遇到的天文学家交换了意见,他们一起推测了那些看起来环绕在这颗行星周围的明亮天体的神秘性质。这些讨论足以播下混乱与忌妒的种子,然而,克里斯蒂安传达给沃利斯以及巴黎同事的这些谨慎的变位词,足以幸运地确保他主张发现该行星第一颗卫星的优先权。

***

克里斯蒂安离开巴黎的时候,带着愉快的回忆,他多了不少新朋友,满脑子装的都是数学难题。这次旅行永远地改变了他。10月15日,他得知不久将被召回国,便写信给父亲:

> 在巴黎逗留的剩余时间里,我相信自己在这里待得越久,就越能从与这个国家的人们的交谈中获得更多的收益。如果我回来时与离开时相比变化很大,其他人会作何感想?对我而言,我没有注意到这种变化,这可能和一个人长高时一样。

此外，他爱上了一个叫玛丽·佩里凯的人，显然希望保持联系，送给她礼物，并定期请他的巴黎通信人向她转达自己的问候。法国科学院的创始人之一瓦伦丁·康拉特鼓励了他，1656年1月他写信给克里斯蒂安：

> 她经常和我聊天，经常谈论起你，你给她的礼物让她很满意。如果你在这里待得更久一点儿，你就会在这个罕见的人身上看到其他很多人没有的奇妙之处，至少是在很多女士身上很难找到的奇迹。我真的希望你带着发现它们的好奇心再次造访此地。

渐渐地，玛丽并不完全像看起来的那样。克里斯蒂安在巴黎结交的最可靠的朋友罗伯瓦尔发出了温和的忠告，克里斯蒂安已经被康拉特"巧妙地牵着鼻子走了"，"康拉特宣称与玛丽有着'完全的友谊'"，其他一些人也是如此，他们都是"结婚很久的有德行的老头子"。

克里斯蒂安给另一位资深院士、诗人、评论家让·沙佩兰留下的印象，具有更持久的价值。他钦佩这位荷兰人的科学敏锐性和优雅的举止，以及其对法语的完美掌握。

> 起初我害怕用自己的语言回复你，因为我读过你用法

语写的东西，风格如此纯粹，如此顺畅，甚至在我们法国人中也是如此不同寻常。你似乎给我设置了一个危险的考验，就是要把我的句子与你的句子做比较，可能你会被当作本地人，而我被当作外国人。

几年后，沙佩兰恳求克里斯蒂安允许他成为第一人，来传达"你的高贵的天才和卓越的研究成果，为装点世界、启迪人类提供了诸多美好事物"。事实上，沙佩兰有能力给予恩惠，克里斯蒂安无疑知道这一点。17世纪50年代末，沙佩兰不断地恭维克里斯蒂安，这一定让后者觉得如果回到巴黎，自己会受到热烈的欢迎。但沙佩兰也以实际的方式为那一天做好了准备，在克里斯蒂安不在的时候，沙佩兰向亨利·路易·哈伯特·德·蒙莫尔提到了他。

蒙莫尔是一位高级贵族和政府官员，他长期在坐落于圣殿街的房子里举办知识沙龙。伽桑狄于1655年去世后，蒙莫尔成为笛卡儿思想的倡导者，聚会的焦点越来越多地转向科学。参加聚会的常客有吉勒·德·罗伯瓦尔、物理学家雅克·罗豪、医生塞缪尔·德·索比埃、天文学家阿德里安·奥祖、工程师皮埃尔·佩蒂特，以及克里斯蒂安最重要的巴黎通信人沙佩兰。蒙莫尔展示了他所拥有的用以取悦来访者的奇怪仪器和机器，他与客人一起讨论了各种无法被解释的现象，有时还进行实验研究，就像

让·沙佩兰肖像画。他是诗人、法国科学院的创始人之一,他成为克里斯蒂安·惠更斯在法国最伟大的捍卫者。

展示"鲁珀特之泪"那样。

蒙莫尔立即给沙佩兰回信说:"我毫不怀疑,你的朋友已经幸运地发现了(土星的)卫星,他仍然有条件找到这种现象出现的原因,我急切地想知道。"蒙莫尔的话代表了巴黎众多学者的心声,他的赞扬让克里斯蒂安感到很光荣。

***

随着海牙冬季长夜的回归,克里斯蒂安能够有更多的时间再次观察土星。他早先画下的土星图显示了由行星两边向外的明亮延伸,像长耳朵一样。但现在,这些令人费解的特征几乎消失了。(它们的消失使土星周围的天空更加黑暗,这有助于克里斯蒂安观测它的卫星。)整个行星的真实形态仍然是一个谜。任何完整的解释都必须说明这种看似不可能的形态变化。

在望远镜揭示了这颗行星的奇怪事实之后的几年里,研究者提出了许多理论。会是截然相反的两颗大卫星占据了离这颗行星非常近的一条轨道吗?这可以解释有时候观察到的拉长的形状(当假设的两颗卫星在行星的两边模糊可见时)和恢复为一个简单的圆盘(当卫星被遮住时)的现象。或者,实际上附着某种类型的裂片?沃利斯寄给克里斯蒂安的一幅画显示了比行星本身更大的环形"手柄"。或者说土星本身是椭圆形的?这也是伽桑狄最喜欢的一种假设。罗伯瓦尔认为,这颗行星可能有一个赤道"灼热地带",它时不时地喷出巨大的耀斑,就像看到的来自太阳的那样。克里斯托弗·雷恩的想法与克里斯蒂安最接近，他认为，一个细的附属光环带可能与行星同步旋转。

克里斯蒂安论证道，基于观察到的形状改变的渐进方式，这颗行星整体上必须是一个对称的物体，它的轨道和旋转必定在不同的时间向地球上的观测者呈现出不同的方面。他喜欢的对称特征是一个从黄道面（包含太阳和地球轨道的平面）略微倾斜的环。当这样的环与黄道面的倾斜角度最大时，它会在行星周围显得很亮。但是，当它落到与这个平面成直线的时候，或者当它落到太阳的边缘，几乎没有光线反射出来的时候，它就会从视野中消失。

1656 年 3 月，克里斯蒂安在一篇短论文《对土星卫星的新观察》(*De Saturni Luna Observatio Nova*) 中，再次以变位词形式（这一次的信息无法按字母顺序排列，没有引用奥维德）传达了自己的想法，并将自己画的行星环的草图寄给了罗伯瓦尔和在巴黎的其他学术朋友。克里斯蒂安画的素描以新月形开始，就像耳朵或者翅膀一样贴着这颗行星的每一侧，但随着观测质量的提高——多亏一架新的 23 英尺长的望远镜，它们变得更加精细，从不同的角度显示出土星和一个分离的环。在这些素描中，曾让人们联想到耳朵和裂片的膨胀外观消失了，形状改进为一条明显的环绕土星的很细的环形带（因透视缩短效应而呈现椭圆形）。在整个过程中，克里斯蒂安小心翼翼地忠实于自己

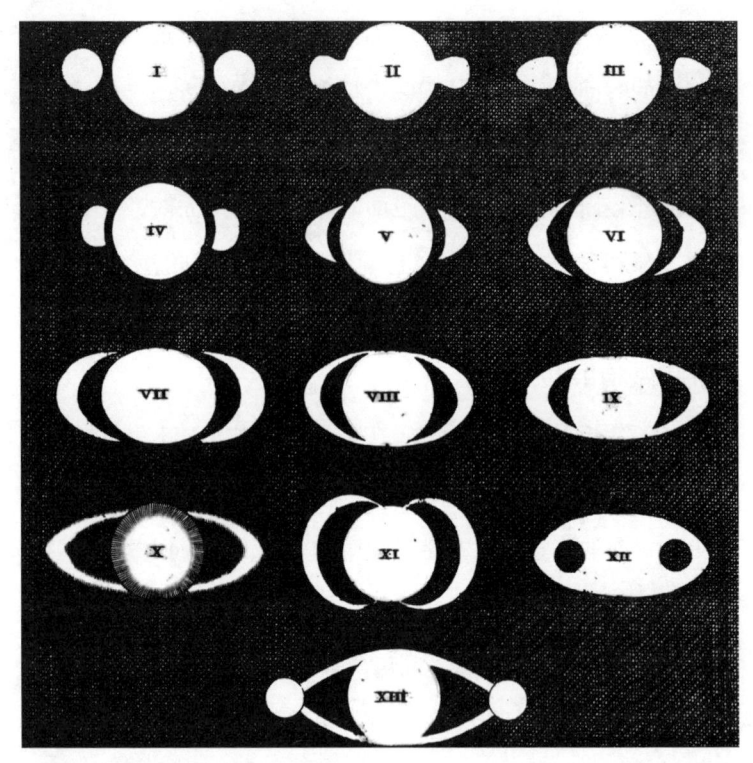

对通过早期望远镜看到的土星形态的解释，汇编在克里斯蒂安的《土星系统》中。图像"I"是伽利略于1610年提出的解释；其他图像是后来学者的解释，包括伽桑狄（XII）和赫维留斯（IV-VII）。

通过望远镜看到的东西，在有准确的证据之前，不允许这种基于数学逻辑的理想化形状介入。

克里斯蒂安的笔记中有许多幅素描，其中一幅特别漂亮，画中的土星和它的环是用墨水勾勒的，背景是用薄薄的一层灰色水彩展示的虚空。这个环比我们今天在照片上看到的略窄一点，而且没有阴影或任何与轮廓有关的东西来表明我们是从"顶部"还是"底部"看这个环。如果没有这个视角，这个环可能仍然是附属于这颗行星的某个奇怪特征，而不是在一定的距离外环绕着它。但克里斯蒂安非常小心地将这个环的边缘画成完美的椭圆，这使读者产生了一种期望——一定存在一个几何学意义上的纯粹的环。

起初克里斯蒂安的主张遭到了质疑，但他对土星卫星的新发现已经证明了其优越的观测质量。此外，一个按照规律周期出现与消失的环，不仅与最近人们观测该行星的结果一致，而且与伽利略等他人几十年前记录的观测结果一致，克里斯蒂安明智地指出了这一点。在这里，克里斯蒂安像一位模范科学家那样维护自己的主张，他结合了观察与基于奥卡姆剃刀（Occam's razor）逻辑及数学原理的假设，从而得出一个在未来任何时候都可以被证实（或证伪）的结论。

然而，他并不是在每个细节上都正确。他估算该环的厚度约为其宽度的 1/40，而且边缘必须是暗的，因此才能在某些时候从视野中消失，尽管现在我们知道这个环只是稀薄得难以察觉。出于某种原因，克里斯蒂安明确地排除了这种可能性："整个环如此稀薄，以至于尽管它的边缘实际上是闪闪发光的，但由于它的宽度太小，我们的望远镜无论如何都无法识别它。事实不是这样的。"令人惊讶的是，他还推测了"围绕着的环一定对居住在土星上的人有影响"。在克里斯蒂安生命的最后时段，即17世纪90年代，他出版了一部关于外星生命可能性的综合性著作，这本书成为此后很长一段时间里对这个可疑题目的最具科学性、知识性的考察。

当时与克里斯蒂安交流的欧洲天文学家之一是约翰尼斯·赫维留斯，他在但泽的维斯瓦河岸上建造了自己的天文台。在这里，他研制出了超长焦距的望远镜，这使得他能够对这颗卫星进行细致的观测。他对土星的看法与克里斯蒂安有相当大的差异，赫维留斯认为它是一个侧边有新月形区域的椭圆形行星体。这一假设基于使用一架望远镜所做的观测，但是克里斯蒂安相信这架望远镜甚至不能观测到土星的卫星，也无法解释观测到的土星相位变化。

克里斯蒂安在1656年夏天与赫维留斯交换了意见，不仅通过写信，而且多亏了他的弟弟菲利普，当时他在该市执行大使馆任务。（荷兰人不久将派遣一支大型舰队到但泽，以遏制瑞典在波罗的海的野心，并确保该港口对他们赖以生存的谷物贸易保持开放。）5月，菲利普报告说，他与这位德国天文学家进行了愉快的会面。赫维留斯工作间的专业整洁令他印象深刻，但由于天空多云，他无法通过赫维留斯的望远镜看到任何东西。尽管如此，他还是能够向克里斯蒂安传达关于赫维留斯研磨镜片方法的重要技术信息："他用紫铜碟子研磨，这些碟子是你的两倍大，他坚持认为碟子的大小对镜片的完美有很重要的作用……他现在正忙着磨双曲面透镜，而且已经做出了一个小透镜。"他补充了一句家庭附言："让苏珊娜给我写一些消息。我会给她带波兰貂皮或别的什么东西。"

几周后，菲利普搬到了曾经条顿人的据点马林堡（今波兰马尔堡）。他寄给哥哥的下一封信继续介绍赫维留斯的光学创新，为此他使用了拉丁语，这是学者进行天文学和数学等经典主题写作的习惯做法，因为这种语言有既定的词汇，但偶尔也需要创造的单词。菲利普不得不发明了拉丁语-荷兰语混合的短语"望远镜研磨匠"（verrekyckatorum Slypatores），以此来描述望远镜镜片的研磨机。然后，在这段用拉丁语进行的光学讨论中，菲利普突然地使用了荷兰语，讲述了一个但泽年轻人的惊人逸事，"所罗门先生是一个商人，在17岁或18岁之前，他始终是一个年轻女人，因此我认识的其他一些人告诉我，他们经常看到他以年轻女人的身份——弗洛拉·所罗门——参加婚礼并出现在其他场合"。菲利普继续——现在是以幽默的诗句——讲述这位弗洛拉是如何像男性那样长出肿胀部位的,这令弗洛拉的母亲震惊得大声喊叫。据说,弗洛拉·所罗门随后乘船前往阿姆斯特丹,接受尼古拉斯·杜尔的治疗。杜尔是杰出的内科兼外科医生,伦勃朗著名的早期绘画《杜尔医生的解剖课》画的就是他。"同样是伟大的艺术家,他剪了一两下,一切都正常了。"从那时起,所罗门就穿裤子了,他在巴黎待了一两年后回到但泽,菲利普"跟他或她"出去了几次,"现在他叫弗洛里斯,留着小胡子,大约28岁,见了女孩子就挪不动腿。(他)个头儿很小,很不害臊。不过咱们还是言归正传吧"。

然后,菲利普再次回到拉丁语,继续谈论赫维留斯的镜片以及人们在但泽声称通过它们看到的羊毛形状。赫维留斯已经观察土星20多年了。事实上,他最先观察到了它的相位,并测定了它们的周期(克里斯蒂安在撰写论文时不会承认赫维留斯作出的这一贡献)。那年6月,克里斯蒂安匆忙地发表了论文,其中包含了这些数据和他对这颗行星性质的错误推论,以及观察到的这颗行星附近的一束光,他认为这束光是一颗恒星。

不知道克里斯蒂安对菲利普讲的令人惊讶的故事有什么看法,因为没有留下回信。下一次他的弟弟被提及是当克里斯蒂安写信给一个叔叔时,告诉他弟弟已经死了。"我们被告知,他得的病是出血性腹泻伴随持续的高烧,短短7天,他就去世了。他抱怨不能跟父亲和亲密的朋友做最后的道别。"

※※※

在克里斯蒂安的阐释被接受之前，关于土星环的形态甚至其是否存在，持续争论了好几年。法国天文学家布利奥与赫维留斯保持着频繁的通信，他于1657年在海牙拜访了克里斯蒂安。这位荷兰人鼓励布利奥使用他的望远镜观测，然后恳求他"不要把你知道的土星世界告诉任何人"。直到1658年3月，克里斯蒂安才终于写信给最忠诚的密友让·沙佩兰，允许他向蒙莫尔学会揭示自己两年前发布的变位词的答案。那时，他从不同方面对土星作了充分的补充观测，以消除任何残留的个人疑虑，他还开始准备一篇关于土星的详细论文。但是克里斯蒂安在天文学上最优秀的对手立刻知道他已经破解了这个谜题。1658年，雷恩豁达地屈服了，"当……克里斯蒂安的假说以书面形式发来，我承认自己是如此喜欢它的简洁和这一妙论的自然朴素，与天体的物理原因如此一致，以至于我对这一发现的喜爱超过了自己的研究"。

※※※

所有的新科学都诞生于分辨率的极限：它关乎发现和理解前所未见、闻所未闻之物。但是发现不是无中生有的，也不是一下子全部显现出来的。

今天，最强大的光学望远镜——出于各种实际原因，使用反射镜而不是透镜——聚焦于获得第一批系外行星的视觉图像，这些行星围绕着远离太阳系边缘的恒星运行。但在17世纪中叶，土星位于观测极限上。当伽利略在1610年发现了4颗木星卫星时，他自然也把望远镜对准了土星。他看到了环，但只能分辨出这颗行星两侧各有一个明亮的模糊区域，每个区域的直径约为土星直径的1/3。当这些特征在1612年消失时，伽利略感到困惑，一段时间后它们再次出现，这再次令他困惑。其他天文学家也观察到了这个"环"。但他们并没有从所见中得出正确的结论。无论如何，他们记录的"耳朵"、"手柄"、"裂片"、附近的"卫星"、"耀斑"和"光环带"是他们真正相信存在的东西，当他们把这些形状写在纸上时，他们的诚实不亚于克里斯蒂安。[①]

克里斯蒂安通过直接经验获知，性能较差的望远镜或者镜片不太完美的望远镜，无法展示环，而是显示模糊的裂片或斑点。他见过这样的情况很多次了。然而，现在谁能说自己的镜片更优越呢？尤其是认为自己拥有最佳望远镜的意大利人，因无法看到克里斯蒂安观测到的星体，他们特别沮丧。"也许荷兰的天空是不同的。"他们嘲弄地抱怨道。

最终，克里斯蒂安的结果需要独立地证实，必须使用至少

---

① 分辨率的边界永远可以拓展，这一事实的一个线索就是我在这里提到的土星"环"。克里斯蒂安发现的19年后，更好的望远镜使乔瓦尼·卡西尼能够观测到土星环实际上是一分为二的，因此有了我们今天所说的"土星环"。尽管今天的航天器捕捉到的近景图像表明，这个标签也是一种粗略的简化。

与他的望远镜一样好的望远镜。与此同时，他还有其他对自己有利的重要论据，特别是基于他的数学和几何学专业知识的严谨的理论推理。根据这个逻辑，无论伴随土星的是什么，都必须以土星的轴线为对称轴，因为在它的旋转周期内没有观察到不规则性。这直接排除了诸如"手柄"等不规则现象。克里斯蒂安的土星环是一个数学推论，也是一个科学观察。

克里斯蒂安的思想无疑受到了他作为制图员拥有的出色技能的影响。他具备必要的视觉理解力，知晓光线如何相对于立体形态而投射，以及由此产生的角度和阴影，从而想象（实际上是推理）出一个几何形状，来解释他通过望远镜见到的事物。根据艺术史学者、可视化专家马丁·坎普的说法，在光学分辨率极限下工作面对的挑战是"参照已知的形式，将看到的光亮和黑暗的图式转换成连贯的三维图像"。尽管环在太阳系中出乎意料且没有先例，但它的确是一种已知的形式。正是这种数学和视觉的逻辑支撑了克里斯蒂安的想象，直到足够多的天文学家使用更强大的望远镜进行观测，才能对克里斯蒂安观测的准确性感到满意。

然而，对于许多人来说，仍然存在强有力的理由拒绝接受克里斯蒂安的发现。第一，它挑战了从古希腊哲学家那里继承的公认的观念，即太阳系完全由完美的球体组成，这些球体彼此间遵循理想的圆形轨道运行。（小行星带是对这一论述的进一步瓦解，但要到很久以后才被发现。）理想的天空也是基督教教义的一部分。第二，克里斯蒂安对环的阐释为哥白尼的太阳系学说提供了支持。它向黄道面倾斜了20多度，使得它的母行星与具有相似倾斜度的地球有某种重要的共性。这使得两颗行星在某种意义上是平等的，但如果地球位于太阳系的中心，那么这种平等性是站不住脚的，而只能是所有的行星都在围绕太阳的轨道上运行。这种推理仍然被克里斯蒂安的天主教对手憎恶，如罗马的欧斯塔乔·迪维尼。第三，土星的模糊且不断变化的环突然成为太阳系中唯一模糊的物体，而太阳系中的其他天体总是以清晰的圆盘或新月形出现。对于一些人来说，如英国牧师约瑟夫·格兰维尔，狂热追捧新科学且强烈反对唯物主义的人们，基于感官证据而接受这样一个环，反映了一种草率的思考，这必定会把自然哲学家引向错误，这样他们就"不再走向科学，而是走向不完美的猜测和费时的推测"[1]。

***

克里斯蒂安于1659年以《土星系统》为题，发表了自己对这颗行星的完整分析，他希望获得更好的观测结果（未实现），以及他还要从事关于时钟的其他工作，导致这一分析的出现略

---

[1] 土星的异常很快就被人们以更积极的态度看待。1781年，威廉·赫歇尔发现了另一颗外层行星天王星之后，约瑟夫·班克斯怀着兴奋的期待写道：它可能会揭示"新的环、新的卫星或其他无名和无数的现象"。（引自Holmes 105）

有推迟。他把这项成果献给了利奥波德·德·美第奇亲王，他是佛罗伦萨西芒托学院（Accademia del Cimento）的赞助人，该学院支持过克里斯蒂安最杰出的前辈伽利略的工作。这位荷兰学者选择将著作题献给此人，正暗示着他期望在故土也能建立起类似的学术组织。但他也希望获得一个更切实的收益——据说伽利略将钟摆机械图留给了他的赞助人，克里斯蒂安希望得到一份副本。

《土星系统》由莱顿的埃尔泽维尔家族印刷，伽利略的著作在罗马被禁后，该家族印刷了他的作品。在赞美之词的献词后，克里斯蒂安的哥哥小康斯坦丁写了一首序言诗，向他们一起从事的天文学工作致敬。在克里斯蒂安写的序言中，他以颇具挑衅意味的方式，为自己的行星发现做好了铺垫——他声称为低地国家发明了望远镜，这一主张实际上只有意大利可以质疑。

这部著作最大的闪光点是克里斯蒂安画的土星图表。特别是在一张图中，克里斯蒂安展示了这颗行星绕太阳轨道运行所处的16个位置，从"上方"揭示其外观时，环的一部分隐藏在赤道上方的行星背后，环的可见部分穿过下半球；从"下方"看时，环的隐藏部分位于赤道下方；从侧面看时，环几乎消失了。除了用图解法展示这颗行星的各个相位，克里斯蒂安还附上了一幅艺术性的素描，展示了从地球看到的土星面貌。这种可视化呈现雅致地解释了对这颗行星所作的各种充分的观测，并为它在夜空中的明显变化提供了有说服力的理论基础。由于环的平面与黄道面倾斜，克里斯蒂安写道："由此我们可以推断，同一个环在不同的视角下，有时是一个或大或小的椭圆，有时是一个较窄的椭圆，有时也会是一条直线。"

克里斯蒂安所作的阐释的真正力量在于，它能够解释那几次土星的"手柄"从视野中消失，这种现象曾发生于1642年，并最终挫败了年老的伽利略试图了解这颗行星的努力，1656年这一现象再次发生。土星的轨道周期约为29年，这意味着，每过十四年半，土星环将正好以侧面出现，几乎看不见。这个信息与有关太阳系的其他知识给了克里斯蒂安创建一份日历所需要的一切，这份日历将详细地说明该环何时会呈现其最大亮度（1663年4月、1678年9月），以及下一次从视野中消失的时间（1671年）。在未来的那些日期，克里斯蒂安将与许多天文学家一样，站在望远镜前。

克里斯蒂安将《土星系统》的副本寄给了欧洲各地的大约60名学术伙伴。让·沙佩兰是最先一批做出回应的人之一，他一如既往地赞不绝口："前天晚上我收到了这本书，昨天我如饥似渴、专心致志地读了这本书，暂停了所有其他事情，不仅很满意，而且更加钦佩……我发现了精巧的发明、合理的顺序和坚定的信条。"在克里斯蒂安的解释之下，"环的怪异"对于他而言突然变得合乎情理。

恭维之语是挺让人高兴的，但无疑克里斯蒂安更看重其他专业天文学家的反应，这来得稍迟一点儿。伊斯梅尔·布利奥的回复拖延了一些时间，"我已经开始阅读你的《土星系统》，当我读完全部书稿之后，我会诚实地告诉你我对它的看法"。读完整本书，他告诉克里斯蒂安："你很好地阐述了你的假说……尽管如此，你仍然需要一些实验来彻底地证明你的假设。"这位法国天文学家主要担心的是，这个环——克里斯蒂安已经明确指出它与行星体之间的距离比环本身的宽度略大一点儿——只是悬在太空中，似乎没有支撑物。克服了"剧烈的头痛"，克里斯蒂安于1659年12月自信地回复布利奥："能证明我的假说的真实性的最佳证据，将是我对圆周相位的预测符合1671年至1672年的观测结果。要做到这一点，我希望你和我都将活得足够长久。"

读到这封信，布利奥可能会后悔自己谈过有关预言的话题，因为克里斯蒂安接下来将拼命地摆脱某种麻烦事，这种事时不时地落到一个既有学问又有高层关系的人身上。以下是克里斯蒂安请布利奥为匿名人士提供占星计算的请求：

> 我想请你帮个忙，这件事你永远也猜不到。这里有一位贵妇人，急切且严肃地请我画她的星象图，她以为我很懂这个。我费了很大劲儿让她明白，我从来没有干过这种事，

甚至都不相信这种事。

布利奥适时地帮了忙，克里斯蒂安透露了提出请求之人，她是拿骚的阿尔伯丁·艾格尼丝伯爵夫人，她是弗雷德里克·亨德里克和阿玛利亚·范·索尔姆斯的女儿。

***

在接下来的几十年中，预测土星会出现在某些相位的日期，为许多天文学家提供了一个工作计划。几年后，克里斯蒂安有了更多的时间研究土星，他在法国的《学者杂志》上发表了进一步的观测结果。接下来，在1671年的夏天和秋天，克里斯蒂安在巴黎，小康斯坦丁在海牙，分别观测到这个环逐渐从视野中消失，这与他的预测一致。但在1659年，许多人仍然不相信环的存在，并继续提出替代的解释。对于那些确实承认它存在的人来说，有新的问题需要通过更好的望远镜来研究，例如，这一非凡现象的确切维度和构成。这个环使克里斯蒂安成为那个时代最著名的天文学家。

第 8 章　时间与随机性

利奥波德·德·美第奇亲王没有回应克里斯蒂安在《土星系统》中的致敬，也没有给予传说中的伽利略钟摆图。如果克里斯蒂安的请求被允许，他就会看到，自己的发明与佛罗伦萨宫廷中的任何东西相比，都有很大的不同，实际上比它们高级得多。

虽然西班牙国王菲利普二世于 1567 年最先宣布奖励确定海上经度的钟，但尼德兰联省议会在 1627 年提供的 1 万弗罗林奖金引起了伽利略对这个问题的注意。然而，因忙于其他事情，直到 1636 年他才开始认真思考这个问题，并写了一份设计方案。同年 11 月，这份设计方案被正式翻译并交付。伽利略通过在日内瓦的加尔文派朋友埃利亚·迪奥达蒂与荷兰政府联系，这位朋友在他与梵蒂冈的争端中支持过他。迪奥达蒂又选择了一个家族朋友作为他在荷兰的联络人——康斯坦丁·惠更斯。在接下来的 4 年里，他们断断续续地通信，因此，康斯坦丁的

"小阿基米德"完全有可能在十几岁之前就知道钟摆机械可被用来记录调节时间。

伽利略曾设计过一种机械装置，他在 1642 年去世了，儿子文森佐继续父亲的工作。仅仅 7 年后文森佐也去世了，他改变了父亲的设计，但从未建造过一个工作装置。也许伽利略从未打算将钟摆用于传统的时钟，因为他的兴趣是测量天文观测中的重要现象出现的时间间隔，如木卫凌日，而不是每天计时。

克里斯蒂安·惠更斯也因天文学研究而对计时感兴趣。此外，他还有丰富的制造机械的实践经验，并对机械理论有很好的理解。这些技能的综合培养始于他与梅森自 1646 年 9 月开始的通信，那时克里斯蒂安只有 17 岁，两年后梅森去世。他们就数学问题和答案的密集交流，将纯粹的几何学与力学案例结合起来，赋予几何学一个物理维度。这些练习主要起到形象化的作用，但也暗示了与现实世界的实用性联系。例如，克里斯蒂安对被称为"悬链线"的悬链曲线的分析，是通过想象沿着链的各个点悬挂的重物来进行的。在梅森的推动下，克里斯蒂安开始研究不同几何形状的"撞击中心"，这是一个与钟摆操作明显相关的问题。

一个基础的钟表需要两样东西：显示时间的方法和以正确速率改变显示内容的手段。中世纪的钟表利用缓慢下降的重物或释放的弹簧所产生的力，驱动与钟面上的指针相连的齿轮转动。用一种被称为擒纵机构的装置调节速率，擒纵机构通常包括一组立轴横杆，它是一种反复擒住和释放计时齿轮的荷重轴装置。

伽利略发现，钟摆来回摆动的周期与其总长度有关，但理论上与它离开静止位置的位移幅度无关。等时性这一特性直接表明了钟摆对计时的适用性。然而，摆动的周期并不是完全不变的：如果位移振荡幅度过大，那么它回到起始位置所需的时间就会稍长一些。此外，伽利略定律适用于一个数学上理想化的摆，摆是由在没有空气阻力情况下工作的无摩擦枢轴上悬挂的一根无重量的杆或线末端的点质量构成。在现实中，这些条件当然是不可能满足的，任何摆必然都会由于枢轴机构的摩擦和其他因素而损失能量。而且，支撑摆锤的杆或线在夏天比冬天摆动得慢，因为热膨胀导致长度略有增加。

克里斯蒂安通过对传统设计作了一些修改，克服了其中的一些困难。摆动的钟摆取代了摆动的叶。他用一个金属叉在钟摆的敲击中心与它啮合，以使运动尽可能平稳。现在，钟摆通过这个叉而非连接在枢轴上的齿轮来调节计时机构。最后，克里斯蒂安把一对弯曲的小金属板固定在钟摆线的两侧，位于钟摆枢轴的正下方。这些"翼"（*alae*）或"颊"（*joues*）通过有效地缩短摆动极点处的线，稍稍改变了摆锤的路径，从而纠正了在大幅度钟摆摆动中出现的周期增加，并改善了机构的整体等

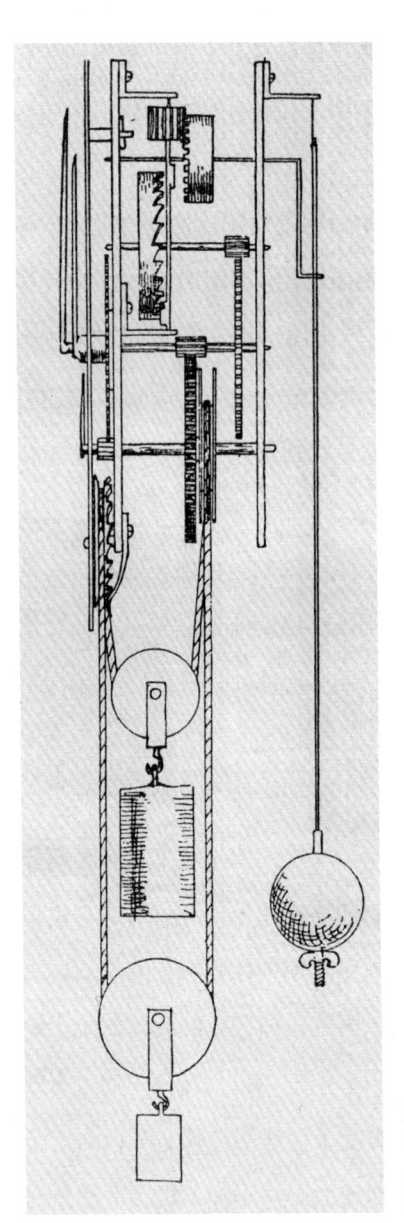

克里斯蒂安的论著《摆钟论》(*Horologium*，1658 年) 中的钟表装置插图。这幅图展示了金属叉与钟摆的啮合，但还没有啮合"颊"来改变钟摆的摆动。

时性。

尽管克里斯蒂安对钟表的思考似乎始于纯粹的数学研究，但他深知确定海上经度的重要性。早在 1530 年，测量员杰玛·弗里修斯就提出，海上计时器可以解决困扰航海家多年的这个问题。1614 年，望远镜制造先驱雅各布的兄弟阿德里安·梅提斯重新提出了这个想法。1655 年 3 月，克里斯蒂安甚至向联省议会推荐了由波兰的笛卡儿主义者约翰尼斯·普拉森提努斯设计的一项前途光明的确定经度的发明。现在，克里斯蒂安觉得自己实现了突破。1657 年 1 月 12 日，他向自己的导师弗兰斯·范·舒滕夸耀道："最近我发明了一个新的钟表，它能精确地测量时间，如果把它带到海上，有很大的希望可以确定经度。"

尽管克里斯蒂安对海洋计时法的信心被证明是错误的，而且要再等一个世纪，经度问题才能被破解，但他的创新确实极大地提高了计时精度，因此他可以被公正地描述为实用摆钟的发明者。他的设计精确到一天只有几秒钟的误差，与以前的钟表相比，精确度提高了大约 100 倍。然而，这种改进可能并不太受重视，因为在那个时代，以小时为刻度单位的沙漏被认为足以用于家庭计时，而隔壁房间钟表的嘀嗒声被普遍认为是死亡的预兆。

克里斯蒂安把自己获得的设计专利授予了海牙钟表制造商所罗门·科斯特。当今，几个博物馆展出的科斯特于 1657 年制作的几个简洁的小钟表。这些钟表有着短摆锤，摆锤的球体由黄铜制成，内部的机械装置都隐藏在乌木制成的表壳里。在较大的钟表中，制造商有时会选择使用大约长 9.5 莱茵寸（当时荷兰常用的长度单位）的摆，因为它的振动周期正好是 1 秒。一个 39 英寸的钟摆——4 倍的长度——有两倍的振动周期，即 2 秒。为了表明他对精确测量时间的重视，克里斯蒂安甚至希望用与这个基本的时间单位相对应的标准尺来重新定义距离，建议把这个长度的 1/3 称为"时间尺"。然而，科斯特后来继续制造的大多数钟表都没有包含克里斯蒂安的改进，因为高精度对于他的客户而言并不是重要的考量，克里斯蒂安很可能转向了与其他制造商合作，并签署了保密协议以推进他的精确计时实验。

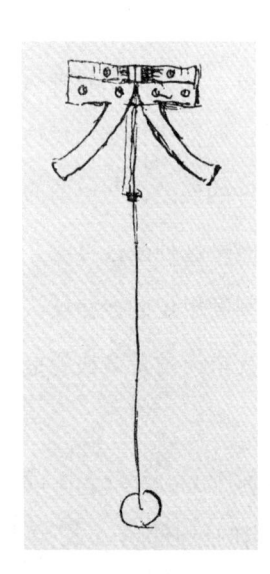

克里斯蒂安画的弯曲颊示意图。它可以有效地缩短钟摆在其摆动范围两端的长度，这会在钟摆摆动到极限位置时，有效缩短其摆长。

克里斯蒂安在一部题为《摆钟论》的论著中写了一部时间简史，并详细地描述了自己的发明。1658年，他将这篇论文呈送给荷兰的几位省督，其中包括他以前的数学同学约翰·德·维特。在论文中，他轻蔑地提到了"所谓的经度科学"，并宣扬了以钟表为基础的解决方案的优点。他知道，自己的创新立刻会引起天文学家的兴趣，他给在但泽的赫维留斯等天文学家朋友也寄去了《摆钟论》的副本。但也许没有什么比帕斯卡这样的资深人士的赞扬更让他高兴了。帕斯卡写道，自从收到《摆钟论》以后，"我就成了它的主要崇拜者之一"。

***

然而，《摆钟论》和按照它的说明制造的钟表几乎立刻就过时了，原因是克里斯蒂安做出的进一步发现。

克里斯蒂安年轻时与梅森就数学问题进行交流时，讨论过的曲线之一就是摆线。摆线因其美丽、许多令人惊讶的特性以及在数学家中引发争论的能力，被称为"几何学中的海伦"。它是一个谜，因为就像悬链线一样，它的形式无法用代数来描述。摆线是当一个圆沿直线滚动时，由圆周上的一个点形成的路径，但每次这个点与直线相遇时在轨迹中产生的尖点直接表明，摆线不属于曲线家族。曲线总是平滑变化的，如行星轨道的椭圆或炮弹的抛物线路径。然而，这条曲线可由一个简单轮子的滚动轻而易举地形成，肯定与自然有某种基本的关联，这种关联可以通过发现某种同样简单的数学表达来揭示。

纯几何学对实际的研究者和数学家都有着显著的吸引力。就像当轮子是一个完美的圆时，滚动的状态最好，纯正的形状被认为具有内在的物理学优点。纯几何学保证了概念上的清晰，也许还保证了光学上的清晰。当球面透镜———面或两面包含球体部分的透镜——由于球面像差而被发现不适合用于某些目的时，透镜研磨师尝试了已知的第二完美的曲线，如抛物面和椭圆面。大约在1635年，克里斯蒂安的父亲和笛卡儿正在努力制造双曲透镜时，荷兰天文学家马丁·范·登·霍夫，又名霍滕修斯，曾是斯涅尔和比克曼的学生，甚至试图制造摆线形式的透镜。

就克里斯蒂安而言，他早就把摆线问题放在一边了。但他的兴趣在1658年重新燃起，当时帕斯卡以假名向欧洲数学家发出挑战，要求以代数语言表示摆线的重心和面积等属性，进而描述摆线。克里斯托弗·雷恩最接近于找到答案，他成功地修正了曲线（也就是说，他找到了一种方法，将曲线下的面积描述为不同大小的平方和），但没有获奖。有那么一刻，人们甚至认为帕斯卡——以他的真名——声称已经找到了答案，但最终人们明白，他只是就这个问题补充一些想法。

克里斯蒂安当时正忙于改进钟表设计的技术，特别是它的精确性。这在很大程度上是一个烦琐的试错问题，例如，涉及放置两个钟表并排运行以便比较,它们分别装有大摆翼和小摆翼。最终,他写道:"用这种方法非常精细地调整了两个钟表,在三天之中,它们之间的差异甚至不超过几秒。"

克里斯蒂安发现这一阶段的工作很麻烦,因为尽管他是发明者,但不是这些钟表的制造者。毫无疑问,他可以临时做出简单的改进,如调整金属"颊"的曲线,但仍依赖于熟练的供应商,他们不仅包括海牙的科斯特,而且包括荷兰其他一些城市的制造商。控制他们的工作并不总是容易的。阿姆斯特丹一个名叫乔西那的制造商欠克里斯蒂安一些零部件,但不回信。"我不知道这头母猪怎么会这么傲慢无礼,她明明知道我还会付50荷兰盾。"克里斯蒂安对洛德维克抱怨道。克里斯蒂安也有可能指导过巴黎的主要钟表制造商艾萨克·图瑞特,他比科斯特有更娴熟的技巧,更富科学头脑。[1]

作为一名优秀的制图师,克里斯蒂安能够提供图纸,为这些工匠提供足够的信息进行制作。但实际上他并不制造这些器具,因此总是容易受到供应商肆无忌惮的行为的影响。例如,科斯特继续经营生意,制造未经改进的钟表,但结合了类似克里斯蒂安设计的"颊"的特征,使其成为一个时髦的品牌。另

---

[1] 虽然没有书面证据表明1662年之前克里斯蒂安遇到过图瑞特,但克里斯蒂安在17世纪50年代末研制的一些钟表的细节具有法国特色,可能源于两人之间更早的联系(Whitestone 2017)。

一家供应商鹿特丹的西蒙·道夫，简单地抄袭了科斯特制造的钟表，并声称这是他设计的。这使克里斯蒂安陷入了两家制造商之间的法律纠纷——"这些小偷给我惹了一件最吃力不讨好的事情"。

克里斯蒂安的巴黎通信者只会增加烦恼。有传言说，罗伯瓦尔自己设计了一个钟表，但克里斯蒂安无法找出更多的真相。因为，正如布利奥告诉他的那样，罗伯瓦尔在最近的一次蒙莫尔学术聚会上侮辱了主人，声称笛卡儿"比他更有智慧"，结果，罗伯瓦尔再也没有参加聚会了。巴黎的钟表匠像荷兰的钟表匠一样贪婪，朋友们告诫克里斯蒂安，他在那里也面临被"抢走钟摆发明荣耀"的危险。

所有这些激烈的竞争表明，克里斯蒂安密切参与"生意"的程度，高出人们对一个有着他那样社会关系的人的期待（以及他的父亲可能希望他参与的程度）。克里斯蒂安回答了来自巴黎的学术友人的频繁询问，他们想知道他是否有钟表目录和价格表。布利奥的来信给人留下的明显印象是克里斯蒂安在推销，"我恳求你告诉我你的钟表价格，响铃的和不响铃的，有荷重和有弹簧的"。克里斯蒂安迅速回复，给出了5种设计的价格。例如，30小时的弹簧钟要80荷兰银镑，响铃的要120荷兰银镑。

在不断努力的改进中，克里斯蒂安抛弃了金属"颊"，因为他意识到，当船上的时钟倾斜时，金属"颊"会导致不准确，因为这种钟表通常安装在倾斜的船上。与此同时，他寻找其他方法来调节钟摆的摆动。核心问题仍然存在：什么样的钟摆路径会产生完美的等时性摆动？必定有一个答案，因为可以对路径进行修改，以产生速度过慢或速度过快的摆动。介于两者之间的是等时曲线，移开的钟摆无论从哪里开始都要花相等的时间回到中心。克里斯蒂安通过使用几何学方法比较了一个不变的摆的下落和自由落体的加速度，最后发现了这个恰到好处的媒介。1659 年 12 月 1 日，他宣布等时曲线钟摆路径实际上就是一条精确的摆线。它是"我作出的所有发现中最令人高兴的一个"。

＊＊＊

帕斯卡纯理论挑战所带来的干扰，很可能促成了克里斯蒂安的顿悟。他很高兴找到了完美均匀计时的关键，更令他满意的是，他发现纯粹的数学原理是它的核心。他在 1657 年研制的钟摆带有用来限制摆锤路径的"双颊"，那是凭经验研制而成的，但这一新知识是缜密分析的产物，具有基本真理和巨大的潜在效用。

然而，更多的问题还等待着克里斯蒂安解决。现在出现了一个问题：如何使摆锤沿着这条理想的路径运动？当克里斯蒂安回过头来用各种金属板进行试验时，他很快发现，能产生摆线的钟摆路径的形状本身就是另一条摆线。对于像克里斯蒂安这样对数学、几何学与物理世界之间的联系极度敏感的人来说，这是一个真正的顿悟。克里斯蒂安对几何分析的古典传统的忠诚得到了回报。正是这种基于视觉的方法论，而不是新的基于数字和函数的代数方法，使他注意到具有特殊性质的曲线在物理世界中往往有许多表现，并使他能够找到理论形式和实际应用之间的协同联系。令他无比欣慰的是，一个由实际需求问题推动的数学探索，展示了极具内在美感的几何学，而且这种展示立即提出了更深入的实际应用和新的理论探索路径。

在为他的钟表绘制并制造精密摆线"颊"的同时，克里斯蒂安开始对曲线理论进行更广泛、更纯粹的数学研究，探究它们之间基本但并非总是显而易见的关系。[①] 在发现一条摆线可以用来产生另一条摆线之后，他描述了同样可以由抛物线和椭圆演化而来的曲线的特征。由此，他能够为任何曲线与其渐屈线的伴生关系建立一个通用的公式。正如他在概率论方面所做的工作一样，克里斯蒂安以不容置疑的逻辑，从简单的情况进展到更复杂的情况，进而发展到一般规律，这表明他是现代科学思维的先驱。他还第一次用数学方程描述了伽利略发现的钟摆的长度与振动周期之间的关系，尽管按照通常的习惯，很多年

---

① 例如，后来人们发现，摆线不仅是等时性曲线，而且是捷线，即最速降线，这也是冬季运动爱好者感兴趣的一个现象。

后，克里斯蒂安才将这些实践和理论研究的结果发表。

＊＊＊

荷兰教堂塔楼上的钟如此普遍，因此人们很容易认为它们与这些建筑一样古老。在大多数情况下，事实并不是这样。现在被称为老教堂的斯海弗宁恩教堂建于 14 世纪中期，就在海滩后面。它矗立了两个世纪之后，出现在阿德里安·科宁为其著名的中世纪海洋生物寓言集《鱼之书》(*Visboek*) 制作的插图中。他的素描是在海上的一艘船上画的，展示了教堂的尖顶，教堂周围环绕着一座座沙丘。1500 年，塔楼里肯定有一个钟，因为那一年的 3 月 4 日早上，海牙地方法官在海滩上发布了一项公告，宣布鱼在那里的交易时间只能是上午 6 点到 9 点和下午 2 点到晚上 7 点，以钟声为准。

克里斯蒂安所做的与钟表相关的研究工作，并不局限于用于科学目的的小型设备。1658 年 1 月，他和所罗门·科斯特着手翻修斯海弗宁恩教堂的时钟，做了一些机械方面的调整，以提高其计时精度。此时，两个人已经充分地了解了对方，使用了熟悉的称呼方式，尽管他们之间的关系显然仍是客户与供应商的关系。科斯特写给"我的克里斯蒂安先生"的一封简短的信报告了进展："斯海弗宁恩的机械装置运行了一整夜，摆锤有 50 磅重，但我想少挂点儿东西并稍微调整一下它的弹簧和链条。据推测，它在 14 小时内慢了一刻钟。我想明天下午再去那儿。"

克里斯蒂安在给让·沙佩兰的一封长信中描述了正在进行的改进。一根短丝线支撑着钟摆的顶部,让它自由摆动。钟摆是一根 24 英尺长的铁棒,底部重 50 磅的摆锤是用铅做的。钟摆的往复摆动通过一根位于摆轮与平衡轮之间的滑动黄铜杆,以近乎无摩擦的方式转化为平衡轮的旋转运动。克里斯蒂安和科斯特继续为宏伟的乌得勒支大教堂塔楼——荷兰最高的塔楼——研制的钟,规模甚至更大,不过两个教堂的钟的轮子系统比他们的小黄铜钟表更简单。克里斯蒂安在信中夹入了几张精绘制的图表,他对斯海弗宁恩塔楼钟表设计的描述非常清晰且令人钦佩,也许是因为克里斯蒂安知道这封信是写给一个诗人的,而不是写给更懂机械的同行。然而,如果他的意图是通过与沙佩兰的沟通,对蒙莫尔学会中的博学者起到示范作用,那么他并没有完全达到目的。沙佩兰回信道:"至于钟的构造,我的钦佩多于我的理解,这要么是因为我的智力顽固不化,要么是因为你的论述过于简洁。"

***

物理学家与钟表制造者不同,对于前者而言,钟摆只是运动物体的一个特例。对于克里斯蒂安而言,这是他发展对于物质质量及其致动因素的思考的工具。基于对钟摆实物及其数学理想模型(即一根末端带有摆锤且摆锤质量集中于单一质点的无重量杆）的实践考量，他最终建立起一套适用于任意物体振动中心的完备理论。他还将自己的分析推广到其他实际情况，例如，漂浮在水上的各种形状的物体的运动（也许是荷兰人特别感兴趣的）。

另一个与钟摆和落体有关的优先考虑事项是确定由重力引起的加速度的数值。当时，自然哲学家通常不把它定义为一个加速度常数，而是把它定义为自由下落物体在一秒钟内所走的距离。伽利略、梅森和其他人都被这个问题难住了，尤其是因为很难就一秒钟的精确时长达成一致。尽管克里斯蒂安最初试图将其分析纳入笛卡儿旋涡模型的努力受阻，但最终他还是成功地用一种特殊的锥形钟摆机构测量了数值，结果是 14 英尺（后来修正为超过 15 英尺，等于 9.8 米/秒，这与现代重力加速度 g 的值相当）。用于这项任务的摆球状装置也使克里斯蒂安能够将旋转锤的向外冲力——笛卡儿曾对其做过定性的描述——与伽利略研究过的由重力产生的向下（因而向内的）趋势联系起来。这使他很快用数学术语对圆周运动和重力作用下的下落作了新的描述，远远超出了杰出的前辈的工作。他的工作中隐含着"力引起加速度"的思想，艾萨克·牛顿后来将其阐述为第二运动定律。通过把制造时钟的实际工作与进行实验和测量的意愿以及对力学现象的数学基础的信仰结合起来，克里斯蒂安成为精确测量物理常数的第一人。

尽管取得了这一突破，但人们对"力"这一概念的真正理解还有待时日，即使当时克里斯蒂安在他的著作《论离心力》（*De vi centrifuga*）的标题中确实引用了这个词。然而，他仍然担心自己的发现产生的影响，并再次推迟出版。在这部著作草稿的开篇，他引用了贺拉斯给梅塞纳斯的一封书信中的话："我是创作者，在空闲的草地上留下自由的脚步，不沿袭别人的脚步。"他明智地省略了这位古罗马诗人自负的下一句："依靠自己成为领袖，指挥众人。"

***

克里斯蒂安·惠更斯的科学生活的一个特点是，他同时从事多个在我们看起来完全不相同的研究项目，但对于他而言，这些都出于同一个强烈的愿望——更多地了解这个物理世界的运行方式。最明显的例子就是，克里斯蒂安的研究在17世纪50年代末的初次绽放，当时他同时研究土星、钟表和数学，不断地从望远镜转到画桌，再从画桌转到工作坊。很明显，土星环和钟摆的工作在很大程度上归功于他对曲线几何学的掌握。与此同时，他也在努力思考一个截然不同的数学问题：概率问题。

***

三个人坐在赌桌旁：一个士兵和一个中年市民坐着，抽着烟斗，专注地盯着桌面；第三个人靠在桌旁，准备掷骰子。这场赌局已经到了令人屏息的关头，两个戴着帽子的农民走过来，目光越过这几个人的肩膀，凝视着他们的动作，空气变得更加紧张了。

大卫·特尼尔斯二世在 1640 年前后创作了这幅画。画名为《赌徒》，在荷兰语中更准确的表达是《骰子玩家》(De Dobbelaars)。这是风俗画的常见主题，背景为棕色阴影、柔和光线，暗示了这个世界的日常活动和简单快乐。这幅画与这位艺术家冒险转型（从宏大的《圣经》全景画转向家庭场景）后创作的诸多作品相似。没有任何动作来扰乱平静，只有即将揭晓的投掷悬念。

概率游戏在加尔文主义的共和国里有特殊的地位。国际象棋被视为高尚的，需要智力、智慧和耐力，而骰子显然是相反的——平凡、短暂，仅受随机性支配。双方自愿参与游戏，但它包含了不必要的风险，这与荷兰社会各阶层所鼓励的谨慎、进取精神相悖。最好的说法是，它是一种无害的放纵，是年轻人的一种娱乐方式。据说大学生特别喜欢玩骰子。

然而，随机性因素也赋予了赌博更多的意义。赌博通常在布道坛上遭到谴责，但富有想象力的牧师明白，通过偶尔展示概率法则的运作，可能给人们留下神圣命运的观念，从而压制关于自由意志的危险思想。特尼尔斯当时是安特卫普圣雅各布教堂的音乐主管，他会明白这些细微的差别。

当然，还有钱。掷骰子很快就会变得乏味，除非对结果进行押注。金钱以及它带来的不应得的收益或相当大的损失的随机性，使游戏很不道德，尽管只有在赌注较低的情况下，这种不道德才会显得不那么明显。这位艺术家没有带我们去玩更受谴责的游戏的酒吧，玩家要喝掉与他们所掷数字等价的酒。这里没有酒。根据一位传记作者的说法，特尼尔斯不想描绘任何罪恶的东西。他充分意识到，"深思熟虑的推理会让头脑变得敏锐"，游戏"教会一个人与好运或逆境同行"。

尽管这些风俗画往往具有伪善或讽刺的含义，暗示有比桌子上的赌注更危险的东西，但这里没有说教，画面的角落里也没有隐藏愚蠢或堕落的象征。是的，壁炉架上立着一支熄灭的蜡烛，地板上放着一个破裂的烟斗，但黏土烟斗总会破裂，不是吗？

那么钱呢？赌注差不多，但不完全一样，它们被平放在桌子上，还有一支粉笔用来记账。联合省流通着各式各样的钱币——既有这个新生共和国的达克特金币与国家银币，也有西班牙统治时期遗留下来的八里亚尔银币，还有这些货币的各类零碎分币。每个玩家都有一些金币和银币。很难确定赌注的金额，但左边的玩家似乎下注了两枚达克特、三枚达尔德银币（rijksdaalders）和一枚先令，折合 21.8 荷兰盾。另一个玩家已经放了两枚达克特、一枚达尔德银币和四枚先令，折合 17.2 荷兰盾。（这些钱在今天的购买力约为 200 欧元。如果把这些钱都拿走，你可以买一幅特尼尔斯的小画。）无论如何，我们都能看出这场游戏设置得很精彩。已经到了关键阶段。为什么还有那些不请自来的看客呢？

***

在聪明的荷兰社会，玩骰子很快就不流行了，但在法国，情况并非如此，那里的教会和国家更加纵容，许多种类的赌博和其他炫耀性的消费方式盛行。克里斯蒂安在 1655 年 7 月第一次访问巴黎时，可能没在赌桌上花时间，但他迅速陷入了奢华的旋涡，不久就写信给父亲，抱怨为了买必要的衣服，钱都快花光了。"由于我们安排了这么多访问，我请求你不要对我们的花费感到惊讶，为了与优秀的人交往，肯定有必要这样做。"

克里斯蒂安这次遇到的数学家——罗伯瓦尔、米隆、卡尔卡维等人，他们把主要精力用于发展计算复杂几何曲线的方法，这个领域也是克里斯蒂安特别擅长的。因此，他很容易被吸引参与他们的讨论，但这些讨论很快就转到其他数学问题上。12 月克里斯蒂安回到海牙，他决心在概率和随机定律这一不同寻常的问题上作出自己的贡献。

克里斯蒂安在巴黎没有找到帕斯卡，因为有人告诉他，这位法国最伟大的数学家最近全身心地投入神学研究，这带有误导性。帕斯卡实际上是概率论研究的奠基人，这一研究很自然地始于巴黎沙龙的赌桌，但他很快就将其扩展到更具有生存意义的问题。被称为"帕斯卡的赌注"的哲学论证，使用打赌逻辑来证明上帝的存在：为什么有人不愿冒险一试信仰上帝呢？帕斯卡建议道，如果你赌赢了，你就赢了一切，也没什么可输的。在克里斯蒂安访问巴黎一年之前，帕斯卡与费马进行了富有成效的通信，他们讨论的主题就是如何在概率游戏中公平分配赌注。这对于经常赌博的人来说，显然是一个非常实际的问题，而对于数学家来说，这也是一个诱人且棘手的问题，如果在赌博过程中各个玩家下了数量不等的赌注或下注轮次不等，那么一方或另一方玩家可能会获得不确定的优势。

特尼尔斯的画完成于克里斯蒂安访问巴黎的 15 年前，这幅画悬挂在位于阿姆斯特丹的国立博物馆，旁边的展室里有制作于同一时期的雕刻精美的玻璃和银骰盅：赌博显然不只是下层社会和瘾君子的恶习。然而，克里斯蒂安当然没有必要像一个世纪前的伦巴第博学家吉罗拉莫·卡尔达诺那样，利用自己对概率的优越知识来增加收入。吸引克里斯蒂安的是这个问题的性质，以及向他优秀的巴黎朋友证明自己的愿望。

约翰·赫伊津哈在其著名的游戏研究著作《游戏的人》(*Homo Ludens*) 中解释说，游戏是参与者之间完全自愿的交易，这一点超过了日常生活中的大多数交易。更重要的是，它是无关紧要的：它的影响仅限于赌桌。除了赌注，赌局的结果无关紧要——即使这是一个鲁莽的赌徒的全部。正是这种极度的无关紧要，使它成为非常好的绘画主题。对于数学家来说也是如此：如果一个游戏要成为真正的游戏，而不仅仅是一场惨败或战斗的序幕，那么它必须在某些预期范围内有一个不可预测的结果。正是这两个因素结合在一起，使骰子成为数学探究的有价值的问题。

1655年夏，克里斯蒂安身处巴黎，帕斯卡和费马还没有发表关于概率论的任何成果。然而，克里斯蒂安在那里听到的闲话足以激发他对这个新方向的兴趣。回到海牙后，他在接下来的几个月里与巴黎的新朋友保持着轻松愉快的书信往来，他抛出一些小问题，寻找答案，热切地想知道自己的方法是否正确。1656年4月，他告诉罗伯瓦尔、米隆和卡尔卡维，他已经写下了《概率游戏的微积分基础》，曾经的导师弗兰斯·范·舒滕希望把它印刷出来。

这项成果作为范·舒滕数学练习第五卷的附录，最初为拉丁语，后为荷兰语，题为《论概率游戏中的计算》(*Van Reckeningh in Spelen van Geluck*)。克里斯蒂安为读者设置了14个难度逐渐增加的例子。他首先指出了关于最简单随机性的一个重要真理，即如果若干个结果的可能性相等，那么每个结果的价值都是可能性数目的倒数。因为，在游戏中，某一特定行为的可能结果是有限的，例如，抛硬币或掷骰子，每个结果的价值之和必须等于总价值，即整体性。换句话说，如果两个结果可能是相等的，如硬币的正面或反面，那么任何一种结果的价值都是一半。如果下注了一笔钱，那么任何一种结果的价值都是这笔钱的一半。克里斯蒂安迅速将其分析推广至任意数量的等概率结果情形，以及结果发生概率已知且各不相同的情形。

这成为他接下来要提出的更复杂情况的重要基础。如果我比对手多掷了一轮，然后游戏停止了怎么办？那么如何分配赌注才是公平的呢？在最简单的可能情况下，一方玩家玩了两轮，而他的对手只玩了一轮，答案取决于谁先玩，那么赌注应该对半平分，或者按照 3/4 对 1/4 的比例分配。克里斯蒂安又从这个最简单的情况出发，研究更复杂的情况，例如，一方玩家少玩了两轮，或者双方玩家都少玩了几轮，或者赌桌上的三个玩家中有一个人少玩了一轮。这引导他逐步发展出一个通用的微积分，能够处理任何数量的少玩任何轮数的情况。

一个事件的已知概率结合其经济价值，可以实现收益的公平分配。60 多年后，即 1718 年，亚伯拉罕·德·莫弗用更详细的数学形式将这一概念表述为"期望值"。令人惊讶的是，克里斯蒂安的想象力显然是由真实游戏中出现的场景激发的——玩家很可能离开桌子一两轮。但是，他继续把自己的方法推广到现实中不太可能出现的情况，这正说明他是一名真正的数学家。

接下来，克里斯蒂安从公平分配赌注的问题转向骰子掷出的确切数字具有重要意义的游戏。我们知道，当掷出一个真正的骰子时，某个数字出现的概率是 1/6。但我们应该期望掷多少次能得到一个"6"呢？他算出来了：到第四掷，你的机会就很大了；到第六掷，你差不多有 2∶1 的机会获得想要的结果。用两个骰子掷多少次能得到双"6"？克里斯蒂安再次用传统笔算完成计算，虽然他使用对数法可以更容易地得到答案，但似乎这种相对较新的技术并没有被包括在范·舒滕的教学中。

在这些热身练习之后，克里斯蒂安考虑玩一对骰子的常规游戏。设想这样一种情况：如果我投出总数"7"，我就赢了，但如果我的对手投出"10"，他就赢了，如果这两个数字都没有出现，赌注在两个玩家之间平分。对于我们这些避开赌场的人来说，这个提议看起来显然不够诱人："7"的概率是 1/6，"10"的概率是 1/12，谁占据优势似乎很明显。但重要的是游戏顺序。我先投：如果我没能投出"7"，我的对手仍有机会拿回他的赌注。我在游戏的第一投中获胜并拿走两份赌注，或者我输掉那一投，并指望我的对手也输掉他的那一投，然后只拿回他的赌注。综合计算这两种情况的概率，留给我的对手的全部期望是他最终会赢（胜率是 13∶11）。

克里斯蒂安研究的最后一个假设情况是一种精细平衡的游戏，玩家轮流进行，直到第一个玩家掷出一个"7"，或者第二个玩家掷出一个"6"。这是由 17 世纪流行于全欧洲的一种危险游戏变化而来，从这个游戏中我们得到了"乱七八糟"（at sixes and sevens）这个词语，以及一般意义上的"危险"（hazard）这个词。在这里，虽然第一个玩家掷出一个"7"的可能性略高于第二个玩家掷出一个"6"的可能性，但在数次轮流后的全部预期是30∶31，第二个玩家以微弱优势获胜。

在《论概率游戏中的计算》终章中，克里斯蒂安考虑了更多的问题，包括骰子、圆盘（schijven，正反面为黑白色）和卡片，以回应费马等人发出的挑战。这篇长论文很快就发表了，克里斯蒂安的所有成果并非都是如此，这要归功于范·舒滕对门徒的热情。荷兰语版本惠及当地的读者群体，拉丁语版本惠及所有学者。这本书赢得的赞誉来自法国数学家——在某种意义上它是为他们而写的，同样先后来自英国数学家约翰·沃利斯以及德国数学家、哲学家戈特弗里德·莱布尼茨。在50多年的时间里，它是唯一一部概率论导论。

***

晚年，克里斯蒂安偶尔回到概率问题的数学研究，因为随着海上贸易的增长和海事及其他形式保险的引入，理解风险问题在荷兰商业生活的许多领域变得重要起来。1669年，他的弟弟洛德维克，当时是荷兰驻西班牙大使的随从，提出了根据一个人现在的年龄预测死亡率的问题。洛德维克的问题是由新近出版的《根据死亡人数清单做出的自然和政治观察》引发的，这是约翰·格朗特于1662年撰写的一部在早期流行病学领域具有重要意义的著作。他将伦敦教区历史上每周的死亡通告作为统计数据库，借此预测一旦瘟疫在该市暴发，它的可能的发展速度，就像 3 年后暴发的瘟疫一样。克里斯蒂安向他的弟弟建议了一种在稀疏数据点之间进行插值的更优方法。例如，如果死亡数据表显示了新生儿活到 6 岁、16 岁、26 岁等的概率，那么如何估计一个已经 10 岁或 20 岁的人的寿命呢？克里斯蒂安还提出了由这些问题演变的一些有趣问题："一个 56 岁的男人和一个 16 岁的女人结婚，他们能在一起生活多久而其中任何一方都不死？或者，在他们一起活下来的每年年底，答应给我 100 法郎，那么该用多少钱来偿还这笔债务呢？"这些谜题可能看起来很轻率，甚至令人厌恶，但它们证明，估算概率的数学方法适用于重要的社会问题，它为科学的人口统计学奠定了基础，并为计算人寿保险保费提供了合理的基础。

17 世纪 70 年代末，在巴黎长住期间，克里斯蒂安在镇上发现了一种新的游戏——巴塞特（basset）。它是最近从威尼斯引入的一种纸牌游戏，赌客以无限赌注与银行家对赌。由于这个游戏具有如此毁灭性的条件，所以法律规定仅限于贵族参与，即使是富有的玩家也经常破产。克里斯蒂安与法国著名数学家一起，试图计算出庄家有多大的优势。这种建立概率游戏背后的确定性的共同努力，将一种不正当的消遣方式转变为优良的商业前景。在这个新的基础上，经营者可以很专业地——即使不总是合法地——接管和经营赌博业，并且可以很有信心地获得稳定的利润。

***

在证明概率论可以产生既微不足道又意义深远的社会后果的同时，克里斯蒂安还在研究一项实用的发明，该发明将被证明具有与概率游戏类似的自相矛盾的应用。这就是"魔幻灯"。这是最让父亲高兴的克里斯蒂安的发明。他似乎在家里演示了这个装置，那是 1659 年的一个黑夜，那段时间他也在试验望远镜的镜片排列以及制造摆钟。这一定使父亲想起了 30 多年前科内利斯·德雷贝尔在伦敦演示的朦胧的光学投影。

克里斯蒂安的仪器展示了 20 世纪幻灯机的功能元素。一个曲面镜被放置在照明光源蜡烛的后面，以便使最大量的光通过聚光透镜，聚光透镜再将光分散投射到半透明的玻璃板上。另外两个透镜将发亮的图像投射到平板上，以便在远处的屏幕上

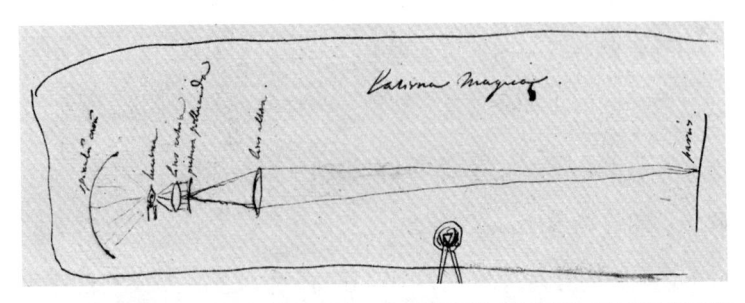

克里斯蒂安画的简化的"魔幻灯"草图。图中显示了光源后面的弯曲反光镜、两个透镜和位于其中间的透明"幻灯片"，以及右边的投影幕布。

观看。过了很久，克里斯蒂安草绘了一张粗略的图，并称其为"魔幻灯"。这张图显示了一个与原型类似但更简化的设计，只使用了两个透镜。

德雷贝尔在世纪之初的发明似乎是一个更高级版本的照相暗箱，已经被艺术家广泛使用。在克里斯蒂安解决这个问题之前，人们尝试了许多方法。例如，1646 年，耶稣会士、学者阿萨纳修斯·基歇尔描述了一种使用人造光来投射艺术家绘画的方法，可能是通过捕捉从抛光的雕花金属板反射的光来投射的。克里斯蒂安的创新不同于这些前辈的关键之处在于，它将人造光源和显示待投射图像的透明玻璃板结合在一起。

凭借研磨透镜的经验以及对光学原理的清晰理解，克里斯蒂安甚至只用烛光就能够制作出质量上乘的图像。简陋的投影和影戏是当时集市和市场的普遍特征。错视画和戏剧形象制作是一种更广泛文化的一个方面，在这种文化中，真实与虚幻之间的界限为愉悦公众而模糊了。这种娱乐活动并非没有破坏性和危险性，它助长了公众对什么是真实的，什么是不真实的产生普遍怀疑，甚至在信仰者的头脑中引起了无神论的怀疑。

也许看到它没什么重要的用处，克里斯蒂安很快就对幻灯的可能性厌倦了。但是，老康斯坦丁对这个装置的着迷发展成了痴迷。1662 年，他建议儿子制作一台新的仪器，向路易十四演示。当克里斯蒂安提出异议，认为这项工作有损自己的尊严时，老康斯坦丁似乎暗示他可能在法国宫廷亲自展示这个玩意儿。无法拒绝父亲的愿望，克里斯蒂安只能很不情愿地与工程师皮埃尔·佩蒂特着手制造新的仪器。"你不会相信，这样的小事让我惹上了多少麻烦，这对于我来说已经不是什么新鲜事了。"他向洛德维克抱怨道。

为了符合对这种表现手段的戏剧性期望，克里斯蒂安甚至画了一系列漫步骷髅的欢快形象，将其转印到玻璃板上，这些形象大致模仿了霍尔拜因著名的系列木刻作品《死亡之舞》。佩蒂特则把这个装置称为"恐惧之灯"。克里斯蒂安的画显示了骷髅在摘下头骨和做出其他手势时姿态的轻微变化，这表明他可能有意让玻璃板快速连续切换，以产生动画的错觉。克里斯蒂安可能还制作了描绘家庭成员的玻璃板，因为他当时要了洛德维克的素描，"这样我就可以看到你没有假发和油彩的样子"。

几个星期后，"既然我想不出逃避的借口"，他把所要求的"魔幻灯"打包寄给了在海牙的父亲。然后他有了一个主意。他在包裹里夹了一张给洛德维克的纸条：

> 当它到达时，如果你瞅准机会，可以很轻易地让它无法工作，办法是移走两个互相靠近的透镜中的一个，这样还剩两个透镜，因为总共有3个。我会辩称不知道少了什么东西……这是最好的结果，因为我觉得在卢浮宫表演这种木偶

克里斯蒂安绘制的骷髅图像。他这样做为了将其转绘到透明的"幻灯片"上,以便使用他的神奇幻灯机进行投影展示。

戏对于父亲来说很不合适……至于玻璃板，我不明白为什么它们让你这么害怕，至少他不会把它们展示给国王。

克里斯蒂安对"魔幻灯"的愤怒与日俱增。对于他而言，它没有产生任何科学成果的可能性，也没有对他后来在光学方面的工作有任何影响。无论如何，这个设计的基础很容易被模仿，而且许多人这样做了。至少这一次，克里斯蒂安非常乐意放弃自己对这项发明的权利。"我愿意给父亲制作望远镜、显微镜以及他想要的任何东西，除了幻灯，它的创造应该算作失传的艺术。"

***

克里斯蒂安在1659年频繁地从事了创造性的活动——除了骰子和幻灯表演这类琐碎的探究，他还描述了离心力的概念，确定了重力加速度常数的精确值并完善了摆钟，并就这两个题目准备了详细的文本，发表了关于土星的论文。在此之后，家族婚礼似乎并不是克里斯蒂安认为的生活必需品。1660年4月，当他的妹妹苏珊娜嫁给表亲菲利普·多布莱时，他抱怨在这"庄严的蠢事"上浪费了好几天。① 当他陪着他的姑姑和其他家庭成员，跟随新娘走过海牙代尔夫特运河边新教堂的过道时，他的心思显然在别处。

---

① 苏珊娜是第一个结婚的孩子，老康斯坦丁异常高兴，他在给朋友比阿特丽斯·德·库桑斯的信中对婚礼大书特书，而她原本希望参加婚礼（OC3 67-72）。

第 9 章　科学社团

　　克里斯蒂安·惠更斯于 1660 年 10 月返回巴黎，与他同行的是一个使团，被派去祝贺路易十四与西班牙公主玛丽亚·特蕾萨的成功联姻，这场婚姻旨在给法国和西班牙带来和平。如果克里斯蒂安一时怀疑过自己作为那个时代思想领袖之一的新地位，那么当他无意中听到德尔夫斯港渡轮上的一个人用恭敬的语气谈论他的钟表时，他一定可以放心了。

　　一到城里，他就开始了一轮忙碌的社交拜访和文化活动，他很高兴回到了文明生活。他的哥哥小康斯坦丁立即写信，要求了解冬季的时尚。克里斯蒂安回答得很详细——西装是"老鼠灰布"配白色裤子，"却没有以前那么大了"——但哥哥仍然想知道更多。克里斯蒂安在圣日耳曼区布西街的威尼斯酒店住了下来，并开始调整生活方式，以适应自己的身份地位。私人马车开销太大，因此他打算买一辆轿子，需要的时候雇轿夫，一天一两次，"因为步行无法到达"。

5 年前克里斯蒂安第一次来到这座城市时结交的许多朋友，始终与他保持着频繁的通信，总是渴望了解他在观测土星和设计钟表方面取得的更多成就。克里斯蒂安拜访的第一个朋友是诗人让·沙佩兰——自己的最伟大的捍卫者。也许他对克里斯蒂安科学思想过分热情的惊叹，现在至少从后者那里得到了一点回应式的赞赏，克里斯蒂安最近准备出版父亲的诗集《谷神诗穗》。当拜访的主人外出时，克里斯蒂安会仔细地记下主人离开的时间，这样他就会记得再拜访一次。随着沙佩兰和其他人将他介绍给新的法国朋友，他的通信圈子也扩大了。甚至著名的数学家帕斯卡也结识了克里斯蒂安，他发现这是"意外且极度的喜悦"，并表示希望他们能成为朋友。但有些人根本没能见到他，因此很失望。费马写道："得知我在巴黎的朋友有幸与您共度了一段时间，我很高兴，但并非没有丝毫忌妒。我向您保证，先生，如果我的健康状况允许旅行，我会很乐意加入他们的幸运。"

　　对于克里斯蒂安来说，这几个月提供了一个与真正的学术同伴交流的机会，他们可以讨论理论、观摩演示、参加实验，他们重视彼此的理论贡献。例如，在物理学家雅克·罗豪的家中，克里斯蒂安"看到了用水银做的实验，证实了空气的重量，以及我们周围的空气如何总是富有弹性"。克里斯蒂安还经历了这位著名科学家习以为常的尴尬境地：当时一位热切的占星家把自己的书强加给他,这"相当疯狂"。此外,他还对城里的钟表制造商、透镜研磨师和仪器制造商进行了多次实地考察。他去听了音乐会,欣赏了喜剧和芭蕾舞剧,查看了那里的舞台设备设计。他瞥见国王在卢浮宫的礼拜堂里做弥撒。在到达巴黎两个月后,12月底,经过几次请求,克里斯蒂安设法见到了玛丽·佩里凯,但他们并没有单独吃饭。

克里斯蒂安也开始参加非正式的蒙莫尔学会的会议。以前,当沙佩兰读一些与缺席的克里斯蒂安有关的科学消息时,这总能成为令参会人员兴奋的事情。1658年3月,这种兴奋达到了高潮,小心翼翼地赢得了心存疑虑的克里斯蒂安的信任的沙佩兰,获准透露这位荷兰人早前秘密通信的内容。这些内容提供了强有力的证据,证明土星被一个环包围,并非被靠近的卫星或其他奇怪的附属物环绕。作为主办人,沙佩兰做好了准备,确保蒙莫尔将衷心欢迎克里斯蒂安加入学会,并向克里斯蒂安保证,在讨论他的钟表和土星时,研究的机密性将得到尊重。克里斯蒂安更担心钟表的机密性,他有充分的理由相信,其他人也在从事类似的钟表发明,他希望获得钟表方面的特权,以保护他在法国的商业利益。

令人烦恼的罗伯瓦尔在这两个方面都制造了麻烦。他看到克里斯蒂安在写给沙佩兰的信中对土星作出新的详细描述后,便声称,克里斯蒂安只是在重复他的想法。据说,两个人在1655年讨论过这个问题。然而，由于克里斯蒂安采取了预防措施，把自己的发现以一个更早的日期编成了一个变位词，很明显，优先权是他的，罗伯瓦尔被迫放弃了。此外，据说罗伯瓦尔设计了自己的时钟，他告诉了沙佩兰，沙佩兰把这个消息传递给了忧心忡忡的克里斯蒂安。沙佩兰千方百计地试图从罗伯瓦尔那里套出更多的设计细节，但几个月后收集到的信息只是"它仍然很不完美"。这个威胁也没有得逞。

但现在克里斯蒂安现身了。11月2日，在他来到巴黎之后不到一个星期，他和沙佩兰在蒙莫尔家共进晚餐。从那次晚餐开始，直到3月份离开巴黎，克里斯蒂安参加了在蒙莫尔家举行的大部分周二晚间会议。他亲眼看到了蒙莫尔收藏的杜尔的画作、玩具、磁铁和"水中的小瓶子，不明白它们为何浮浮沉沉"。克里斯蒂安写信给洛德维克，表示通常有二三十个"有名望的人参加这些会议，包括国务顾问和其他显贵"。但他对会议进程的第一印象不太好。他一定是用不太讨好的言辞向哥哥小康斯坦丁描述了自己参加的头几次会议中的一次（信已经丢失了），因为小康斯坦丁冷冷地回答："在德·蒙莫尔先生家举办的这次美好聚会，以及你参加这次不合逻辑的会议时发生的事情，令我们捧腹大笑。这让我们对这些绅士学者的理解有点儿不太尊敬，他们竟有耐心听学究连续几个小时在无意义的问题上喋喋不休。"

也许幸运的是,蒙莫尔不是城里唯一的东道主,也不是笛卡儿唯一的追随者,克里斯蒂安还参加了其他定期沙龙,包括一些由在科学和哲学方面学有所成的妇女组织的沙龙,以及更加非正式的聚会。甚至在他到来之前,蒙莫尔学会就试图明确地引导讨论转向可以明确知道的事情和实际的进展。但显然,该学会在现有成员和领导权的格局下,无法达到克里斯蒂安的期望。他发现,相比于当时自己知道的另一个科学社团——佛罗伦萨利奥波德·德·美第奇的西芒托学院,蒙莫尔学会在评议过程中过于讲究修辞。

沙佩兰在1658年公布了克里斯蒂安对土星的更多描述,说明了学会试图将讨论限制在可以明确知道的事情上的困难。沙佩兰向克里斯蒂安报告说:

> 虽然每个人都不赞同你将其解释为完全确定的,但大多数人仍然认为它是很有可能的,并对你在一个远离感官范围的问题上展现的睿智和判断力赞不绝口,而且很高兴看到你在这么年轻的年纪就如此敏锐和擅长推理,将来大有希望做出其他的数学发现。

正如我们所看到的,即使在1659年《土星系统》出版之后,围绕土星的一个或多个形体的确切性质仍然存在很大的争议，克里斯蒂安不得不继续为自己的解释辩护，对抗巴黎和欧洲其他地方的天文学家的解释。

克里斯蒂安在与法国同伴的通信中，结识的最重要的新伙伴是皮埃尔·佩蒂特，他是路易十四的制图师和防御工事的负责人。作为一名军事工程师，他对机械细节有敏锐的洞察力，这是蒙莫尔学会里的许多人明显欠缺的，而他对数学和天文学问题也感兴趣。此外，他还是自动机械制造商，这种精心制作的机械玩具在法国风靡一时。因此，他完全有能力讨论克里斯蒂安设计的望远镜和钟表的最细微的细节。他写给克里斯蒂安的信是典型的工程师报告，篇幅很长、内容详细、文字精确，他们的交流一定存在某些相同的基调。

但克里斯蒂安想与佩蒂特待在一起还有另一个原因——他有一个漂亮的女儿——玛丽安。克里斯蒂安第一次拜访佩蒂特是在1月16日，当时佩蒂特向他展示了自己的天文台，并把自己撰写的关于拟议中的塞纳河运河的论文借给了克里斯蒂安。从此开始，直到离开巴黎前，克里斯蒂安经常出现在这所房子里，连续几天为玛丽安画肖像画。在克里斯蒂安画画的过程中，他们对彼此有了一些了解，玛丽安对他的人生观有了足够的了解，称他的观点是"异端"，这一声明让克里斯蒂安停下来思考。当肖像画终于完成时，克里斯蒂安对自己的努力并不满意，确信自己没有捕捉到玛丽安的美。

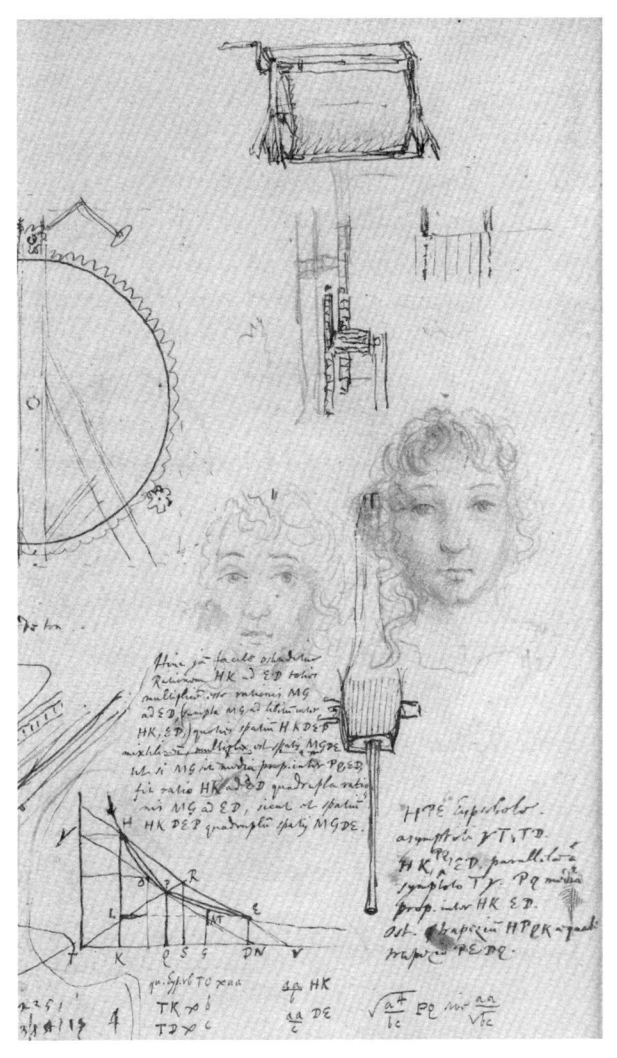

克里斯蒂安笔记本上的一页。在一堆图表、注释和计算中,露出了一张年轻女人的脸,她可能是玛丽安·佩蒂特。

在这几个星期里，克里斯蒂安在等待父亲安排他去伦敦旅行的消息。他把租来的大键琴还了回去，开始长长的道别。沙佩兰要求他询问约翰·弥尔顿的近况（查理二世复辟后，弥尔顿因反对保皇派煽动而短暂入狱）。一天早上，他醒来后，听到卢浮宫着火的消息，便和朋友一起去看这座历史悠久的宫殿被大火烧毁的一部分。克里斯蒂安在巴黎已经无拘无束了，现在害怕离开这里。让他离开英国的不仅仅是糟糕的食物和不稳定的政治局势。（克伦威尔的尸体刚刚被挖出来，"被处以绞刑并分尸，然后他的头被人们得意地固定在一根柱子上"，他的哥哥小康斯坦丁说道。①）他给洛德维克写信说："即使我精通英语，我也不认为在英国可以像在这里如此开心，我在这里结识了许多人，他们愿意互相学习，这给我带来了各种乐趣。"

**

由于天气原因，克里斯蒂安的离开推迟了一段时间，1661年3月30日，他乘坐小船，"在海豚的陪伴下"抵达多佛。他继续乘轮渡和马车去伦敦，在经过查塔姆和格雷夫森德时，悠闲地观察着停泊的英国护卫舰数量。

他追随着亲英的父亲和小康斯坦丁及洛德维克的脚步。但

---

① 小康斯坦丁也许没有意识到这个故事的全部恐怖之处。克伦威尔的头实际上是从腐烂的尸体上被切掉的，这件事发生在1661年1月，即复辟后不久，也就是他死后两年多，他的死因可能是与慢性疟疾有关的肺炎。

是克里斯蒂安访问伦敦有自己的理由，伦敦当时在自然哲学方面的影响力仅次于巴黎。此前，他把关于土星和钟表的论文副本寄给了选定的通信人，在这里，他也发现自己的声誉早已传开了。4月11日①，英国日记作者约翰·伊夫林记录道："我与伟大的数学家克里斯蒂安·惠更斯先生一起吃饭，他是摆钟的发明者，也是土星环现象的发现者：他入选了我们的学会。"事实上，克里斯蒂安直到1663年才正式入选伦敦皇家学会。伊夫林略显夸张的赞誉，反映了人们对克里斯蒂安展现的热情。

伦敦没有一处能与巴黎相提并论的地方。在那里待了几个月后，克里斯蒂安写信给洛德维克：

> 我……并不觉得待在伦敦像你认为的那样愉快，你总是发誓说你多么想回到这里。我猜想，我们会为此争论一番，因为我永远坚持认为，烟雾的臭味让人难以忍受，而且极不健康，城市建得很糟糕，街道狭窄，路面铺得很差，建筑物是粗鄙的，广场和所有普通的花园 [科文特花园（Covent）？] 也无法与在巴黎看到的相比。那里的人们很忧郁、很文明，但不太友善，女人很寒酸，一点儿也不像法国女人那样聪明活泼。但也许你在那里的时候，一切都不

---

① 英文日期被转换成新的格式，以符合克里斯蒂安旅游日志和信件中使用的日期格式。伊夫林给出的日期是4月1日。

同。有人建议，宫廷恢复后，一些礼仪应回归。无论如何，可以说，我与最体面的人都打过交道，他们中的大多数人都去过法国和其他地方，他们对我的款待和支持总体上都是很高尚的。

在这段很短的时间里，克里斯蒂安访问了温莎和牛津。在伦敦，他拜访了钟表制造商，了解了望远镜的价格。但他把大部分时间都花在了与主要的自然哲学家之间的相互拜访上。他参加了位于主教门（Bishopsgate）的格雷沙姆学院的科学会议，会见了后来皇家学会的许多创始人——罗伯特·莫里爵士，一名苏格兰战士和外交官，他对工程项目感兴趣，与许多法国学者有良好的联系；金卡丁伯爵亚历山大·布鲁斯，也是苏格兰人，他将与克里斯蒂安合作开发航海钟；英国天文学家保罗·尼尔爵士，他的35英尺望远镜架设在格雷沙姆学院；皇家密码学家、数学家约翰·沃利斯；爱尔兰数学家威廉·布龙克尔，他将成为学会的首任主席。

克里斯蒂安一定特别高兴认识天文学家、几何学家克里斯托弗·雷恩（他的建筑生涯在这个时候还没有起步）。1658年，雷恩提出了一个更合理的模型来解释土星的出现，但是当他得知克里斯蒂安提出行星环的概念时，立即认识到这一概念具有视觉吸引力和数学可信度，于是很有风度地放弃了自己的解释。克里斯蒂安还与出生在德国的神学家亨利·奥登伯格见过几次面,后者的语言才能使其成为皇家学会的"外事秘书",他也是英国自然哲学家与欧洲其他地方同人之间沟通的重要渠道。

许多这样的相遇发生在望远镜边或实验室工作台上。对于克里斯蒂安来说,这种对于观察和实验明显的培根式的忠诚,一定与蒙莫尔学会一些成员的空洞理论形成了鲜明的对照。克里斯蒂安发现,尼尔的 35 英尺望远镜"似乎不如我的 22 英尺望远镜清晰",他答应让人把自己的镜片从海牙带过来,这样就可以与尼尔的镜片比较了。在克里斯蒂安到达伦敦之前一个月,布鲁斯和莫里在格雷沙姆学院重复了"鲁珀特之泪"的演示,这无疑让克里斯蒂安在从父亲那里收集的东西之外,发现了关于这些奇怪的玻璃珠的更多事情。"我知道破裂的玻璃泪滴是通过在冷水中浸泡并迅速取出产生的。"他还查看了别人的摆钟。在格雷沙姆学院与沃利斯会面后,他们去户外观察了一项实验,目的是测试火炮在炮弹飞出之前是否开始反冲——"这得到了证实"。正如克里斯蒂安在巴黎发现的那样,他获得科学名声是要付出代价的。一个牧师来拜访他,大概是想向他咨询天文学或物理学的问题——克里斯蒂安发现他是个"十足的书呆子"。

对于克里斯蒂安来说,更令人兴奋的是有机会参加罗伯特·

胡克为爱尔兰化学家、物理学家罗伯特·玻意耳制作的气泵进行的演示。克里斯蒂安观察了放置在由气泵产生的真空中的动物和物体的反应。第二天玻意耳来访，两个人讨论了很长时间。这次谈话启发了克里斯蒂安回到海牙后着手建造自己的气泵，这被证明是推进气动学的一次关键行动。

5月3日，克里斯蒂安放弃了出席查理二世加冕典礼的机会，他宁愿与望远镜制造商约翰·里夫斯一起观看同样罕见的事件——水星凌日。他知道自己错过典礼会令父亲震惊，因此他收集了足够多的信息来描述坎特伯雷大主教的委任、镶钻的王冠和威斯敏斯特教堂内外欢呼的人群。"这些都是听闻的，因为我和里夫斯一起观看了太阳中的水星，我的确这么干了。自从伽桑狄先生看到同样的事情，时间已经过去了30年。"父亲似乎已经原谅了儿子的疏漏，他写信告诉一位文学朋友："我想，当其他人目睹加冕典礼过分浮夸的盛况之时，他自己倒是很开心。但你听到他以这样的措辞向我讲述，一定会笑的……"

与此同时，克里斯蒂安在法国的朋友们急切地想知道他对工作的评论，他们只在模糊的报道中听说过这些工作。他到达伦敦后还不到一个月，泰维诺就写信给他说："我想你会在伦敦学院里见到许多奇怪的实验……我会说，以你那样博学的眼光去看所有这些美妙的东西，并了解你对它们的评价。我认为，能目睹所有这些精妙之物实为一大幸事。"

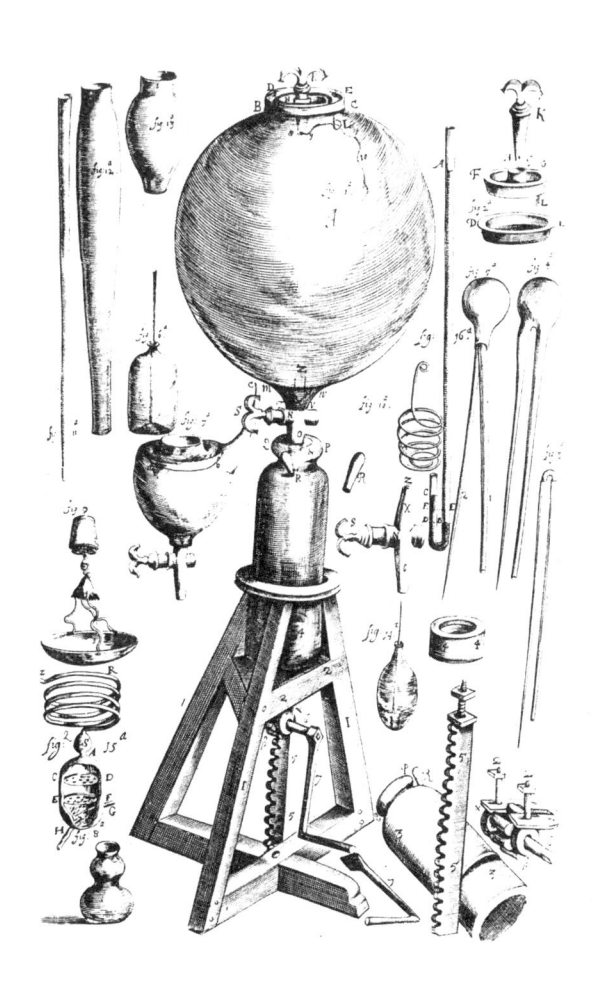

1660年，罗伯特·玻意耳制造的气压计的设计图。气压计的惊人效果激发了克里斯蒂安·惠更斯制作出与之类似的装置。

克里斯蒂安在巴黎的身份是一个外国人、一位著名的天文学家和了不起的发明家,他很快就成为学术聚会中充分参与且被接受的参加者。在伦敦,他还具有其他身份:阐述自己见闻的科学情报员和有用的中立者。他在数学、天文学、力学等学科上取得的成就,意味着他比任何人都能更好地为他的法国同事描绘英国科学发展状况的准确图景,同样也能让英国人了解法国的最新思想。

沙佩兰认为,自1657年以来以非正式方式运行的蒙莫尔学会,激励了英国人效仿并在格雷沙姆学院建立了自己的学会。现在他觉得,英国人在许多领域取得的科学进步,可以用来激励巴黎做出新的科学努力。他告诉克里斯蒂安:"我们的学会似乎正在通过模仿他们(伦敦学者)做好准备,希望转向实验,而不是所有其他思考活动。"类似的效果在佛罗伦萨的西芒托学院也能发现。这种良性循环使不同国家的科学中心能更有效地比较观察与实验结果,并能更容易地比较实验方法与仪器设计,这对科学的进步也许有更重要的意义。这些比较不仅取决于持续的国际信件交换,而且越来越取决于专业人士的现场参与,他们目睹并且有时积极地参与实验设计和实施,获得实践知识,这是即使在最详细的信件中也并不总是能传达的。

在英国期间,克里斯蒂安无时无刻不在思考,自己看到的科学实践如何能在法国重现。起初,他可能不太重视伦敦,但聚集在格雷沙姆学院的人们显然有很多东西可以教给蒙莫尔学会。若干年后，当克里斯蒂安住在巴黎时，他告诉一位来访者，他相信皇家学会是"基督教群体中最有智慧的人士的集合"。他在访问伦敦期间回信给沙佩兰，其明确目的是引导他的法国同伴走向更严格的实验方法，但他的倡议遭到了顽固的拒绝。

克里斯蒂安曾希望在英国逗留后直接返回法国，陪同他的父亲和弟弟洛德维克为奥兰治家族办差，但他不得不回家，代表家族参加另一场无疑很单调乏味的表亲婚礼。他在海牙家中忙于各种各样的调查，观察土星，与小康斯坦丁一起研磨新的透镜，对钟摆进行计算，对玻意耳的气泵进行改动，并思考音乐理论。

克里斯蒂安交给洛德维克一封信，让他带给玛丽安·佩蒂特，表示希望她还记得那个来吸引她的男人，并向她保证，他"对你的美丽容颜和迷人谈话记忆犹新"。克里斯蒂安原本希望自己给她画的素描，可以作为画家绘制肖像画的底稿，但这些素描似乎让她有些尴尬。洛德维克送完信后，不出意料地被她的美貌所打动，他回复哥哥说，她希望毁掉这些肖像画。克里斯蒂安回信说："我告诉过你，佩蒂特小姐比我给你看的那幅画像更漂亮，你看得太清楚了，不能做出其他判断。然而，我不会毁掉这些素描，尽管在其他任何事情上，我都希望完全服从。"

***

1661 年 8 月 1 日，克里斯蒂安·惠更斯接待了亨利·奥登伯格，奥登伯格在从他的家乡不来梅返回伦敦的途中经过海牙。奥登伯格能查看克里斯蒂安的望远镜，并审查他建造气泵的计划，这个气泵与奥登伯格在格雷沙姆学院看到的玻意耳演示的气泵一样。两个人还花了一些时间讨论小龙虾的繁殖习性，因为奥登伯格随身携带着一本肯尼尔姆·迪格比爵士最近撰写的小龙虾自然史。迪格比爵士声称，通过对成年小龙虾的腐烂遗骸进行蒸馏提纯，就能培育出幼虾。克里斯蒂安发现这项工作"令人钦佩，但我承认很难相信它"。

奥登伯格和克里斯蒂安是志趣相投的人。精通多门语言，对各种自然现象充满好奇，习惯于宫廷生活的礼仪，他们最终都能够在异乡进入早期欧洲科学社会的上层。两个人都认为，如果各地的研究者彼此进行对话，进步会来得更快。虽然奥登伯格没有做过重要的观察，也没有进行过任何实验，但他被证明是 17 世纪下半叶科学思想发展和传播中最重要的人物之一。

他曾被称为海因里希·奥登伯格，1653 年，作为城市特使从不来梅出发前往伦敦，奉命谈判放行一艘载有法国白兰地的不来梅商船，这艘船在第一次英荷战争期间被英国人扣押。他在英国定居，做了一名家教，就像他在尼德兰和欧洲大陆其他地方那样，直到罗伯特·玻意耳雇他做助手。他以新的身份再次前往法国和德国,并与这两个国家主要的自然哲学家熟识,包括蒙莫尔学会的成员,他对这些人能够"在管子[望远镜]、化学或力学方面产出任何重要东西"表示怀疑。

奥登伯格于 1660 年 12 月入选新立的皇家学会,并以平等的地位——而非外国成员——位列 40 位创始成员之中。作为学会的两位秘书之一,他要履行许多职责,最初由富有的玻意耳支付工资。他参加每周的会议并做会议记录。他担任翻译,特别是把英语著作译成拉丁语,以便在国外能被更好地读懂,也要把他从德国联系人那里收到的科学新闻译成英语。他还创办了《哲学汇刊》,很快成为学会的官方刊物。

但他最重要的任务是监管不列颠群岛和欧洲大陆上 30 多名经常通信者的科学交流。在这些人中,除了克里斯蒂安·惠更斯和他的父亲,还包括但泽天文学家赫维留斯、巴黎的布利奥和佩蒂特、意大利的望远镜制造者卡西尼和医生马尔皮吉,以及尼德兰的显微镜先驱斯瓦默达姆、列文虎克和斯宾诺莎。这是一项艰巨的工作,工作内容包括手抄通常很长、很详细的信件,以及写信给同行,概述他们可能感兴趣的其他人的工作进展。这些进展报告通常包括关于每个人工作的一个简短段落,并涵盖广泛的主题。例如,一般写给克里斯蒂安的信包括以下信息:来自意大利的对土星的新观测、胡克的摆钟研究、巴罗即将出版的光学著作、雷恩的透镜工作进展。

奥登伯格很快就把自己的角色调整为充分利用交际手段的微妙角色。他成了一个重要的中间人，能够进行一些后来被证明对科学进步有重要意义的引介。例如，在后来的几年里，他把克里斯蒂安介绍给莱布尼茨，并在惠更斯家族的帮助下，使列文虎克的显微镜工作引起了皇家学会的注意。他帮助实验者获得他们所需的材料。由于他对许多领域的进展都有广泛的了解，所以经常能够告知他的通信者，其他人已经拥有某一特定发现的优先权或者一项实验已经开展，这样他们就可以避免不必要的重复。他的秘书职责涉及频繁地催促那些拖延、迟缓和犹豫不决的作者完成写作，他明智地坚持，确保了许多可能永远都完成不了或无法出版的内容，实际上被纳入科学知识的体系。他培养了一种有用的能力，既能应对那些自吹自擂地对某些新发现宣称拥有权利的人的傲慢，又能应对那些感到自己被欺骗的人的冒犯，并及时去调解那些存在竞争关系的科学家（通常涉及不同国家）之间的大量争端。（克里斯蒂安也将经历这些争端。）他的技巧通常是建议激动的通信者温和地回应，从而缓解他们之间的紧张关系。

　　特别是国际冲突期间，信件经常改道或被拦截，此时奥登伯格的勇气就展现出来。一个无知的官员可能很容易把奥登伯格的通常信件中的科学和数学内容解读为具有军事价值或某种形式的代码。因此，在第二次英荷战争期间，奥登伯格请克里

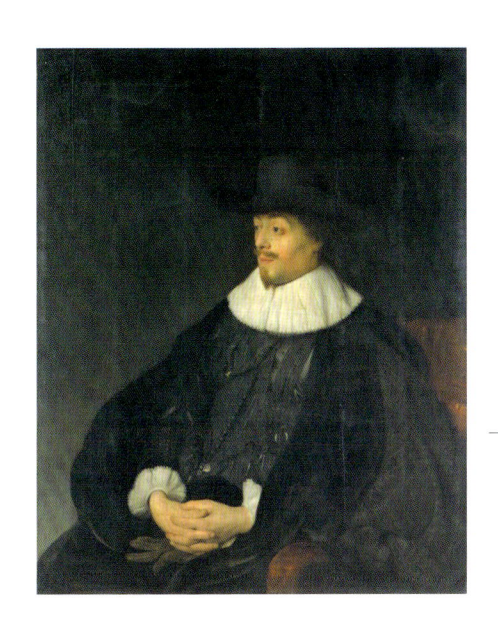

1628—1629 年，扬·利文斯创作的老康斯坦丁·惠更斯的肖像画。年轻的利文斯和伦勃朗的作品展现出的天赋令老康斯坦丁·惠更斯惊叹不已。

老康斯坦丁·惠更斯与妻子的画像，由他们的家宅建筑师雅各布·范·坎彭于 1635 年前后创作。画中，夫妻二人共持一张乐谱，象征着夫妻关系的和谐美满。

—————— 老康斯坦丁·惠更斯于 1658 年绘制的霍夫维克的风景画。这是距离海牙几英里处的惠更斯家族的休憩之所。

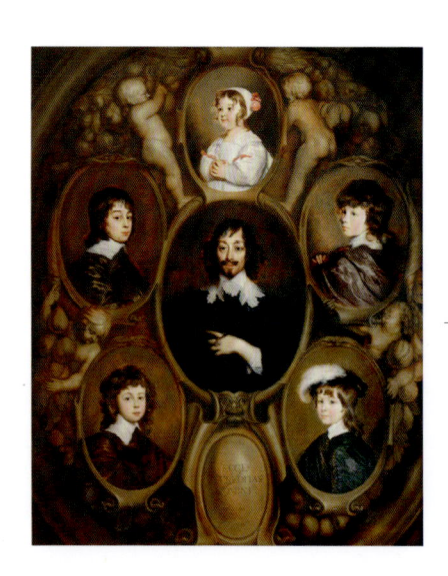

—————— 阿德里安·汉内曼于 1640 年创作的《惠更斯一家》。画面中从上向下顺时针环绕在父亲周围的依次是苏珊娜、克里斯蒂安、菲利普、洛德维克和小康斯坦丁。

荷兰富裕家庭举行音乐演奏活动的典型场景。惠更斯家族的音乐晚会想必也是如此。

托马斯·德·凯泽于
1627 年创作的《康斯
坦丁·惠更斯与克莱
克》。这幅描绘了两
人亲密情状的画作，
暗示了他们的美好前
景。这幅画正是在康
斯坦丁·惠更斯与苏
珊娜·范·贝尔结
婚之前不久创作的。

玛格丽特·卡文迪什
（纽卡斯尔公爵夫人）
的肖像画，彼得·莱利
创作于 1665 年。她是
那个时代最具活力的思
想家之一，曾与老康斯
坦丁·惠更斯就科学领
域的奇闻逸事进行过
交流。

克里斯蒂安·惠更斯的肖像画，由卡斯帕·内切尔于1671年创作。由于生病，克里斯蒂安曾短暂地离开巴黎前往家乡休养。内切尔绘制这幅精美的肖像画时，克里斯蒂安正与家人一起住在海牙。

HAGA·COMITIS·IN·HOLL

惠更斯时代的海牙地图：城市生活围绕着宾内霍夫展开，内宫旁是霍夫维泽尔湖（右上角）和圣雅各布教堂（左上角）。湖边的树木环绕的福尔豪特是住宅区。宾内霍夫建筑群右侧的耕地是日后的中央广场（Het Plein）。

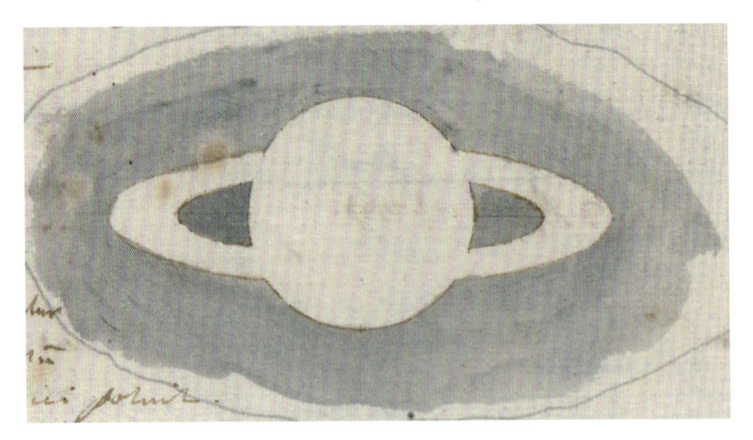

―――― 克里斯蒂安·惠更斯绘制的土星及其光环的水彩素描。这幅素描出自克里斯蒂安 1659 年的笔记，笔记中还有众多描绘土星不同阶段状态的画作。

―――― 克里斯蒂安·惠更斯于 1688 年绘制的画作，描绘了被沙丘环绕的斯海弗宁恩教堂，它得以免受海水的侵袭。当时，克里斯蒂安·惠更斯正在改进教堂的钟表。

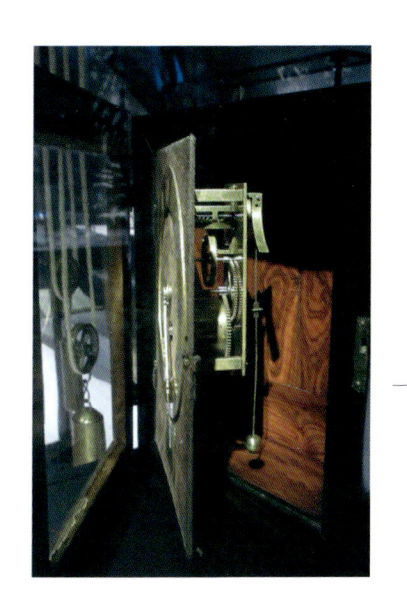

克里斯蒂安·惠更斯购自所罗门·科斯特的摆钟照片。这架摆钟约制作于 1657 年,可见钟内的摆锤以及克里斯蒂安·惠更斯设计的用于调整摆动幅度的铜质"侧板",此举极大地提高了钟的精度。

克里斯蒂安·惠更斯的"孤儿肖像画"。父亲去世之后不久,克里斯蒂安·惠更斯委托画家为自己创作了这幅肖像画。当时,他已经彻底放弃了重返巴黎工作的念头。因克里斯蒂安穿着旧衣服,形似孤儿,故惠更斯家族成员称这幅画为"孤儿肖像画"。

———— 扬·利文斯自画像，创作于
1629—1630 年。他与伦勃
朗在莱顿共用一间工作室
达数年之久。

伦勃朗自画像，创作于 ————
1629 年。他和利文斯
没有听从老康斯坦丁·
惠更斯的建议，没有去
向意大利大师学习。

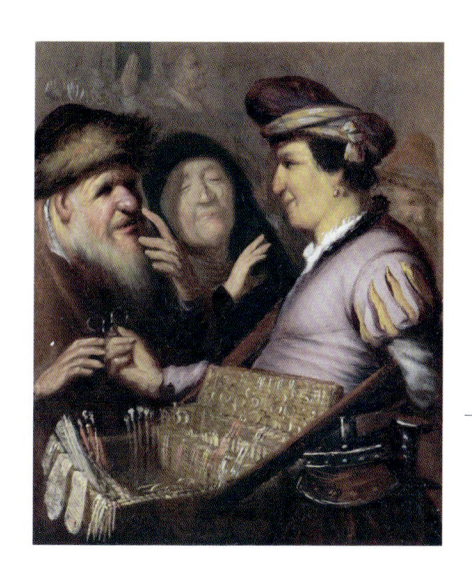

———伦勃朗于 1624 年前后创作的《卖眼镜的人》。这幅画是其早期创作的 5 幅感官题材寓言画之一。

———伦勃朗于 1636 年创作的《刺瞎参孙》。伦勃朗可能是为了感谢老康斯坦丁·惠更斯帮助自己获得了为荷兰宫廷作画的机会,将这幅画赠予了老康斯坦丁·惠更斯。

奥兰治亲王弗雷德里克·亨德里克肖像画。1625—1647 年担任荷兰执政期间，他聘请了老康斯坦丁·惠更斯担任秘书。

阿玛利亚·范·索尔姆斯肖像画。她是执政弗雷德里克·亨德里克的夫人。1650 年丧偶之后，她十分依赖老康斯坦丁·惠更斯为其出谋划策并提供秘书服务。

———《柯尔贝尔向路易十四引荐 1667 年成立的皇家科学院的成员》，这幅画作由亨利·泰斯特林于 1675—1680 年创作。这幅画作描绘了科学院的众多重要人物，其中可能包括克里斯蒂安·惠更斯和卡西尼。

———让-巴普蒂斯特·柯尔贝尔的肖像画。柯尔贝尔坚信科学与艺术具有提升法国国力以及路易十四威望的潜力，人们称他为"北风先生"。

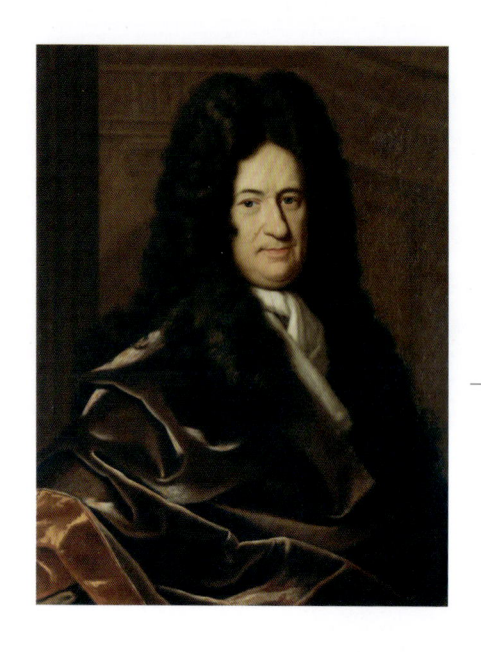

戈特弗里德·威廉·莱布尼茨的肖像画。年轻时，莱布尼茨在巴黎师从克里斯蒂安·惠更斯学习数学，之后他超越了恩师并发明了微积分。

巴鲁赫·斯宾诺莎肖像画。他靠磨制镜片为生，同时创作了一些伟大的西方哲学著作。

弗兰斯·哈尔斯于1649年前后创作的勒奈·笛卡儿的肖像画。当时，这位法国哲学家正准备离开荷兰前往斯德哥尔摩。次年，他在斯德哥尔摩去世。

安东尼·列文虎克的肖像画。作为一位自然哲学家，他基本上是自学成才的。在惠更斯家族成员的帮助下，他的显微镜观察成果在巴黎和伦敦传播。

一台列文虎克显微镜的复制品。微小的珠状透镜被镶嵌在黄铜底板上的穿孔中。被观测物被固定在附近的尖刺上，尖刺连接着一个可调焦的载物平台。

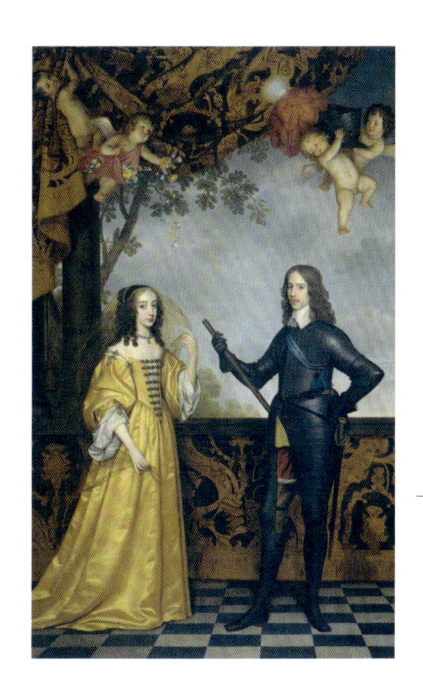

奥兰治的威廉二世与玛丽·亨利埃塔·斯图亚特的肖像画。威廉二世继任父亲弗雷德里克·亨德里克的执政之位,在位三年,于1650年因病早逝。

约翰·德·维特的肖像画。1650 年至 1672 年荷兰共和国无执政时期,他领导了该国政府。

──────奥兰治的威廉三世肖像画。1672 年,他成为荷兰共和国的执政。"光荣革命"之后,他于 1689 年又成为英格兰、苏格兰和爱尔兰的国王。

————这幅描绘巴黎的画作展现了路易十四正走过新桥（Pont-Neuf）。画作中可见塞纳河右岸的卢浮宫建筑群，这些建筑是在克里斯蒂安·惠更斯居住于巴黎期间建造的。

这幅画描绘的是 1680 年出现的大彗星。17 世纪，随着人们使用性能越来越好的望远镜进行观测，彗星神秘的面纱逐渐被揭开。

斯蒂安将信件寄给"格鲁本多尔先生"（Monsieur Grubendol，显然是他名字的变位词），并给他一个新的地址，这样就不存在奥登伯格会被指控从事间谍活动的风险了。克里斯蒂安与奥登伯格的大多数科学通信者一样，尽其所能地忽视战争的危急局势。奥登伯格在给克里斯蒂安的信中一再表达平和的情绪："我一直希望结束战争和瘟疫，带着无比高涨的热情，重建研究和良好关系。"

然而，也许奥登伯格精心设计的预防措施只是助长了人们对他可能是间谍的怀疑。1667年6月，荷兰人在梅德韦发动大胆的袭击，烧毁了一些英国军舰，并拖走了包括"皇家查理"号旗舰在内的其他军舰，政府担心会将责任归咎于情报失误，便不加区分地围捕嫌疑人。奥登伯格被关押在伦敦塔，他因拥有大量的外国通信而被指控具有"危险的意图和行为"。皇家学会会员、海军委员会高级军官塞缪尔·佩皮斯在日记中写道，奥登伯格因"给一位就哲学问题经常通信的法国学者写新闻而被拘留"。虽然奥登伯格在法国还有其他通信人，但如果政府担心的是将情报泄露给荷兰人，那么这只能指向当时住在巴黎的克里斯蒂安·惠更斯。两个月后，奥登伯格在没有被指控或得到道歉的情况下被释放，并迅速恢复了以前的职责。

克里斯蒂安与奥登伯格的职业联系，因老康斯坦丁于1671年待在伦敦期间建立的一段私人友谊而在后期得到了加强，这种联系一直持续到 1677 年这位德国人突然死于疟疾。由此，各地科学家之间的联系断了，尤其是英国科学家与欧洲大陆同行之间的联系。奥登伯格留下了建立国际网络的愿景，在这个网络中，科学进步的最大希望在于志同道合的参与者之间进行迅速、简明、诚实和文明的交流，不论他们的国籍如何。在日益高涨的民族主义和相继发生的欧洲战争使国际网络看起来毫无实现希望之前，没有出现另一个兼具科学、语言和外交能力的人继续奥登伯格开创的事业。可以说，这种联系直到 20 世纪国际科学协会成立后才重新建立。①

***

克里斯蒂安于 1661 年 5 月带着玻意耳对气泵的描述从伦敦回国。他热衷于"在真空中做一些新的实验，并乐于尝试玻意耳书中的一些实验"。出于实践和理论的原因，气泵都是令人兴奋的发明。它的本质究竟是什么？它是否真的是一个完全的"虚空"？这是一个不仅受到科学家，而且受到哲学家、神学家和律师热烈讨论的话题。对真空的控制有望促成矿井和圩田抽水技术的改进。这是"17 世纪的大科学"。

克里斯蒂安严格遵循玻意耳的说明，尤其注意仪器各部分

---

① 在与克里斯蒂安的兴趣有关的组织中，国际天文学联合会（IAU）成立于1919年，国际纯粹与应用物理学联合会（IUPAP）成立于1922年。与之对等的欧洲组织直到第二次世界大战后才建立起来。

相接处的气密性。然而，他发现，出错的仪器制造商很难制造出满足必要精度要求的零件，而且早期的实验结果并不令人鼓舞。"水泵不工作了"，他在10月给小康斯坦丁写的一封短信中写道，信中还提到了一场家族婚礼，这使他无法返回巴黎。"管子的直径太不均匀，从瓶子里几乎抽不出空气。"然而，又过了一个月，他大胆地对玻意耳的设计做了一些改动，随后发现，用来显示瓶内真空度良好的气囊会在一夜之间充了气——"玻意耳先生无法做到这一点"。

接下来，克里斯蒂安得以重复在伦敦看到的玻意耳操作的许多实验。例如，演示水在真空中的迅速沸腾；通过将闹钟置于真空室内，来表明声音的传播受到了很大的阻碍。他买了一些老鼠和鸟，然后得意地把一只鸟的尸体送给在西班牙的洛德维克，"这只鸟的死亡方式与玻意耳先生描述的一样"。克里斯蒂安非常钦佩玻意耳严格的实验方法，这与他在法国目睹的一些实验和英国人霍布斯的实验形成了鲜明的对比。长期以来，霍布斯对真空很着迷，但还不够资格成为一名科学研究者。[①] 克

[①] 正如克里斯蒂安在1661年9月写给莫里的信中所说："霍布斯先生几乎是可与约瑟夫·斯卡利热尔（Jos. Scaliger，16世纪的法国学者，他坚称'π'等于10的平方根，OC22 71-3）媲美的几何学家。"作为回应，莫里寄给克里斯蒂安一本霍布斯关于空气性质的论文。它还不够好。克里斯蒂安回复道："在霍布斯先生的对话中（他试图将几何证明的方法应用于真空），我没有发现任何扎实的东西，只有纯粹的幻象。这是一种思想错误，或者，真正的原因是他喜欢反驳玻意耳先生书中给出的真空效果……此外，霍布斯先生在几何学领域失去我的认可已经很久了。"（OC3 383-5）

第9章 科学社团

里斯蒂安很快就鼓起勇气，把自己对空气泵做出的进一步研究成果寄给玻意耳。玻意耳很高兴地发现，克里斯蒂安对他工作的反对意见是"如此少见，又如此有见地"，并对克里斯蒂安的建议作出了积极的回应。

然而，皇家学会会员无法重复克里斯蒂安所做的改进，尽管他的信描述了自己所做的事情，甚至奥登伯格派了一个代表来查看仪器。直到罗伯特·胡克被任命为学会的"实验主管"，克里斯蒂安于1663年从海牙来到这里，伦敦的气泵才得以运转良好，能够重复克里斯蒂安的新实验。

许多科学家缺乏胡克和克里斯蒂安显然都拥有的制造仪器和成功进行实验所需的"巧手"（green fingers），克里斯蒂安仍然是唯一一个成功制造出独立于玻意耳原型的气泵的研究者。但即便是他，也对这个时好时坏的装置所耗费的时间感到不满，有时会假装它坏了，这样就不必再进行别的演示。尽管如此，他的成就是验证玻意耳实验结果并将其传播到欧洲大陆，并且建立关于空气和真空理论的重要一步。克里斯蒂安最初不赞同玻意耳的观点，即给定质量的空气施加的压力与其体积成反比（这种关系现在被称为玻意耳定律），但是当面对自己的实验结果时，他不得不改变想法。

不过，如果空气体积无限膨胀，压力降至零，会发生什么呢？这是自1643年托里拆利通过在水银管中制造真空而发明气压计以来，气泵实验的更广大的背景。究竟是什么占据了这样形成的虚空？笛卡儿及其追随者（包括克里斯蒂安）相信，必定存在某种形式的"微妙物质"；但是其他人，包括帕斯卡和罗伯瓦尔，则愿意相信这个空间的确是空的。真空泵造成的潜在虚空提出了重要的神学问题，因为人们相信，任何没有被上帝的精神填满的空间都可能被魔鬼占据。哲学家霍布斯可以设想物理意义上的真空。（他想象两个物体被拉开，在它们之间留下一个空间。那时它们还会接触吗？当然不会，因此真空是存在的。）但他强烈抵制形而上学意义上的这个想法，认为留下的虚空为政治分歧创造了空间。

玻意耳和克里斯蒂安对这种诡辩不太感兴趣。然而，克里斯蒂安用自己的气泵做的另一个实验带来了新的困惑。1661—1662年的冬天，克里斯蒂安在自己的真空装置的腔室里放置了一个"托里拆利水管"（一个装满水的玻璃管，倒置在一个大的装着水的敞口容器中）。当空气从腔室内排出时，他注意到管子里开始形成气泡，当它们上升到顶部时，水逐渐被推出来。这一观察结果可以用玻意耳的理论来解释，该理论预测管中的水位会逐渐下降至与大容器中的水位相同。另一种更简单的解释是，出现这个现象的原因是自然溶解在水中的空气的释放。克里斯蒂安因而采用了经过长时间抽吸而清除了空气的水来重复进行这个实验。这一次，当腔室内的空气被抽出时，水管仍然是满的。另外，一根装有水银的管子确实表现得很符合玻意耳的理论。克里斯蒂安称其为水柱的"反常的悬浮"，它似乎表明其中可能包含一些未知的"微妙的液体"，导致出现了这种意想不到的行为。

空气泵的实验总是具有挑战性，玻意耳遇到过各种"流体静力学悖论"的情况，之后他改进了实验装置。但是当他尝试重复克里斯蒂安的实验时，却无法得到相同的结果。这个新"发现"的明显事实，以及玻意耳对克里斯蒂安——玻意耳之外唯一能够制造功能正常的气泵的人——的尊敬，使他担心克里斯蒂安现在有了更优越的设备和技术。这一最新进展似乎使玻意耳定律面临风险，也使他的科学可信度受到质疑。玻意耳曾与奥登伯格一起做了大量工作来制定具体规则，以处理有争议的科学主张，现在他有机会亲自看看这些规则在实践中的效果如何。

这一次没有争吵，直到1663年克里斯蒂安再次访问皇家学会时，这件事才得到解决，双方都很满意。克里斯蒂安亲自到场，甚至胡克也参与其中，玻意耳终于成功地重复了这位荷兰人的工作。事实上，在相当早之前，两个人就完全理解了能够重复实验结果以确立科学事实的重要性，这必定有助于克服他们之间产生的任何紧张关系。现在两个人都赞同，水在"托里拆利"水管中的表现不同于水银，即使他们不能解释原因。（后来牛顿将"反常的悬浮"解释为毛细管作用的结果。）

此次科学共识的达成，可以说是克里斯蒂安此次访问中最令人愉快的一幕。但一项官方荣誉也在等着他，1663年6月22日，就在第一批会员入会的一个月之后，克里斯蒂安入选了皇家学会。①

---

① 克里斯蒂安·惠更斯与塞缪尔·德·索比埃同时入会，成为皇家学会最早的外国会员。然而，在1682年学会收紧选举规则之前，他们的外籍身份未被人们关注。（Hunter 119）

第 10 章　新音乐

乐声总是在惠更斯家族的房子里响起。当老康斯坦丁住在家里时，每个星期五他都要举办音乐晚会，与邻居和客人一起弹唱，而他则随时准备演奏乐队需要的任何乐器。孩子长大后，也被鼓励参加业余的大学乐团，有时人们注意到，他们甚至比父亲演奏得更好。随着克里斯蒂安的成长，他并没有把音乐排除在自己的科学探索范围之外，他在这个领域做出的奇怪的创新，肯定来源于这些家庭娱乐活动。

康斯坦丁从小就表现出非凡的音乐天赋。两岁时，他就能用法语重复演唱母亲唱给他的《十诫歌》。他接受的正式音乐教育始于 4 岁，一名家庭教师帮助他和他的兄弟莫里茨识别音阶的音符，用他们冬季外套袖子上的镀金纽扣来指定这些音符值。康斯坦丁有更好的听力和嗓音。6 岁时，他开始学习大提琴，不久之后又学习了鲁特琴、大键琴和管风琴。

当康斯坦丁还是个孩子时，有一次访问阿姆斯特丹，他参加了一个家族朋友的晚会，主持音乐演奏的是扬·斯韦林克，他是当地老教堂的管风琴师，也是17世纪最具影响力的荷兰作曲家。

碰巧，在一大群男男女女面前（他们很惊讶，整个下午我都没有犯错，而其他人却犯了各种各样的错误），我把目光从乐谱线上移开，在困惑和害羞中，我再也找不到自己的位置了。这次小小的不幸——的确，我记得很清楚——沉重地打击了我幼稚的热情，让我痛哭流涕，没人能说服我再次拿起大提琴。

这次不幸并没有让年轻的康斯坦丁停下脚步太久。当20多岁的他第一次前往英国（维奥尔琴合奏团的主要中心）执行外交任务时，他很容易就融入了那里的音乐界，并遇到了其他作曲家，如国王的音乐大师尼古拉斯·拉尼尔。在威尼斯，他听到克劳迪奥·蒙特威尔第在圣马可大教堂指挥自己的作品，并将其称为"一生中我听过的最完美的音乐"。

音乐对于康斯坦丁来说有许多用途。无论他走到哪里，它都为他打开了友谊之门。也许更让他愉快的是，他的努力获得了纯粹的赞赏，他无须因此承担更多义务，而通常他在为宫廷工作获得赞扬之后，这些义务接踵而至。通常，音乐使他能够接触到知识分子和富有创造力的人物,以及真正具有影响力的人,这些人有能力帮助他实现他的恩主的外交目标。康斯坦丁很早就吸取了这个有用的经验,当时他突然发现自己正在为愉快的国王詹姆斯一世演奏。康斯坦丁·惠更斯——一个来自年轻共和国的年轻人——显然因受到王室接见而兴奋。但同样明显的是,无论是这个场合还是国王,都没有让他手足无措,因为他继续着自己的演奏。

在康斯坦丁漫长的一生中,音乐创作也是逃避日常忧虑的手段。他曾经告诉过一位英国音乐家朋友,他经常用音乐"把自己从坏心情中弄出来"。当麻烦增多时,音乐变得更加重要,而不是不那么重要。1672年年末——"灾难之年",法国背叛了荷兰共和国,加入了英国对荷兰的战争,康斯坦丁写信告诉这位英国音乐家,他认为至关重要的是,"用一些和谐的练习来调和此时苦涩的不愉悦,我可以告诉你,我是这样做的,只要我活着,就永远不会放弃"。

获得上述信任的是乌特里西娅·斯旺(曾经姓奥格尔),她是与康斯坦丁交往最持久的一位音乐女伴。毫无疑问,康斯坦丁·惠更斯把音乐聚会看作结识有教养、有才华的女性的一种友好方式。还是单身汉的康斯坦丁,在穆伊登文人圈里形成了这种社交方式,美丽的特塞尔沙德曾在那里歌唱和演奏。1637年,康斯坦丁的妻子去世后,她对于他来说变得更加重要。男男男女女在这些社交场合弹奏键盘或演唱伴奏歌曲，同时也获得了更多调情的机会。

从特塞尔沙德开始，康斯坦丁的许多女性朋友都充当了他的缪斯。但乌特里西娅显然不只于此。追求者范·戴克可能画过一幅特塞尔沙德的画像，画中的女人的视线沿着她的长鼻子，倾斜着越过她裸露的肩膀，傲慢地看着我们。她噘起嘴唇，额头上垂着卷发，脖子上挂着一串珍珠，散发出一种女主角的神气。他们第一次见面是在1642年，当时康斯坦丁正在安排亨丽埃塔·玛丽亚对荷兰共和国的访问，亨丽埃塔·玛丽亚是国王查理一世的妻子，也是未来奥兰治威廉二世的娃娃新娘玛丽的母亲，乌特里西娅是她的侍女之一。她很快就用自己的外表和声音迷住了康斯坦丁，因而他创作了大量诗歌，并将自己听过的乌特里西娅的歌曲重新编排。当乌特里西娅在霍夫维克花园里唱歌时，康斯坦丁把她的声音比作夜莺；然而，另一次，她拒绝了康斯坦丁的赞美，自嘲自己的音调"有点像溜冰鞋的冰刀划过冰面的声音"。他们的音乐友谊甚至在她嫁给威廉·斯旺后加深了，威廉·斯旺和她的父亲一样，也是荷兰军队的一名英国军官。婚后不到三周，康斯坦丁便打趣地给她写信——画掉了心不在焉写下的"小姐"，换成"夫人"，还调侃到，"我猜这个时节你大概'为琐事忙得不可开交'"——其实不过是想让她夸赞自己的"音乐作品"。一次，当康斯坦丁得知他们将在很长一段时间内无法见面创作音乐时,他大胆地提出了另一种安排。"既然我们所有的听觉交流都被破坏了,"他写道,"我有意通过嗅觉把我们重新联系起来。"随信附有两个香囊和一个说明——把它们放在她的床上,这样她和他的床单闻起来就一样了。如果说他的这些示意越界了,那么很快就得到了原谅。他们的联系在17世纪50年代加强了,康斯坦丁的信里经常夹杂着音乐作品,以吸引她再次来访。

康斯坦丁创作的缺乏韵律的多节诗歌,有时会遭到他的诗歌对手胡夫特和冯德尔的嘲笑。但让康斯坦丁感到平静和安慰的是,他是一个真正的作曲家和诗人。冯德尔称他为"荷兰的俄耳甫斯"。据康斯坦丁的统计,他写了800多首音乐作品,竟然没有一首以手稿形式存在,只有少数几首被传抄。留存的作品中最重要的是《神圣与世俗的悲歌》(*Pathodia Sacra et Profana*),这是一套包括20首拉丁语赞美诗和数量相当的意大利语、法语独唱歌曲,伴有通奏低音,可以用鲁特琴和西奥伯琴演奏,也可以由其他演奏者用其他乐器演奏。这部作品是康斯坦丁为乌特里西娅的声音量身打造的,是献给她的。1647年,康斯坦丁安排这部作品在巴黎匿名出版,也许是因为他对荷兰音乐界的评价很低——他试图让执政的宫廷赞助更多的音乐活动,但没有成功——但更有可能是因为他觉得向宫廷仆人寻求关注是不合适的。当康斯坦丁演奏时,他也会尽力地强调自己的业余身份，不是出于谦虚，而是害怕有损他作为执政秘书的职业地位。康斯坦丁的作品，正如他在 1648 年写信告诉一位英国大臣的那样，是他的"饭后消遣，就像你可能会说它是我一天工作之后的喘息"。

"悲歌"（*Pathodia*）是一个不寻常的欧洲风格的混合体。它的拉丁语赞美诗采用传统的复调方式，有两个独立的旋律，而意大利歌曲遵循更简单的无伴奏合唱模式。法国歌曲的风格更加现代——也就是巴洛克——演唱更加自由。与他之前的斯韦林克一样，康斯坦丁避免将荷兰语放入音乐，更愿意使用当时与歌声联系更紧密的语言。《神圣与世俗的悲歌》中的一些歌曲文本是由康斯坦丁创作的，正如人们对一个诗人期望的那样，该歌曲集更显著的特点是对歌词与旋律搭配的可能性的探索，而不是作曲的新颖性。

尽管如此，康斯坦丁还是对音乐创新感兴趣。小时候，他按照新的七音阶而不是旧的六音阶学习音乐。成年后，他认为应该给出一部音乐作品应该满足的标准列表——当然是用诗歌对句形式。列表上的前两项是一首曲子应该是"新颖的""唱起来愉悦的"。他还强调纯器乐的创新。他夸口说，自己"创造了从未有人听过的音乐，但那是我毫不费力地完成的"。事实上，康斯坦丁的音乐成就可能更多地与其作品的热情的传播方式有关，从而将他在一个地方听到的想法传播到另一个地方，或许那里的人们第一次听到。因此,"悲歌"发挥的作用可能是促进通奏低音从意大利——康斯坦丁很可能是在那里初次了解它——传播到法国。他对独创性的兴趣显示了其具有的现代感受力,但是在外交事务中寻求和谐的工作作风,可能导致他在作曲中对创新保持谨慎的态度。正如他对科学问题的思考一样,康斯坦丁·惠更斯在音乐创作中,笨拙地保持新旧方式之间的平衡。

音乐在荷兰共和国也是一个道德问题。加尔文教派的礼拜仪式一般局限于由一位单独领唱者演唱赞美诗,通常很糟糕。教堂里的管风琴通常归城市所有。他们的音乐不被作为宗教仪式的主体,但有时可能在仪式举行之前或之后演奏。然而,康斯坦丁·惠更斯无疑也是虔诚的加尔文教徒,热爱音乐,并且相信欣赏、创作音乐"与有着良好地位和出身的人没什么不相称"。他觉得没有理由不在任何教派的教堂里听音乐。在 1641 年出版的一本名为《管风琴的使用或滥用》(*Gebruyck of Ongebruyck van't Orgel*)的小册子中,他借此机会重申,自己从出生、成长到受教育,始终"抵制那种倾向于罗马的公众分裂行为"。尽管如此,他还是主张重新采用管风琴音乐作为新教仪式的一部分。作为外交官,康斯坦丁首先将这部可能产生争议的文本寄给了他重视的重要人物,包括阿玛利亚·范·索尔姆斯、胡夫特和笛卡儿。这位法国哲学家吃力地阅读荷兰语文本，但他认识到，康斯坦丁希望看到管风琴像在天主教仪式中那样被广泛使用，并热情地回复道，它可能成为"日内瓦与罗马重新结合"的乐器。这当然没有发生，但在接下来的几十年里，管风琴伴奏的会众演唱，的确慢慢地在新教教堂里流行开来。

康斯坦丁·惠更斯很幸运，他活得足够长，看到了这种转变正在发生。他从不厌倦音乐创作和音乐实验。西奥伯琴仍然是他最喜欢在家弹奏的乐器，这是他钟爱已久的乐器，而当外出打仗时，他带着更实用的鲁特琴。在德·凯泽画的康斯坦丁早期画像中，桌子上有一种混合乐器，它结合了鲁特琴的便携性与西奥伯琴更广的演奏音域。70多岁的时候，康斯坦丁尝试了吉他，但发现它是一件"糟糕的乐器"。去世前两个月，他向一位朋友抱怨，痛风妨碍了他的音乐努力，但他仍然可以演奏西奥伯琴，"至少，如俗话所说，一个喝醉的农夫不会注意到两者之间的区别"。

***

在康斯坦丁·惠更斯生命的最后几年里，大多数艺术上的朋友早已去世，令他感到安慰的是，自己最喜欢的儿子克里斯蒂安又待在家里了。

康斯坦丁一定要把自己接受的音乐教育复制给孩子们。小康斯坦丁和克里斯蒂安一起接受了教导。这种教育在他们很小的时候就开始了，当时他们的父亲为每个人弹奏音阶的音符——只有克里斯蒂安能够准确地唱出来，并希望知道更多。弟弟妹妹所受的关注较少，尽管最小的苏珊娜实际上可能是他们中最有天赋的音乐家。惠更斯家族无疑比大多数家庭更投入，而音乐是当时年轻绅士或女士教育的标准特征。音乐不仅是传统的四门人文学科之一，而且和声或音乐理论也被视为与天文学、光学、静力学和数学并列为"古典科学"。因此，音乐也在伽利略、梅森和培根等人的兴趣范围内，发挥了完全符合预期的作用。在低地国家，西蒙·史蒂文和艾萨克·比克曼都试图为音乐理论的发展作出贡献。在比克曼的推动下，笛卡儿也写出了一篇关于音乐的论文，尽管据说他几乎分不清五度音与八度音。

克里斯蒂安显然喜欢音乐，他在巴黎的公寓里经常举行音乐晚会——他记录过一场这样的音乐会，有"唱得很好，而且大键琴弹得更好的女人"。但从作曲家的角度而言，他不及父亲。不论他和哥哥谁在巴黎，偶尔都会写下在那里听到的最新歌曲，但对于他来说，实际的音乐创作不如理解其基本的数学结构重要。像其他科学人物一样，克里斯蒂安认为这是音乐创新的先决条件。现存的他写的音乐作品有16小节库兰特舞曲，以及散落在他的科学笔记边缘空白处的奇怪的音符旋律。他学会了唱歌、演奏大提琴和鲁特琴。然而，他最常演奏的是大键琴，这个乐器是业余音乐圈的女性更为经常使用的，正是在键盘上，他的兴趣转向了理论。

人的声音能通过在连续的频率范围内产生声波来唱歌。然而，许多乐器被设计成以固定频率发出音调，在键盘中，频率取决于单个振动弦的长度；在管风琴和管乐器中，频率取决于共振气柱的长度。因此，这些乐器的演奏者受音律规则的支配，这些规则决定了音阶中连续音符之间音程的相对大小。

音律必然总是音乐家关心的问题，无论他们是否承认。音阶中音符的数量与音程显然是一种文化选择的结果。（音阶是指将一个八度音程划分为渐进音高序列，八度是乐理术语，指声音频率或音高相差一倍的关系。）但在其背后是一种自然或神圣的比例法则的观念，它可以指导乐器制造者选择在哪里放置单个音符（它可能，也可能不与其他比例系统有某种联系，例如，人们相信太阳系中行星轨道所展示的"球体的和谐"）。例如，第五度音是由长度比例为 3∶2 的弦振动产生的。仅以这种比例为基础的调音系统被归功于毕达哥拉斯，他通常被认为是第一个注意到愉快的音乐和声往往是由弦的振动产生的，且这种振动的弦长之间存在简单比例关系的人。

在文艺复兴时期和现代早期，失落的古代音乐的声音成为人们热切猜测的话题。事实上，克里斯蒂安·惠更斯在 1655 年对音乐理论的第一次尝试，是对丹麦音乐理论家马库斯·梅博米乌斯写的一本书的回应,后者试图重现古希腊的表演方式。克里斯蒂安认为,古人一定使用了八度音程、四度音程(基于弦长的比例为4∶3)和五度音程(3∶2),但没有使用较小的三度音程(5∶4),它被认为没有较大的音程那么和谐。

17世纪,人们发现音高(音符高低的定性指标)与乐器产生的空气振动频率成正比,因此也与更容易测量的弦或管的长度成反比,这为音乐理论奠定了坚实的定量基础。现在可以确认,毕达哥拉斯的音程确实是基于最低数值的精确比例。利用这些知识,一些更具数学倾向的音乐家提出用新的方法来划分八度音程,这些方法很少遵循音乐传统。例如,史蒂文喜欢一种十二音阶,在这种音阶中,连续音符的音高以完全相同的比率(2的十二次方根)呈对数增加或减少。这种"十二平均律"最终成为西方音乐中使用最广泛的调音系统,直到今天仍然是标准。其他人则探索将八度音程分成更多的音调。这样的创新为音乐带来了希望,这听起来是全新的。1627年,弗朗西斯·培根在他的乌托邦小说《新亚特兰蒂斯》中,在许多其他科学发明中设想了"声音屋",其中"我们有你们所没有的和声,四分之一音和更小的滑音"。

1660年10月,克里斯蒂安·惠更斯途经安特卫普前往巴黎。在那里,他听到了由希莫尼兄弟安装的动听的新钟琴。希莫尼兄弟是塔楼钟表制造商,为低地国家的许多教堂制作了钟克里斯蒂安·惠更斯的一页笔记。其中的计算记录显示，八度音程被划分为三十一等份。

琴，这可能促使他决定探索八度音阶的划分。他坚持毕达哥拉斯的基音，试图用八度音程和五度音程的代数术语来表达音乐实践所需要的所有音程。克里斯蒂安从将八度音分成10万个相等的音分开始，经过大量计算，发现将五度音的比例从100000/66666微调到100000/66874（按现代音乐术语，是两音分的变化，人类的耳朵无法分辨），可以实现最佳。① 他向他的苏格兰朋友罗伯特·莫里报告了自己的工作："我已经有好几

---

① 在一个八度音阶中有1200音分，因此在史蒂文的十二音阶中，每个音符之间有100音分。

第10章 新音乐　279

天忙于音乐以及单和弦（即八度音程）的划分，我很高兴将代数应用其中。我还发现对数有很大的用处，这使我思考这些奇妙的数字，并钦佩那些发明这些数字的人的勤奋和耐心。"

克里斯蒂安并不希望发现另一个数学上理想的音阶，就像史蒂文的方案，被包括比克曼、笛卡儿和梅森在内的后来一代音乐理论家广泛拒绝，而是创造一些对音乐家尤其是键盘手有实际用途的东西。他确信，3∶2、4∶3之类的纯比例构成了音符之间最悦耳动听的音程。困难在于，并不是所有这些比例都能在常规调音的键盘上精确地产生。

为了制造一种可用的键盘，乐器制造商不得不使用各种手段。一种折中的调律系统被称为平均律，它试图通过将三度音程调至位于八度和五度音程之间等距的位置来突出三度音程。然而，这就要求五度音程稍微降调，这令一些音乐家很反感。相比之下，在基于史蒂文十二音阶的较新（但仍未普及）的等程律调音体系中，所有音程都多少有些不纯粹——五度音程略有偏差，而三度音程偏差更甚。然而，这一系统为实践中的音乐制作提供了重要的优势，如更容易调音和转调。

克里斯蒂安不喜欢"十二平均律"，因为它的三度音程失真程度很高，但他也不愿意接受"平均律"（well-tempering）这一务实的替代方法，这种方法旨在有策略地分配音程偏差，使关键音程所受影响最小化，这种方法就是权宜之计。他希望看到一个既能达到音乐性，又被数学真理所支持的系统。

　　1661年夏天，克里斯蒂安继续对音律作代数分析，他的笔记中散落着小幅草图和对11位有效数字比率的计算，最终他发现，可以将八度音阶分成31个相等的小节。在这个方案中，每个半音都是由两三个小节组成的。完整的八度音阶包括标准的7个全音阶（白键）和5个半音阶（黑键），如下：(7×3)+(5×2)=31。该系统产生了与听觉上悦耳但此前缺乏数学依据的"中庸全音律"高度契合的效果。并且引入了键间无限转调的可能性。它给予了五度音31∶18的比率，大三度音是31∶10，小三度音是31∶8。其他的比率有可能产生更小的音程，如培根想象的"四分音"。

　　这并不是一个全新的背离。克里斯蒂安从他的法国导师梅森那里了解到，实际上早在16世纪中叶，西班牙和意大利就制造了每八度远多于通常12个键的乐器，但据说这些乐器发出的声音听起来很可怕。自从对数出现以来，人们就有可能更精确地计算出弦的正确长度（即使它们永远不可能精确到11位有效数字！），并预示着会有一个更好的结果。然而，只为演奏一首普通的旋律，就要坐在一台八度31个键的乐器前，还必须在其中仔细选择，这种景象几乎不可能吸引任何真正的音乐家，克里斯蒂安也还没有考虑制造这样一个键盘，他认为，演奏者无法"不被黑白键的多样性所迷惑"而进行演奏。

但是在 1669 年，克里斯蒂安再次回到这个问题，重新下定决心找到切实可行的解决办法。他的答案是用别针把一个传统的八度 12 键键盘固定在一个由 31 个枢轴组成的下层键盘上，枢轴依次连接到给定八度内的 31 根弦上。通过顶部的键和从下面与它们对齐的枢轴之间的接触，演奏者能够像在任何普通键盘上一样敲击正确的 12 根弦。然而，也有可能将顶板重新置于下面的一排 31 个枢轴的某处，以便在其他调式中演奏曲调。这样，演奏者能够通过一定的努力，更自由地将音乐从一个调转到另一个调。

然而，音乐史选择了一条不同的道路。18 世纪，"十二平均律"开始盛行，原因很简单，那就是相比于音调的纯正，作曲家更加重视转调的能力。

虽然不清楚克里斯蒂安设计的细节，但在巴黎确实有一架按照他的要求改装的大键琴。7 月 10 日，他得意地写信告诉洛德维克："我的大键琴发明非常成功，我已经离不开它了。"遗憾的是，这个乐器没有被保存下来，克里斯蒂安唯一的音乐论文《循环和声》(Le cycle barmonique) 直到 1691 年才出版，文章几乎没有透露更多信息，只证实了他尝试过多种乐器。

其他时候，我也曾像在巴黎那样对大键琴上的活动键盘做过调整，甚至对那些普通键盘也做过调整，我放在上面的键盘与黑白键高度匹配，这样键就可以不受阻碍地滑动。这一发明受到了大师的欣赏和模仿，他们从中发现了实用价值和乐趣。

如果克里斯蒂安的重调键盘能被更广泛地使用的话，这种新乐器的一个特殊效果可能会在音乐上引发一场小革命。他对某些音程的调整，使一些传统上被认为不和谐的和弦更加悦耳。其中有被称为三全音的和弦（因为它由两个音符组成，相距三个全音。现在被称为"增四减五"）。自中世纪以来，三全音一直声名狼藉，据说它有着"音乐中的魔鬼"的绰号，并被教会音乐家禁止使用。然而，在克里斯蒂安的调音系统中，这个和弦突然失去了它的恐怖感。克里斯蒂安仔细检验后认为它很和谐，当他弹奏自己的大键琴时，毫不犹豫地使用了它。

克里斯蒂安·惠更斯使用新键盘的经历表现了他们父子在音乐哲学上的一些相似之处和相异之处。克里斯蒂安更愿意用不带偏见的耳朵倾听，对音乐效果背后的原理更感兴趣。他清楚地相信，音乐的创新与其他领域的创新一样，代表着一种进步的思想。例如，他死后出版的《宇宙的注视者》（*Cosmotheoros*）一书是对于外星智慧的沉思。他推测，其他星球上的生物不太可能有不如我们先进的音乐理论，"我们也不能推测他们想使用二分音符和四分音符，因为发明二分音符是如此理所当然,使用它们是如此合乎自然"。与此同时,康斯坦丁更关心音乐产出,无论是作曲还是表演,并满足于利用现有的传统和类型创作。就像他们在光学现象领域选择了截然不同的研究路径,父亲更着迷于这种景象,而儿子寻求基础的理解,这反映了一种更严格的科学方法思想逐渐形成于他们所处的时代。

克里斯蒂安虽然痴迷于音乐原理,但没有牺牲音乐的快乐,他确信,音乐的许多乐趣是无法解释的。他坚持认为,音乐的目的是愉悦感官,而不是任意地展示它的巧妙。他最终喜欢上平均律,不仅因为它的音程更纯正,而且因为它有一种吸引人的变化特点,当一段旋律用不同的调演奏时,可以保持听众的兴趣。在这一点上,他与父亲完全一致,父亲在 1680 年适时地告诉克里斯蒂安:"我的对句给了我在所有作曲中需要的 6 样东西。"他最后建议克里斯蒂安忠于自己的感觉:"我愿意由耳朵引导,而不是鼻子。"

***

虽然克里斯蒂安在巴黎为自己制作的乐器不复存在,但第二次世界大战后,荷兰物理学家阿德里安·福克根据他的初始概念制作了一架风琴。这台乐器现在安装在阿姆斯特丹音乐厅,经常用于独奏会,既演奏惠更斯时代及以前的音乐作品,也演奏专门为展示其微分音能力而创作的当代作品。福克风琴摒弃了克里斯蒂安的可拆卸顶部键盘，它的多个键盘排列在一个彩色编码的网格中，演奏者只需将手从一排键垂直向上或向下移动到下一排键就可以改变音高，而任何一排键都可以像标准的"十二平均律"黑白键盘那样弹奏。

它听起来如何？简而言之，可能不像你想象的那么古怪。音乐的一个"普遍常数"是八度——一个音调的频率是另一个音调的两倍（或一半），这两个音调之间存在一个简单的数学比例，我们听起来会觉得它们是相关的——尽管这种现象在人类的其他感官中相当奇怪，而且没有类似的现象。唯一需要考虑的另一个问题是，人的耳朵能够察觉音高或频率之间的差异究竟有多大。这会因声音的音量、音调和音质而有所不同，还会因听者的年龄和训练程度而异，但通常认为大约是八度的 0.5%，相当于我们听觉范围中部大约 2 赫兹。随着时间的推移，在西方音乐的发展道路上，理论上可用的大量排列组合中，只有相对较少的和弦与音符序列被认为是愉悦的及允许的。其他一些序列及和弦可以少量使用，可能是为了营造一种邪恶的情绪，或者是为了表明前卫，而许多其他的可能性因许多乐器的固定调音而被简单地忽略了。直到 20 世纪，作曲家才开始探索基于四分音程甚至更小音程的音乐，尽管他们的大部分作品还没有被列入音乐会的曲目。

另外，现在我们比以往任何时候都更熟悉其他文化的音乐，从加麦兰[①]（gamelan）到布鲁斯，它们能遵循不同的音调规则。此外，电子乐器很容易呈现从连续的听觉频谱中提取的声音。这意味着，我们今天听到的大部分音乐都是微分音的，尤其当它伴随着屏幕上的动作而产生视觉干扰时。斯坦利·库布里克的电影《2001：太空漫游》中有一个著名的例子，这部电影使用了匈牙利作曲家捷尔吉·利盖蒂的几首作品。利盖蒂于1966年创作的《永恒之光》（*Lux Aeterna*）的"微复调"音调，伴随着黑色巨石的出现，这标志着一个更高级的外星智慧的存在。他们的音乐听起来就应该是这样的，这正是克里斯蒂安所期望的。

---

① 印度尼西亚的传统民族音乐表演形式。——译者注

第 11 章　巴黎人

1663年秋天，巴黎是一座动荡不安的城市。1661年3月，首席大臣、红衣主教马扎然去世后，22岁的路易十四亲自接管了统治法国的权力。他英俊潇洒，体格健壮，极为在意自身形象。他着手进行了众多改革，集中了政府权力，巩固了巴黎作为欧洲学术、艺术和时尚之都的地位。上一次克里斯蒂安身处巴黎时，见过被烧毁的卢浮宫，现在它带着新的侧翼和无比雄伟的正面，再次耸立于世人面前。塞纳河对面是索邦大学新校舍的框架。

克里斯蒂安10月到达巴黎后，立刻继续开展望远镜、力学和钟表方面的科学活动。他去了蒙莫尔的沙龙，他的朋友们在那里进行气泵实验也都失败了。正如他在伦敦发现的那样，描述和图表不足以传递知识，需要个人现场示范如何装设和操作复杂的装置。先是在伦敦，然后在巴黎，克里斯蒂安为他的同伴提供了手把手的指导，他成为与这项重要新技术相关的知识

路易十四肖像画。这幅版画展示了 1661 年的路易十四。马扎然死后，他亲自接管了对法国的统治，尽管自 1643 年以来他一直是国王。

在国家间转移的关键媒介。

但是蒙莫尔学会没什么好吹嘘的了。在皇家学会获得成功的消息的刺激下，蒙莫尔成员发誓少说话，多做实验，但他们仍然没有取得太大的科学进步。莫里哀在他的新喜剧《博学的女人们》中讽刺了那些长篇大论的晚间聚会。蒙莫尔成员忌妒英吉利海峡对岸的兄弟，知道他们享受着查理二世的资助（即使他们对查理二世的慷慨资助有一种夸大的印象），他们一起争取法国王室资助。然而，他们独立的工作方案受到日益强大且权力意识逐渐增强的政府的不信任，他们未能赢得国王的支持。1664 年，大火烧毁了蒙莫尔富丽堂皇的家宅，一切都结束了。6月，克里斯蒂安告诉莫里："在巴黎，科学领域没有什么新东西了，蒙莫尔先生的学会永远结束了，但似乎从它的残骸中能诞生其他的东西。""其他的东西"是政府的学院，第一个真正的国家科学院。

1661年，让-巴普蒂斯特·柯尔贝尔被任命为路易十四的财政大臣。柯尔贝尔的梦想就是通过建立一系列国家学院来扩大政府权力，这将显示国王的更大荣耀。柯尔贝尔缺乏幽默感，脾气暴躁，被著名社会评论家塞维涅侯爵夫人称为"北风"。众所周知，当被提问时，他习惯于避免随意地回答，总是喜欢借助手头的数据。他相信所有的知识对政治都有实用价值，他的行政权力直接来自好奇心和17世纪的信念，即一切都可以被了解。长期以来，柯尔贝尔在维维安街的公寓里有巴黎最好的图书馆。图书馆一楼有关于科学和自然历史的书籍以及古典文献和《圣经》文本，楼上有政府账目资料、工业报告和国家统计数据。他的科学管理雏形概念，包括了土地使用、工业、人口，以及从教会教义到花园设计的一切。他还意识到，收集到自己办公室的数据，除了表面上收集它们的明显目的，它们还有可能被用于其他目的。例如，一项针对荷兰和法国布厂进行的比较调查，表面上是为了提高效率，但实际上也可以提供关于新教工人数量的信息。

柯尔贝尔最终成立了国家文学院、音乐学院、舞蹈学院和建筑学院,并控制了其他学院,包括红衣主教黎塞留在1635年建立的法国科学院。禁止成立未经批准的学院。他的目的是为路易的统治增光添彩,为此,他努力寻找能被吸引来到巴黎的最伟大的人物,即使他们来自国外。克里斯蒂安·惠更斯回到巴黎的时机正好。他为此次巴黎之行也做了充分的准备,这多亏了他的外交官父亲,父亲寻求法国把位于普罗旺斯的奥兰治公国归还给他的主人,并把儿子的一个摆钟送给了路易十四。克里斯蒂安每年获得1200里弗的养老金,获得此项待遇的还有高乃依、莫里哀和拉辛等文学巨擘。克里斯蒂安和其他获得这一津贴的人共同成为最早的直接受雇于民族国家而不是王室捐助者的科学家。[1]

每隔一段时间,一些杰出的学者就会向柯尔贝尔请愿,请求国王建立一个科学院。但是官方对笛卡儿主义的恐惧,以及对于应该纳入哪些学科和谁将拥有知识产权的争论,阻碍了事情的进展,直到柯尔贝尔说服了路易,使他相信这样一个机构也许是有益的。他的设想是建立一个比旧沙龙更关心公共利益的机构,并直接为市政当局服务,从而使法国的国家状况得到显著的改善。柯尔贝尔对艺术和科学也持有国际主义的观点,他认为,克里斯蒂安的荷兰人身份是一个特殊的优势。克里斯

---

[1] 皇家学会于1662年11月同意聘用胡克作为其受薪的实验馆馆长,但他的正式任命被推迟到1665年(Inwood 30)。

蒂安不仅受到许多法国数学家和自然哲学家的高度推崇，而且能够进入宝贵的国际联系网络；另外，克里斯蒂安具有柯尔贝尔的国家项目需要的才能，并有可能分享观点。

此外，克里斯蒂安获得了强大盟友的推荐，其中最重要的是具有影响力的老朋友让·沙佩兰，他是柯尔贝尔在文学和科学世界的维吉尔。那年秋天，克里斯蒂安到达巴黎前不久，沙佩兰写信给他说："当我有幸被柯尔贝尔先生咨询关于陛下应给予哪些杰出人士坚实的地位之时，我推荐您作为国王最值得尊敬和恩惠的对象之一，我从来没有做过比这更高兴的事。"沙佩兰知道克里斯蒂安不太符合法国宫廷的礼仪，便建议他们尽快会面，以讨论柯尔贝尔和国王需要的答谢形式。柯尔贝尔任命的皇家图书管理员、数学家皮埃尔·德·卡尔卡维是另一位推荐克里斯蒂安的年长朋友，他相信，除了科学职位的吸引力，克里斯蒂安将无法抗拒巴黎的"社交、美女"等其他魅力。如果玛丽安·佩蒂特不愿再见到克里斯蒂安，似乎还会有其他年轻女士愿意见面。

对于巴黎那些衰落的沙龙的成员来说，新学院仍然是一个不确定的议题。的确，对于他们大多数人来说，最幸运的事情是克里斯蒂安很早就加入了学院，尽管他是外国人。然而，只有少数聚集在蒙莫尔家的人转入了柯尔贝尔的机构。其他人则鉴于外国学会尤其是皇家学会的最佳实践，对于投入观察和实验以及揭露错误甚至欺骗性思维失去了兴趣。

在1664年初的几个月里,克里斯蒂安等待着做出必要的决定。他去看戏剧、芭蕾舞,参加舞会。与此同时,他的家人利用了这段空闲时间。他的新妹夫写信向他征求有关最新时尚的建议,并请他处理一个镶金表壳的金表订单。苏珊娜提出要一对吊灯。他给洛德维克寄去了一张由巴黎家具制造商制作的新桌子。他不得不多次拜访一个本该为自己和哥哥制作假发的假发商。这些琐事显然惹恼了他,他时不时地表示不愿意继续承担这些义务。但也有一些有趣的消遣。克里斯蒂安用从威尼斯进口的全玻璃钢笔写了一封信,他写道:"这是一项非常方便的新发明,因为这些钢笔的笔尖不会磨损,墨水不会损坏它们,它们书写流畅,甚至更适合画画。"他附上了两支钢笔,以便洛德维克可以尝试制作,"如果你还没有完全忘记这种高贵的艺术[玻璃制作]的话"。

克里斯蒂安提出了不太高的要求作为回报:"我恳求你首先给我寄来各种普通的卷心菜种子,皱叶甘蓝、花椰菜、红球甘蓝。如果还有其他的,也请寄来。祖埃里乌斯表哥(我恳求你代我向他问好)会给你看的。这是给我的一个很好的[女性]朋友的,这就是为什么我不想让你忘记的原因。"卷心菜种子可能完好无损地到达了巴黎,但从海牙寄来的一件特殊货物——三只钟——却没有如此好运。在争论完运费和关税之后,克里斯蒂安拿到了货物，打开箱子，发现两只钟碎了，轮轴折断，碎玻璃到处都是。幸运的是，夹在另外两只钟之间的第三只钟保存了下来。

钟表的艰难旅程萦绕在克里斯蒂安的脑海里。当时，他的一只钟表正在一艘英国船上接受与英国时钟的对比试验，以判断它们是否适合用于在海上计算经度。这正是柯尔贝尔希望法国科学院开展的实用科学研究。但这也是欧洲最主要的海上强国英国和荷兰非常感兴趣的问题。科学能在如此危险的情况下保持中立吗？

当柯尔贝尔敲定了克里斯蒂安在巴黎的雇用条件时，后者决定回到海牙的家中，全身心地投入这项工作，直到1666年他才返回法国。

***

在海上确定经度需要一种通用时钟，它使从船上看到的天体的位置能够与其在母港等基准子午线上的位置进行比较。两地正午时分（即太阳直射头顶）的时间差，可用来衡量这艘船的航程所占地球周长的比例。然而，如果要想让船舶保持的基准时间在长途航行中可靠，那么它需要一个高度精确的计时器。

早在1657年，克里斯蒂安就表示相信自己的摆钟可以提供测定海上经度的钥匙，从而大大提高船舶航行的准确性和安全性。罗伯特·莫里爵士在1658年访问海牙时看到了克里斯蒂安的早期摆钟；在1661年克里斯蒂安访问伦敦期间，莫里爵士和亚历山大·布鲁斯与他讨论了如何调整设计，以使其适合在海上使用。布鲁斯和克里斯蒂安都着手设计新的钟表，进行改进，以经受艰苦旅程的考验。但这是一项异常艰巨的工作。一艘载有两只布鲁斯钟表的船只在从荷兰到英国的短途试航中遇到了大风浪。当船摇晃之时，悬挂在横梁上的一只钟猛地摔到船舱底，"另一只钟受到了如此强烈的冲撞，立即停了下来"。与此同时，克里斯蒂安在家里安装了一个模拟器——一个钟被固定在一块木板上，木板的每个角都用5英尺长的绳子悬挂着，绳子与重物相连，这样整个组件的移动，就可以大致模仿海上的运动。他的时钟即使在被"悬挂和摇晃"的时候也继续运行。

最终，在1663年夏天，经过完善测试的克里斯蒂安和布鲁斯的仪器，分别被贴上标签"A""B"，被放在英国海军舰艇皇家"储备"号上，在舰长罗伯特·霍尔姆斯的指挥下，试航前往里斯本和丹吉尔。当船返回英国时，克里斯蒂安在巴黎收到了莫里的详细报告。这次短途航行取得了有限的成功。莫里写道："可以肯定的是，海牙制造的钟（"A"）比这里制造的钟（"B"）要好得多。"这对于希望自己的设计获得英国许可权的克里斯蒂安来说是个好兆头。但是，在他的创新设计的品质被充分评估之前，还要进行更详尽的测试，不仅要在更长的时间段和更具有挑战性的海洋状况下测试仪器，而且希望能够比里斯本航行时更加谨慎地记录仪器读数。

11月，两只钟被装在一个钢球和一个铜圆筒里，以保护它们免受腐蚀，并被小心翼翼地安装到皇家"泽西"号上，再次由霍尔姆斯指挥，驶向西非。克里斯蒂安就如何在海上管理这些仪器提供了详细的说明。皇家"泽西"号起航后不久，克里斯蒂安焦急地给莫里写信说："我希望在去几内亚和牙买加的新航行中，你能下令把钟表经历的一切和人们所做的一切都准确地记录下来。"

罗伯特·霍尔姆斯也许不是执行这样一项艰巨任务的最佳人选，尽管他肯定会调整好时钟的节奏。霍尔姆斯被一位同时代的人描述为"趾高气扬、架子大、腐败"，他是英国海军史上经历最丰富多彩、最具争议的人物之一。在陆地上，佩皮斯认为他是"一个狡猾的家伙，一个可以摆出好几副面孔的人"。在海上，他以独立行动而闻名，他的行动带有勇敢、贪婪和侵略性的特征。即使以复辟时期的海军标准来看，他也常常显得肆无忌惮和不受控制。1661年，他率领一支小船队在西非探险寻找"黄金山"，以失败告终。在此期间，他迫使冈比亚河上一个岛屿上的荷兰堡垒投降，引发了海牙的尖锐外交指责。后来类似的行动又两次激怒了荷兰人，荷兰对英国发起海军行动，霍尔姆斯成为"两次荷兰战争的受诅咒的开启者"，安德鲁·马维尔如是说。虽然霍尔姆斯对科学确实有些兴趣，并能看到精确航海钟的潜力，但将克里斯蒂安的精巧仪器置于这样一个流氓手中并不理想。

皇家"泽西"号刚离开港口，克里斯蒂安又陷入了担忧。布鲁斯写信给他，表示他希望主张经度钟的全部发明权。克里斯蒂安向他们共同的朋友莫里抱怨道："似乎自从我在公共场合展示摆钟以来，它们就不再是我的发明了。似乎他希望给我的那部分被当作施舍，而不是理应属于我的那部分。"

布鲁斯和克里斯蒂安都敏锐地意识到，能够破解经度问题的发明家将会得到怎样的回报。毫无疑问，为了在他们共同开发仪器的过程中取得实际进展，克里斯蒂安匆忙地同意了布鲁斯的意见，即他们可能获得的任何利润都应该平分。现在克里斯蒂安有理由为这种天真的安排感到遗憾，因为这并没有真正反映自己的贡献。他写信给布鲁斯，显而易见，他被伤害了。

> 然而，由于你对此仍持有怀疑态度，所以你最好先将此事澄清，以避免将来发生争议。正是你举的例子让我感受到了这种自由和开放的精神，这种精神应当在彼此信任的好友之间得以践行，所以我将首先谈谈在海牙发生的事情。当时我们正在调整两个时钟，当我听到你提议我们应平分上述利益时，我感到非常惊讶。然而，我不想反驳，是为了避免与你发生争论，并不是说我认为这样的分配是公平的。此外，

后来与我交谈的两三个人告诉我，我与你达成这个协议是不明智的。至于针对我的反驳之说，即认为古代钟和钟摆的发明者同我一样，在经度钟的发明上也有权利，我们可以说，这两个发现是我发明摆钟的基础，正如有人说画布和色彩是绘画艺术的基础。然而，我的钟是发明经度钟的基础，而且它们本身就是发明的核心，只不过在海上不便携带。

克里斯蒂安预见到未来会有更大的困难，他认为在荷兰法庭上维护自己在航海钟上的优先权是明智的，于是写信给大议长——也是他曾经的数学伙伴——约翰·德·维特。德·维特承认了克里斯蒂安的优先权，但附带条件是，这两个钟必须在荷兰船只上进行测试。克里斯蒂安罕见地求助于爱国主义的安慰，他痛苦地给莫里写信道："至少我在荷兰的朋友能真正理解这一点。"

与此同时，莫里巧妙地缓和了两位主张权利者的情绪，敦促克里斯蒂安澄清他的初始发明在多大程度上区别于为航海用途所作的改进。克里斯蒂安同意了莫里的建议，允许皇家学会委员会在他缺席的情况下裁决此事，这表明学会在此类争端中发挥的作用越来越大。由于外国人不可能持有英国专利，克里斯蒂安被迫在这个问题上向布鲁斯让步，确认他的物质利益将受到学会的保护。克里斯蒂安丝毫不后悔以他们两个人的名义向联省议会提交了荷兰专利申请,明确了自己是钟摆的发明者,并且两个人都为了使其能在航海中使用进行了改进。

感觉到自己可以很轻易地被剥夺应有的权利,这刺激了克里斯蒂安继续待在海牙的家中。1664年的夏季和秋季,当这些信件来来回回时,他努力地改进钟表。他遵循一个系统的程序,委托钟表制造商对现有的设计进行微小的改进,然后通过比较试验进行评估。"这就是我不断地测试自己的新计时器的准确性的原因。"他向莫里吐露。

***

1664年12月初,霍尔姆斯船长到达普利茅斯,带来了一连串的麻烦。又过了6个星期,他才出现在伦敦,亲自传播自己的英勇事迹。但莫里早先听到的消息是,时钟运行良好,而且确实已经拯救了霍尔姆斯的小舰队。

在从西印度群岛返航的最后一段行程中,皇家"泽西"号及其同行船只于8月从几内亚湾的圣多美起航回国,计划途经佛得角群岛和加那利群岛。起初,船只航行顺利。然而,在经历了10天的风平浪静之后,水开始短缺。船长们召开了一个会议,比较了他们的航海日志和航程计算,达成了一致意见——船队应该转向西方,希望找到更强的风,将他们带到巴巴多斯,在那里他们可以补充淡水。但是霍尔姆斯推翻了这一决定,宣称其他船长错误地计算了船只的位置,产生的误差达几百英里,船队并不像他们想象的那样偏向西方。"因为我观察了自己船上的摆钟，我经常关注它们，要么它们是错误的，否则……我们必须更向东……我决定（按我的摆钟推测）向福戈（佛得角群岛中海拔最高的岛屿，那里有水）行驶 48 小时，就像我自己估计的那样……"

莫里把这个戏剧性的故事转述给克里斯蒂安，最后说："因为他们对钟表完全有信心，所以他决定有必要继续这条路线。第二天早上，这个岛出现了，就像他判断的那样。"几个星期后，莫里的叙述出现在法国的《学者杂志》和皇家学会的《哲学汇刊》上。莫里谨慎地思考了同行竞争性的权利主张，并宣布："这些钟表最初是由优秀的克里斯蒂安·惠更斯先生发明，并由金卡丁伯爵阁下［布鲁斯］进行改进，以适应海上航行。两位都是皇家学会会员，如今都因一项新的卓越成就而达到了前所未有的境界。"

克里斯蒂安自然对来自英国的消息表示欢迎。但他的科学怀疑主义被激起了。这是不是有点儿太好了，以至于不真实了？（沙佩兰也怀疑，尽管他的怀疑更多地是出于英荷总体的紧张关系，以及他希望将克里斯蒂安留在法国的愿望。）克里斯蒂安回复莫里说，他原本没期望这些钟会运行得这么好，并想了解皇家学会的其他会员对这个故事的看法，以及"船长看起来是否是一个真诚的人，我们是否可以相信他的忠诚。因为令我惊讶的是，这些钟竟然如此准确，以至于有可能通过它们来发现这样一个小岛"。①

我们完全有理由怀疑霍尔姆斯，这不仅是因为早先从里斯本航行返回时的数据质量很差，而且还因为他在这次航行中的可疑行为。几内亚探险的表面目的是支持从事黄金和奴隶贸易的皇家非洲公司的英国商船。霍尔姆斯通过攻击非洲海岸的荷兰堡垒和海上的荷兰船只来完成这项任务。在抓获一艘船后，皇家"泽西"号突然发现自己载有荷兰囚犯和克里斯蒂安的荷兰时钟。

当霍尔姆斯在伦敦陈述自己的情况时，一支重要的荷兰舰队已经出发去夺回被放弃的堡垒，英国也以宣战作为回应。这场战争对于克里斯蒂安来说是一个直接的障碍，他正试图将具有新功能的钟表样品送到伦敦，现在他发现有必要通过敦刻尔克和加莱等中立港口安排运输。霍尔姆斯被认为超出了他的职权范围，被短暂地关押在伦敦塔里。正是在此时，在缺乏来自霍尔姆斯的任何正式报告的情况下，皇家学会主席威廉·布龙

---

① 克里斯蒂安也有理由怀疑这项技术。当时他在海牙进行的试验表明，两个相距几英尺的钟的钟摆开始同步摆动。克里斯蒂安称这种现象为"同感"（OC5 246-9），起初他将其归因于两只钟之间的空气的影响，但后来意识到这是共同支撑而传递的振动所致（OC5 255-6）。不幸的是，他把自己的第一个想法公之于众，并觉得有必要发表一份撤回声明。这也是科学史中最早的撤回声明之一。"撤回一个人所误解的东西并不可耻。"他向父亲确认。（OC5 301-2）这一现象至今仍是科学家的难题。参见《科学报告》第6卷，文章号23580（2016）。

克尔不得不去努力获取关于钟表性能的更详细的第一手资料。经过再次详细询问霍尔姆斯，并得到了探险队中另一艘船的一名军官的独立确认，钟表的出色性能得到了惊人的证实。

克里斯蒂安迅速采取行动，利用这次成功在整个欧洲为自己谋取权益。在英国，他继续为具有新功能的钟表寻求专利保护，并为它们安排海上试验，尽管战争并未结束。沙佩兰在西班牙为他谈判一项许可权，并将授权巴黎的钟表制造商。他时不时地写信提醒克里斯蒂安，奉承路易十四从来都没有坏处。克里斯蒂安像往常一样对这种客套话感到不安，回复说："我会写信感谢柯尔贝尔先生和国王，尽管我不太了解这种信件的风格。"他最终表达了必要的感激之情，并就自己的特殊状况附加了一则重要的个人说明：

> 但我只想说，陛下在分配利益时，并不区分他的臣民与外国人，只考虑这个人的德行以及他对公共利益的好意，[因此]他一定期待公正的回报，即外国人对他的尊敬以及像法国人一样热爱国王，而且他们也希望他的生命和统治能够持久。

自相矛盾的是，正是荷兰人似乎对他的发明最不热情。克里斯蒂安前往阿姆斯特丹，向海员和航海家推销自己的钟表，其中包括荷兰东印度公司的制图师琼·布劳,他是制作了著名地图集的威廉的儿子。克里斯蒂安沮丧地告诉父亲,他们"不能否认这种效用。然而,我注意到,我们的同胞是多么迟缓和不情愿地接受新事物,即使它的效用是显而易见的"。

克里斯蒂安将在余生接受各种赞助,定期参与新钟表的海上试验。1665年,莫里首先带来了传闻:罗伯特·胡克想出了一个替代方法,即用游丝代替钟摆来调节计时,钟摆在颠簸的船上显然很有问题。这个消息后来被证明是准确的。克里斯蒂安也尝试使用了这种机械装置,并继续基于钟摆的设计工作。克里斯蒂安的一只摆钟代表柯尔贝尔在一艘法国舰船上接受测试,这艘船被派去保卫坎迪(今希腊克里特岛的伊拉克利翁港),以对抗土耳其人的入侵,但任务失败了。克里斯蒂安阅读船长的报告时冷冷地评论道:"'圣凯瑟琳'号在炮击中的摇晃,以及火药燃烧发出的震耳欲聋的轰鸣声,都是对钟表和钟摆稳定性的很好的测试。"

1672年,法国和英国对荷兰共和国宣战后,在荷兰进行试验是他唯一的选择。1686年,荷兰东印度公司的"阿尔克马尔"号上进行了一次秒摆钟的试验,它并没有解决技术问题,但确实引起了科学界的兴趣。由于受委托记录数据的男子在船上死亡,所以没有从"阿尔克马尔"号的航行中获得数据。但在从好望角返回的航程中,将测算的经度数据与航海图上的标注核对后发现，这艘船似乎径直驶过佛得角群岛、亚速尔群岛和爱尔兰。这种系统性的偏离误差，在赤道附近比在更北的地方更大，表明在这些纬度上钟摆的重量实际上更小。因此，它证明了不存在普遍的秒摆，并给出了一个基础，用来计算钟摆在每个纬度以恒定周期摆动所需的长度修正值。当"阿尔克马尔"号返回特克塞尔岛时，克里斯蒂安已经收到了一本新出版的牛顿的《数学原理》。克里斯蒂安认为，赤道偏差可以单独归因于地球自转的离心力，而牛顿的理论也考虑到了由于地球呈扁球形而减弱的引力。因为"阿尔克马尔"号的数据与克里斯蒂安的解释高度吻合，所以他有信心用它们来反驳牛顿的观点，即引力是普遍的，而不是只适用于天体的某种东西。

可接受的航海钟——由不受重力影响的弹簧调节——直到18世纪才由约翰·哈里森制造出来。

***

1665年夏天，克里斯蒂安渴望回到法国，那里有和平、知识界同伴的陪伴，以及获得持续资助的前景。天花席卷了佩蒂特一家，他的妻子去世了，但玛丽安——经过三次清洗——正在康复。卡尔卡维转达柯尔贝尔的话，说国王希望克里斯蒂安在巴黎安顿下来。柯尔贝尔给出了"很多理由和美好的承诺"，克里斯蒂安写信告诉洛德维克：

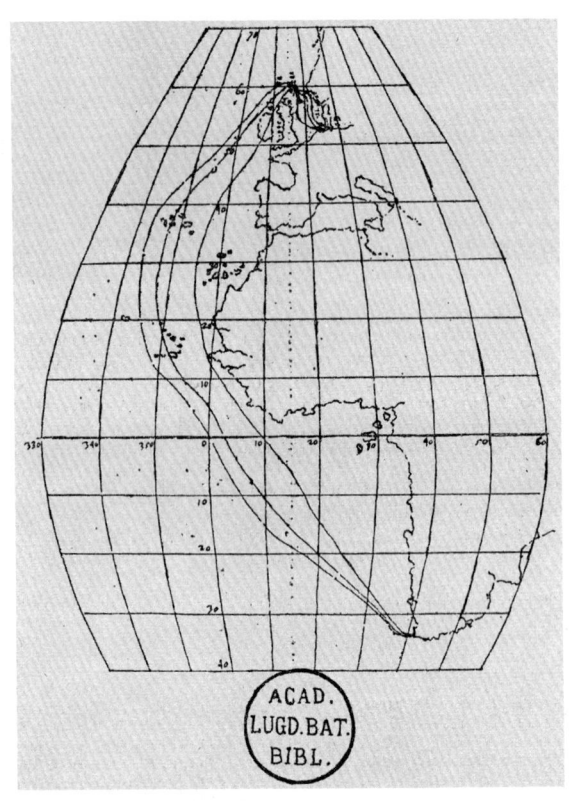

"阿尔克马尔"号从好望角返回的估算路线。使用克里斯蒂安航海钟计算的经度显示,该船途经了佛得角群岛、亚速尔群岛和爱尔兰,但这是一条不可能的路线。修正后的路线(最西线)考虑到了赤道附近重力减弱导致的钟摆摆动减慢。

然而，我无从得知他会如何支付我的年金。我已经写信给父亲，想知道他对我有什么期望。只要能像国王许诺的那样，我能得到一笔不错的生活费，而且可以自由地生活，不承担任何义务，似乎没有理由拒绝。

最后，双方达成了协议。克里斯蒂安获得 6000 里弗的津贴，并在皇家图书馆获得一套靠近柯尔贝尔和卡尔卡维的公寓。他极力要求得到关于学院以及自己的实验室计划的进一步信息，甚至询问是否可以免于海关检查，因为海关检查经常会延迟科学设备和论文的运输。不过，他和父亲终于满意了。4 月 8 日，克里斯蒂安写信给卡尔卡维和柯尔贝尔，说他将在 10 天之内动身去巴黎。

***

凡尔赛宫里悬挂着一幅 3 米多高、近 6 米宽的油画，由亨利·泰斯特林绘制。它的标题是《柯尔贝尔向路易十四引荐 1667 年成立的皇家科学院的成员》。这幅画展示了大约 20 名与该机构的创立密切相关的科学家、朝臣和贵族。他们聚集在一起，依次被引荐给国王，周围是巨大的地球仪和天球仪，以及他们努力创造的仪器等。作家查尔斯·佩罗也在画面背景中，透过拉开的窗帘，能够看到正在建设中的他的哥哥克劳德的巴黎天文台。画面中还有物理学家埃德梅·马里奥、数学家皮埃尔·德·卡尔卡维、天文学家乔瓦尼·卡西尼等许多人。画面一侧，仆人正在挂起一幅米迪运河规划图的大地图。在一个悬空的浑天仪下面的黑暗中，藏着一具解剖后保存下来的狮子骨架。其中一些人的身份还不确定，他们都戴着假发，穿着长袍，看起来非常相似。克里斯蒂安·惠更斯可能是那个穿着合身的淡紫色外套的人，站在堆满书籍和绘画的桌子后面，桌子上还立着一只小钟表；也许，他隐没在人群里，正在与卡西尼随意地交谈。

当然，事情从来都不是这样的。卡西尼于1669年才到达巴黎。事实上，画面中的这次引荐发生在几年后，泰斯特林才画了这幅作品。然而，无论如何，并没有发生引荐。路易十四只是在1681年12月对自己的科学院进行了一次不情愿的访问，他看到水被冷冻、酒被蒸馏，并观赏了出版物中的动物和天文仪器插图。他离开时说："先生们，我没有必要勉励科学院工作，它运行得很好。"

然而，克里斯蒂安·惠更斯是在1666年4月返回巴黎仅几周后，便被引荐给路易十四。

> 国王说了一些非常愉快的事情，我认为自己对他说的都是一些毫无价值的事情。因为除了听众可能带给我的激动，我还有一点儿发烧，这是乘坐马车导致的。最好的事情是只

有柯尔贝尔与国王在一起。后来柯尔贝尔邀请我一起用餐，我还见到了他的夫人和女儿。我受到了热烈的欢迎。柯尔贝尔问我回巴黎时是否愿意路过凡尔赛，我欣然答应了，看到那个美丽的地方，呼吸新鲜的空气，我被治愈了。

上述这段话出现在克里斯蒂安写给妹夫菲利普·多布莱的信中，信是用法语写的，就像他写的大多数家书一样。但在最后，他用荷兰语表达了希望，希望家族的其他成员有一天能访问这个"满是果酱罐子，街道上到处都流淌着糖浆"的国家。

克里斯蒂安很快就舒适地安顿下来，他的公寓位于正对王宫的维维安街上，在柯尔贝尔家的皇家图书馆楼上。隔壁的房间由柯尔贝尔的图书管理员卡尔卡维占据。克里斯蒂安一定感到很安全，至少暂时是这样。这时他听到了家乡的瘟疫和英国海军袭击荷兰海岸的消息，以及大火烧毁了伦敦大部分地区并威胁格雷沙姆学院的消息。在巴黎，他又一次沉浸于无休止的娱乐活动——舞会、喜剧、宴会和音乐会，偶尔还有相对刺激的活动，例如，他参加了一个女人尸体的解剖，这个女人因为杀害自己的孩子而被绞死。此外，克里斯蒂安有时也会参加曾在荷兰和英国经历的令人乏味的各种仪式。与此同时，在离他住处很近的地方，卢浮宫的建筑工程正在进行。在克里斯蒂安居住在巴黎的大部分时间里，市中心一定是一个充满活力的建筑现场，也是各种刺激的活力源泉。这是一个充满了目的感和进步感的城市，一个致力于创造新事物并且别具一格的地方，克里斯蒂安想成为它的一部分。

克里斯蒂安一直在柯尔贝尔的第一批科学院院士候选名单上，他的入选是基于沙佩兰的持续推荐，也许还要归功于他的父亲进行的巧妙游说。既然他的任命条件和行政细节（如学院开会的地点）都已经商定了，那么在接下来的 16 年里，除了短暂的生病休息，克里斯蒂安将待在巴黎。也许因法国人反对对克里斯蒂安的任命，导致科学院成立的延迟，但现在，克里斯蒂安来到巴黎，同样象征着科学院的成立。考虑到他的外国国籍，这是一个惊人之举。对于克里斯蒂安来说，这是其职业生涯的巅峰时刻，他得到了同行的认可和公众的尊重，时年 37 岁。

要理解为什么克里斯蒂安不仅可以被接受，而且很接近于科学院名义领袖的完美候选人，就必须理解柯尔贝尔为增强法国及国王势力而制定的计划。柯尔贝尔的信念是，所有的事实都可以被了解、整理和利用，以提高国家的经济和社会潜力。他的图书馆拥有大量的书籍和国家统计数据，这只是他试图将所有学问置于自己的直接控制之下的开始。运行和维护这样一个持续的"大数据"工程，需要一个智力中心，在那里，收集的信息可以被分析并形成一个行动方案。它需要严格的组织来确保所有重要数据得到系统地收集和利用。就其涵盖范围之广、体系结构之严密而言，这本质上就是一种笛卡儿式的极权控制幻想，只不过没有冠以笛卡儿之名罢了。

科学发明和理论要像庄稼产量或教堂出席率数据那样被坚决地收集。尽管柯尔贝尔受到佛罗伦萨、罗马尤其是伦敦榜样的激励——正如伏尔泰后来所写的，他"忌妒新的荣耀"，即路易的强敌查理二世的皇家学会——但他的科学院在概念上比伦敦的同类机构更接近于培根在《新亚特兰蒂斯》中描述的所罗门宫。皇家学会没有那么大的野心要控制科学知识的利用。柯尔贝尔设想的是一个没有法规的机构，其成员永远不会拥有其开发的知识财富的权利。它将是一个思想交流中心，但所有的思想最终都将归属于国家。

为了消除资源浪费，柯尔贝尔从学院中排除了业余爱好者、攀龙附凤者和那些被视为纯粹工匠的人。耶稣会士和笛卡儿主义者（颇具讽刺意味）也被排除在外，因为柯尔贝尔认为他们对科学真理根本不感兴趣。幸亏正如克里斯蒂安的发现所表明的，此时他显然不是教条的笛卡儿主义者，因此很容易地摆脱了这种指责。柯尔贝尔凭借政治本能意识到，国家的伟大不是由本国国民独自创造的。他将外国学者吸引到自己建立的一些学院，除了卡西尼和克里斯蒂安，来到科学院的还有丹麦天文学家奥勒·罗默。柯尔贝尔去世后，再也没有外籍院士被任命，这也表明了他独特的眼光以及时代的变化。17世纪末，法语已成为科学的主要国际语言，这一事实证明了柯尔贝尔世界主义观点的正确性。

由于该科学院的早期成员已经包括了能干的数学家和天文学家，所以柯尔贝尔很可能把克里斯蒂安视为机械科学家和发明家。除了在一系列科学领域中做出的非凡观察和发现，克里斯蒂安还能够设计、建造、测试新颖的机器，直到它们被证明具有实际的效用。简而言之，克里斯蒂安体现了培根主义和笛卡儿主义的最佳特征。关于他在法国的薪水和福利的长期争论，也许是因为他加入法国科学院将被迫失去自己的发明特权和专利，以及这些发明特权和专利带来的大部分收入。克里斯蒂安提出的条件被同意后，他很高兴地服从了柯尔贝尔的苛刻管理。科学院的年度预算为8.8万里弗，其中5.1万里弗用于科学项目（当时一名劳动者的每周工资不到1里弗）。

对于在其他国家工作的克里斯蒂安的国际化同伴来说，他作为受雇于柯尔贝尔式法国国家科学机构的科学家的新身份，代表了一个潜在的机会而不是损失。克里斯蒂安到达巴黎仅几周后，奥登伯格从伦敦写了一封充满理想主义的信，鼓励他继续参与法国科学院的组建，该科学院随后可能加入国际科学界。

我希望看到，你将尽最大努力谋求与法国专业人士建立伙伴关系，以便利用他们的思想、时间和能力来仔细研究自然，并越来越多地促进力学的发展。你在这些方面一定能够贡献颇多。我希望，随着时间的推移，所有现在很不友好的国家，都会像亲爱的伙伴一样互相拥抱，并将他们的精神和物质力量结合起来，驱逐无知，建立真正有用的哲学。

科学院于 1666 年 12 月 22 日在皇家图书馆举行了第一次正式集会。那年早些时候，成员奥祖、罗伯瓦尔、卡尔卡维和其他 3 名法国人，加上克里斯蒂安，举行过非正式的会面。此后又有 9 位创始成员加入他们的行列。他们每周举行两次例会——周三讨论数学（包括力学和天文学），周六讨论物理（包括自然历史）。虽然卡尔卡维主持了创始会议，并向新当选的院士介绍了柯尔贝尔的计划，但克里斯蒂安才是这些议程的天然驱动者。他是事实上的科学院科学主任，尽管没有被任命。克里斯蒂安之所以胜任这个角色，是因为他的务实作风以及精通如此多的领域，并对那种影响了蒙莫尔学会和其他团体会议的对立思想相对冷淡。[①] 尽管他的一些最亲密的同伴从未入选科学院，其他人也渐渐离开，但生活在巴黎的那些年里，克里斯蒂

[①] 科学院中并非没有争议。一个徒劳的争论是关于柯尔贝尔下令建造的巴黎天文台。建筑师佩罗想在墙上雕刻黄道十二宫作为饰带，但新来的天文学家卡西尼认为这个概念很粗俗且不科学。（George 394）

安始终参加会议，因为他知道，自己在荷兰永远无法找到这样的机构。

克里斯蒂安开始工作时，列了一个研究课题清单供柯尔贝尔考虑，他自1663年访问巴黎以来已经修改过几次。他在给柯尔贝尔的一封附信中总结了科学院面临的任务，"遵循维鲁拉米乌斯的方案来研究自然历史"，这意味着制定一个培根式的实验计划，以发现一切事物的原因——"重力、热、冷、磁铁的吸引力、光、颜色、空气、水、火和所有其他物体的成分，动物呼吸的目的是什么，金属、石头和植物是如何生长的，以及所有那些仍然一无所知或知之甚少的事情……"柯尔贝尔在每一段的空白处都写了"好"。

克里斯蒂安的清单今天仍值得回顾，因为它反映了17世纪下半叶被认为重要的一系列科学问题。这份清单自然出于他的优势和兴趣，但也展示了柯尔贝尔的统计学议题，以及不断强化的认为科学进步可能会给人类带来物质利益的信念。

1. 从巴黎开始测定子午线和极点高度，这是所有其他天文观测的基础。

2. 恢复恒星的地位，这是天文学的基础。

3. 测量太阳和月球在不同距离上的直径，这将有助于提出关于其运动的新假说，这个假说就优于现在的假说。

4.为了校正对太阳和恒星高度的观测,必须了解大气层折射的程度。

5.观察白天时长的不均衡性,并确立它们的均衡状态,这对于计算月球运动以及预测日食和月食来说是极为必要的。

6.完善望远镜和显微镜。

7.观察各种透明物体的折射现象。

7.1 观察光是否从远处瞬间传播。

8.观察行星的直径,以确定它们相对于彼此和太阳的大小。

9.观察行星上的斑点,从它们的运动中发现它们的轴旋转。

10.观察木星卫星的运动,并把运动数据制作成表格。

11.借助来自这里和世界其他地方(如马达加斯加)的观测数据表格,观测位于木星后面或前面的卫星掩星情况,从而确定上述地点的真实经度,并校正地图。

11.1 观测地球的磁偏角(地磁北极与真北之间的夹角)以及影响磁偏角的变量。

12.通过海路运送摆钟、一份必要的说明和一个能看管它们的人,以便应用经度测定发明,它在已经进行的试验中获得了成功。

13. 测量重物在空气中下落的时间和速度。

14. 测量地球的大小。了解更精确的地图制作方法。

15. 通过摆锤确立永恒不变的长度度量标准，进而确立重量的标准。

16. 准确地找出金属的比重及其与各种固体和液体的比重之比。

17. 通过真空泵发现空气的重量，真空泵为无数其他精细实验服务。

18. 观察风的强度和速度。

19. 流水的速度和力量及其与坡度的关系。

    19.1 提出最佳、最简单的提水方法建议。

20. 研究火药的威力。

21. 爆炸性金（一种自发爆炸性的化学化合物）。

22. 被火蒸发的水蒸汽。

23. 研究物体相遇时的撞击力或运动的传递，这方面的知识在力学中非常有用。

24. 研究物体因圆周运动而不得不离开中心的力。

25. 探讨声调与发声体的大小、形状之间的关系。

26. 弦的声音与其长度、粗细、重量和张力的关系。

27. 确定风琴、大键琴、钟琴等的最佳调音方法。

（后来添加的项目未编号）用温度计观察和确定不同程

度的热和冷及其影响。将水银管进行不间断的实验，以研究其水银柱的高度变化及其与当前和未来空气成分之间的关系。

这份清单的特殊性源于一个根本认知：长度、时间和质量等物理变量具有相对性本质，以及确立绝对标准的必要性。由此，可以可靠地测量诸如光速和行星大小等重要维度。

***

科学院的公务使克里斯蒂安几乎没有时间做自己的工作。除了无休止的宫廷活动、每周两次的科学辩论，以及自己与奥登伯格和其他渴望了解法国人在做什么的海外人士的持续通信，克里斯蒂安发现，不断获得的成功滋生了新的问题——他要处理对立的钟表制造商的商业挑战以及不知名的崇拜者的来信，这些崇拜者提出了关于行星的疯狂理论。

天文学是克里斯蒂安的心之所向。1666年7月2日一大早，他站在柯尔贝尔的花园里打着哈欠，同卡尔卡维等人一起观察日食——前一天晚上他几乎没有睡觉，生怕不能及时醒来。他钦佩卡西尼对火星自转周期的测量，不只因为它很接近于自己几年前未发表的测量结果，还期待将来卡西尼加入院士行列。但是，克里斯蒂安没有进行新的观察，因为他缺少一台可以实现"非凡成就"的带有改进镜片的望远镜。

在圣安东尼郊区建立的新工厂（后来也为凡尔赛宫制造镜片）生产的用于制造玻璃镜的镜片样本很模糊，充满了瑕疵，克里斯蒂安求助于哥哥小康斯坦丁和巴鲁赫·斯宾诺莎，后者在离霍夫维克的惠更斯家族房子只有几码远的地方从事镜片研磨的生意。但是小康斯坦丁也让他失望了。他批评了哥哥的手艺，并试着激励他继续努力，还提醒他，斯宾诺莎能够达到更高的镜片抛光度。无论如何，他还是很高兴得到哥哥的帮助，即使相隔遥远。"我很钦佩你在没有任何工作同伴的情况下，又恢复了制作望远镜的热情，因为我发现它很有帮助。如果我在这里能有一个望远镜，我想我也会做些什么，尽管我们仍然缺乏厚玻璃来实现好的效果。"

克里斯蒂安希望小康斯坦丁研磨一组新的简单透镜组件，实现与难以把握的双曲透镜相同的目标，即消除球面像差。（他们无法排除像差，现在克里斯蒂安认为它一定是折射的一个基本性质）。经过无数次的交流和试验——当小康斯坦丁觉得自己的设计更好时，他敢于修改克里斯蒂安的设计——克里斯蒂安最终组装了自己想要的东西，即一个"模仿双曲透镜的复合透镜"，由一个双凹透镜叠加一个平凸透镜组成。就像有时他特别满意时所做的那样，他在笔记上写下了希腊语词语"尤里卡"（EUREKA）。

这项工作进行了几个月之后，克里斯蒂安意识到他对哥哥有些忽视了，41岁的哥哥正准备迎娶苏珊娜·里杰卡尔德。他苦涩地写道：

> 婚姻大事已定，我祝你幸福，祝你梦想皆可成真。你已经有足够的时间来考虑赞同与否，你也必须结束一段持续了这么多年的私情［小康斯坦丁与另一个女人有过私通，他们还生了一个孩子，他为这个孩子提供了抚养费］。有一个遂你心愿的妻子是一件了不起的事情，这样就能抵消许多其他的考虑因素。

随着斯宾诺莎成为——不管他是否知道——切磋问题的伙伴，兄弟俩也努力在显微镜上进行改进。在这里，非常小的镜片是关键，但它们的缺点是需要非常精确的定位，这意味着"一个人不能同时看到一根头发的顶部和底部"。克里斯蒂安认为开普勒于1611年出版的《折光学》(*Dioptrice*)仍然是最好的光学入门书，根据这本书，他能够通过自己的实验证实斯宾诺莎的发现与直觉相悖，即较小的物镜能够以更高的清晰度显示物体，"毫无疑问可以找出原因，尽管斯宾诺莎先生和我都还不知道"。

克里斯蒂安还研究了力学问题，这是受到了皇家学会会员提议开展研究运动规律新实验的激励。1669年1月，他给奥登伯格寄去了"一篇关于因碰撞而产生的运动的论文的开头部分",在这篇论文中,他考虑了不同质量和速度的物体碰撞时的情况。这篇论文与雷恩关于同一主题的另一篇论文一起在皇家学会上被宣读,两人的想法如出一辙。奥登伯格还敦促克里斯蒂安发表让人期待已久的光学论文,"以免被另一个人抢了先,据我所知,他现在正在努力做这项研究,而且他是一个聪明绝顶的人"。他指的是艾萨克·巴罗的光学讲座,巴罗是牛顿前任的剑桥大学卢卡斯数学教授。巴罗的文集出版于1669年,立即成为关于这个主题的观点最新颖的论文。克里斯蒂安只能用一句抱歉的话回应道:"我希望自己更加勤奋,但我的工作范围和数量是一个很大的障碍。"

克里斯蒂安为他在巴黎的主人们做了什么呢?答案是很多的:测试经度时钟、制图、测量和水利工程,尤其是一项从卢瓦尔河引水到凡尔赛宫的计划。他深度参与了另一位发明家的新颖悬架装置的开发,该装置可以减轻马车在崎岖道路上行驶时的颠簸。他设计了测量水准仪、气压计、风速计、水流计和一种船用回声测深仪。像其他许多人一样,他参与了温度计的开发。克里斯蒂安预见到瑞典人安德斯·塞尔希思的工作在下一个世纪的前景,看到了"统一的、通用的冷热度量标准"的价值,并建议"以冰开始冻结的冷度或沸水的热度作为起始点"。他试验了一种通过模板复制文本和图画的方法,这种模板可以直接以"正确阅读"的方式刻字，而不是像印刷那样颠倒过来。他研制了一种以火药为动力的发动机，但事实证明它太危险了，不能使用。还有更多的水利工程：在柯尔贝尔的庄园里，想办法让一处的喷泉喷水比另一处的喷泉更高，用水来驱动一个装饰用的钟，佩罗认为这个装置在他的洞室里可能会很漂亮。

所有这一切也许都很有趣，但这并不是科学声誉赖以形成的基础。如果说克里斯蒂安似乎很赞同这类工作，那么这不仅因为这是雇主对他的要求，而且因为他喜欢不同寻常的技术挑战。如果这让他远离了更重要的任务，那么只是表明了他巨大的优点和弱点：同时解决一系列令人眼花缭乱的科学问题的能力和意愿。

事实是，尽管科学院中的各个天才都有相当多的优点，但科学院没有实现柯尔贝尔设定的理想。虽然从一开始就明确指出了方向，但在科学院成立的早期，成员并没有做出什么真正有价值的工作，成员人数很快就停滞不前。至1699年，科学院一共接纳了62名院士。问题主要出在柯尔贝尔本人身上，他发现科学的理想与自己对集权国家的设想很不一致。他将笛卡儿主义者和其他被认为是教条主义者的人排除在外，这就把一些最优秀的头脑排除在科学院之外。他还发现，自己很难接受院士们决定与欧洲其他地方的同人和类似机构分享他们的成果。

奇怪的是，尽管他对雇用外国人持开放态度，但严重地误解了科学家的基本忠诚——对科学而不是对国家的忠诚。

这不是克里斯蒂安曾经告诉家人的，如果他搬到巴黎就能享受的"每一分自由"。也许在皇家学会具有的不那么威权主义的、绅士般的科学氛围中，他会感到更加自由自在呢？也许吧。但当时克里斯蒂安也热爱巴黎，因为巴黎具有的文化活力以及似乎源于笛卡儿理想主义的使命感。

克里斯蒂安也面临着更具体的困难。其中最严重的困难来自一直不太友善的吉勒·德·罗伯瓦尔，他曾挑战过克里斯蒂安关于土星的观点，并声称自己设计了摆钟，后来他与整个蒙莫尔学会闹翻了。1668年，为了更多地了解离心力，克里斯蒂安用旋转台进行了一系列实验。他将一箱水放在桌子上，水里面泡着小木块儿和铅块儿。通过分析这些木块儿、铅块儿的运动，克里斯蒂安认为自己已经发现了重力产生的原因。这个研究项目的立项原因，仅仅是法国政府想知道把一个给定大小的轮子抬过道路上的障碍物所需的力，结果无意间揭示了这样一个事实：在克里斯蒂安这样的人手中，柯尔贝尔式应用科学中的一个平庸问题有时会产生更重要的成果。克里斯蒂安的研究结果使其拒绝了笛卡儿的猜想，即引力是由一个单一的宇宙涡旋引起的，而他则设想了一个由多个涡旋通过空间中的"微妙物质"相互作用的系统。反对笛卡儿的罗伯瓦尔有力地否定了这一假设，发起了持续的攻击，这似乎导致克里斯蒂安在 1670 年年初寒冷的几个月中患了重病。

克里斯蒂安曾抱怨过生病的时期，通常是在冬季，感冒伴随着严重的头痛。他的第一次描述可以追溯到 1652 年，当时他 23 岁，称其为"头的忧郁"，可以简单地翻译成"头痛"，或者按字面意思翻译为"头的忧伤"。这可能指的是从 17 世纪流行的忧郁情绪到现代临床抑郁症的任何情况。无论具体诱因是什么，这种状况往往因同行的批评而恶化——即便不是直接被这些批评引发的，而克里斯蒂安又习惯于将此类批评视为对个人的否定。这一次，他筋疲力尽，不得不被一个仆人抬到房间，他相信自己处在死亡的边缘。在海牙，他的哥哥小康斯坦丁咨询了惠更斯家族的医生迪德里克·利伯根，后者要乐观一些。他很了解克里斯蒂安，自信地诊断为"单纯的疑病忧郁症"。

在悲伤的状态下，克里斯蒂安准备将自己的科学论文妥善保管。他指定的存放处是伦敦皇家学会，而不是法国科学院。弗朗西斯·弗农是英国大使馆的一名随员，他一直向亨利·奥登伯格通报法国科学家的活动，他被请到了克里斯蒂安的房间。弗农发现他躺在床上，脸色苍白、身体虚弱，"然而，还有一种更糟糕的东西是眼睛无法察觉的，也是感官无法发现的，这是他生命元气的深度衰竭"。克里斯蒂安告诉弗农，他相信自己就要死了。弗农反驳说:"上帝不会设置一束巨大的光,仅仅是为了熄灭它。"克里斯蒂安无视这番恭维,解释了他想把哪些文件遗赠给皇家学会。最后,根据弗农可能并不公正的叙述,克里斯蒂安说,他认为法国科学院一定会解散,"因为它夹杂着忌妒的酊剂",依赖于"王子的幽默和大臣的恩惠"。

尽管利伯根给出了乐观的诊断,但他的兄弟都很担心,洛德维克被派去巴黎监督克里斯蒂安的治疗。冬去春来时,他们讨论了牛奶可能产生的影响,当时它被认为是忧郁症的病因。[①]医生建议只喝脱脂牛奶,但法国牛奶不同于荷兰牛奶。人乳呢？克里斯蒂安持续的忧郁情绪导致他表达了对宗教的怀疑,他开始与自己辩论不朽灵魂存在与否,这使他的兄弟们非常痛苦。

克里斯蒂安恢复得很慢。具有讽刺意味的是,正是这颗忧郁行星帮助他恢复了健康——1670年5月底,他再一次与科学院的天文学家同事观察到了土星环的相位。然而,事实上,忧郁是完全有理由的。在第二次英荷战争期间,法国和荷兰共和国曾松散地结盟对抗英国,但在实现和平之后,西班牙战败导

[①] 根据罗伯特·伯顿的《对忧郁的剖析》中的记载,"牛奶和所有由牛奶制成的东西,如黄油、奶酪、凝乳等,都会增加忧郁"。对于许多荷兰人来说,这是个坏消息。(Burton, vol. I 219)

致低地国家出现了权力真空,路易十四看到了填补这一真空的机会。1669年末,他悄悄地与查理二世达成了入侵尼德兰的协议,并于1670年6月签署了一项秘密条约。现在看来很确定的是,克里斯蒂安最亲密的科学同事所在的两个国家很快就会袭击他的祖国。起初,克里斯蒂安希望留在巴黎,"我在那里受雇于与战争无关的工作"。但他改变了主意,1670年9月,他返回了海牙。

第 12 章 战争时期的科学

克里斯蒂安·惠更斯在海牙让卡斯帕·内切尔画了自己的肖像画,内切尔是一位杰出的风俗画画家,也是他钦佩的艺术家。这是一幅华丽的画作,但是也带有一些冷淡和没有人情味的元素。克里斯蒂安穿着一件时髦的日本风格长袍——青铜色、蓝色相间的带内衬的丝绸长袍,手臂放在天鹅绒垫子上,垫子放在刻有浮雕的基座上。长袍的领口和袖口装饰着华丽的花边,系着丝带结。他的金色卷发假发沉重地垂落在脸的周围。

如果可以的话,请忽略所有这些伪装。你看到了什么?那双又大又黑的眼睛直视着画布外,坦率地让人放下戒心。他的嘴唇上有一点儿颜色。如果说他看起来比 42 岁时还年轻的话,小时候的那种少女般的表情仍然存在,尽管嘴唇上有一缕淡淡的小胡子。你不会认为他病了。

你肯定不知道他是一个科学家。他的身边没有随意摆放的望远镜或钟表来向观众提醒他的成就,墙上也没有天体图表来暗示他的思考范围。甚至连书籍和论文也被逐出场景。情况可能并非如此：1682 年，内切尔给天文学家尼古拉斯·哈特索克画了一幅画，哈特索克旁边的底座上塞满了地球仪、望远镜和几何仪器，他拿着调色板和画笔画自己。显然，内切尔遵循了克里斯蒂安的愿望，首先将其展现为一个尘世中人。作为惠更斯家族的肖像画家，也许他是在按照老康斯坦丁的指示行事。这幅画与几年前他为克里斯蒂安的妹妹苏珊娜画的肖像画，在形式上有很大的相似之处。

克里斯蒂安是想暗示自己根本不是科学家，还是想告诉我们他不只是一个科学家？ 1671 年，他可能觉得自己的伟大发现和发明已经确立。也许他不再需要交易工具了。他的地位一如既往地稳固，他觉得柯尔贝尔和国王需要他。他是这个国家的一个官员，一个刚从巴黎来的法国宫廷高级官员。

***

春末，克里斯蒂安在故土度过了一段愉快的时光，在阿纳姆附近的艾瑟尔河和莱茵河下游航行，与范·舒滕的学生约翰尼斯·胡德一起考察这条重要的水道。这个项目是由联省议会委托进行的，舒滕班上的另一名毕业生约翰·德·维特多年来一直担任荷兰联省议会的大议长之职。过去，这三个人偶尔会一起研究与国家相关的数学问题，例如，根据预期寿命计算国家年金。水文测量包括测量河流深度、河道宽度和河岸坡度，以确定是否有必要实施工程以避免过度淤塞。胡德和克里斯蒂安就疏通和开凿新河道的具体地点提出了一些建议，但他们认定，不需要采取重大的干预措施。

这些河流还具有战略意义，它们是抵御来自南方进攻的前沿防线。然而，第二年，即荷兰人所称的"灾难之年"，路易十四和一支10多万人的军队趁共和国的政治和军事形势被削弱之际，毫不费力地越过了这些河流。

那时克里斯蒂安已经回到巴黎好几个月了。回到巴黎后，他发现一套扩建的公寓在等着他。令他不愉快的意外是，他不在的时候，卡尔卡维的儿子未经允许就把他的马车赶出来，并在一次事故中撞坏了马车。这使他和邻居的关系一度紧张，但有新朋友来看他，其中有著名的佩罗兄弟、建筑师克劳德、著名的童话作家查尔斯，还有皮埃尔，他不久就成为第一个描述水文循环的人。

还有一位才华横溢的年轻学者渴望与他结识。1670年11月，奥登伯格写信给克里斯蒂安，告诉他："美因茨有一位莱布尼茨博士，他是那里选帝侯的顾问，但也从事哲学研究，主要思考运动的性质和特点。他声称已经找到了运动定律的原理，并说其他人只是简单地陈述了这些原理，没有提供先验的证据。"这位26岁的戈特弗里德·威廉·莱布尼茨在选帝侯的支持下来到巴黎，提出了一个精心设计的和平计划，但事与愿违，他留了下来，开始跟随克里斯蒂安学习数学。莱布尼茨最终创立了微积分，超过了他的导师。

克里斯蒂安在凡尔赛忙于正在建设的大型水利工程，他提议改动架设的风车，用来抽水供给观赏性湖泊和喷泉，并引入荷兰常见的设计细节，如水桶底部的小孔，这有助于风车在风力减弱后重新启动。他不在的时候，科学院进行的大型装饰工程是坐落于塞纳河左岸的佩罗的天文台，它即将完工。克里斯蒂安说，它看起来"非常美观和壮丽"。

卡西尼被任命为巴黎天文台第一任台长，薪水是9000里弗，而克里斯蒂安的薪水是6000里弗，这让后者很恼火。然而，卡西尼接受了法国公民身份，入籍法国，并在天文台安顿下来。掌舵40多年后，卡西尼于1712年在巴黎去世，他是"卡西尼王朝"的第一任掌舵人，"卡西尼王朝"领导该机构直到法国大革命爆发。卡西尼在地图学和天文学方面都很勤奋，出版了许多天文图表和历书，在宫廷中很受欢迎。相比于克里斯蒂安，卡西尼一直系统地观测天空，他是科学工作日益专业化的先驱。1671、1672年，他因在土卫六之外又发现了土星的两颗新卫星而获得奖励，土卫六是克里斯蒂安在15年前发现的。（卡西尼在1684年又发现了两颗。）"他……没有错过一个晴朗的夜晚来凝望天空，"克里斯蒂安对洛德维克抱怨道，"我不会再涉足了，我满足于自己以前的发现，它们比之后的所有

乔瓦尼·多梅尼科·卡西尼的版画肖像画。窗外是建设中的巴黎天文台，一台长长的望远镜已经在地面上架起。

发现更有价值"。

卡西尼的发现得益于土星薄环的消失，正如克里斯蒂安所预期的，当光环以侧面对着太阳光线时（从地球观测），就会出现这种现象。1671年11月5日，克里斯蒂安写信给哥哥小康斯坦丁："昨天晚上，我观察到了土星，已经有10～12天没有看到它了，我发现它的光环缩小了很多，我做了可能的一切来发现它们，这次我对它们说了再见。我的预测得到了证实……"然而，他怀疑卡西尼是否识别了一颗真正的卫星，他认为它可能只是一颗路过的彗星，但卡西尼很快被证明是正确的。

***

1669年，克里斯蒂安在笔记中写下了"尤里卡"，他认为自己终于找到了一个实用的替代方案，以取代据称理想但显然无法实现的双曲线透镜。现在，3年过去了，他打开笔记，并用很多愤怒的斜线划掉了这个词。原因是克里斯蒂安刚刚从可靠的奥登伯格那里得知，一个名叫艾萨克·牛顿的英国人设计了一台反射望远镜，并提出了一个令人信服的新颜色理论。这些成果使克里斯蒂安在光学像差方面的许多工作立刻过时了。

牛顿的颜色理论基于其著名的棱镜实验，它解释了通过许多透镜观察时看到的彩色边缘，而克里斯蒂安一直无法用自己的理论来解释或消除这种现象。这些无意中产生的现象现在被揭示为光通过厚玻璃折射的固有特性。奥登伯格给克里斯蒂安寄去了反射望远镜的简要描述，并承诺在他的下一封信中附上更完整的细节和图表。该仪器的工作原理是通过两个镜面——一个凹面镜、一个平面镜，将图像从物镜传输到目镜，从而完全避免了玻璃镜片所造成的光线分离成多种颜色的情况。奥登伯格补充说，当皇家学会的望远镜制造商知道了这项发明时，他们当场停止了研磨镜片。

当克里斯蒂安看到详细的设计时，他非常钦佩牛顿的创新，并将这一令人兴奋的消息传递给他在法国科学院的朋友，称这件仪器"美丽且巧妙"。克里斯蒂安指出，这种抛光金属镜不仅无须研磨为复杂曲面的厚透镜，而且与玻璃材质不同，金属只需表面完美无瑕，而不必整块材料都达到同等品质。在海牙与小康斯坦丁会面后，克里斯蒂安立即着手尝试复制牛顿的成就。兄弟俩努力寻找一种可以成形并抛光到必要程度的金属。随着荷兰共和国政治危机的加剧，小康斯坦丁被召去为奥兰治的威廉三世履行紧迫的职责，这种职责在很大程度上承袭自他父亲在执政时代以前的历史性职能。

在奥登伯格的鼓励下，克里斯蒂安提出了一些改进建议，认为牛顿可以考虑改进其设计。此时，在两个人的交流中，牛顿基本上是资历较浅的一方，而克里斯蒂安则被公认为欧洲最有能力的光学物理学家。牛顿很高兴听到克里斯蒂安"在屈光术方面做了这么多工作，也很愿意通过反射来改进望远镜"。牛顿对建设性批评意见的积极回应是有些不寻常的,而他热烈回应的事实可以表明,克里斯蒂安的科学意见是他认为可以真正尊重的少数意见之一。

克里斯蒂安发现自己在理解牛顿的理论工作时遇到了更大的困难。他读了这位英国人关于从白光中产生颜色的论文,然后谨慎地给奥登伯格回信,称这项工作是"巧妙的""非常可能的"。他接受了用棱镜分离和重组白光这样一个理论,但要求实验证实透镜中如何产生色差这一问题,他自认为是这方面的专家。这一次,牛顿突然作出回应,指责克里斯蒂安寻求一种对这个理论的运作完全多余的解释。

克里斯蒂安并不是唯一一个批评牛顿理论的人,这无疑令牛顿愤怒。胡克也对牛顿的颜色理论心存疑虑,牛顿在面对他的攻击时,怒气冲冲地提出要从皇家学会辞职。不过,牛顿对克里斯蒂安的失望也许更加强烈,因为这个荷兰人的学识肯定与他不相上下。问题的核心是克里斯蒂安仍然是一个十足的笛卡儿主义者,他希望看到颜色的机械论解释。他想得到这个问题的答案:什么运动产生了颜色?对于更加注重实证的牛顿而言,这个问题丝毫不能引起他的兴趣。此外,克里斯蒂安关于颜色的思想是令人非常不满意的。他认为,一个能够解释"最饱和的颜色"——他认为是蓝色和黄色——的假说,足以解释所有颜色。随着争论的继续,奥登伯格将牛顿对这一观点的回应直接转给克里斯蒂安，并附上一份说明告诫他："我可以向你保证，牛顿先生是一个非常坦率的人……"牛顿建议克里斯蒂安像他所做的那样来分离和重组彩虹的颜色，"这是一项乏味且困难的任务，"然后重复道，"不过要从假设的角度来探讨色彩是如何得以解释的，这超出了我的研究范围。"

一年多以后——毫无疑问，这在很大程度上要归功于奥登伯格对这件事的谨慎处理——两个人终于同意让争论平息，坚持各自最初的立场。鉴于他的错误，克里斯蒂安在写到牛顿时，有点儿不太文雅地写道："看到他如此强烈地坚持自己的观点，就不想争辩了。"明智的是，克里斯蒂安在自己的任何关于光的著作中都没有讨论过颜色。然而，作为一个笛卡儿主义者，他不能像牛顿那样仅仅满足于实验的证据，颜色的起源问题在他的余生中继续困扰着他。

***

一直以来，克里斯蒂安清楚地意识到法国与荷兰共和国之间不断恶化的关系。他的资助人路易十四于1672年4月6日宣战，不久后英国加入了法国一边。法国军队于次月进军荷兰。这个通过贸易发展并繁荣的共和国，建立了足够的军事力量来驱逐西班牙人，遏制分别来自英国和法国的威胁。但事实证明，它无法对抗英法的联合军事力量。金融崩溃和政府保卫国家的不力在多个城市引发了骚乱。6月21日，约翰·德·维特在海牙的一次持刀袭击中受伤——在巴黎,谣言说他已经被杀。克里斯蒂安写信给洛德维克,希望直接了解"在我们这个悲惨国家发生的一切"。他担心家人,也担心荷兰军队、海牙和其他城市的安全。克里斯蒂安对洛德维克的进一步尖锐的评论,暴露了他分裂的忠诚和对战争的矛盾情绪:"我看出你对法国方面的死伤情况不太了解。"

克里斯蒂安在巴黎努力区分事实与谣言,当兄弟俩并不总是能每周收到对方的信件时,这项任务变得更加困难。他担心自己的通信被截获,尽管他小心翼翼地未写"任何可能对我不利的东西,因此令我遗憾的是只丢了一封信"。即使在这个时候,克里斯蒂安的信中也会夹杂着关于他在巴黎进行的最新实验的只言片语,必要时他会继续运送科学设备,尽管其中一些物品也被大感困惑的边境官员没收。

克里斯蒂安担心自己的祖国会被敌人毁灭。随着许多省份控制权的放弃和天主教信仰在其他一些地方被重新引入,德·维特辞去了职位,其他市政官员被清除。一直反对德·维特的奥兰治家族现在承诺进行必要的改革,以带来和平。威廉三世被任命为几个最大省份的执政,这是自他的父亲威廉二世于1650年去世以来第一个担任这一职务的人。但克里斯蒂安至少会很愉快地接受小康斯坦丁被任命为威廉的秘书,在他的父亲曾为前两任执政担任秘书之后接替这一职位。"如果国家能从这种糟糕的情况下被拯救出来，那么哥哥当然就处于一个有利的地位。"他评论道。

这位新任执政迅速获得了支持，并且能够在未来的几年内夺回被法国占领的领土。但在此之前，荷兰的情况更糟。1672年8月20日，约翰·德·维特在海牙监狱看望他的兄弟科内利斯时，一群愤怒的暴民袭击了他。两人都被殴打、刺伤，随后被枪杀。他们的尸体被拖到费弗贝赫附近的绞刑架上，倒吊在架子上，衣服被撕掉，开膛破肚，身体器官被拍卖给疯狂的人群。根据一名目击者的说法，一些旁观者煮熟并吃掉了这些内脏碎片。"大议长先生和他兄弟的故事太可怕了，"听到这个消息后，克里斯蒂安写信给洛德维克：

> 星期五我就知道了这个消息，但不知道你描述的细节。当一个人看到这样的事情时，他肯定会说伊壁鸠鲁主义者的说法没错：搞政治的不是智者。① 大议长走向室外愤怒的人群是非常轻率的，但我坚持认为他罪不至死。

德·维特的共和政体已经持续了将近20年，在他看来，这是八十年战争奋斗的合乎逻辑的结果。在此期间，他的政府主张各个省的高度自主权、宽容、思想自由和笛卡儿主义的神学

---

① 克里斯蒂安转引了西塞罗的话："参与政治不是智者的事情。"

与哲学相分离。克里斯蒂安会说自己大体上是赞同这些理想的——尽管他的家族忠诚于奥兰治家族，但他则忠诚于截然不同的法兰西政权。

＊＊＊

克里斯蒂安逃离现实世界的方法，不是观察天体，而是审视微观世界。1665年4月，他收到了罗伯特·胡克早期撰写的一本关于光学和显微镜的开创性插图书《显微图谱》。这部著作中包含的一些光学理论让他停下来思考，但他被书中的图像震惊了。"很好的图像。像猫一样大的跳蚤和虱子。写了很多关于折射、颜色等内容，但用了英语。"他向约翰尼斯·胡德总结道。他后来为胡德将这部著作中的部分内容翻译成荷兰语。

克里斯蒂安对显微镜的兴趣来自制作透镜的个人经历，无疑也来自父亲在伦敦拜访德雷贝尔时，父亲对德雷贝尔的仪器所揭示的新世界的诗意狂喜。克里斯蒂安喜欢用改进后的望远镜，类似于德雷贝尔的望远镜，这种望远镜基于两个透镜，而不是最近发明的基于单玻璃珠的透镜，他尝试过使用这种新的透镜，发现很难对焦。

同样是父亲最先认识了代尔夫特（离海牙不远）的安东尼·列文虎克，并鼓励他从事用显微镜进行的工作。列文虎克原是布商学徒，但后来受雇于城里的一名治安官做书记官，他的职责给他留下了足够的时间来追求令他痴迷的不同寻常的研究。

他基本上是自学成才，也可能是从胡德那里或从《显微图谱》中获得了制作珠子透镜的技术。为了制作显微镜，列文虎克从他制作的众多小珠子中挑选出一个优质样本，将其固定在一个钻孔里，这个钻孔位于一块大小约等于折叠信纸的长方形黄铜板上。被观察的物体被固定在一个螺纹针上，这根螺纹针可以被逐渐拉近镜头。列文虎克制造了数百台这样的显微镜供自己使用。今天现存的最好的镜头不比芥菜籽大，焦距不到 1 毫米，但能放大 270 倍，让人印象深刻。

克里斯蒂安和胡克等著名科学家对珠子透镜的怀疑是可以理解的。最早的显微镜，如德雷贝尔和米德尔堡的透镜研磨师制造的显微镜，很可能应用了从眼镜片发展而来的光学理论。在光学射线图还远未成熟之时，人们无法意识到，更小的透镜实际上可以产生更高倍的放大率。克里斯蒂安和胡克都尝试过制作非常小的透镜，但异常微小、清晰的珠子——比任何研磨透镜都简单得多——是列文虎克在 17 世纪 70 年代的创新。

老康斯坦丁曾认为，对显微镜感兴趣的主要是艺术家、工匠和商人。例如，一个已经习惯使用织物分析镜的布商也许想用显微镜查看他要购买的织物。然而，列文虎克是第一个用它来对自然进行系统研究的人。他观察自己血液中的红细胞，并发现一滴湖水中聚集着的小动物。"这些动物在水中的运动非常迅速，变化多端，向上、向下、向周围游动，看得人目瞪口呆。"他如是写道。

1677年的一天，当列文虎克从床上冲下来，"在脉搏跳动6下之前"，就把自己的精液置于显微镜下检查时，我们不知道列文虎克太太是怎么想的。他相当谨慎地宣布发现了人类精子，这让他闻名于世，并为他的进一步研究提供了一个富有成果的题目。他陶醉于自己的成功，后来在名字里加上了"范（Van）"字。小康斯坦丁在写给克里斯蒂安的信中说，入选皇家学会激发了列文虎克"小小的虚荣心"，因为他疑惑现在是否不再需要在医学博士面前鞠躬作揖。列文虎克根据自己的发现，否定了哺乳动物的卵的概念，而是相信"动植物的种子中包含着动物，而这些动物的种子中又包含着其他动物，以此类推，无穷无尽，世界上没有新的生物被创造出来，而那些已经被创造出来的生物只是扩大和生长，这是一件奇妙的事情"。

不久之后，阿姆斯特丹医生约翰尼斯·斯瓦默达姆也开始制造珠子透镜。他吹嘘道，一小时做40个，尽管不是全部达到光学质量标准。在转向神职之前，他做了更多开创性的显微镜观察工作。他的工作包括努力根据昆虫的多样且复杂的解剖结构对它们进行分类。他说，这表明它们不应被视为低等生物，而是与上帝创造的其他任何生物一样神奇。

曾经在很短的一个时期里，使用显微镜似乎是荷兰人特有的技艺。尽管珠子透镜比双镜头更强大，但它们受到重视不仅是因为放大倍数更高，而且因为其更高的图像清晰度。它们的主要用途是让事物的表面呈现更璀璨的光辉，也许人们很少想到，如果你继续放大，会看到更多新的细节。相反，人们能够瞥见的陌生场景增强了对视觉丰富性和新奇性的日益渴望。可见的复杂性本身就成为一件令人好奇的事情，除了简单的形式和颜色，还提供了一些令人欣赏的新东西。有图案的贝壳和矿物令收藏家垂涎不已，郁金香被培育出越来越多具有异域风情的花色。甚至在仪器被发明之前，荷兰绘画似乎需要眼睛兼具望远镜和显微镜的功能，将遥远的景物拉近，将微小的景物放大。我们能在维米尔的《代尔夫特的景色》中看到整个城市，同时也能近距离观察雨后屋顶上闪闪发光的水滴。在众多展示地球的绘画中——如德·凯泽画的老康斯坦丁·惠更斯肖像画或者维米尔的《地理学家》——我们仿佛是从遥远的太空俯瞰地球，甚至可以俯瞰其海岸轮廓的细节。

然而，现在列文虎克和斯瓦默达姆走得更远了。他们揭示了全新的东西，需要按照它们本来的样子准确地理解和描述，就像土星周围的神秘形式曾经需要被破解并确认为行星环一样。两个人都没有自命不凡为哲学家，然而，他们的著作所展现出的那种对于全新事物的直觉认知能力，挑战了那些信奉笛卡儿哲学的学者对可观察世界的漠不关心的态度。①

克里斯蒂安最初知道列文虎克的工作是在1673年6月，很可能是通过他的父亲，当时克里斯蒂安收到了关于列文虎克显微镜的观察记录和描述。他对这个仪器和列文虎克的观察记录都持怀疑态度，他对奥登伯格说，这个仪器"似乎把一切都变成了小球"，并认为列文虎克的观察可能是"对他视力的欺骗"。当克里斯蒂安试图在巴黎重复在水介质中所做的一些观察时，他无法看到列文虎克声称看到的东西，并问奥登伯格他的观察在英国得到了怎样的信任。最后，列文虎克告诉老康斯坦丁，他正在用细小的玻璃毛细管提取液体，以便在镜头下观察，并送给他一些管子试试。即使用这些辅助工具，克里斯蒂安获取结果仍然很费力，但经过坚持不懈的努力，他得到了回报。1676年7月，他回到海牙，开始对这种显微镜产生更浓厚的兴趣。

他把列文虎克对自己主要成就的描述翻译成法语，传达给法国科学院。（英语译本出现在《哲学汇刊》上。）这篇论文用生动的语调描述了列文虎克是如何在雨水中看到"那些小动物，在我看来，它们的体量不足斯瓦默达姆描述的那种形式的万分

---

① 1691年，莱布尼茨写信给当时完全持赞同意见的克里斯蒂安："我更喜欢列文虎克告诉我他所看到的事物，而不是笛卡儿主义者告诉我他所认为的事物。"（OC10 49-52）

之一，列文虎克称之为跳蚤或水虱"，身体由一团团透明球体组成，有些长着"像马耳朵"一样的小角，尾巴比身体长3倍，末端有另一个球。其他结果涉及从他的庭院中提取的井水、海水和代尔夫特运河水（用于酿造啤酒），以及胡椒水和注入了姜、丁香和肉豆蔻的水。所有这些都揭示了动物的生命如此丰富，以至于"一滴水里可能有数千个生命体"；只有在三年前融化的雪水中没有发现任何活的生物。当列文虎克听说自己的发现在法国很受欢迎时，他高兴地写信给克里斯蒂安，并希望能重复自己持续进行的一些"微不足道的观察"。

克里斯蒂安很可能在返回荷兰时，直接从列文虎克那里得知他发现了人类精子。这项工作似乎点燃了他从事显微镜实验的愿望。除了与列文虎克交流，他还拜访了斯瓦默达姆。一位年轻的鹿特丹透镜制造者——尼古拉斯·哈特索克——看过列文虎克公开演示的显微镜，他教给克里斯蒂安和小康斯坦丁制作珠子透镜的新方法，并设计了一种更好的方法来控制被观察物体的照明。克里斯蒂安可能对哈特索克的装置做了程度足够大的改进或改变，以对得起自己的良心——当他在1678年带着其中一台显微镜回到巴黎时，他声称这是自己制造的。小康斯坦丁甚至随身带了一台高度便携的显微镜参加了1678年8月的圣但尼血战，这是法荷战争中的最后一次大战。克里斯蒂安对各种动物的精子进行了观察，并通过对各种水进行热处理来进行实验，然后计数显微镜下出现的微生物。他发现，微生物在冷冻的水中和煮沸的水中都能存活，但在煮沸的水中繁殖速度慢得多。

正如哈特索克希望的那样，他陪着克里斯蒂安回到巴黎，他能利用这位老人的引介进入法国学者圈。他们与戴恩·罗默一起工作，最终设计出一种显微镜，它带有可以容纳6个不同镜头的旋转台。战后，克里斯蒂安的爱国意识重新恢复（并短暂地忘记了他的资助来自哪里），他提醒法国同行，精子是荷兰人发现的，对于这项新发明，"任何荣誉都不应归于法兰西民族，因为法兰西民族没有参与其中"。

在巴黎待了一年后，哈特索克失望地发现这种仪器的新奇性已经在消退。1679年9月，他向克里斯蒂安报告说："我毫不怀疑法国人对显微镜的兴趣已经蒸发了……人们要坚持得足够久，才能变得更有见识。"但是克里斯蒂安很快也把显微镜放在一边，转而从事其他活动。哈特索克去了荷兰。他将于1684年回到巴黎定居，但这一次是为天文台建造一系列更大的望远镜。受限于观察并了解所见事物的困难，显微镜不再流行，学者的兴趣又回到了古老而神圣的天文学。

***

在阿姆斯特丹"受到犹太会堂诅咒和禁止"的巴鲁赫·斯宾诺莎，靠着在海牙郊外的福尔堡小村庄里研磨透镜谋生，他在那里写出了现代哲学中最伟大的著作之一——《伦理学》。这本书出版于 1677 年，斯宾诺莎在图书出版几个月前去世，享年 44 岁。

斯宾诺莎知道这会引起争议。他试图用数学的严谨，反驳有知觉的上帝的存在。对于善的判断，他宣称，善与恶并不存在于任何绝对意义上，而应该被客观地看作导致个人改善或损害的力量。他认为，把情感投入过去的创伤和未来的希望或恐惧都是非理性的，因为它们只是我们创造的时间观念的产物。对他产生影响最大的是笛卡儿，但现在他的主张与这个法国人相反，他主张身体与思想不像机器与它的控制者那样相互独立。相反，它们在形而上学意义上是同等的，彼此不可分割地联系在一起，以至于有些知识形式可以说是具体化的——在身体内，而不仅仅由思想掌控。当人们考虑到画家或雕塑家表现出来的运动技能或身体的创造力时，这是可信的；但在斯宾诺莎的概念中，它扩展到更日常的专业领域，如写作、缝纫或者清洗门廊。这些思想已经在这部哲学经典中占据了一席之地。但是，什么样的背景促使斯宾诺莎萌生这些如此仁慈且在当时又极具革命性的思想呢？

一位修道士给我们留下了那个时代关于他的最好的描述："（斯宾诺莎）是一个英俊的年轻人，有着明显的地中海人的外貌"，身材矮小，黑眼睛，黑头发，有一张"英俊的脸"。他是西班牙系犹太人，他的祖先从西班牙逃到葡萄牙，当宗教裁判所追捕他们时，又逃到荷兰共和国，巴鲁赫于1632年在那里出生，并度过了平静的一生。通过他的德行和工作，他被伯特兰·罗素称为"最伟大的哲学家中最高尚和最可爱的人"。

在阿姆斯特丹，他接受了教育——从文学、异端的新教思想甚至戏剧中吸收思想——这最终导致犹太会堂的长老因"他实践和教授的可憎的异端邪说"将他逐出会堂。大概就是被逐出之后，他学会了研磨透镜。当他搬走时，这项实用技能大有益处，他先是搬到了莱顿郊外的莱茵斯堡，然后又搬到了福尔堡，他靠制作透镜维持生计。这些透镜用于新的光学仪器——绅士科学家的望远镜和显微镜、艺术家的照相暗室——以及眼镜的镜片。透镜研磨虽然看起来像是一种古老的手艺，但也是一种完全现代的活动。斯宾诺莎非常擅长研磨透镜。包括克里斯蒂安和老康斯坦丁在内的杰出天文学家都在寻求他的透镜。虽然他们也研磨透镜，但把斯宾诺莎的透镜看得比其他制作者的产品更珍贵。惠更斯兄弟既把斯宾诺莎看作偶尔的合作者，又看作竞争对手。他们交换计算结果和书籍，比较了使镜片达到高度抛光的方法，但没有分享所有的东西，尤其是"惠更斯目镜"，克里斯蒂安在这种目镜上安装了两个镜片，可以克服色差。

斯宾诺莎对新科学特别是光学非常感兴趣，他很早就通过与亨利·奥登伯格的通信了解到惠更斯家族的工作，奥登伯格曾到莱茵斯堡拜访过斯宾诺莎。当斯宾诺莎于1663年搬到福尔堡时，他居住的小房子离惠更斯家族的霍夫维克庄园只有几码远。1665年春天，克里斯蒂安在霍夫维克向斯宾诺莎展示了土星环投射在土星表面的阴影。我们可以想象，他们把望远镜架设在花园里，也许就在那座隔着护城河桥与这座房子隔开的砾石前院里，望远镜不会被树木遮蔽。夜晚没有月亮，但很晴朗，温度并不高，观测土星需要最佳的条件。两个人都是30岁出头，穿着厚重的衣服，蜷缩在望远镜前，在黑暗中模糊不清。两个人在某些方面是一样的，都有自由的灵魂，没有家庭生活的束缚，都对自己选择的追求感到舒适。但可能有些许尴尬。克里斯蒂安可能表现得高高在上，甚至有点儿自以为是，渴望炫耀他的行星；斯宾诺莎一定很恭敬，迟疑地跟随主人的引领，不仅被自己看到的东西迷住，而且被用于观测的奇妙仪器迷住。

一个被放逐的犹太商人和一个与荷兰最上层社会有联系的贵族之间的不可能的友谊的性质，严格来说是科学的。作为实用经验主义者的克里斯蒂安，发现自己难以接受斯宾诺莎的抽象思维倾向，他们的关系仍然友好但变得疏远。克里斯蒂安在与哥哥的通信中用了"福尔堡的犹太人""以色列人"，而不是用任何熟悉的名字。

***

斯宾诺莎找到了一个能养活自己的职业，还能充分利用自己的科学才智。也许他还发现了更多的东西。"在斯宾诺莎的时代，研磨和抛光透镜是一项安静、紧张和孤独的职业，需要纪律和耐心——一句话，这是一项完全适合斯宾诺莎性格的职业。"斯宾诺莎的传记作者史蒂文·纳德勒说道。那么，这项工作与斯宾诺莎的哲学成果之间会有什么样的联系呢？

斯宾诺莎认为，透镜最好是手工研磨。"用手研磨球面比用任何机器研磨都更安全，也更好。"他告诉奥登伯格。对于那些没有完全适应研磨的节奏和要求的人来说，这是一项乏味且危险的工作。可以理解的是，人们都在努力使这一过程机械化，以减轻劳作辛苦程度，降低出错的风险，尤其是惠更斯兄弟。但是斯宾诺莎觉得，最好用自己的触觉，非常精确地调节玻璃对盘子的压力和摩擦力，因此拒绝使用机械。

在《伦理学》中，斯宾诺莎指出了我们获得知识的3种方式：通过随机的感觉经验或想象；通过运用理性，其中可能包括正式的教育；通过直观地把握事物的本质，斯宾诺莎的意思是理解它在上帝的整体创造中的地位。如果说我们仅仅通过抓住事物的本质就能学习，这样的说法就太大胆了。那么，一个只会"坐而论道"的哲学家提出这样的主张，一定比斯宾诺莎这样经常从事用双手改变物质外观的体力劳动的人更加大胆。

斯宾诺莎运用欧几里得几何学中的证明方法，断言上帝不能存在于自然之外，因此必须存在于整个自然界。因此，就上帝的存在而言，上帝就是自然。他进一步评论道，我们的身体服从自然法则——这一事实很容易从研磨台上的工作或令人筋疲力尽的体力劳动中得到理解。斯宾诺莎认为，当我们记住这一点时，我们就从邪恶的激情和对上帝的恐惧中解脱了，因为我们明白抗拒这些法则是徒劳的。

与笛卡儿不同，斯宾诺莎认为精神与物质并不是本来就分离的，而是紧密相连的。特别是，他认为专业知识属于观念和思想的领域，而不是存在于精神中，因此它对于身体和精神都是可以触及的。"因而，"根据科学哲学家阿里斯蒂德斯·巴尔塔斯（曾担任希腊文化部部长）的说法，"专业行为表明了精神和身体的结合，并展示了这种结合是如何运作的：身心一体，即作为身心一体的一个人，通过他或她的不可分割的身体和心灵，自主地知道身体应该做什么，精神应该做什么，以及如何在两者不可分割的情况下行动。"观察工匠工作时，从他们塑造物体时获得的触觉反馈，很容易理解这一点，就好像眼睛能看穿正在塑造物体的手指。

福尔堡似乎是一个不太可能发生任何革命的地方，然而，在克里斯蒂安开始理解运动的相对性的地方几码之外，斯宾诺莎声称时间本身是一种虚幻。这无疑是他创作过程中感知激发的另一种认识。在《工匠》一书中，社会学家理查德·森内特描述了手工匠人如何失去自我意识，并在某种意义上与他们正在制作的物体相融合，"我们已经成为自己正在制作的东西"。通过集中注意力和运用专业知识，成功完成一项任务，"总是伴随着一种既与自己，又与大千世界融为一体的感觉"，巴尔塔斯说。以这种方式工作，身体和精神共同在所创造的物体或经验中，实现了造物主的"整体的不可分割的性质"的体现，并表明他或她已经"接受了世界的真实面貌，因此他或她已经与世界完全和谐"。

除了制作的物品，这一过程对制造者的影响是，产生一种注入了身体和精神的深刻的满足感——正如巴尔塔斯所说："一种他或她已经完全把经历的这个成功时刻当作当下，确切地说，体验到了永恒的感觉。"它体现了"工作干得好"的感觉，身体和精神一起工作，似乎没有思考。也许这种渗透到福尔堡小作坊里的斯宾诺莎身体的感觉，传递了他的另一个思想，即"精神永恒"，或者说精神存在于时间之外。

斯宾诺莎研磨透镜的日常工作也许并没有直接启发他关于人的精神及其在自然界中地位的具体思想，但从他的著作中可以清楚地看出，几乎不能将他的哲学发展从这种实践活动中分离出来。1666年上半年，克里斯蒂安向他展示了土星环的数个月之后，这位哲学家在所写的几封信中，重申了他的上帝观念。

在3封信的最后一封中,他总结了自己的立场——"上帝之外没有任何存在",紧接着讨论折射问题,并附有一张光学图。

尽管他们之间存在着社会地位的差距,但克里斯蒂安和斯宾诺莎更关注彼此的思想和方法,并不像有时他们表现出来的那样。虽然克里斯蒂安发现斯宾诺莎哲学的抽象语言具有挑战性,但他无疑受到了斯宾诺莎哲学及光学理论的影响,这明显体现在晚年他对其他星球上的生命作出的推测上。虽然克里斯蒂安总是渴望了解,斯宾诺莎如何看待自己使用看起来很原始的透镜研磨技术获得如此卓越的成果,但这位敬业的手工匠人,实际上非常渴望多多了解克里斯蒂安使用的做同样工作的机器。

第13章 积怨与磨难

1671年8月,老康斯坦丁始终不忘提醒儿子,其在上帝创造的精密秩序中所处的位置。为此,他撰写了两首短诗,以一种隐晦的方式纪念克里斯蒂安在计时学领域所取得的成就。每一首诗都对发明者与发明成果进行了类比,将这位"无畏的探索者"与他那"脆弱的机械装置"相联系。这一装置未能成功征服海洋。老康斯坦丁担忧局势可能发生反转,克里斯蒂安那极具创造性的成功或许会对他的身体造成损害。在《致吾儿的钟表》一诗的最后一节中,即便是简单的摆锤,也蕴含着深刻的道德寓意。

让它开始运转,让它减弱,最终归零。
只有那些每天坚持行善并坚持到底的人,才会继承王冠。

如果说这些诗是预言的话,那么它们来得恰逢其时。克里斯蒂安在 1673 年出版的关于摆钟的著作《摆钟论》，以及他在 1675 年发明的作为调节钟表运行的替代手段的游丝，使他陷入了职业生涯中最具考验性的专业争议。

《摆钟论》作为"17 世纪科学文献的杰作之一"，也许仅次于牛顿于 1687 年出版的《数学原理》。它的出版立即奠定了克里斯蒂安作为"公认的欧洲科学领袖"的声誉。

许多内容已经在很多年之前完成了。早在 1660 年 9 月，克里斯蒂安就承认它"已经完成了很长一段时间"。但是，当沙佩兰和巴黎的其他同伴劝他出版时，他支支吾吾，借口说他即将前往荷兰。事实上，克里斯蒂安是出于一贯的考虑而犹豫不决的，即希望论述得更加全面。最终，这部著作中的 5 个部分中的第一部分，也是最短的部分，才是专门论述摆钟的设计和操作的。这一部分包括他的数学证明，即摆锤一定循着摆线的路径运动，以便摆以相等的周期摆动，这一路径是另一条摆线的渐屈线，从而为依靠经验确立的事实——为改变摆线路径而增加的摆线"颊"提高了计时精度——提供了理论基础。在论证中，克里斯蒂安引用了奥维德的话，"这件伟大的事情没有被先前的天才研究过"，从而坦率地确认自己是一个天才。[①]

[①] "天才"这个词当时刚刚获得现在通常被用来描述科学家的含义。《牛津英语词典》中列举的最早使用这个词的例子之一来自日记作者约翰·伊夫林，他在1662年写道："惠更斯……因其数学天才……而非常有名。"

《摆钟论》的其余4个部分以更普通的方式论述了相关的物理学和数学，分别是：物体的匀速运动和它们在重力作用下的下落方式（摆可以被认为是其中的一个特例），曲线及其渐屈线的几何学性质，以及直线、平面和固体的振荡中心理论。最后一部分讨论了圆锥摆的运动，并提出了他关于"离心力——我想这样叫它"存在的假说。这个假说只有理论陈述，他承诺以后会进行证明。

克里斯蒂安深信钟摆的运动是物理世界的核心，因此重申了自己的主张，即钟摆运动应该是一个基本度量单位的基础，它将把时间与空间的维度联系起来。他的"长度的普遍永恒度量"是指，在"地球的一次完整自转"期间，摆动给定次数所需的钟摆的长度。通过比较不同地方的钟表，这样一种度量可能很容易地在全球传播，当然首先以他的时钟为参照。克里斯蒂安指出，如果这种度量在古代就存在，那么它就可以避免古罗马、古希腊与希伯来之间因尺寸度量不匹配引发的争端。

克里斯蒂安必然把《摆钟论》献给他的资助人路易十四。沙佩兰检查了文本，以确保它充满了赞美之词。克里斯蒂安评论说，他几乎不需要向国王证明自己的发明的效用，国王已经把他的钟表放在"您的宫殿的私人区域"，克里斯蒂安称赞"您以伟大且非凡的慷慨，保护科学和那些在科学领域中获得卓越成就之人。尽管战争的代价很大，远超一般的开支，但这种慷慨没有丝毫减少,您的法兰西国度也没有为这种慷慨设限"。

他向柯尔贝尔和25位法国科学院院士以及英国、荷兰和欧洲其他地方的重要同伴寄送了副本。其中一份寄给了约翰·德·维特的家人,当时他已经去世,不过他生前看过手稿。牛顿很欣赏这部作品,发现它"充满了精妙和有益的思考,非常值得作者为之付出努力"。牛顿渴望更多地了解离心力,尤其是应用于天文学的离心力,克里斯蒂安对此只字未提。牛顿试图让克里斯蒂安说出来,并许诺提供一种更简洁的处理渐屈线的方法(基于几年前牛顿发展起来但一直保密的流线法或微积分法)。但是,也许克里斯蒂安回想起前一年,牛顿对于自己对光的色散的批评作出的尖锐回应,没有回复。

皇家学会的其他成员就没那么温和了。约翰·沃利斯觉得克里斯蒂安对英国科学家的工作没有给予足够的赞扬,便进行了充满偏执的讽刺:"我发现,自从他被法国化后,他的幽默就奇怪地改变了,不再是原来那样。"奥登伯格缓和了沃利斯的措辞,然后转述给克里斯蒂安,作为国际主义者的克里斯蒂安坚定地回答,根据他的经验,英国人同法国人或荷兰人一样渴望赞美。

但是对《摆钟论》最为恼火的是罗伯特·胡克。1666年,他设计了一个圆锥形钟摆,其摆锤在水平圆周内运动,而非垂直平面内的弧形运动,因此其摆绳描绘的轨迹是一个圆锥面。

因此，当他看到克里斯蒂安明显地主张这项发明权时，他很震惊。1673 年 6 月 12 日，奥登伯格谨慎地写信给克里斯蒂安，指出胡克在他之前就有了这个想法。克里斯蒂安回信辩称不知情，并请奥登伯格向胡克保证，自己没有抄袭胡克。但在追问之下，克里斯蒂安承认，他在 1663 年访问英国时曾听到胡克提到这个概念，但当时他脑子里已经有了这个想法。

胡克和克里斯蒂安有着截然不同的社会地位。胡克是一个卑微的牧师的儿子，从未接受过多少正规教育。尽管悬殊的社会地位差距无疑加剧了他们之间的紧张关系，但他们在另一个重要方面非常相似。他们是那个时代最优秀的实验主义者，每个人都有机械论的思维，擅长设计、制造和操作要求苛刻的精密仪器。他们都是经验丰富的观察者、优秀的绘图师和大胆的理论家，当然，克里斯蒂安在数学方面很有优势。每个人都很敏锐地——有时过于敏锐——保护自己的知识产权。17 世纪，这种创新刺激也许在钟表制造领域表现得最强烈，那里有强大的商业刺激推动创新的步伐。

在科学优先权惯例尚未牢固确立之时，胡克和克里斯蒂安所处的那种困境是司空见惯的。与他们的许多同行一样，当他们认为创新可能具有商业价值或太不成熟不能发表时，两个人经常会为隐瞒这些创新而感到愧疚。然而，在愤怒的通信过程中，他们把争论的关键推回到 10 年前，把举证责任从有明确时间顺序的印刷文件，转移到模糊记忆中的日期不明的口头声明。

在这种情况下，什么能作为一项发现的证据呢？什么能算作"出版"呢？一篇期刊文章、一篇寄出的论文、一个带日期的变位词、一封私人信件、一次有人观看的实验演示？在这种情况下，没有令人满意的答案。然而，又一次多亏了奥登伯格的巧妙调解，第二年两个人达成了休战协议。胡克请奥登伯格把他最近发表的演讲文本《证明地球运动的尝试》寄给克里斯蒂安，作为和平的表示。克里斯蒂安回复说，他认为"非常好，很重要"。他们至少会同意，在对抗反哥白尼哲学家提出的"荒谬的诡计"的规模更大的战争中，他们是坚定的盟友。

***

克里斯蒂安与胡克之间的和平被证明是短暂的。1675 年 1 月，克里斯蒂安宣布了一项新发明。这是一种机械装置，其中铁螺旋弹簧连接在钟表摆轮的轴上，以起到与钟摆相同的时间调节作用。（螺旋弹簧已经被广泛地用于驱动钟表的传动装置。）由于没有钟摆对重力方向的关键依赖，游丝在计时法领域是一项潜在的高度实用的创新，尤其是供海上航行使用。克里斯蒂安的设备由艾萨克·图瑞特制造，后者是他在巴黎的首选钟表制造商。该成果于次月发表在《学者杂志》上，克里斯蒂安在法国申请了该设计的专利权。与此同时，他将发明的消息传递给奥登伯格和皇家学会，最初是以变位词的形式，希望这项设计在英国也得到保护。他建议,这项专利可以置于奥登伯格的名下,因为克里斯蒂安作为一个外国人,没有资格持有它。这样一来,收入就可以在克里斯蒂安与皇家学会之间分配。他对新的机械装置评价很高。洛德维克的妻子刚刚生了一个儿子,他在给弟弟的信中写道:"如果说你的男孩子很漂亮,那么我的女孩子即我的新发明也有自己的美,会长寿,就像善良的伊巴米浓达的孩子们。①她的姐姐是年长的钟摆,她的哥哥是土星环。"

3个星期后,奥登伯格向学会会员宣读了克里斯蒂安的新来信,信中揭示了他的变位词答案。胡克立即作出反应,声称他几年前就设计了类似的装置,但会议上的其他人对此表示怀疑。皇家学会将自身定位为独立仲裁者,学会站在克里斯蒂安一边,但给了胡克证明自己的机会。4月,奥登伯格向克里斯蒂安说明了情况的发展:"胡克也要求为自己的钟表获得特权,他声称,这个钟表依据同样的原则,据说几年前他就设计出了这个钟表。我们将根据它们的效果来评判哪一个是最好的。"

那年夏天,胡克与伦敦杰出的钟表制造商托马斯·汤皮恩紧密合作,将自己的概念变成现实。汤皮恩根据胡克的说明制造了这个仪器,在摆轮内侧安装了两个弹簧。为了确保胡克

---

① 底比斯将军伊巴米浓达于公元前362年死在战场上。传说,一个朋友评论他死时没有孩子,却得到了这样的回答——他留下了女儿们,即他取得的众多胜利。

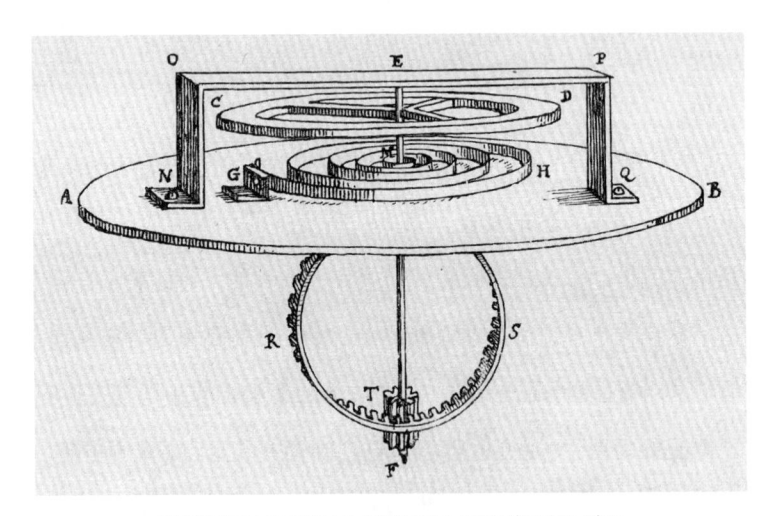

克里斯蒂安于 1675 年发表在《学者杂志》上的螺旋形游丝示意图。

的优先权,时钟被回溯性地刻上"R. 胡克 1658 年发明。T. 汤皮恩 1675 年制作"。与此同时,胡克开始担心奥登伯格利用他在皇家学会的官职谋利,担心他和其他人与克里斯蒂安联合反对他。

此时,克里斯蒂安着手为喜爱的人制作钟表样品,包括奥兰治的威廉和皇家学会主席威廉·布龙克尔。他将向布龙克尔安全运送钟表的任务委托给意大利著名的喜剧演员多米尼克·比安科莱利,他是路易十四最喜欢的丑角,当时正好在巴黎和伦敦巡回演出。克里斯蒂安写信告诉奥登伯格:

> 如果一个人想使自己成为所有新发现的作者,胡克先生的行径似乎既不友好也不诚实,特别是关于那个发明,他说已经拥有很长时间了,这样做很没有风度。当我把那个变位词寄给你时,他什么也没有做成,而我告诉过你,这个变位词包含了一项新的计时发明。那些有能力制作精巧发明的人不会这样做。

奥登伯格回信表示同情,不过他也注意到胡克作为皇家学会实验馆馆长的重要作用,希望他不受伤害。"至于胡克先生,他是一个脾气很特别的人。不过,我倒希望你给布龙克尔勋爵写几句话,向他解释一下,在你寄送变位词之前,你对胡克先生的发明一无所知。"克里斯蒂安照做了，后来得知布龙克尔已经支持了自己的理由，并确信胡克是在听说了克里斯蒂安的突破后才开始进行这项工作。

胡克所有的担心现在似乎都得到了证实。他对克里斯蒂安发起了猛烈的攻击，并指责奥登伯格充当了克里斯蒂安的间谍。（当然，奥登伯格在第二次英荷战争期间曾因涉嫌从事间谍活动而被短暂拘留。）胡克还编撰了自己从1660年起发明计时器的详细年表，贬低克里斯蒂安取得的每一个成就，特别是航海钟，并暗示自己一直在进行改进，每次都与皇家学会会员讨论这些改进，同时隐瞒了创新的关键细节。

克里斯蒂安还面临来自法国的竞争对手的法律和竞争挑战。其中最严重的挑战来自他的制造商图瑞特。甚至在收到奥登伯格警告胡克主张优先权的信之前，克里斯蒂安就从朋友那里得知，图瑞特抄袭了他的设计，做了一些微小的改进，并为自己主张发明权。克里斯蒂安粗暴地处理了这件事，他偷回了图瑞特的修改图，并迫使图瑞特用直白的语句撤回主张。图瑞特发表了一份声明，字里行间充斥着不情愿，表明这份声明可能是作为继续交易的条件被强加给他的，"我不主张这项发明的荣耀，它完全属于你"。克里斯蒂安意识到图瑞特构成的威胁，也准备了一份日记，记录了围绕他的发明发生的一连串事件，作为证据提交给柯尔贝尔和科学院。这份每日书面陈述记录了这个想法出现于1月20日，一个星期天，第二天克里斯蒂安通知了巴黎税务官皮埃尔·佩罗，他完成了一项重要的发明，但没有透露关键的细节。随后克里斯蒂安写道，星期二，当自己等待之时，图瑞特竟已造好了钟表！但次日，图瑞特便按照新设计仿制了自己的版本——"我无法想象为什么，除非他喜欢它。"根据克里斯蒂安的说法，图瑞特甚至劝他在这个机械装置被证明正常工作之前不要急于申请专利，大概是为了争取时间来制作自己的可用钟表，并申请专利。

这份不寻常的记录揭示了整个工作的节奏、即兴创作的水平，以及在计时领域经常需要的发明家与制造商之间的密切合作。在这个残酷竞争的新环境中，这位无与伦比的科学家——克里斯蒂安，看上去很天真，甚至有点儿无知。一位习惯于宫廷和外交行为方式的绅士，突然茫然地与那些把谋生作为最迫切需要的人打交道。事实上，他感到被图瑞特背叛以及陷入与胡克的纠纷，正好在同一时间，这可能有助于解释为什么他似乎把胡克当作一个商人来对待。

克里斯蒂安的特别诉状达到了预期的结果。在克里斯蒂安构思出游丝钟表不到4周后，柯尔贝尔就授予他这项专利权。文件中没有提到图瑞特的名字。克里斯蒂安还获得了荷兰共和国专利。在英国，他的新设计经由图瑞特的未经授权的传播，使得变位词从寄到奥登伯格手上的那一刻起就无用了，这就是为什么他很快就发布了一个更直接的声明。

尽管得到了奥登伯格和皇家学会其他人的支持，但克里斯蒂安没有获得英国专利。当他的钟表原件最终从巴黎到达伦敦时，缺少了分针和秒针，在演示时表现不佳。尽管胡克有强大的支持者，但他也没有获得专利。当发现游丝装置在海上航行中运行不如预期时，人们对它的兴趣很快就减弱了。胡克和克里斯蒂安从这段经历中摆脱出来，两个人伤痕累累，没有得到他们希望的回报，在发明优先权上仍然存在分歧。如果最终不能厘清谁在什么时刻从谁那里听到了什么，从而宣布这场"竞赛"的明确的"获胜者"，那么它就必须被看作正在出现的开放的科学交流文化所付出的公平代价。

胡克继续指责奥登伯格尤其要为自己的困境负责。他怀疑奥登伯格作为一个外国人（尽管这个德国人已经取得了英国公民身份，娶了一个英国女人，已经15年没有离开过这个国家），与另一个外国人克里斯蒂安勾结。就奥登伯格的角色而言，他在促进欧洲科学家之间的对话时，总是试图忽略国籍的差异。例如，他明智地忽略了1669年英国驻巴黎大使馆官员弗朗西斯·弗农的警告："克里斯蒂安对法国科学院的荣誉有极大的渴望，甚至是忌妒。我认为……他为英国所做的工作有点儿让人怀疑"。

正如几年前受到罗伯瓦尔攻击时那样，克里斯蒂安又病倒了，回到海牙避难。他也暂停了与奥登伯格的通信，尽管他能够依赖与父亲的持续通信。奥登伯格于 1677 年 9 月去世，在此后很长一段时间里，克里斯蒂安与英国科学家很少联系。

***

1680 年 11 月 24 日，克里斯蒂安骑马来到巴黎以北大约 25 英里的尚蒂伊城堡，因为他听说其中一处水景会发出一种奇怪的音调。这种效果令参观的人困惑，克里斯蒂安对听到的疯狂解释也不满意。在城堡那广阔的假山花坛上，其间由小水渠分隔，点缀着倒映周边景色的池塘，他找到了神秘声音的来源——一个小瀑布，设计它是为了引入庄园附近的瓦兹河水。"水从露台大楼梯的台阶溅到地上，发出了回声，像远处传来的小号声，这声音来自台阶的连续回声。"他记录道。他测量了台阶的踏面，"高 17 英寸"。

克里斯蒂安回到家里，迅速做了一根 17 英寸长的管子，一端敞开，并确认"对着管子吹气，能产生与台阶回声相同的声音效果"。9 天后，他回到尚蒂伊做了进一步的测量，却发现"台阶上全是雪，厚度有台阶的一半高。再也听不到声音了"。尽管如此，他正确地推断出，音调一定产生于从台阶上反射的瀑布声波，音高与踏面高度有关，此消彼长。

17 世纪，声音与光线引发的感官体验的无形传播机制仍未被充分阐明。但存在一个广泛的假设，即它们的传播方式类似,在某些方面像波。这个假设基于一个明显的事实,即它们似乎都从源头向外扩散,就像石头落入水中时产生的涟漪一样。音乐人克里斯蒂安了解梅森对音速的测量和玻意耳关于声音不能在真空中传播所作的演示,那天在尚蒂伊,他的直觉是正确的——声音在冰冷的空气中以类似波的方式传播。毫无疑问,他也发现了可以根据笛卡儿的学说描述这个现象,即粒子在空气中相互连接并由旋涡相连。能够穿过真空的光更像是一个谜。

***

1668年,一艘从冰岛返回哥本哈根的丹麦船只卸下了几块奇怪的透明矿石,其中一个样本被安置在国王弗雷德里克三世的收藏室。这种矿石是一种高纯度的方解石,后来被称为冰岛水晶或冰洲石。它可能与北欧传说中提到的"太阳石"是同样的东西,维京人凭借它,即使在阴天时也能够进行长途航行。它的双折射特性意味着,当它相对于低空太阳的强偏振光方向转动时,它的外观会变化,即使光透过云层而发散。这就给了维京航海家一个知道方向的方法。最引人注目的是,冰洲石违背了一般的折射法则,即垂直于表面的入射光线在穿过它时不会偏转。在冰洲石的折射情况下,光线分裂并沿着两个新方向穿过晶体。丹麦几何学家拉斯姆斯·巴托林分析了这种晶体在不同方位下奇怪的光学行为,并测量了它的反常折射角,他错误地假设这是由于晶体中的孔隙造成的。

1676年夏天，海牙，克里斯蒂安正从巴黎的生活压力中恢复，此时他得到了一块砖块大小的矿石。老康斯坦丁向奥登伯格描述道：

> 像水一样无色透明，呈菱形，但有一些划痕。它们都来自冰岛，那里是它们的原产地。除了在3英寸厚度时具有高透明度，它的非凡之处还在于双折射，更令人惊讶的是，可以沿任何方向切割它，纵向和横向……

这种材料肯定能成为奇珍柜里的优秀展览品。但这些无用的展示并没有满足人们对正确理解奇怪自然现象成因日益增长的需求。冰洲石的不规则折射挑战了斯涅尔定律和整个折射光学理论，这一挑战困扰着那个世纪里最伟大的头脑。于是，克里斯蒂安着手细致地研究它的性质。

在与牛顿就颜色问题发生争论之后，克里斯蒂安觉得有必要对光作出彻底的机械论解释。罗默发现光以限定速度传播，这是他从对木星卫星的运行速度的观察中推断出的，并于1676年6月发表。这一发现对于克里斯蒂安来说非常及时，1676年至1677年的冬天，他与这位丹麦天文学家进行了富有成效的通信。罗默的理论证实了克里斯蒂安先前的直觉，"光以环形延伸，并非在一瞬间"。如果光以有限的高速度传播，难道它不会以不同的速度穿过不同种类的透明物质吗？毕竟，笛卡儿曾指出，光将会被证明与声音一样，在密度比空气大的介质中传播得更快。

克里斯蒂安首先确定了冰洲石的折射角，然后准备用解析几何的方法进行研究，而不需要进一步的实验。他确信，只用数学方法就能解决这个难题，从而发现隐藏在这种奇怪物质中的规律性。他从事的关于光的早期工作依赖于线性射线，但在这里，他发现将光视为一种扩散的波是有帮助的。他提出，如果光在空气这类均匀介质中从光源呈球面辐射，那么在沿不同轴向具有不同物质特性的介质里，也许光并不以椭球面波阵的形式传播。这或许可以解释：克里斯蒂安的简洁几何图解释了这种晶体的各种行为，表明光以不同速度沿不同方向穿过晶体。1677年8月6日，他在笔记中用希腊语和拉丁语写下："尤里卡。冰岛水晶中奇妙折射的原因。"

克里斯蒂安可能没有认识到，他面对的是一个新的理论，完全符合当时所知的除颜色之外关于光的性质的一切知识。以波为基础的模型用机械论解释了光的沿直线传播、从源头以圆形或球形辐射、有限速度、反射和折射，包括冰洲石的奇怪折射。但是他对笛卡儿理论的忠诚——基于这样一个概念，即一个充满粒子的空间只能通过粒子相互作用来传输光脉冲——意味着他不愿意把它作为一个完整的理论提出来。

此外，他还面临来自罗默对他关于冰洲石奥秘的说明的重大挑战，该挑战基于巴托林（碰巧他是罗默的岳父）的观察，即在某些情况下，光线的确沿着晶体平面方向传播。

***

鉴于荷兰共和国与法国之间的和平前景，克里斯蒂安于 1678 年 4 月回到巴黎。他的父亲在给执政威廉三世的信中写道："我的儿子，这个巴黎人"认为，他对法国雇主的责任远胜过任何健康考虑。也许阻止他离开的是这样一个事实，那就是 81 岁的老人只是想要他继续陪伴，"享受他博学且令人愉悦的交谈，直到他看到我死去"。他直截了当地对执政评论道："在他喜欢的祖国为他争取到一份 2000 埃居的合同是不可能的"。

这个论调源于绝望而非任何真正的希望。战后，荷兰共和国的财政处于比较糟糕的状况，但即使在著名的"黄金时代"，荷兰也不可能支撑得起类似于柯尔贝尔的多个学院那样规模的智力支持中心。这个国家缺少一个像巴黎或伦敦那样具有文化引力的中心，来吸引和容纳最优秀的思想家；荷兰在从植物学到医学，以及在天文学、光学和力学等领域取得的惊人成功，必然来自各省的小城市，并依赖于相对孤立的个人的才华，他们反过来又依赖于市民的相对温和的偶然支持，这些市民在财富相对广泛分配的经济中取得了成功。

老康斯坦丁发现自己的收入也受到了影响，他在瑞利赫姆的地产租金"因战争引发的洪水和其他不便而减少"（作为防御措施，大部分土地被故意淹没）。他爱惹麻烦的儿子洛德维克最近恢复了在荷兰南部小城戈尔库姆（戈林赫姆）的行政官职位，此前他被发现犯有贪污罪，他的父亲利用自己的影响力确保判决不被执行。与此同时，他的大儿子小康斯坦丁延续了为执政效力的光荣生涯，陪同威廉参加了战争中的最后几次战役。他们的妹妹苏珊娜定期写信给克里斯蒂安，告诉他家里的事情以及和平谈判的进展。她还寄给他一些"小炖菜"的食谱，她认为他也许能自己做饭。她期待着有一天能更容易地收到来自这座城市的时尚品，她也渴望有一天能亲自去看看那里，但现在她只能劝克里斯蒂安，如果他注意到"女士的穿着或发型有什么特别的变化"，就告诉她。

***

回到巴黎后，罗默的理论挑战（他自己没有冰洲石样本来做实验）驱使克里斯蒂安进行了进一步的测试。通过沿着新的晶面巧妙地切割和抛光矿石，他能够证明巴托林观察到的光沿着晶体表面偏转是纯粹的巧合，不具有任何光学意义。1679年8月6日，在他完成了自认为是决定性的实验整整两年后，他再次写下了"尤里卡"，其中带着胜利的喜悦及一丝戏谑的意味。冰洲石又一次在"维鲁拉米乌斯所称的关键性实验"中发挥了作用。

当克里斯蒂安开始描述关于光的新理论时，他经常拿声音和水上的波做类比。因为光的路径可以穿越，所以光的行为不能"像炮弹或箭那样"，他总结道。相反，"它像声音一样，通过球面波传播。我称它们为波，因为它们与石头扔进水中形成的波相似"。

克里斯蒂安的几何分析表明，一束光可以被看作是一个前进的波前。例如，当波前扫向镜面时，波前入射的每个点都成为一个新子波的波源。在镜面上产生的连续子波形成一个新的反射波前，它以与入射波前成相等且相反的角度向前推进。在普通折射现象中，在空气中传播的光线会以与法线呈特定夹角

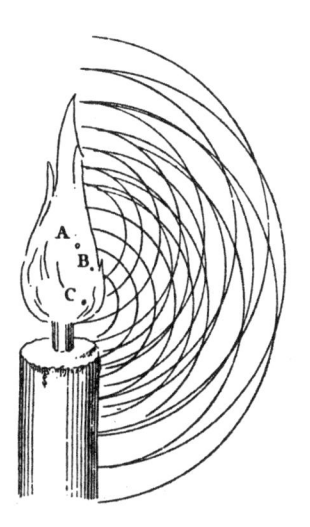

克里斯蒂安绘制的示意图。图中用球面波展示烛光的传播。
光从光源的每个发光部分（A、B、C）都以波的形式传播。

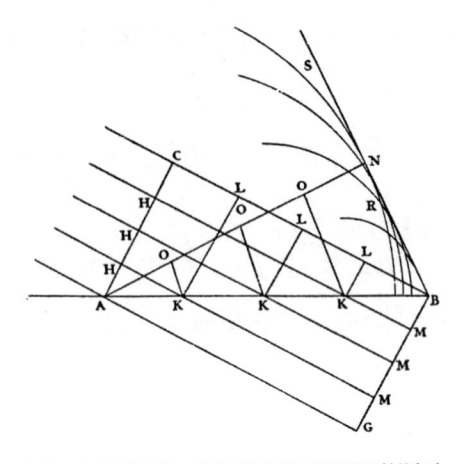

光从一个表面的反射，显示新的子波如何从光照射的每个点产生，并组合形成新的波前。

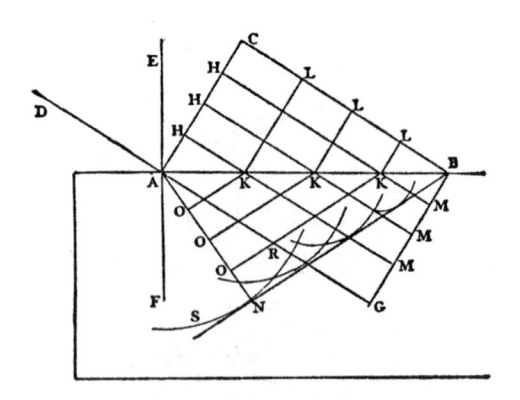

根据克里斯蒂安的波动理论，光的折射展示了光速与折射角之间的几何关系。

射向平面玻璃。在边界处产生的新子波在密度较大的介质中推进较慢，这导致新的波前沿着以减小的角度弯曲的线形成。克里斯蒂安原理（后来广为人知）的强大力量在于，所有光学定律现在都可以用几何学来解释。纸上的简单线条生动且有说服力地描述了物理现实中似乎令人困惑的现象。

线条是数学理想。物理现实是什么？克里斯蒂安并不准备放弃笛卡儿关于某种形式的运动物质的思想——也许不是炮弹，而是某种通过以太传播的微粒，光作为脉冲通过以太传播，脉冲由一个微粒接收后向各个方向传递给更多的微粒。他试图阐释培根和伽桑狄曾经探究的光波与声波之间的相似性，它们都通过空气的压缩和膨胀纵向传播，但他无法用数学的方式阐释这一点。我们现在知道关于这种"特殊波"的假设是不正确的，但对于克里斯蒂安来说，它至少提供了一种忠实于笛卡儿的表象，同时也完全符合他自己的关于光行为的严格几何模型。最后，克里斯蒂安的恒久成就是他成功地将数学应用于光的理论，而非他的唯物主义结论，这使得他的光学理论领先于其他竞争性理论，包括其他基于波的理论，如法国耶稣会士伊格纳斯－加斯顿·帕迪斯和伦敦的罗伯特·胡克的理论。

克里斯蒂安对光学的早期思考中没有波的迹象。他的理论的发展不仅依赖于一直存在的对折射的理解以设计更好的透镜的功利主义动力，而且得益于冰洲石这一奇特矿物的发现，以及罗默对木星卫星进行的天文观测,这使他推断出光的有限速度。这些因素的结合足以促使克里斯蒂安发展出能够解释这些最新观察结果的数学分析,并且让他摒弃了因笛卡儿学说的要求而产生的对必须查明其根本原因的担忧。

在10多年的时间里,克里斯蒂安没有发表他的光波理论。他的思考范围现在比1653年要广泛得多,那时他第一次写关于光的文章,回应了笛卡儿提出的折射理论,也比1669年奥登伯格敦促他继续他的"屈光学"研究时广泛得多。然而,他对于物理物质根本没有什么可说的,以前的大多数理论都认为物理物质是问题的组成部分,而且他对颜色也没有进行任何解释,无疑,他认为再次拖延是明智的。

**

1680年11月,一颗明亮的彗星出现在欧洲的天空中并缓慢消失,它引发了人们的恐惧和兴奋。几个星期后,84岁的康斯坦丁再也忍受不了这种骚动,连忙写下语带双关的四行诗:

> 何事从早到晚令你兴奋,又让我烦乱,
> 喋喋不休地谈论彗星?
> 我宁愿唠叨喜剧,
> 或呼朋唤友,共享美食。

彗星是预兆。1618 年，一颗淡红色的长尾大彗星掠过天空，那一年几乎荷兰各省都陷入了内战。1651 年，当荷兰人第一次在海上与英国作战时，人们看到了一颗彗星。1664 年，人们又见到一颗彗星，它的出现是瘟疫的先兆。

然而，随着 17 世纪的发展，望远镜使得对这些天文怪象的观测更加频繁和详细。其他观测到彗星的年份是 1652、1661、1665、1668、1672、1677、1678、1681、1684、1686、1689 年。1680 年的彗星是第一颗真正被望远镜观测到的慧星。爱德蒙·哈雷用来证明太阳系中天体周期性重复出现的彗星出现在两年后。如果它们以如此单调的规律性出现，那么假如接下来的一年是"彗星年"，这到底意味着什么？彗星到底能预示什么？

克里斯蒂安又写了几篇关于彗星的短文，4 月，他又写了一首迷人的长诗——《彗星研究》。它构思了一个故事，每个人都缠着一位老人，他的儿子刚好是一位著名的天文学家，他们问了很多关于新彗星的问题，"每个人都知道却又不甚了了"。在回答这些想象的疑问时，克里斯蒂安强调了这一现象的自然奇妙之处，并轻描淡写地忽略了其作为预兆的价值。

> 在东方，一个国王死了，他们在那里哀悼，
> 在南方，他们笑了：这是世界的方式。

天上的征兆对于任何人来说既不好也不坏，

　　但对于一个人来说是甜蜜，对于另一个人来说是悲伤。

　　那么，他相信彗星毫无意义吗？"不，我的脚穿不上这样的鞋。"他选择把天空中的这些明亮条纹解读为《诗篇二十三》中上帝的安慰之杆和杖的象征。如果彗星是一个信使，那么克里斯蒂安更喜欢"当我的灵魂被带到他居住的地方，等待完整的信息"。

　　大多数天文学家研究彗星时，并不会把任何预言或神秘的力量赋予它们。但这一立场并非没有风险。例如，皮埃尔·拜尔最近被任命为鹿特丹的哲学教授，他是从法国流亡到那里的，在 1682 年他表达了关于彗星的完全理性的想法，这引发了牧师的抗议，随后他突然发现自己的薪水被扣发。老康斯坦丁也愿意忽略对不寻常自然现象的迷信解释，但他的诗人头脑无法抗拒将流行的预兆用于乐趣。老康斯坦丁在完成了从路易十四手中夺回公国控制权的艰巨外交任务后，于 1665 年 5 月在奥兰治的古罗马剧院参加了一个仪式，在高潮时刻，他看到太阳周围出现了日冕。他对此进行了解释，无论是出于政治利益还是诗歌的乐趣，在诗歌的一节中暗示上天以其仁慈为这一时刻加冕。许多年后——当法国人夺回奥兰治时——他承认自己一个字也不相信，他知道这只不过是自然发生的事情。

1680 年 12 月下旬，这颗彗星在极其接近太阳的轨道上运行时，他的儿子才得以观测到它。克里斯蒂安写信告诉父亲：

> 一段时间以来，大家都在谈论一颗彗星，但这里什么也没有看到。直到昨天晚上，也就是将近五个半小时之后，天空变得完全晴朗，它出现了，大得惊人，尾巴很长很明显。我从没见过这么大的彗星，你可以告诉我 1618 年的彗星是否与它相似。

与许多天文学家一样，克里斯蒂安在 17 世纪 70 年代投入了大量时间来推测彗星的起源和运动，但基本上都是徒劳的。他也没有时间把它当作预兆。"如果彗星均等地预示好事和坏事，那又意味着什么呢？"他说道，"除非它们什么也不预示。"他曾相信它们产生于太阳中，并从太阳向外作直线运动，但他在 1680 年 12 月看到的彗星可能与他父亲在 11 月看到的彗星是同一颗，这支持了卡西尼的想法，即它们实际上沿着围绕太阳的轨道运行。1681 年 2 月，克里斯蒂安在法国科学院发表讲话，解释了彗星如何穿过太阳系，并描述了彗星尾部的长度和方向在这一过程中如何变化。他驳斥了笛卡儿认为尾巴只不过是光折射的结果的观点，并推测，尾巴可能由一种非常稀薄的"烟或蒸汽"组成。这样的天体不可能起源于恒星，因为必须有大量这样的天体才能解释从地球上看到的数量。它们真的来自我们自己的太阳吗？他现在意识到，观测到的轨道也使这一点变得不可能。

*　*　*

然而，在巴黎，预兆对于克里斯蒂安来说不太好。他反复出现的冬季发烧越来越频繁地伴随着强烈的头痛和其他并发症。他的一些长期伙伴，包括他最重要的盟友沙佩兰，现在都去世了。路易十四批准的对新教徒的迫害行为越来越多，导致胡格诺派离开法国，国王和教会也越来越有信心对抗对世界的机械论解释，这种解释在柯尔贝尔科学院的早期阶段被容忍或忽视。

1679 年，克里斯蒂安获得的一枚奖章可能会给他一些小小的安慰。奖章背面图案为神话中的萨图努斯（古罗马农神）手执一个摆线钟摆，其环状行星及其第一颗卫星悬浮在上方。但正面，克里斯蒂安认为"雕塑家在相似性方面做得一点儿也不好"。

他尽职尽责地继续着各个方面的科学工作。为了回应一位打算写法国科学院早期历史的作者的要求，克里斯蒂安编制了科学院研究过的题目列表，因与他的个人兴趣范围非常符合，所以它可以被视为他在该机构处于中心地位的标志。这份列表包括天文观测，其中包括"新发现的恒星"、土星环形状的确定和 3 颗行星卫星的发现，对日食和幻日（出现在太阳两侧天空中的亮点，现在已知是由于地球大气层中的冰晶所致）进行的研究，以及测量的地球周长为 2054.16 万法国杆（不到今天估算值的 0.1%）。他还详细介绍了经度钟的进一步发展及其在海上长途航行中得到的评价，建造的风车和喷泉泵模型，"最精确的巴黎方圆 10 里格地图"，使用改进的显微镜进行新观察，以及有关折射、运动定律、真空和气压的实验。克里斯蒂安声称，除了院士自己的工作，科学院还忙于实现其作为国家创新信息中心的预定目标。其他发明人"经常被召到学院接受审查，审查是完全公平的，尽管有时沉迷于想象力［和］概念的作者会抱怨"。

克里斯蒂安的健康状况持续不佳的消息使他在海牙的家人开始考虑如何把他带回家。还有其他一些重要因素影响了他们的决定。他的哥哥小康斯坦丁最终把自己的家搬出了父亲在广场上的房子，自从他 1668 年结婚以来，他们一直住在那里，这件事可能使父亲感到孤独。克里斯蒂安的妹妹苏珊娜在 1680 年 3 月写信给他：

> 我希望，我的哥哥，你的健康会好起来，最好你能来荷兰看我们。父亲会特别高兴。尽管他想让我们认为这种孤独不会令人不快，但在我看来，对于他那个年龄的人来说，这种变化太大了，他在一个大家庭里度过了一生，现在却发现自己独自住在这么大的一所房子里。但我的哥哥，你的陪

伴会弥补一切。

克里斯蒂安很快就屈服于他们的愿望，并宣布他将在夏天返回荷兰。但是柯尔贝尔在凡尔赛和其他地方仍然有需要他的项目，他没能获得准许。第二年冬天，严重的头痛病再次发作，他的离开又被推迟了。1681年春天，一直渴望看到这座城市的苏珊娜和她的丈夫菲利普以及他们的三个孩子来到了巴黎。克里斯蒂安最终在9月同家人一起前往荷兰。他的行李里装着一个机械的黄铜天象仪的部件，他早就开始制造这台天象仪，通过使用切成不等间距轮齿的齿轮来模拟行星在椭圆轨道上的变化速度，以演示行星的真实路径。

***

克里斯蒂安的哥哥小康斯坦丁经常在海牙担任秘书职务。克里斯蒂安希望他们两个人能抽出时间继续合作制造望远镜，因为在合作中，他们像年轻朋友一样相处融洽。在显微镜方面，他感觉到了来自列文虎克的竞争，"我们的代尔夫特资产阶级哲学家"新入选了皇家学会，现在成了"时代的伟人"。

克里斯蒂安的一个目标是制造焦距更大的望远镜。这种仪器非常不同于向高官显要进行展示用的压花革镀金小望远镜。一台留存下来的由惠更斯兄弟于1683年制造的望远镜，由一根钝的薄金属管组成，它分为5个嵌套的部分，延伸近6码。它很像一根排水管或烟囱，实际上是当地的一个锡匠为他们制作的。但是对于更长的焦距，有必要完全省去管子，因为当尺寸更大时，它就成了不实用的累赘，只保留基本的光学部件——物镜和目镜。很久以前克里斯蒂安在巴黎用这样的望远镜进行了观测，但是他和哥哥在父亲在海牙的花园里建造的仪器要更大、更具有挑战性。物镜被放入一根短管，然后安装到一个铜球接头上，再固定到一个木制小平台上。接下来，把这个组件沿桅杆升起到一个很高的位置。一根拉紧的丝绳从这个透镜外壳一直延伸到地面三脚架上的望远镜目镜。通过这种方式，观察者就可以在带着三脚架上的目镜走到地面的新位置时，保持两个透镜对齐，并通过这根绳操纵望远镜来观察天空的不同部分。实际上，这个仪器很难操作，尤其是遇到大风天气。克里斯蒂安描述，有一次，"木匠派一个小男孩儿到我这里来，他爬上去把绳子重新穿进滑轮里，但由于桅杆摇晃，他很害怕"。

克里斯蒂安觉得自己正在与巴黎天文台的卡西尼竞争。卡西尼在1671—1672年发现土星的两颗新卫星时，使用了罗马坎帕尼兄弟（朱塞佩和马特奥）提供的透镜。克里斯蒂安使用的巴黎玻璃坊生产的玻璃质量无法与他们的产品相媲美，但他希望在荷兰，凭借哥哥的专业知识和更好的原材料，他也许能赶得上。这些巨大的仪器需要餐盘大小的物镜，如果要透过它们看到任何东西的话。由于焦距很长，如果只是随意一瞥，那么

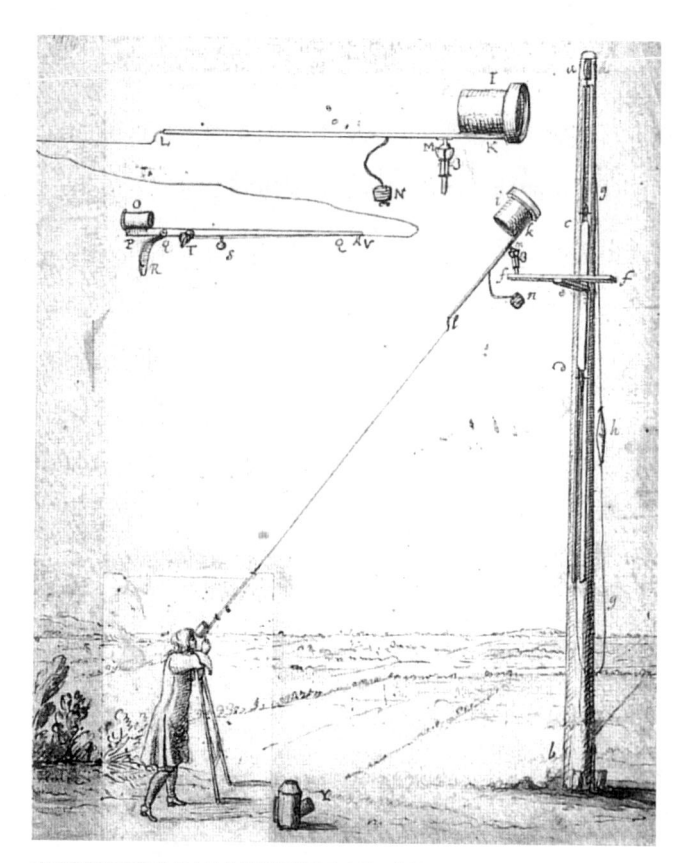

克里斯蒂安设计的无内胎长望远镜操作示意图。物镜（i）被安装在一个升起到桅杆上部的平台上，天文学家通过握着的绳索来操纵。

很难察觉它们的曲率，但镜片仍然必须非常精确地研磨。利用斯海尔托亨博斯当地的一家玻璃供应商，兄弟俩成功地将望远镜的焦距从 34 英尺逐年增加到 210 英尺。但这并没有给他们带来什么益处。卡西尼在 1684 年又发现了土星的两颗卫星。不久之后，克里斯蒂安亲切地写信给卡西尼，表示他发现他的无内胎方法比自己的方法"更简单"，但"不太完美"，因为调整它比较困难。他以一句友好的祝词结尾："永远继续下去，先生，为了科学的进步。"然而，克里斯蒂安私下里认为卡西尼忌妒自己在土星观测方面取得的成就。克里斯蒂安没能见到卡西尼发现的第四、第五颗卫星，也没能用他的新望远镜做出任何自己的发现。

克里斯蒂安的一个次要目标是设计一种自动研磨透镜的方法，以改进光学质量并加快生产速度，他在这方面取得了一些进展。经过多次尝试，兄弟俩发现玻璃的质量不是关键因素。很多玻璃能产生令人满意的镜片，它不必是最清晰的。事实上，"通常最好的玻璃从侧面看是黄色、红色或海绿色的"。这些大透镜的玻璃是用与镜面玻璃相同的方法制成的，即吹制一个大玻璃球，然后从中切下一个圆盘，接下来让圆盘在热的平坦表面上松软化成平面形状。克里斯蒂安指出，要获得最好的结果，就要给玻璃几天时间静置，就像度假一样，让小气泡和其他瑕疵有足够的时间从介质中排出。每件这样的东西要花 3 荷兰盾。

更大的挑战是研磨和抛光玻璃盘，以便在预先确定的焦距下产生清晰的放大图像。如果研磨师在一处用力太大，手工研磨容易产生不规则表面。但机械化过程有引发振动的风险。克里斯蒂安最终成功地设计了一种结合了两种技术优点的研磨平台，使用踏板驱动的机械臂来确保研磨介质在透镜上施加适当的压力，但保留了手工的灵敏引导。即便如此，工作进度还是很慢。光是粗磨阶段可能就需要五六个小时。抛光用的是由"的黎波里"粉、硫酸铜混合醋制成的更精细的化合物，总共需要3000道工序，才能将一个大透镜抛光到两侧都完美光滑。克里斯蒂安甚至在他的定制平台上安装了一个机械计数器，以避免在透镜准备好精确调整至下一个位置之前，对同一个位置上完成的若干次操作进行计数。经常在最后一步发现一个瑕疵，在这种情况下，透镜不得不清洗、去污，重新固定到支架上，并再次抛光。"手工抛光是一项艰巨的劳动，甚至无法处理五六英寸或更大的透镜，"克里斯蒂安解释道，"这就是为什么我们首先设计并使用了一种设备，把玻璃固定到碗状容器上，使其保持在该位置直至这一工序结束，以省去这部分劳作。"

***

克里斯蒂安并不打算在海牙待太久。1682年8月，他完成了"自动行星机"的设计工作，写信告诉了柯尔贝尔，并逐项列出了他认为它优于罗默已经制成的类似设备的13个方面。他建议该仪器定价 620 埃居，他指出，这也使其比丹麦人的仪器更便宜。它由一台八日动力时钟（eight-day clock）驱动，"极其精确地再现了行星运行轨道，既符合其周期、平均运动，又体现了因与太阳距离越远而运动越慢的不均等性，我在此阐释了开普勒的假说"。

这是克里斯蒂安与其法国资助人的最后一次交流。他用自己的健康状况不佳作为惯常的借口，并向柯尔贝尔保证，他渴望继续科学院的工作以及参与柯尔贝尔亲自指导的大项目。但巴黎没有传来令人鼓舞的消息。相反，他被批准延长休假。克里斯蒂安忙了几个月的其他工作，包括改进他的航海钟。1683 年 9 月，柯尔贝尔去世的消息传来，他考虑再次离开。

柯尔贝尔的继任者是卢瓦侯爵弗朗索瓦－米歇尔·勒·特列尔，他是路易十四的得力的军事大臣，在对荷兰的战争中表现得很出色，他不太认同克里斯蒂安。克里斯蒂安尽职地以他所能鼓起的乐观精神写信向新主人表示敬意：

> 虽然我不确定［科学院］未来会发生怎样的变化，但得知其管理权已交到您手中，我的大人，您向来重视艺术与实用发明，即便要处理众多繁杂事务，仍然愿意抽身关注这些领域。因此我深信，科学院的发展将比以往更加顺利。

克里斯蒂安居然希望"我的地位也许会比我在跟随国王陛下的 17 年里好一点儿"。

事实不是那样的。老康斯坦丁多次为儿子求情,写信给自己的联系人,请求让克里斯蒂安复职。他试图确认"法国对他的好感是否仍然存在"。显然,这个期望太高了。而勒·特列尔似乎下决心不去理解自科学院成立以来克里斯蒂安在院中扮演的重要角色。他把信件的收信人写作"惠更斯先生和数学家",承认他表面上的职业而非他的贵族头衔,这显示了他的无知。这种社交失礼令老康斯坦丁愤怒。"他似乎把他当作防御工事工程师,"他对一位法国朋友恼怒地说道,"我可没想到我的孩子中会有一个工匠。"为了明确表达这种拒绝,勒·特列尔还拒付了柯尔贝尔委托建造天文馆的佣金。

惠更斯一家继续恳求,越来越绝望,直到 1685 年,克里斯蒂安相信自己成了某些人忌妒阴谋的受害者,"他们不希望我返回科学院的职位"。他给勒·特列尔的最后一封信写得很卑微。由于无法从任何来源确定自己的真实地位,他写道:"似乎我已经接到了您的命令,国王的旨意是我不要回去,尽管我完全不知道原因,但我必须默认。"当德国数学家埃伦弗里德·冯·齐恩豪斯寄给克里斯蒂安一本献给法国国王的《心身医学》时,后者恼恨地对小康斯坦丁说:"路易非常需要这两者。"

克里斯蒂安并不是唯一一个发现自己在法国不受欢迎的

人，几年后《南特敕令》就被撤销了，这最终导致了国家对新教徒的迫害。法国科学院停止任命外国院士。现有的外籍院士也受到了影响，导致人才流失，使法国科学界元气大伤。罗默于1681年回到丹麦。莱布尼茨已于1676年离开去为布伦瑞克家族工作，因为他没能获准加入科学院。只有克里斯蒂安的荷兰同乡尼古拉斯·哈特索克于1684年举家迁往巴黎，尽管他和莱布尼茨一样，由于出生在外国，没能进入科学院。无论如何，他成为克里斯蒂安离开后的主要受益者，继续为巴黎天文台研制大型望远镜。

***

在海牙安静的生活环境中，克里斯蒂安尝试着把他过去生活中的一些东西整合起来。巴黎的沙佩兰、卡尔卡维以及伦敦的奥登伯格等有帮助的中间人去世后，他在这两个城市的科学界找到了新的联络人——瑞士人尼古拉斯·法蒂奥·德·杜利耶，一位才华横溢的年轻数学家，他们在海牙相识，讨论了圆锥曲线和雪花等各种话题，后来法蒂奥去了伦敦，并结识了皇家学会的许多成员。

老康斯坦丁建议克里斯蒂安接替自己在奥兰治亲王内阁的职位，但克里斯蒂安可能回想起在老朋友德·维特去世时自己引用的西塞罗的话，认定自己不适合政治生活。老康斯坦丁确保安排了一笔皇家津贴，它使克里斯蒂安能够在余下的生命里在荷兰从事科学活动，并给予他写出关于光和引力的伟大论著所需要的独立。

然而，克里斯蒂安把大部分时间花在了设计和监督新钟表的制造上，这些钟表将在"阿尔克马尔"号上为荷兰东印度公司进行试验。与他合作的是当地钟表制造商约翰尼斯·范·塞伦，他曾制造了克里斯蒂安的天象仪，他们这次的合作开发工作持续时间长达 4 年。克里斯蒂安经常觉得这项工作干扰了自己和哥哥一起打磨透镜和建造望远镜的愉快时光。他不再热衷于参加在须德海和特克塞尔岛附近进行的早期短途航行试验，他发现小船在波涛汹涌的海上颠簸摇摆导致他生病，他也没有跟随钟表一起乘"阿尔克马尔"号进行随后前往好望角的远航。

克里斯蒂安从未结婚，也没有抚养后代或管理遗产的责任，他也没有必须这样做的理由。这是他与同时代大多数专业人士的共同之处，这些人包括牛顿、玻意耳、胡克、笛卡儿和莱布尼茨。但他从未放弃寻找长久女性朋友的希望。尽管他曾承诺对玛丽安·佩蒂特保持忠诚，但在 1661 年分开后，她不再爱他。无论出于"虔诚、绝望还是愚蠢"，克里斯蒂安说道，她选择了虔诚的生活，并制定了"修道院计划"。后来还有其他喜欢的人，比如已婚的英国美人简·米德尔顿或她的妹妹，米德尔顿的妹妹被克里斯蒂安的肖像画技巧所吸引。1671 年，当克里斯蒂安在海牙休养时，他与哈斯·胡夫特有了一段恋情，后者是阿姆斯特丹市长的小女儿，但这段恋情在他回到巴黎后就结束了。克里斯蒂安在巴黎的最后一段长期居住期间，结识了他的远房表妹苏泽特·卡隆和她的丈夫费尔泰领主弗朗索瓦·德·卡维尔，并成为他们大女儿的教父。这对夫妇于1685年分开，苏泽特因其新教信仰被监禁在巴士底狱。3个月后，她为了获释而放弃了信仰，身无分文地逃到英国，又从那里逃到荷兰，并再次见到克里斯蒂安。有传言说他们可能开始了婚外情。

***

多年来，老康斯坦丁用悲伤的生日诗歌来记录自己增长的年龄。1665年9月4日，当他迎来70岁生日时，他写道："我又看到了9月，又看到了4日！主啊，你还要让我忍受多少个9月、多少个4日？"他在82岁生日时创作的诗歌写道："停止凶残的岁月，不要再想着我，你来得太晚了……"

他最终于1687年3月28日去世，享年90岁。那天是耶稣受难日，也许有人相信他的灵魂升入了天堂。他的遗体被埋葬在海牙的圣雅各布教堂。他留下了800多首音乐作品、用6种语言写的7.5万行诗歌，以及数以万计的信件，这些都是他在为奥兰治王室效忠的80年里写就的。出生于日内瓦的神学家让·勒·克莱克当时正在编纂一部历史词典，克里斯蒂安提供了传记信息，总结了他父亲在奥兰治王室担任过的职位，尤其关注他从路易十四那里赢得了奥兰治的复位。克里斯蒂安在简短附注结尾写道："他于 1687 年去世，享年九十岁零六个月，当时他是亲王内阁总长，为亲王及其前任全心全意效力了 62 年，直至暮年。"

在克里斯蒂安留存的信件中，没有任何东西能告诉我们他对失去父亲的感受，父亲是他一生的老师、向导、代理人以及情感和经济支持。父亲去世后，克里斯蒂安写了第一封信，寄给数学家、天文学家菲利普·德·拉·伊雷，后者是法国科学院的新成员。克里斯蒂安在信中只是顺带提到了"在这些情况下发生的事情，再加上我那些没有完全好的小毛病"，以此作为他没能把许诺的科学论文寄到巴黎的理由。

他的丧亲之痛在当时别人为他画的一幅肖像画中体现得更加明显。克里斯蒂安的一个侄子后来写了一份说明，描述了这幅作品，是"在他生命接近尽头的时候完成的，他穿着孤儿般的旧衣服，给我留下了深刻的印象"。这确实是一幅阴沉的肖像画。1671 年内切尔所画肖像画中的彩色丝带和绸缎已经消失了。如今的克里斯蒂安穿着有蕾丝领子的朴素黑色衣服，看起来苍白且浮肿，长长的深色头发取代了先前画作中的金色卷发假发。但他看起来仍然比 58 岁的年纪显得年轻，他高高的深色眉毛和棕色的大眼睛给人留下一种机敏和聪明的印象。

广场上的房子估价为 3.2 万荷兰盾。父亲的其他财产和他们现有的合同价值 8 万荷兰盾，4 个在世的孩子每人获得 2.8 万荷兰盾的遗产。霍夫维克的房子价值 4000 荷兰盾，没有卖掉，而是留给兄弟三人共同使用,小康斯坦丁和洛德维克同意克里斯蒂安在那里长期居住。度过了几个痛苦的夜晚,克里斯蒂安不情愿地接受了这个计划。他告诉洛德维克:"我想扩建房子并安置我的图书馆,我可以在那里生活得很愉快。"他在1688年4月底搬进来,并接受了不准备出售的父亲藏书中的主要部分。在那里住了5天后,他写信给哥哥:"在这段时间里,我没去海牙四处走走,也没有收到来自那里的任何消息,因此我第一次尝试经历孤独的生活,这是我必须适应的。有一点儿痛苦的是,独自一人享用午餐和晚餐,尽管在这一点上我和国王有共同之处。"

学者之王独自在被护城河围绕的城堡里看书,恒星和行星在头顶的天空中无声地旋转,墙上回荡着钟表沉重的嘀嗒声。

第 14 章 光与引力

入侵最初进行得并不顺利。威廉亲王的舰队由 48 艘军舰、12 艘火攻船和 200 多艘运输船组成，停泊在海勒富特斯勒斯，先是推迟了出发前往英国海岸的时间，然后因风暴被迫返回港口，许多船只受损。用于军队向伦敦行进的战马被带上了船，但错误地将战马面向舷墙安置，许多马的头因船只的颠簸而被撞破，因此人们不得不将马的尸体从船上扔掉。小康斯坦丁乘坐亲王的船，仅仅他一个人就损失了 5 头牲畜。军队下达命令，要求从任何可以买到物资的地方搜集补给。幸运的是，船队携带的 5 万份威廉对英国王位的声明完好无损。

一幅被认为是小康斯坦丁·惠更斯自画像的小幅钢笔素描，作于 1688 年远征英国前不久。在茂盛卷曲的假发中，是一张光滑、无忧无虑的脸，他睁大眼睛，带着一丝微笑，轻松自在，甚至可能有一点儿得意于自己担任的重要的秘书官职。1690 年，他在伦敦收集地图和设备，为军队在爱尔兰展开的更多战役作

威廉三世入侵英国的舰队于 1688 年 11 月在海勒富特斯勒斯集结。

准备。一枚在这一时期用象牙制成的圆形侧面像显示了一个完全不同的形象：身材结实，长着双下巴，嘴唇紧闭，很高傲，冷冷地盯着前方。两年离家在外的生活，常常充满了考验与挑战，但这位亲王的秘书看起来已经很好地履行了职责，而且如其他供职于宫廷的人一样笃定。

可能是小康斯坦丁·惠更斯的自画像——克里斯蒂安的哥哥，英格兰、苏格兰和爱尔兰国王奥兰治威廉三世的秘书。

在紧张忙乱的日子里，舰队再次做好了准备，大家都在等着东风，小康斯坦丁却发烧了，还做噩梦。荷兰人正处于一场重大战斗的边缘，如果一切顺利，它将确保共和国的安全，免受法国野心的威胁。在英国，这场战役后来被称为"光荣革命"，这一称谓是军队在等待时，小康斯坦丁创造的，当时他记下了威廉的陆军元帅瓦尔德克亲王的话——他们正在进行"一项伟大而光荣的事业"。

这支舰队的规模是 100 年前西班牙对英国发动进攻的那支无敌舰队的 4 倍。11 月 11 日，舰队终于起航了。舰队在"新教风"吹过多佛和怀特岛之前，沿着英吉利海峡飞驰，4 天后在托贝抛锚。"我们在一个叫布拉克斯顿（布里克瑟姆）的村庄登陆，"小康斯坦丁在日记中写道，"这很简单。很少看到破败的房屋，它们都是用从海岸和内陆找到的岩石上凿下来的石头建造的，屋顶用板岩覆盖……今晚我们吃了一顿很难吃的羊肉。我给妻子写了一封信。"

荷兰军队有 2.1 万人，包括胡格诺派、苏格兰人和英国志愿者。启程时人们很紧张，不知道是否会遭遇忠于英王詹姆斯二世的英国军队。但他们没怎么遇到抵抗。小康斯坦丁注意到德文郡乡村的"高山深谷"：

> 道路是用石头砌成的，并铺满了松散的岩石，状况非常糟糕，靴子被弄得很脏，满是泥巴。一路上，我们发现到处都是乡下人，就跟前一天一样。妇女和儿童大声喊着："上帝保佑你们。"他们带给我们美好的祝愿。他们把苹果送给亲王和我们。一个老妇人拿着一瓶蜂蜜酒，她想给殿下倒

一杯。

在埃克塞特，他们发现人们"很有礼貌"，但"非常害怕"，因为詹姆斯发出了不要与荷兰入侵者打交道的警告。小康斯坦丁接受了一项超高难度的任务，即写信给埃克塞特和巴斯的主教，"要求——但加以威胁——让我们的军队在他们的城市里驻扎"。威廉亲王向人民发表讲话并给予保证，他的士兵遇到的一点点阻力很快就消失了。很明显，不会有反击。

荷兰人提前发出信息，要求英国军队在威廉到来之前撤离伦敦。当他们穿过多塞特郡和威尔特郡时，雨变成冰雹，泥浆越来越厚，但沿途也有一些亮点。小康斯坦丁很欣赏在阿宾顿新建的意大利风格的市政厅。威廉特意去威尔顿宫欣赏了绘画，小康斯坦丁没有陪他一起去，他更愿意赶紧去索尔兹伯里"暖暖身子"。

他们于12月24日抵达温莎王室城堡。天空晴朗，泰晤士河的风光令小康斯坦丁赞叹不已，他还参观了王室套房，那里有挂毯和提香的许多优秀画作。在英国，每当威廉兴致勃勃想聊天时，他就与小康斯坦丁——像他父亲一样的艺术行家——谈论温莎、白厅和汉普顿宫收藏的王室绘画藏品。第二天晚上，小康斯坦丁拜访了年迈的艾萨克·沃修斯，他是一位学者，也是来自海牙的家族朋友。在搬到英国并成为温莎的教士之前，他发表了一篇关于光的性质的论文。小康斯坦丁在沃修斯的图书馆里找到了这位老人：

> 他抱怨英国人的无礼和粗鲁，他告诉我，他很少跟他们说话。他说，他担心如果殿下夺取了王位，会失去人民的好感。然后，他开始以自己的方式谈论物理学，谈论月球表面的圆圈，就像他在书中假设的那样，尽管缺少合理的推理。

克里斯蒂安听到哥哥安全到达英国的消息，松了一口气，特别是哥哥等人在远征之初经历了如此多的困难。"现在，人们正焦急地等待你们到达伦敦，亲王将受到接待，那无疑是一件盛事。"他写道。考虑到法国的利益，克里斯蒂安渴望尽快听到"那里和这里的一切将如何安排和运行"，并急切地希望荷兰士兵被派遣回国，"既然你们不再需要他们了，以免我们在保护邻国的时候遭到严重的侮辱"。

克里斯蒂安独自一人待在海牙，显然缺少兄弟姐妹的陪伴以及与科学同人的来往。卡西尼最近声称在巴黎天文台又看到了土星的两颗新卫星，这让他很懊恼，然而，他还是无法用自己的设备观测到它们。"我们什么时候能一起制造大透镜呢？"他哀怨地问道。他不顾哥哥身负的宫廷职责，敦促他到达伦敦后，立刻去拜访一位与众不同的透镜研磨师，以及罗伯特·玻意耳和皇家学会的其他成员。他显然把哥哥看作自己希望在春天开始的旅行的先遣卫士。"我本想去牛津［其实他指的是剑桥］，只是为了结识牛顿先生，我看了他寄给我的著作［《数学原理》］，我非常钦佩其中的美妙发明。"

小康斯坦丁和荷兰军队终于在 12 月 27 日抵达白厅，"点燃了许多篝火"。在接下来的几个月里，他确实找到时间来建立一些科学联系。小康斯坦丁参观了技术领先的手表制造商托马斯·汤皮恩的商店。他随身携带了一个用于战时天文观测娱乐的坎帕尼望远镜，他让人做了一个箱子来装它。他买了书，并询问皇家学会最新一期的《哲学汇刊》的情况，其迟迟没有出版。荷兰人惊讶地发现，英国的印刷业务全部集中在伦敦、牛津和剑桥，这与荷兰共和国的情况形成鲜明对比，荷兰的每个小城市都有自己的出版社。

小康斯坦丁的正式身份是威廉的荷兰事务秘书，但通常很难将工作分开或引起亲王的注意。在离开荷兰之前，他被委托保管英国印章，但他们一到英国，他就不得不把这些工作交给英国事务秘书，这使他有些不安。有时候，秘书之间的竞争有点儿荒谬。例如，在战斗时获得有利的露营地，还有一次，小康斯坦丁懊恼地写道，一个对手的马车为了靠近亲王而挤到自己的马车前头。

有时候，小康斯坦丁能够利用宫廷职责间的细微差别来摆脱尴尬的处境。1689年2月,有人找到他,试图推迟处决乔治·杰弗里斯,他是詹姆斯二世的大法官。在反对斯图亚特国王的蒙莫斯叛乱失败后举行的血腥审判中,杰弗里斯是臭名昭著的绞刑法官。有人给小康斯坦丁500英镑,他拒绝接受,表示这是英国事务。他一本正经地告诉这些人,这种行为在荷兰被视为腐败。

同月,举行了第一届议会会议,威廉亲王出席了会议。"上议院和下议院的议员来到殿下面前,感谢他的关心和辛苦,将他们从教皇制和奴隶制中解救出来,并请求他继续执政。"小康斯坦丁写道。4月21日,威廉与他的英国妻子、詹姆斯二世的新教女儿玛丽举行了联合加冕典礼。整个春天,小康斯坦丁始终被感冒和痛风缠身。他对汉普顿宫的狭窄住所和工资感到不满,他觉得,如果家人一同来到英国,他的工资不足以养活全家。但是,他也不会过得那么糟糕,他为主人和自己买了艺术品作为安慰,其中包括一本他认为是达·芬奇写的关于人类运动研究的书。不过,他与威廉的关系仍然很好,亲王偶尔会询问这位秘书或他的家人的健康状况。当小康斯坦丁抱怨天气潮湿时,威廉同情地说:"这里的空气确实……有时候你难道不想回家吗?"

显然,小康斯坦丁与威廉的关系很好,但他不像一些人那么受欢迎。1688年入侵后,在詹姆斯二世党人的煽动下,英国宫廷中出现了关于亲王同性恋的谣言。虽然威廉和玛丽没有生下继承人，但众所周知，玛丽多次流产。1677年，威廉与玛丽结婚初期，他们的关系很冷淡，后来发展成为真正的爱情。但威廉确实有喜欢的男性。到达伦敦后，他得知密友加斯帕·费格尔去世的消息，悲伤不已。费格尔曾在入侵前帮助策划反詹姆斯二世党人的宣传。"我正在失去这个世界上我能拥有的最伟大的朋友。"他写道。

然而，威廉最忠实的伙伴是汉斯·威廉·本廷克，一位年轻骑士，他很快被提升为亲王侍从，并担任更高级的咨询和外交职位。当1675年亲王感染天花时，本廷克在医生的建议下和他躺在床上，努力地治愈他。亲王康复了，但本廷克却染上了这种疾病。这一无私的行为赢得了威廉持久的感激，本廷克得到了大量恩惠，后来被授予波特兰公爵的爵位。然而，在英国，当威廉的马摔断腿时，另一位年轻骑士阿诺德·范·凯佩尔——迷人、活泼，比本廷克小20岁——引起了威廉的注意。当凯佩尔获得提拔时，本廷克感到被抛弃了，最终要求解除宫廷职务。

威廉的性取向在荷兰从来都不是问题。这在宫廷里也不是重大的丑闻，甚至不值得让小康斯坦丁写在日记里，他似乎对这个问题根本不感兴趣。在任何情况下，证据都只不过是一种非常情感化的问候习惯，表现在吻手礼和书信中。威廉在写给本廷克的信中使用了这样的亲密语句:"直到我最后的哭泣,我都是你的。"此外,其他因素可能引导了亲王的判断。小康斯坦丁观察到,本廷克有时给人的印象"太荷兰化",而凯佩尔在困难的情况下表现得像个英国人。

其他人经历了更大的压力,这进一步加剧了小康斯坦丁的工作压力。新国王的第一项措施是任命约翰·坦普尔(威廉·坦普尔爵士的儿子,他曾是查理二世任命的驻荷兰的特别大使)为自己的军事秘书。但是坦普尔却向国王坦承,自己无法胜任这项工作。小康斯坦丁在日记中记录了接下来发生的事情:

> 国王鼓励并告诉他,如果他雇用老职员,很快就能应付这项工作。然后,坦普尔就离开了,乘着一艘双桨小船顺流而下,让船夫送他去伦敦桥。来到伦敦桥,他拿出一张纸,也许是一封信,连同一先令的邮资。当他来到桥下时,他说了声:"再见,船夫们!"然后跳进河里淹死了。

根据其他消息来源,坦普尔在最后一次顺流而下的旅程中,停下来拜访了各位朋友,他们发现他"非常忧郁和不满,或者至少有点儿心烦意乱"。接下来他换了几艘船,命令新船长驶向伦敦桥,他在那里跳入了汹涌的水中。两天后,他的尸体在下游的"腌鲱鱼阶梯"(Pickle-Herring Stairs)被发现。自杀是一个提醒——小康斯坦丁不会这样做——为威廉亲王效力要承担很多繁重的事务。

***

1689年6月11日，小康斯坦丁的妻子和儿子与洛德维克一起抵达哈维奇。克里斯蒂安在海牙感到被抛弃了，不仅是被家人，还有他的国家，因为执政在英国。他曾向小康斯坦丁预言："我想，最终只有英国才会从这场伟大的革命中受益，而我们［荷兰人］获得的唯一好处，就是避免陷入更大的不幸。"也许最重要的是，他对威廉亲王"如此不喜欢研究和科学"感到遗憾。如果情况不是这样的话，他可能希望像在法国那样获得王室资助，并建立更多的科学伙伴关系。就海牙的情况而言，没有"一个可以谈论这种事情的人"。

因此，克里斯蒂安去伦敦的主要原因，不是为了在国外享受荷兰宫廷的光环，他也不会因错过威廉的加冕典礼而遗憾，这是他在伦敦第二次设法避开这样的场合；相反，他希望"去见一些老朋友，除了那些最近去世的人，看看在伦敦、牛津、剑桥或任何我足够了解的地方，科学方面正在发生什么"。

这是一次短暂且重要的访问。他去了格林尼治，约翰·弗拉姆斯蒂德带他参观了天文台和他的仪器。罗伯特·玻意耳给克里斯蒂安讲了一个故事，有一个人声称用各种粉末从铅中提炼出1盎司黄金，后来这个人在法国被捕。两个人开怀大笑。6月22日，他在格雷沙姆学院参加了皇家学会的一次会议，在会上他宣读了自己关于光和引力的部分研究内容。听众中有艾萨克·牛顿。

46岁的牛顿如日中天，他的杰作《数学原理》两年前出版。但60岁的克里斯蒂安仍然是公认的资深人士，欧洲最受尊敬的物理学家。《数学原理》出版后，牛顿立即亲自寄了一本给克里斯蒂安（由爱德蒙·哈雷递送）。这不仅仅是礼貌。牛顿知道克里斯蒂安是少数几个能够对这本书提出有价值的评论的接受者之一。此外，法蒂奥·德·杜利耶也做了一些准备，他作为这两个人的熟人，是促成他们通信往来的理想人选。

克里斯蒂安在霍夫维克的休养地，如饥似渴地阅读了《数学原理》，将其中新思想的优点与自己尚未发表的受笛卡儿旋涡理论影响的引力理论的优点进行了权衡比较。如牛顿期望的那样，克里斯蒂安在答复中给出了很多建议和一个勘误清单，他希望能被第二版采纳。牛顿礼貌地认可了这些评论，但这些建议并没有让他修改自己的基本思想。与此同时，克里斯蒂安在自己的私人笔记中写道："旋涡被牛顿摧毁了。取而代之的是球形运动的旋涡。"

克里斯蒂安觉得无法完全接受牛顿的观点。这位英国人的动力学方法令他不安，这种方法基于看不见的力，包括使天体在轨道上运行的奇怪的向心力。无疑，任何力都必须伴随着运动的物质。如果没有旋涡的帮助，引力如何能像牛顿理论所说的那样通过空旷的空间传递呢？他也批评了牛顿对经验证据的依赖。对于他来说，一种假设的力能够解释各种运动现象并且符合严格的数学阐释，这是远远不够的。他仍然想知道这个力究竟从哪里来。就连牛顿也无法回答这个问题，而对于克里斯蒂安来说，这一省略似乎是一种倒退，甚至可能走向神秘主义。另一方面，《数学原理》对困扰自然哲学家的许多现象提供了有说服力的解释。例如，牛顿关于地球是椭圆形的推论——克里斯蒂安独立地提出了这个想法——巧妙地解释了钟摆异常问题，这个问题困扰了他的航海钟海上试验。此外，克里斯蒂安承认了牛顿使用的高超的（尚未发表的）微积分方法，正是这一点使他确信，万有引力理论从根本上而言一定是正确的。对于克里斯蒂安和牛顿来说，数学是真理的终极仲裁者。

1677 年，艾萨克·牛顿成为皇家学会会员，并成为剑桥大学三一学院的成员，同时担任剑桥大学的卢卡斯数学教授。

尽管两个人的哲学观点不同，但这是一次友善的会面。如果说克里斯蒂安存在"高贵的义务感"，或者说牛顿存在"胜利主义"心态，那么也没有人想到要将其记录下来。克里斯蒂安在格雷沙姆学院的演讲中，阐述了自己对冰洲石双折射的解释。正是这种新奇的解释，促成他们进行了后来的谈话，并使牛顿承认《数学原理》还不完善。即使在皇家学会的主持下，这也

艾萨克·牛顿肖像画。1677年,牛顿成为皇家学会会员,并成为剑桥大学三一学院的研究员,同时还是剑桥大学的卢卡斯数学教授。

是一次罕见的、势均力敌的头脑相遇。此后，两个人至少见了两次面，并开始直接通信。

在接下来一个月里发生的事情，说明了当时这两位伟大的物理学家的相对地位。尽管牛顿长期以来一直担任剑桥大学卢卡斯数学教授和三一学院研究员，最近还当选为该大学的两名议员之一，但仍怀有成为国王学院院长的雄心。这需要向国王本人申请。克里斯蒂安通过哥哥——国王的秘书——为他的新朋友提供了机会。7月9日，牛顿在汉普顿宫廷拜访了克里斯蒂安，当时克里斯蒂安与哥哥在一起。第二天，克里斯蒂安、牛顿和法蒂奥·德·杜利耶获准觐见威廉三世。国王宣布准备支持提名牛顿，但这个想法后来被学院的研究员否决了——这是前所未有的举动，此后王室特权再也没有以这种方式使用过。尽管可能没有获得期望的结果，但这次科学国际主义行动表明，是牛顿欠了克里斯蒂安的情，而不是现代观察家可能认为的相反的情况。

这次事件发生几周后，克里斯蒂安从格雷夫森德起航穿越北海，航程缓慢且不平静。

> 24日，星期三，早晨，登上了"布里尔"号，就是那艘载着荷兰国王和英国国王的船……27日，星期六，早上发现3艘船正向我们靠近，以为是法国船只。所有人都做好

了战斗准备，除了两三名乘客，每人拿着步枪和子弹袋。妇女下到绳洞里，在那里待了 2 个多小时。最后，我用望远镜分辨出橙色、白色和蓝色的旗帜，过了一会儿，才意识到这些是来自阿姆斯特丹的船只。

他于 8 月 30 日安全抵达海牙。

***

小康斯坦丁继续与克里斯蒂安交换科学消息，尽管现在他主要专注于即将到来的对爱尔兰的军事远征，这一行动已经"板上钉钉"。那年的秋冬时节，他们讨论了列文虎克的显微镜观察结果，以及他对于克里斯蒂安所说的"动物和植物的无限包含"的概念的看法，即每个生物都包含其后代的种子，它是无限反复的，因此世界上没有真正产生新的生物。小康斯坦丁拜访了透镜研磨师和手表制造商，并聆听了图瑞特在皇家学会发表的演讲，图瑞特声称发明了一种新的航海钟。有一次，小康斯坦丁在皇家前厅，一位苏格兰绅士过来搭讪，他想知道是小康斯坦丁的父亲还是弟弟发明了钟摆。但是，政治动荡使荷兰和英国的生活都变得困难。克里斯蒂安有时认为，如果允许詹姆斯和平地统治他的王国，对两个国家都会更好。在荷兰，他注意到"人们对所有美好的事物越来越冷淡了"。

1690 年 6 月，小康斯坦丁骑马与国王的军队一起来到切斯特，从那里起航，经马恩岛航行到卡里克弗格斯湾。在通向贝尔法斯特的路上的一座长长的石桥上，他"看到一大群贫穷和悲惨的人，男人、女人和孩子，脾气暴躁，看起来非常丑陋和不健康"，这令他不安。在贝尔法斯特，国王住在一所大房子里，但里面的绘画很糟糕，小康斯坦丁住在一个酒馆里。他注意到，这些人"不想承认自己是爱尔兰人，而是来到这里的苏格兰人"。

在英格兰基本上以和平方式实现的进步，在爱尔兰变得非常血腥。威廉的军队从纽里向南，途经邓达尔克，前往都柏林。7月10日，他们发现詹姆斯的部队在博因河一处河湾的对岸集结，估计多达2万人。詹姆斯二世党人发动了试探性攻击。小康斯坦丁写道："国王被炮弹击中，他的外套、背心和衬衫被毁掉，他的皮肤被烧焦。人们将他包扎好，他从一开始就没有表现出不舒服，只说了一句'本不该走到这一步'。"

第二天，小康斯坦丁很早就起床了，他不确定国王有什么打算。"没人有把握谈论过河的事情。"他沮丧地说。尽管如此，军队还是策划了一个方案。威廉的人等待退潮，然后涉水过河，边行进边开火。詹姆斯的部队似乎要撤退，但他们聚集到一座山顶上，冲下来进行反攻。这种策略反复实施，直到荷兰援军到达，于是詹姆斯二世党人逃走了，"快得连我们的骑兵都追不上他们"。

詹姆斯逃到了法国，他的军队里大部分是未经训练的士兵，他们都开小差了。威廉的部队继续向南进军，穿过破败的村庄，所到之处都进行了抢劫。小康斯坦丁记录道："我们的英国士兵对妇女和可怜的人们犯下了各种暴行。"而一名胡格诺派指挥官坦率地告诉小康斯坦丁，他"砍掉了一个女孩儿的双手，挖出了她的眼睛，让她躺在那里"。信仰新教的都柏林人冲出城外迎接行进的军队。都柏林令小康斯坦丁感到惊喜。"与英格兰的大多数城市相比，都柏林的这些房子相当不错……商店的存货很少，人们的穿着不如英格兰，但有自己的风格。女人们相当漂亮。"

威廉的爱尔兰战争还要再拖上一年，还会有更血腥的战斗。但是小康斯坦丁的战争结束了。他于8月13日从都柏林向切斯特进发，一周后回到伦敦。

***

克里斯蒂安多次推迟出版的《光论》终于在1690年初问世了，一同出版的还有《论引力的原因》（也延迟出版了）。《光论》是他第一部用法语而非拉丁语撰写的重要论著，这表明法国科学的声望提高了。他在法国同伴的敦促下，在这篇论著出版前，将用了几十年的标题《屈光学》改为雄心勃勃的《光论》。修改标题的举动表明最终文本的范围扩大了，也说明克里斯蒂安准备脱离开普勒，特别是笛卡儿，他们都写出了名为

《屈光学》的论著。《光论》的内容涉及太阳等其他光源、光速、反射、折射和光学介质的设计,但仍有一半篇幅用于论述与冰洲石有关的新发现。

这部论著的前言十分谦虚。"有人可能会问,为什么我的这部论著出版得如此之慢?"克里斯蒂安坦率地写道。他对这个问题的解释是,最初用拉丁语写作,他觉得用拉丁语可以更好地描述科学,然后改用法语。"我最终认为,这部论著应该按原样出版,而不是让它冒着因等待更久而丢失的风险。"他承认,自己描述的一些实验,并没有产生像几何分析所表明的那样清晰明了的结果,并痛苦地指出,"我留下了没有解决的难题"。但这是一个崭新的克里斯蒂安——十分放松,几乎无忧无虑,他终于准备好发表已有的论述,让别人来评判自己。

牛顿没能对颜色产生的原因给出终极解释,他并不很在乎这样做,这可能鼓励了克里斯蒂安。克里斯蒂安的光理论仍然主要基于笛卡儿的以太碰撞原理。他几乎是随口说道:"光以球面波的形式逐渐扩散,这种扩散居然以如此快的速度发生,以至于实验和天体观测必须对此加以研究。"事实上,克里斯蒂安早已在原则上熟悉了这种不确定性。1673年,他写信给皮埃尔·佩罗,提出了这样一条值得引用的公理:"我不相信我们能完全确定地了解任何事情,但每件事情都有可能性,而且可能性完全不同。"新的情况是,他克服了对把不确定的发现交付给冰冷的印刷可能会对自己的声誉产生影响的恐惧。在莱布尼茨的劝诱下，克里斯蒂安也放弃了早期著作（如《摆钟论》）中采用的基于一系列定理和证明的经典论证方法，转而采用一种更现代的方法，这种方法使《光论》在某些方面甚至比牛顿的《数学原理》更具有前瞻性。

克里斯蒂安以自己惯常的方式把这部论著寄给了他的国际科学同行。他试图利用在伦敦为威廉三世效力的哥哥的办公室，帮助自己在英国分发副本，尽管他的指示信寄到了，但是与一批马毯一同寄出的书却没有寄到。后来人们终于明白了原因：这项任务的受托者，一个名叫洛兰治瓦的王室餐桌装饰师，"被发现试图通过海关走私一块荷兰布料和一些蕾丝花边，他将它们缠绕在赤裸身体的各个部位"。不过很快，副本就寄给了牛顿、哈雷、玻意耳、法蒂奥·德·杜利耶和第一位皇家天文学家约翰·弗拉姆斯蒂德。"你会看到，我在几个地方标注了我与牛顿先生的情感分歧，"克里斯蒂安向法蒂奥·德·杜利耶指出，"因为我发现不得不这样做，为了支持我的理论，但我并没有把它们说成是那种我认为他会勉强接受的东西。"在欧洲大陆，莱布尼茨、皮埃尔·拜尔和约翰尼斯·胡德也收到了这部论著的副本。另一位接受者是法国新教发明家丹尼斯·帕潘，他与克里斯蒂安合作设计了一种火药驱动的发动机，当时他们都住在巴黎。《南特敕令》被撤销后，他逃到马尔堡，准备在那

尼古拉斯·法蒂奥·德·杜利耶肖像画。这位年轻的瑞士数学家为克里斯蒂安·惠更斯、牛顿和莱布尼茨充当了称职的联络人。

里制造出第一台蒸汽机原型机。

牛顿对《光论》做出热情的回应，称其"完美，配得上作者的努力"，这一评论由法蒂奥·德·杜利耶转达给克里斯蒂安。很明显，这两位伟大的光学科学家之间的紧张关系——从他们关于颜色的争论开始，已经随着他们在伦敦的会面而烟消云散。牛顿正在写作《光学》，但在理论分歧之处，他们试图避免争论。克里斯蒂安反对所有色彩理论，并且在《光论》中有意识地避开了对色彩的任何论述——牛顿与胡克在这一问题上都持有坚定的观点。克里斯蒂安告诉莱布尼茨："我在《光论》中没有提到颜色，因为我发现这个题目很难。最重要的是因为颜色的产生有许多种方式。"就牛顿而言，他把克里斯蒂安对冰洲石的讨论作为线索，开始了自己对这种材料的实验。但是，当1704年牛顿的《光学》最终问世时，克里斯蒂安已于几年前去世，牛顿没有提到这些，也没有提到克里斯蒂安基本正确的分析。

克里斯蒂安又寄了一本论著给哲学家约翰·洛克，后者在阿姆斯特丹和鹿特丹流亡5年后，随着"光荣革命"回到了英国。洛克在流亡期间与克里斯蒂安取得了联系，他想寻求克里斯蒂安证实牛顿《数学原理》中的数学理论是牢靠的。（克里斯蒂安向他保证的确如此。）洛克和克里斯蒂安都不同意牛顿的引力模型，他们在这方面找到了共同点，都不能接受穿过真空的远距离作用所需的力的概念。作为回应,洛克将自己新出版的《人类理解论》寄给克里斯蒂安。克里斯蒂安阅读了这部论著,"带着愉悦的心情,发现了一个非常敏锐的头脑,带着一种清晰且愉快的风格,这不是那个国家的每个人都拥有的"。

***

克里斯蒂安的光理论在关于这一令人困惑且最为显著的自然现象的理论谱系中占据了一席之地,这个理论谱系可以追溯到古代。诸如欧几里得等几何学家一直无法确定眼睛是光信号的发出者还是接收者。公元 1000 年后的某个时候,开罗的海什木将反射光线和折射光线分离成垂直的和水平的组成,这极大地促进了光的几何分析。14 世纪,奥卡姆的威廉和他的追随者推测光可能像波一样传播。莱昂纳多·达·芬奇也提出了一种波的机制,而与克里斯蒂安生活的时代更接近的弗朗切斯科·格里马尔迪和埃万杰利斯塔·托里拆利进行了光衍射的早期实验,光衍射是一种很容易在水中观察到的波状行为。

1801 年,英国医生托马斯·杨证明,光通过间隔紧密的狭缝衍射产生的干涉图案,类似于多个源头的水波组合产生的图案。这一进展最终为克里斯蒂安的波动理论提供了确凿的证据。杨还正确地推测出颜色对应于不同波长的光。后来,杨提出波是横向作用于光的传播方向的,而不是像声音在空气中那样是纵向作用的。几年后的 1815 年,一位名叫奥古斯丁·菲涅耳的法国工程师,显然不知道杨或克里斯蒂安的工作,独立地发展了自己的纯粹基于波的光模型。惠更斯原理现在通常被称为"惠更斯—菲涅耳原理"。

长期的间断对克里斯蒂安的持久声誉产生了不利的影响。随着牛顿声望的提高,光的波动理论很快就被遗忘了。杨甚至因为敢于质疑牛顿在所有问题上的正确性,而在英国遭受了责难。要证实克里斯蒂安的理论是正确的,必须等到适合在接近光的波长尺度上进行实验的光学仪器出现。克里斯蒂安甚至没有在有生之年,看到自己的理论被牛顿误导性的粒子理论所取代。

***

克里斯蒂安绘画。他通过绘画来引导自己的科学思维,表达新的概念,产生发明;他通过绘画向别人传达自己的想法;绘画也是他的娱乐。尽管从来没有像他的哥哥画得那么多或者那么好,但是在克里斯蒂安的一生中,他始终在画素描、着色和彩绘:绘制望远镜和显微镜以及他通过它们看到的东西;那些不断变化的形状最终消解成围绕土星的环形结构;金星的相位;带条纹的木星;记录了对火星表面特征的第一印象,包括南极和"大瑟提斯"(Syrtis Major)的暗斑。

他画了透镜研磨设备、马车、喷泉和水泵的设计图。一些图画揭示了尚未实现的发明的精髓。例如,一只让人更舒适地走路的带有弹簧底的鞋子，或者，按照这种思路设计一种安装在船底的装置，可以使搁浅的船浮起来。① 他画了钟摆和钟表齿轮机构。有时，一只手从带有褶边的袖子中伸出来，抓住某个手动操作的设备。他画了竖琴、直笛和键盘。在论文的边缘，在数字串、乐谱行列、字谜代码和潦草的音符之间的空隙，常常横七竖八地填满了涂鸦和阴影练习。偶尔，一个迷人的女孩子的脸从一堆数字中浮现出来。他画荷兰的风景——树木、农舍、风车、运河船只、斯海弗宁恩的海滩、霍夫维克的房子。他甚至画出了死神的形象———一群表情滑稽的骷髅，这是用他的幻灯机投射出来的画面。

无疑，惠更斯兄弟长大后至少会成为称职的制图员。荷兰共和国浸染在墨水和油彩中。诸如西蒙·史蒂文等数学家，将画家的透视感发展为一门光学投影科学。反过来，对于许多艺术家来说，光学精度成为一种"道德要求"，一种激发起观赏者的好奇心和洞察力的手段。同时，印刷技术的进步使得在书中加入详细的插图更容易。科学文本中最诱人和最有说服力的图像之一，是一位不知名的木刻艺术家为笛卡儿于1644年出版的《哲学原理》创作的旋涡。空灵的旋涡对笛卡儿的物质运动理论

---

① 克里斯蒂安于1678年9月向法国科学院提出了这一想法。几个月前，一支法国舰队试图攻打加勒比海的博内尔岛，十几艘船只在附近触礁沉没，此前法国占领了荷兰殖民地多巴哥。"我们看不出克里斯蒂安暗示了这次事故对我们有利，"《全集》的荷兰编辑写道，"这不是他要考虑的事情。"（OC22 707）

非常重要,但在概念上很难理解,木刻艺术家通过一组展示太阳系的图画,给出了令人信服的视觉形式,显示了太阳和环绕它运行的行星。这幅图显然是图解式的,其主要特征是采用了字母标记,但它似乎也是一幅自然图像——蜂窝状细胞,每个细胞都用精确的点仔细涂暗,像经度线一样排列,给人一种真实存在和巨大的印象,它们聚在一起就像一团肥皂泡或装在盒子里的洋葱,充满了空间。值得注意的是,正是老康斯坦丁建议笛卡儿使用木刻画而不是铜版画,因为木刻画可以直接放入文本,能够最好地强化这个法国人的理论。

克里斯蒂安的才能使得绘画成为他的科学思维的重要组成部分。他经常很形象地表达自己的想法,并且同笛卡儿一样,他明白视觉图像可以成为修辞库中的有用武器。他的许多土星环图画尤其如此,它们不仅将围绕土星的模糊形状消解成一种令人信服的纯粹简单的形式,而且解释了土星环在土星轨道不同相位的出现和消失。他的同伴很早就意识到他的图表的说服力。例如,1656 年 8 月,当关于土星周围物质的性质的理论层出不穷时,吉勒·德·罗伯瓦尔敦促克里斯蒂安公布他对最新观测的解释,并补充道:"一个视觉形象将有助于想象,而且,如果需要的话,你会很容易做到。"

当克里斯蒂安使用比喻时,往往也是用视觉形象来表达。光一方面被比作炮弹和箭,另一方面被比作水波。当他讨论运动的相对性概念时，他认为，不仅物体可以运动，而且物体周围的空间也可以运动，他引入了人在移动的驳船上的类比，甚至把"空间"一词从自己的描述中删除，而代之以"船"，以使论据更有说服力。在描述冰洲石的双折射现象时，他让读者想象，光落在如同一组棱镜那样的"齿状表面"上，从而分裂成两个方向的光速。

克里斯蒂安的形象化的思维方式，也有助于解释他一直更喜欢用几何学而非代数学方法阐释物理现象，即使在他职业生涯的后期，代数学方法随着牛顿和莱布尼茨的微分积分运算的出现而变得更加强大。与克里斯蒂安不同，牛顿和莱布尼茨接受的希腊几何学训练相对较少，而且总是更习惯于使用方程来表示线和形状，尽管牛顿确实非常钦佩克里斯蒂安的证明方法，甚至想要找到自己的几何学术语来表示微积分。

这并不是说克里斯蒂安避开了更抽象的方法。他的光的波动理论以其数学描述的复杂而高明而超过了胡克和其他人的理论。虽然代数是他的有效工具，但几何学常常是他喜欢的表达方式，因为它能让人瞬间感受到物体之间的物理关系，而这种关系是仅通过代数公式难以察觉的。

所有这些都使克里斯蒂安在长期的物理学争论中，坚定地站在形象化者的一边。这种最适合用数学方法表达的科学，长期以来存在着一种分歧——一些人认为形象化是解释超出可见范围的物理概念的有益手段，另一些人则喜欢抽象的数学方法，并担心形象化本身可能是错误的。更糟糕的是，形象化方法可能会把科学家的思考进一步引入歧途。20世纪初，随着量子力学的出现，这种分歧扩大了，量子力学对无形的原子世界的不寻常揭示，使得一些人需要新的视觉图像来帮助阐释。

毫无疑问，数学在物理理论的发展中占据了上风，但图像仍然难以被忽视。阿尔伯特·爱因斯坦著名的"思想实验"——一列火车在电闪雷鸣的暴风雨中疾驰，到处都是观察者。这些实验赋予了深奥的相对论思想一副可亲近的面孔。他发现这不仅对自己有帮助，而且在向其他科学家和更广泛的公众解释自己的概念时也有帮助。爱因斯坦称赞克里斯蒂安在呈现非常相似的荷兰运河上的船员形象时，如此接近相对论的概念，也就不奇怪了。

***

画家需要光，天文学家和显微镜学家也需要光。这些完全不同的追求在荷兰共和国共同繁荣，难道仅仅是巧合吗？当然，这个新的国家的财富和信心，以及它特有的、自我设定的要求——即使展示财富，也要用安静、低调的方式——必定是它惊人的艺术和科学的主要动力。但是，所有这些工作都有媒介和材料，而光是其中的主要部分。当然，它不是我们所知道的具有某些绝对和普遍性质的基本物理学意义上的光，而是周围环境中的光，经过当地大气过滤的光，照亮当地地理的光，属于当地的光。

在泽兰和荷兰的沙丘中有大量用于制造玻璃的沙子，它们可能为望远镜和显微镜的透镜研磨创新者提供了必要的原材料。克里斯蒂安发现了土卫六，而沮丧的意大利天文学家却没有做到，是否正如意大利天文学家感叹的那样，荷兰的天空也有某种特质吗？是否有——曾经有过——荷兰之光？

荷兰共和国的艺术家从来没有想过要沐浴在一种特殊的光里。对于他们来说，对光的讨论更多地是作为源自加尔文主义神学的道德正直力量的代表。为了揭露异端和腐败而发行的小册子的标题中经常提到光的概念和光学仪器，如镜子。例如，1668年，来自阿姆斯特丹的兄弟阿德里安·科尔巴格和约翰尼斯·科尔巴格，一个是医生，另一个是传教士，他们写了一篇辩论性的文章《光闪耀在黑暗处》(*Een ligt schijnende In duystere Plaatsen*)，抨击归正宗的教条。阿德里安被投入监狱，第二年死在那里。1710年，一个署名"克里斯蒂亚努斯·康斯坦斯"的人，发行的一本同名的反律法主义小册子被泽兰省禁止。这本小册子的作者实际上是格里德·范·戴克，一名希伯来语学者和异教领袖，他拒绝承认教会的权威。即使像克里斯蒂安这样致力于从物理学角度去理解并利用光的人，也会意识到这种"另一种光"的重要性。

18 世纪，荷兰绘画逐渐失去了其原有的流行地位，其教化意图不再被很好地理解，它的日常主题和行人景观与新的装饰品位很不匹配。英国肖像画家约书亚·雷诺兹在自己的作品《佛兰德和荷兰之旅》中，记录了 1781 年的旅行经历，对自己途经国家的光的特质没有进行特别的观察，也完全没有提到我们今天所珍视的许多善于运用光线技巧的艺术家，如扬·维米尔、雅各布·范·鲁伊斯达尔和梅因德尔特·霍贝马。他对荷兰大师的态度明显是模棱两可的。他确实认可伦勃朗对光的处理，但他将其他荷兰艺术家与文艺复兴时期的前辈以及时期相近的法国巴洛克画家进行了不利的比较，并偶尔表示，希望这些荷兰艺术家出生在意大利，在那里他们可能会把自己的天赋发挥得更充分。

包括科罗、库尔贝和马奈在内的许多法国艺术家，都曾在 19 世纪中叶访问过荷兰，目的是亲眼看看"黄金时代"的那些伟大绘画。克劳德·莫奈也去旅行了，但他告诉朋友卡米尔·毕沙罗，他没有时间去博物馆，因为打算画画。1871 年 6 月，普法战争爆发后，莫奈在前往伦敦的途中去了荷兰，返程时再次经过这个国家，住在阿姆斯特丹以北几英里的赞丹。在那里的 4 个月里，他创作了 20 多幅画，主要是河流风景画，描绘了风车、桥梁和帆船。批评家莱昂内洛·文丘里在他的《印象派档案》(*Archives de l'impressionisme*) 中写道："这种与水中倒影的接触，带给他分析和重建色调的启示，更新了他的风格。这已经是明确的印象派时期的风格：光的效果是完整和完美的。"莫奈写信给毕沙罗，表示荷兰比人们说的更美，仅仅在赞丹一地，就足以画一辈子了。法国艺术史家亨利·哈瓦尔曾在莫奈的陪伴下在赞丹待过一段时间，他的评论更准确："上方的天空和下方倒映天空的水面，都是银白色或极浅的天蓝色。"在莫奈的画中，沿河流分布的房屋呈现出对比鲜明的橙色和红色。莫奈曾两次回到荷兰，1874年访问了阿姆斯特丹，1886年5月在莱茵斯堡和萨森海姆附近画了盛开的郁金香花田。

另一个法国人——作家爱德蒙·德·龚古尔——于1861年9月拜访了阿姆斯特丹，比莫奈早10年。在他保存的与兄弟合写的著名日记中，他指出，他发现了"一个停泊的国家，一片如水的天空：阳光仿佛穿透了一壶咸水"。他从伦勃朗的《夜巡》里看到了同样的光芒，画家抓住了"一束温暖、生机勃勃的阳光"，从上方倾泄而下，洒在聚集的人们身上。

***

太阳在天空中照耀着，但天气来自濒临变幻无常的北海的长长的、低矮的西部海岸。这片陆地始终暴露在盛行的西风和潮湿的大西洋气流中。空气定期地被阵雨——安德鲁·马维尔称其为"每天的大雨"——净化。天空中布满了无尽的云。空气中充满水汽时，就很柔和，雨后光照又很强烈。低垂的北极光映照着地平线，跨过平坦的田野和小镇上的屋顶线条。有时太阳太低了，强烈的光照射在云层底部，还有光辉反射到地面上。

然而，光是无常的。微风不停吹拂，天空很快就发生了变化。它无疑是荷兰风景画的一个确定性特征，很多作品捕捉到了天气刚刚变化或即将变化的这种感觉，这是在南欧的蔚蓝天空下工作的艺术家从未遇到过的。在维米尔的《代尔夫特风景》中，雨水冲刷过的砖块展示了这一瞬间。鲁伊斯达尔的冬季风景画中乌云的凹凸边缘也是如此。堤坝决口这一常见题材，画中必然伴以渐散的乌云——灾难造成的损害、希望人类记住的教训，以及上帝在天际微光中许下模糊的承诺：再也不让此般的恐怖降临在这片土地上。

我们要对"荷兰之光"进行科学探讨吗？任何理论都必须是可以被检验的。"荷兰之光"真的是独一无二的吗？它与其他光有明显的不同吗？很容易相信它不同于佛罗伦萨或马德里的耀眼的光。但是其他绘画中心呢？威尼斯画家发展出一种更柔和的风格，较多地强调色彩，较少地强调轮廓。那么它与那里丰沛的水有关系吗？类似的艺术地域性关联亦可适用于其他流派——不论是康沃尔海岸的圣艾夫斯画派，还是坐落于诺福克湿地边缘的诺里奇画派。这片湿地与荷兰一样，其形成源于泥炭开采活动，这种开采方式同样塑造了所谓的"窟地"（holland）——即如今静静躺在防护沙丘之后、远低于海平面的低地之国。

也许检验不是要考虑其他地方，而是要考虑其他时代。20世纪70年代，德国艺术家约瑟夫·博伊斯提出了一个具有煽动性的观点：弥漫于荷兰绘画中的独特的光永远地消失了，原因是20世纪中叶人们在须德海进行的围海造田，那里曾是北海的一个重要海湾。他的基本假设是，不仅仅是太阳照射的灿烂光芒形成了这个国家的光。试想一缕阳光的路径，它穿过大气层，遇到凝结的水汽。组成这种气溶胶的小水滴将一小部分光散射到各个方向。其余的光继续传播并射向地面。如果碰到水，大部分入射光可能会向上反射，第二次穿过潮湿的空气，更多的光被水滴气溶胶散射开来。由于太阳光沿这条更长路径产生的漫射光比例极高，这被认为曾经是荷兰画家创作的秘密要素。例如，在阿尔伯特·库伊普的河流风景画中，低悬在水面上的一团明亮雾霭是一个典型特征，它通常是画布上最明亮的色带。

没有人像荷兰人那样身体力行地改造他们的地貌。从17世纪初起，各省就开始系统地向海洋索取土地，使用堤坝和排水泵来开垦圩田。数千平方千米的土地被开拓出来，取代了曾经在主要城市周围的大片内陆海，如哈勒姆海、莱顿海和海牙附近的祖特海。（海牙就是人类活动的产物，在中世纪，这里因挖掘用作燃料的泥炭而面积扩大。）老康斯坦丁·惠更斯在其中发挥了一定的作用。1633年8月,他买了一块土地,这块土地位于阿尔克马尔附近,不久之前由过去被称为德·瓦尔特的湖抽干而成。即使同时建立了一个新的运河网络,也无法弥补在其他地方损失的闪闪发光的水。许多省份都在勤奋地实施这些工程,并一直延续到了现代,这无疑造成了荷兰境内水域面积减少。也许空气环境的透明度也降低了。

然而,从光学和地理学的角度来看,博伊斯的理论存在问题。须德海基本上不属于荷兰画家赞美最多的荷兰海岸之列。17世纪受这些变化影响最大的省份是荷兰省。成为最伟大艺术家家园的那些城市——代尔夫特、莱顿、哈勒姆、阿姆斯特丹——在艺术家创作的时候,已经失去了周围的许多水域。因此,即使在这里,在这个重要的地方,在这个重要的时代,水域景观的变化也绝无可能骤然改变此地与生俱来的光线特质。

这些大师的作品被重新发现很久之后,人们才发现并称颂"荷兰之光"。而"荷兰之光"这一现象似乎更多的是这种艺术本身的结果,而非强有力的推动力。正是后来几代艺术家对其技法的仰慕之情,才将这一理念根植于公众意识之中。

第 15 章 另外的世界

1691 年冬天的最初几个月，克里斯蒂安在海牙的家中身体不适，错过了霍夫维克的夏日快乐时光。他深情地回忆起和哥哥小康斯坦丁一起度过的日子，他们轮流守着望远镜，心中充满对头顶上方天空的好奇心。"我愉快地回忆起我们从事有趣工作的那些时光，设计和打磨透镜、发明新方法和设备，以及一直为更伟大的事情而努力。"克里斯蒂安写道。小康斯坦丁已经离开两年了——脚踏实地——作为执政的秘书在英格兰和爱尔兰效力。

现在克里斯蒂安独自一人，但仍继续前进，他的思绪飘荡到了行星和恒星上可能存在的居民。1686 年，法国作家伯纳德·德·丰特内尔出版了一部非常成功的著作《关于多重世界的对话》(*Entretiens sur la pluralité des mondes*)，对其他世界的性质进行了猜测。作为一个早期的科普例子，它采用了一个天真的侯爵夫人与一个睿智的哲学家对话的形式。它是用通俗易懂的法语写成的,以便可以吸引那些没有任何科学知识的人,特别是女性读者,它为当时的天文学理论提供了一个入门。30年前在罗马,德国耶稣会士阿塔纳西亚·基舍尔发表了一篇关于同一主题的更神秘的对话《狂喜之旅》(*Itinerarium exstaticum*)。克里斯蒂安读了《狂喜之旅》,但发现其中省略了所有他认为很可能发生在其他星球上的事情,却包含了"一些无根据的不合理的东西"。至于那些讨论过可能存在多个可居住世界的真正科学家——克里斯蒂安认为他们是库萨的尼古拉斯、第谷·布拉赫、乔尔丹诺·布鲁诺和约翰尼斯·开普勒——并没有就生命可能采取的形式提出猜想,毫无疑问,这很明智。他们只是最新加入这个名单的名字,名单中已经包括古希腊的德谟克利特、伊壁鸠鲁、卢克莱修和亚里士多德,以及从基督教观点探讨这个问题的中世纪学者托马斯·阿奎那、奥卡姆的威廉和尼克尔·奥雷斯梅。

因此,显然存在一种可能性,即基于近期通过望远镜观测到的行星知识而创作一部作品。这就是克里斯蒂安在《宇宙的注视者》(*Cosmotheoros*)中所尝试的。

两个意义重大的伟大真相,以致于历经一个多世纪才被理解,在很大程度上解释了17世纪这类书籍的流行:哥白尼的日心说,将地球贬低到与其他行星同等的地位;欧洲人发现美洲大陆之后,1621年荷兰人在那里建立了新尼德兰,这是一个以今天的新泽西州和纽约州为中心的区域，实际上是在欧洲列强宣称主权的领地夹缝中建立的短暂定居点。

但作者们也有理由保持谨慎，因为提出在我们自己的星球之外存在有生命居住的星球，冒着违反基督教教义的风险，基督教教义珍视上帝将亚当和夏娃安置其中的独特的人间天堂。克里斯蒂安对于发表这一观点也有顾虑，因为他害怕受到"那些非常无知或狂热的人"的责难。最终，克里斯蒂安因疾病而疲惫不堪，知道自己活不长久，请求哥哥来监管自己关于外星猜想的著作的出版。最终，《宇宙的注视者》直到1698年才问世，此时距离克里斯蒂安去世已经过去了三年，而距离小康斯坦丁去世也过去了整整一年。

克里斯蒂安在《宇宙的注视者》开篇写道："哥白尼的追随者认为，我们居住的地球是围绕太阳运行的行星之一，并从太阳那里接收所有的光。他们不可能没想过这种可能性没什么不合理，即其他星球同我们的地球一样，可能也不缺乏文化、装饰或者居民。"这里的关键词是"没什么不合理"，这让人们想到克里斯蒂安对统计学可能性的研究。因为，正如他告诫读者："我们对此没能提出任何有十足信心的东西（我们能做到吗？），自我满足于每个人都能自由判断其真实性的猜测。"

克里斯蒂安构建了一个详细的概率论论证体系。17世纪90年代早期，距离伽利略发现木星的4颗卫星已经过去了80多年。克里斯蒂安在将近40年前就发现了土星的第一颗卫星。17世纪七八十年代，卡西尼又发现了土星的4颗卫星。新世界的丰富性，加上望远镜观测到的"月球山和平原"，引发了人们将其与地球进行比较。根据对望远镜观测到的天狼星直径与太阳直径进行的比较，克里斯蒂安估计了地球到天狼星的距离，证明了其他恒星可以与我们的太阳相提并论。他推论，虽然我们看不到它们，但这些恒星也可能有围绕它们运行的行星，并指出，如果从足够远的距离观察我们的太阳系，即使用最强大的望远镜也不能揭示其行星的存在。最后，他惊叹于种类丰富的动植物如此适应地球上的生活，他更加动情地争辩说，如果我们拒绝承认其他星球具有这种丰富性，那么"我们应该让它们美丽且有尊严地沉到地球下面，这是非常不合理的事情"。

这种生命可能采取什么样的形式呢？新消息称，美洲的物种与旧大陆的物种有足够的相似性，克里斯蒂安推测外星生命与地球物种大体相似。但他确实考虑了其他行星上可能存在的不同的物理条件。例如，大气层可能更厚，这将适合更多种类的飞行生物生存。重力也可能不同，尽管他没有提出对每颗行星上相对引力的估计，而且在任何情况下，他都拒绝接受行星大小与其动植物大小之间的简单相关关系。他说："在那些星球上也许有一个侏儒种族，与青蛙、老鼠差不多大。"尽管他认为这不太可能。

然而，对于克里斯蒂安来说，"探索的核心且有趣之处是……把一些观察者置于这些新的发现之中，让他们欣赏我们培育的这些生物，领略它们的美丽和多样性"。值得注意的是，这些人无须是"像我们这样的人，而是一些被赋予理性的生物"。克里斯蒂安设想，一些行星上可能居住着"具有不同程度的理性和感觉的理智的生物"。这些生物的理性和道德天性将与地球上的生物一样。这些生物是群居的，它们会住在房子里，使自己免受天气的影响。但克里斯蒂安也纠结于它们的外表。他想表明它们可能不是人形的，但又表示，它们肯定有手和脚，并且竖直站立。也许它们会有外骨骼，像甲壳类动物一样。毕竟，"普通人中存在一种非常可笑的观点，认为理性的灵魂不可能栖身于我们的形体以外的任何形体之中"。

它们会进行科学研究，尤其是天文学，研究天文现象被认为是出于对日食的恐惧，日食在其他行星上也是常见的。毫无疑问，它们也会拥有我们的一些发明，"然而，它们拥有我们的全部发明是不可信的"。特别是，克里斯蒂安不相信它们拥有望远镜，因为他认为自己使用的望远镜是如此精密，以至于其他智慧生命不可能制造出类似的东西。他赋予其他行星上的居民以远超自然的视力来代替望远镜。

1600年，乔尔丹诺·布鲁诺因多项异端邪说指控被宗教裁判所烧死在罗马鲜花广场的火刑柱上，其中的异端邪说之一就是他坚持认为存在多个可能有人居住的世界。一个世纪后，克里斯蒂安免于这样的命运。然而，他试图通过提出一个语义学观点，事先化解来自教会的批评，即《圣经》中提到的天和地必须适用于整个宇宙，而不是仅仅适用于地球这颗行星。他指出，其他世界的居民虽然也是理性的，但可能不呈现为人类的外形。因此，这种说法可以被理解为他应对神学挑战的临时辩护，这种挑战基于地球是专为人类创造的理由。

科学作家菲利普·鲍尔认为，《宇宙的注视者》标志着"第一次尝试在不损害《圣经》的情况下，为其他世界上的生命提出严格的科学理由"。克里斯蒂安去世三年后，即1698年，它的拉丁语版出版了，随后立即被翻译成荷兰语和英语，以《被发现的天体世界》为书名大卖。几年后，法语版和德语版相继出版。

***

推测地球以外的生命，对于科学家而言从来都不是完全体面的。著名的天体物理学家、作家卡尔·萨根在20世纪做了很多工作来普及外星智慧生命的想法（他创造了首字母缩写"CETI"，即"与外星智慧生命交流"；后来改为"SETI"，即"寻找外星智慧生命"）。例如，他在公共场合和电视上愉快地谈论火星上存在生命的可能性，但是，当他与其他科学家在一起时，他对此表达了很大的怀疑。他的推测看起来缺乏依据，激怒了许多同行。1992年，萨根被拒绝成为美国国家科学院成员。

事实上，萨根敏锐地意识到这个问题涉及的许多可能性。尽管他对外星智慧观念的热情始于十几岁的时候，但他的思想是在1961年的一次会议上形成的，当时他得知射电天文学家弗兰克·德雷克设计了一个方程。德雷克关于地外文明数量的公式（或者说能够进行星际通信的数量，因为"SETI"项目首先是关于联系的）很简单。它包括将恒星总数乘以一系列分数，这些分数控制着外星智慧存在所需满足的各种因素——恒星与行星的比例、被认为适合居住的行星的比例等等，以及更微妙的因素，如外星文明能够发出可探测信号的存续时间。

克里斯蒂安比他之前的任何人都做了更多的事情来定义概率，并把它作为一个有意义的概念应用于自然科学，他对这个问题有类似的见解。在写作《宇宙的注视者》的过程中，他预料到批评者的反应，"有些人会说，我们对行星做出的这些断言有点儿太大胆了，我们在这里提出了许多可能性，如果其中一个碰巧是假的，并且与我们的假设相反，那么它就像一个坏的地基，毁掉整个建筑，使它轰然倒地"。

德雷克方程中的每个分数的数值仍有争议，但近年来关于太阳系中一些行星卫星大气成分的发现，似乎减小了发现生命的概率。

***

  笛卡儿先生找到了把他的猜想和虚构当作真理的方法。对于那些阅读他的《哲学原理》的人来说，他达到的那种境界类似于人们阅读小说，这些小说就像真实的故事般令人愉悦，并给人留下同样的印象。微粒和旋涡的新奇图形产生了强烈的吸引力。当我第一次读这本《哲学原理》时，我觉得世界上一切事物运行得很顺利；当我遇到难题时，我想，那是因为自己没能理解他的思想。我当时只有十五六岁。

  克里斯蒂安在 1693 年写了这些笔记，距离他小时候读笛卡儿的《哲学原理》已过去了将近 50 年。他在评论阿德里安·拜勒出版的第一本笛卡儿传记时，除了其他错误，还指出作者"经常把我和我的父亲混淆"。此时，克里斯蒂安已经发现，自己对笛卡儿论述的许多实质内容无法苟同，特别是关于物理世界的性质。他早就到达了这种境地：尽管他可能希望忠实于笛卡儿提出的原则，但当它们与自己的科学观察或实验结果不一致时，他并不后悔放弃这些原则。

  克里斯蒂安真的是"笛卡儿主义者"吗？自古希腊人以来，只有少数哲学家实现了文化渗透，从而有必要创造一个形容词来记录他们在哲学之外的世界中产生的影响：孔子、马基雅维利、马克思。笛卡儿是其中之一。要成为一个笛卡儿主义者，尤其是对于牛顿学说兴起后的用英语写作的作家来说，就是使自己与一个教条的、有时是可疑的哲学纲领相一致，甚至在某种意义上把自己标榜为反科学。这种人物形象刻画至今仍影响着一些关于克里斯蒂安·惠更斯生平的叙述。

在17世纪中叶的荷兰共和国，做一个笛卡儿主义者遇到的问题几乎一点也不少。这个法国人对世界所持的机械论观点，导致他与大学和宗教当局的冲突不断加剧，宗教当局在他追求物理事件的终极原因的过程中，探查到一种不易被察觉的无神论议题，并没有援引上帝作为首要推动力存在的证据。这种冲突将荷兰科学分为笛卡儿派和亚里士多德派，并波及教会与国家关系的风暴海洋，以至于一个人对笛卡儿所持的立场，成为其政治理念的衡量标准，这种影响范围更为广泛。

克里斯蒂安完全有理由追随笛卡儿。他的父亲曾协助这个法国人制作透镜，并在他被一位有影响力的加尔文教牧师指责为无神论者时为他说情，使他获得了执政弗雷德里克·亨德里克的庇护。[1] 老康斯坦丁还安排儿子们接受数学家范·舒滕的学术指导，范·舒滕是笛卡儿思想的坚定支持者。笛卡儿是激进的、新颖的，他的科学哲学涵盖了宇宙。因此，十几岁的克里斯蒂安发现自己被迷住也就不足为奇了。

---

[1] 康斯坦丁·惠更斯告诉笛卡儿："神学家就像猪，当你拉其中一个的尾巴时，它们都尖叫起来。"（Descartes, vol.3 676–9）

如果说，早期的一些力量引导了克里斯蒂安走向笛卡儿主义，那么后来也有其他力量将他驱离。笛卡儿思想在荷兰是有问题的，但在天主教的法国更是如此。笛卡儿于1650年去世，其后，他的遗体被从瑞典运回法国，路易十四禁止举行任何公共仪式。他的哲学被法国大学禁止，他的追随者被视为盲目的拥护者而被法国科学院排除在外。然而，很明显的是，克里斯蒂安坚守笛卡儿主义的程度并没有使其在法国定居时遇到困难。他可能也受到了文学学者艾萨克·沃修斯反笛卡儿主义的影响。艾萨克·沃修斯是荷兰人，曾在瑞典宫廷担任图书管理员，当时笛卡儿也在瑞典，后来沃修斯来到巴黎，与克里斯蒂安同时被柯尔贝尔任命为院士。

但是，影响克里斯蒂安思考的主要因素一直都是展现在他眼前的事物。早在1652年，正是他的实验工作使其怀疑笛卡儿所写的关于质量或速度不相等的物体碰撞的内容。他从不愿意对笛卡儿戒律秉持教条式的信仰，但他的这种发现使他每次都重新评估自己的忠诚度。例如，若干年后，克里斯蒂安发现，笛卡儿旋涡为做圆周运动的物体所具有的远离旋转中心的趋势提供了一种讲得通的解释。这并不是对笛卡儿的盲目拥护，而是严格的数学分析，这使他能够从这一点出发，发展出一个更完整的离心力的定量模型。

然而，克里斯蒂安愿意背离笛卡儿的程度是有限的。尽管数学在解释远距离作用的力时令人信服，但克里斯蒂安永远无法完全接受牛顿的万有引力理论，仍忠实于笛卡儿的概念，即力只能通过介质来传递。虽然他的数学理论能够合理地解释笛卡儿透镜理论的大部分内容，但他不能完全抛弃笛卡儿的思想，转而大胆地用自己的术语来阐述光的波动理论。或许，克里斯蒂安采用自己的阐述方式，就能在与牛顿的微粒理论的竞争中占据上风。他当然也不是牛顿主义者，因此，后来其他人很容易把克里斯蒂安描绘为笛卡儿主义者，或者认为他不是笛卡尔主义者。更准确地说，他没有受到特定思想体系的束缚，甚至牛顿也承认克里斯蒂安是一个独立的人，没有因对笛卡儿的"盲从"而陷入理论泥沼。

在作为科学家从事实际工作时，克里斯蒂安从来不像在纯粹的哲学思辨中那样坚持笛卡儿主义观点。尽管不像他的一些英国同行那样注重经验，但他珍视实验，并理解经证实的实验结果的价值。笛卡儿毫不犹豫地忽视别人的发现，更愿意找到自己的"真理"，而克里斯蒂安则欣然承认了处于新兴的现代科学实践核心的社会原则，即尊重实验结果并让其接受比较和复制。如显微镜学家列文虎克和斯瓦默达姆这些荷兰人，他们不是哲学家，甚至不是大学者，他们的成功进一步表明，科学可以仅仅依靠观察来发展，而不必有一个宏大的哲学框架来指导它。

克里斯蒂安在对拜勒的传记所作的评论中，记下了他对笛卡儿的成熟见解，这让我们得以深入了解笛卡儿的性情。他猜想这个法国人一定"非常忌妒伽利略的名声"：他曾希望提出一种新的自然哲学，但遗憾的是，他的科学定律几乎没有一条是正确的。此外，他大胆地认为自己也许能解释一切，显然缺乏伽利略最基本的谦逊。

克里斯蒂安同样没有强烈的欲望去解释一切。他很自然地认为，了解某些事情存在一定的概率。像大多数科学家一样，从性情上来说，他不是一个革命者，也不寻求推翻现有的秩序。他与其他科学家和哲学家的争论，特别是与笛卡儿思想拥护者的争论，足以使他远离那条疯狂的道路。他已经看到了可能产生的伤害。[①]1692 年，克里斯蒂安在给莱布尼茨的信中激动地写道，物理学中新理论的狂热支持者，"当他们希望把他们的猜测当作真理时，就会造成很大的伤害，正如笛卡儿先生所做的那样，因为他们阻止了他们的追随者寻求更好的东西"。就他而言，他不想建立一个普遍的体系，也不想留下一个惠更斯"学派"。

更确切地说，克里斯蒂安是一个综合学者。他的研究的基础是最坚实的理论要素，在一些人看来，它们可能代表了不可

---

① 也许他甚至认为伤害可以是身体上的。当莱布尼茨向克里斯蒂安抱怨说，他找不到对医学哲学感兴趣的笛卡儿主义者时，克里斯蒂安回答说："有足够多的医生认为他们遵循笛卡儿哲学，但如果我要寻求帮助，他们是我最后会请求的人。"（OC1055-8）

调和的对立的思想体系。他是伽利略和培根的继承人、笛卡儿的审慎追随者，但他在数学方面的造诣超过了所有这些人，可以与牛顿、莱布尼茨相提并论。他想从一切可能的来源——不论国籍和思想体系——把最好的科学知识和方法汇集起来的实用主义愿望，也许源于对父亲外交官工作的观察。但是上述描述给人留下了一个关于克里斯蒂安的科学性格的模糊印象，这可能有助于解释，为什么一些历史学家认为有必要将哲学纲领注入看起来"仅仅是一个问题解决者"的一个人的职业生涯。

然而，这当然足够了，只要让人们记住克里斯蒂安是一个纯粹的问题解决者，务实的、兼收并蓄的、综合的、怀疑的，愿意接受最可能的事物而不是坚持绝对肯定的事物，这就足够了。换句话说，这就是我们今天期望看到的科学家的样子。

***

这一刻已经发生了吗？1693年的仲夏时节，克里斯蒂安正坐在霍夫维克的花园里，在50年前父亲种植的松树和榆树下，与他在一起的是苏泽特·卡隆和她的孩子们，包括她的大女儿，也就是他的教女。虽然苏泽特已经被其经历的磨难"改变了很多"，但她的存在还是让他精神振奋。而且，正如他的家人观察到的，她仍然"对他没有反感"。"打开我内心的钥匙就是打开这个花园的钥匙。"他父亲曾经写道。

克里斯蒂安发现，夏季的霍夫维克令人非常愉快。但冬天就很寂寞。1689年9月，为避免被困在迷宫般的冰封河道中再度过一个冬天，他思忖着是否能获准在海牙的某个兄弟家中借住一两间房。这样，在进城游玩的日子里，他就可以省去赶最后一班船回家的不便了。① 然而，他的兄弟们对这个主意并不感兴趣，于是他就在诺尔登德宫附近住下了。

　　他的孤独感不仅仅来自生活空间，而且来自精神。"这里没有什么可向往的。"他向小康斯坦丁抱怨道。后者还在伦敦陪着奥兰治的威廉三世。他希望在伦敦待得更久一些。父亲去世之前，曾提议克里斯蒂安接替他在奥兰治委员会中的位置，但克里斯蒂安拒绝了这个建议。然而，当他意识到作为一个有资产的人，现在必须缴纳税款时，他明白了一个稳定职位的好处。当委员会的另一名成员突然去世时，克里斯蒂安试图重提这个想法，多次写信给小康斯坦丁请求提名自己。小康斯坦丁知道这样做会让自己陷入极度困难的境地，便尽一切努力劝弟弟放弃这个想法，但克里斯蒂安不会停止。"克里斯蒂安弟弟在第二封信中缠着我，要我向国王要求在他的委员会中占有一席之地，我确实和他谈过了。"小康斯坦丁在日记中写道：

---

① 连接荷兰许多城市的以运河为基础的公共交通网络已经存在了几十年（de Vries 2006 14）。克里斯蒂安告诉我们，最后一艘在福尔堡停靠的驳船于下午6点30分离开海牙（OC9346-7）。

国王咬紧牙关回答，他不知道克里斯蒂安能否补上这个缺。过了一会儿，我又说，我认为弟弟头脑敏锐，又善于领会别人的意思，因此，为国王效力不会表现得很差。国王回答说，他认为克里斯蒂安要去处理更重要的事情，而非敷衍行政人员（或诸如此类的话）。对此我不再坚持了。

小康斯坦丁和国王都明白，而当时克里斯蒂安却不明白，无论职位还是工作环境，都不适合克里斯蒂安发挥才能。小康斯坦丁如实地告诉弟弟谈话的情况，并试图让他明白，如果他能更谨慎地处理这件事，可能会取得更好的结果。然而，克里斯蒂安似乎没有听从这个建议，因为接下来他通过另一个联系人尝试实现这个想法，同时继续向小康斯坦丁唠叨。委员会的任命还是没有实现。

克里斯蒂安在实际工作中遭受的挫败尤为严重。1689年9月，荷兰东印度公司的董事要求他准备好摆钟，以便在开往好望角的"勃兰登堡"号上进行新的海上试验。尽管三年前，克里斯蒂安的仪器在"阿尔克马尔"号上表现不佳，但他仍然受到公司的高度重视，这家公司不断遭到各类发明者的索赔纠缠——其中既有怀抱希望的真发明家，也不乏招摇撞骗之徒。制造航海钟，把它们安装到船上，并在荷兰海岸附近的短途航行中校准钟表，这些工作占据了1690年的大部分时间。"勃兰登堡"号于 1691 年 6 月到达好望角，但由于船员生病，返回时间大大推迟了。在这段时间里，时钟读数的连续性中断，再次影响了试验的整体结果。克里斯蒂安在等待船只返航时，东印度公司要求他对收到的其他经度提议进行评估，其中包括被奖金前景所吸引的"一些无知者"的测量结果。

船长的探险报告读起来令人失望，因为他透露，他不得不求助于星体导航。克里斯蒂安对读数的分析表明，摆钟在外出航行中表现良好。他指出，"从佛得角群岛到好望角的距离，是根据最新的全球地图，用摆钟完美地测算的，正如阁下承认的那样。无疑，阁下也会感到高兴，因为所有的忠实工作和多次观察都没有白费"。但回程中的读数让他怀疑，一定是混入了某种系统性的人为错误。"勃兰登堡"号的船长对这一说法感到愤怒，并通过一个完整的描述对此进行了回应，还附上了一张草图，图中确切地显示了摆钟是如何安装的。船长补充说，机械装置的一些部件坏了，摆钟非常频繁地停止，于是他停止记录读数。克里斯蒂安在给东印度公司董事的最后一份报告中，仍然坚定地为自己的摆钟性能辩护，并指出，尽管船长有"误解""误判"，但"它们非常准确地完成了经度测量"。然而，私下里，克里斯蒂安承认了海上摆钟仍存在根本性的缺陷，他用等时机械装置作为替代者重新进行了试验，无论船只的航行状况如何，等时装置都会继续运行。

天文学被证明同样没有回报。当克里斯蒂安和小康斯坦丁都在海牙的时候，他们偶尔研究望远镜和显微镜；当小康斯坦丁跟随威廉国王去伦敦，以及后来与法国再次爆发战争奔赴战场时，他们就写信讨论问题。他们受到卡西尼发现土卫四、土卫五的巨大成功的激励，但受阻于当时显然不如巴黎的设备。伦敦的天文学家也在努力，但就连哈雷也无法亲眼观测到卡西尼发现的新卫星。1693年9月，克里斯蒂安正忙着建造一个方形松木盒子，用来装一个45英尺的透镜，他打算用这个透镜向参观者展示月球和行星，因为他认识到，没有经验的观察者会觉得很难操作这种无筒望远镜，而他则习惯将它们用于科学天文观测。但这个活动似乎让克里斯蒂安突然明白了什么，他难过地写信给哥哥："既然卡西尼先生声称他用较短的透镜看到了土星的所有5颗卫星，为什么我没有看到呢？我后悔，已经6年没用过带筒望远镜了，因为它肯定比我发明的方法更好。"

书面研究就没有这种障碍。在数学方面，莱布尼茨试图引导克里斯蒂安走进他的复杂的微积分世界，展示它如何在不借助几何学的情况下揭示复杂曲线的性质，如悬链线和克里斯蒂安最喜欢的摆线。莱布尼茨对他说："我最喜欢微积分的地方就是它……把我们从需要想象力的工作中解放出来。"他们的非正式学术通信课程——莱布尼茨受雇于汉诺威选帝侯，声称在写一部布伦瑞克家族史——继续了一段时间，但克里斯蒂安始终对这个新方法及其复杂的符号系统持怀疑态度。有一次他写道:"说实话,你告诉我的关于你的微分学在摆线问题研究中的效果,在我看来几乎难以置信。"

无论如何,克里斯蒂安都不愿意从需要想象力的工作中解脱出来,并尽可能地让数学理论形象化或物质化。例如,他与莱布尼茨的通信触及了另一种被称为曳物线(tractrix)的曲线,在莱布尼茨所给出的图示中,它描述的是这样一种情形:一条狗在绷紧的绳索牵引下,偏离了主人所走的直线路径,然后又被拉回到直线路径。在几何学术语中,曳物线也与悬链线有关。克里斯蒂安对这一曲线的研究包括设计了多种产生曳物线的力学方法。例如,某种带轮滑架的装置,其上附有记录针,当装置被拖过糖浆层时,流体阻力迫使针尖画出特定轨迹曲线。

克里斯蒂安在读《数学原理》时,感到了一种与物理现实类似的脱节。他承认牛顿的工作比笛卡儿的旋涡更好地解释了彗星等物体的运动,但仍然对其理论的部分内容感到困扰。例如,在引力作用下,潮水汹涌的海洋遇到地球的固体物质时会发生什么,以及按照平方反比定律的表面含义,地心处的万有引力就应是无限大。克里斯蒂安发现《数学原理》的某些地方是错误的,而且常常晦涩难懂,但他的新朋友——年轻的法蒂奥·德·杜利耶——是一位几何方法的推崇者,能够为他解释牛顿的分析,并试着让他明白牛顿的微积分相较于莱布尼茨版本的优点。

1690年4月，法蒂奥对克里斯蒂安进行了短暂的访问，并带着克里斯蒂安提出的供牛顿考虑的修改建议返回了伦敦。法蒂奥也仔细阅读了这部著作，并列出了错误清单，他热切地认为，牛顿应该准备这部著作的第二版。克里斯蒂安从欧洲大陆的角度出发，鼓励法蒂奥做这个工作：

> 如果你能承担他的著作第二版的出版工作，牛顿先生应该非常高兴，新版本中将会有你的清楚解释和补充——这是目前所缺乏的，新版本将大为不同。但这项工作不应该损害你的健康。至于费用，我觉得很奇怪，在那个国家，没有一个印刷商愿意承担印刷如此重要的书籍的费用。在这里肯定会找到印刷商。这种认购筹款的方式 [爱德蒙·哈雷出钱印刷《数学原理》，因为皇家学会已经耗尽图书定期预算] 不适合这种理应畅销全欧洲的著作，因为仅靠英国和本国市场，需求不足。

最后，《数学原理》的修订版直到1713年才出版，这是在牛顿的剑桥大学三一学院院长的支持下实现的。那时，牛顿与法蒂奥的关系早已冷淡。

法蒂奥凭借自己的数学才能和在相互竞争的理论中寻找优

点的意愿，赢得了克里斯蒂安和牛顿的尊重，他将自己定位为一个国际中间人，就像曾经的亨利·奥登伯格。然而，法蒂奥缺乏奥登伯格的老练，在将牛顿的机密转达给克里斯蒂安时漫不经心，而这些机密很容易地从克里斯蒂安那里转到牛顿的对手莱布尼茨手上。当牛顿和莱布尼茨就微积分的发明权陷入长期争论之时，[1]法蒂奥就把自己——以及克里斯蒂安——困在了他们之间。

尽管关于微积分的争论众所周知，但能看到，这架国际学术界的四马战车——荷兰的克里斯蒂安、英国的牛顿、瑞士的法蒂奥和德国的莱布尼茨——在科学讨论中表现出了一些成熟的特征。与仅仅几十年前的情况相比，合作与协作正在增多，他们更愿意让新的想法接受批评，并与其他人比较方法和结果。就连克里斯蒂安现在也充分认识到尽早宣布新发现的重要性。1691 年，他觉得要责备莱布尼茨，后者当时卷入了另一场优先权之争，这一次的对手是瑞士数学家约翰·伯努利，"你本

---

[1] 当克里斯蒂安从另一个信息来源得知，牛顿在1693年经历了一场持续的"精神崩溃"时，他很随意地与莱布尼茨分享了这个消息。（OC10 615-16）"这个英国人似乎想隐瞒这次意外，但没有用，"克里斯蒂安写信告诉哥哥，"除了过于认真的研究，一场烧毁了他的实验室和一些论文的不幸火灾，也可能导致他头脑混乱，这是一个人所能遭受的最糟糕的疾病。"（OC10617-18）事实上，当克里斯蒂安收到这个消息时，牛顿已经完全恢复。莱布尼茨诚恳地回信说："先生，相比其他人，我希望像您和他这样的人健康长寿，相对而言，失去其他人的损失不会那么大。"（OC10639-40）

可以防止所有这些疑问……通过密码的掩护传播你的发明，正如我不止一次告诉过你的那样"。

最大的变化是讨论的语气。那种一受到冒犯便立刻感到愤怒、耿耿于怀的反应已经消失了。早期英法两国科学院中——无论是国内还是国际层面——那种动辄感到被冒犯并心生怨气的敏感特质不复存在。相反，不同的意见并存，如赞成光的波动性质的人（克里斯蒂安和莱布尼茨）或赞成微粒性质的人（牛顿和法蒂奥）。由梅森、老康斯坦丁和奥登伯格等人苦心营造的文明交流模式，已经成为欧洲科学界的规范。

这些交流的内容范围更加广泛，语气也更加亲切友好。莱布尼茨充分利用克里斯蒂安作为倾听者的角色，以此检验自己关于物质的哲学思想。克里斯蒂安则竭尽所能地回答这些问题，尽管随着问题变得越来越深奥，他的回答也越来越不确定。例如，在一封讨论材料硬度的信中，莱布尼茨想知道，如果这种性质是可变的，它将意味着什么。对于这个假想的难题，注重经验的克里斯蒂安只是在信的空白处写了一个令人困惑的"为什么"。然而，莱布尼茨清楚地感觉到，如果克里斯蒂安以一种更具包容性的思维方式去思考问题，对于他而言也不会有什么坏处。他在信的结尾处写道："我偶尔会想起你在信中所说的关于笛卡儿的话，名望显赫的人对各种题目做出推测进而激励他人是有用的。这是我希望你去做的事。"

***

克里斯蒂安经常患冬季感冒和发烧，在近几年里变得越来越频繁，而且经常加重，持续伴随着头痛、失眠和他所说的"哀伤"。但1694年7月，当他在撰写《宇宙的注视者》并仍与莱布尼茨保持活跃的通信时，他经历了心脏的不适，并感到自己的脉搏变得不规则。长期担任家庭医生的迪德里克·利伯根建议克里斯蒂安少工作、多走路，避免吃生的食物和蔬菜。"不过，我认为吃樱桃和红浆果带来的血液更新对我有好处。"克里斯蒂安在给小康斯坦丁的信中写道。如果这些也算是利伯根处方的一部分，那么它表明一种对古代的体液"形象学说"的令人担忧的信任，而该学说在17世纪基本上过时了。

在伦敦，小康斯坦丁定期从妹妹苏珊娜和妹夫菲利普·多布莱以及妻子苏珊娜·里杰卡尔德那里收到关于克里斯蒂安健康状况的简报。他们的信有时会引起他的恐惧，尤其是因为他收到的简报，所描述的是一周以前或更早之前发生的事情。1695年春天，克里斯蒂安的病情恶化。在3月4日写给哥哥的最后一封信中，他让哥哥买几本在伦敦可以找到的书，一本是关于解剖学的，另一本是关于无限数的。这封信没有显示出克里斯蒂安求知欲的丝毫减弱，信中涉及钟表和望远镜等常见问题，也涉及建筑学、考古学、地质学、康格里夫火箭（Congreve）和天气。然而，23日，一名公证人被叫来记下他遗嘱的细节。几天后,克里斯蒂安补充了一份遗嘱附件。

4月16日,小康斯坦丁在同一个邮包里收到了妻子的3封信。它们的意思是一样的。"克里斯蒂安弟弟仍然病得很重,到最后他无法入睡,很害怕自己会发疯,"她写道,克里斯蒂安"把房间弄得很黑,不许任何人进来,因为如果他说得太多,肯定会让情况更糟。"她补充道——也许这是她的想法——他非常渴望见到哥哥,正如小康斯坦丁在日记中转述的那样,"她认为见到我的那一刻所带来的喜悦对他会有好处"。

26日,克里斯蒂安的病情进一步恶化。然而,小康斯坦丁无法从国王身边离开。苏珊娜报告说,他"正在形成关于这个世界的最悲观的想法"。3天后,小康斯坦丁收到了更多的消息。"我妻子写道,克里斯蒂安弟弟病得很重,看起来很像精神错乱,因为他有时会胡言乱语,说一些绝望的话,让人害怕。利伯根说这是黑胆汁所致。"这与1670年克里斯蒂安在巴黎时,医生远程对疑病忧郁症做出的诊断相同。利伯根同样开出了羊奶和洗澡的处方。

5月初,英国宫廷中开始流传谣言——他们的荷兰国王很快就要起航回家了。谣言是有依据的,国王和随行人员于5月17日从格雷夫森德离开,一周后抵达鹿特丹,包括小康斯坦丁在内的王室成员继续向海牙航行,晚上6点到达海牙。小康斯坦丁发现弟弟处于极度虚弱的状态,遭受着剧烈的肠痛和幻觉的折磨。"他的病似乎主要是发疯。"家人把他可能用来伤害自己的东西都拿走了，因为他开始用碎玻璃割破皮肤，用大头针扎自己的身体。他甚至试图把大理石块放进喉咙里。他的男仆听到他被噎住了，跑过来拍他的背，清除了堵塞物。他想象自己听到了一个声音，大喊着"不敬神的东西"。他害怕，如果人们听到他对宗教的想法，会把他撕碎。小康斯坦丁写道："唯一的希望是他不会被当作疯子带走。"几天后，小康斯坦丁被召回效力。当他试图登门向克里斯蒂安辞行时，克里斯蒂安的仆人走到门口传话说，"如果我想看到他最不幸的样子，我可以进来，否则他祝我一路顺风"。康斯坦丁没有坚持。

6月，克里斯蒂安的病情再度恶化，他拒绝进食，认为食物被下了毒。苏珊娜·里杰卡尔德试图劝说他允许家人找来一位神父，但他又"开始诅咒和发怒"。在接下来的三周里，他的体重持续下降，直到7月7日，在家人的坚持下，一位牧师被请来，克里斯蒂安对他有一些了解。小康斯坦丁在日记中记下了苏珊娜告诉他的事情：牧师"和他谈了很长时间，做了一两次祷告，但他回答牧师的方式与我上次听到他说话时一样，无论牧师对他说了什么，他都不会改变自己的意见"。苏珊娜·里杰卡尔德听了这些话大为惊愕。之后，克里斯蒂安度过了一个不宁之夜。当苏珊娜在凌晨3点30分查看时，发现他已不省人事。他保持这种状态直到那天早上晚些时候，"他轻轻地离世了"。享年66岁。

***

在很长一段时间里,克里斯蒂安把死亡看作一个概率问题,就像他计算掷骰子概率一样。1670年,当他经历了第一次重大健康危机并考虑将自己的论文留给皇家学会时,他的兄弟们讨论了他对人类存在的明显轻率和不敬的态度。小康斯坦丁告诉洛德维克:

> 在他这个年纪,他想的都是如果上帝延长他的生命,他可以实现的伟大计划,因此我完全可以原谅他。但是,处于那种状态下,他本应视为接近不朽[即他信奉的基督教意义的死亡状态],他却以辩论为乐,仿佛这是一个有正反观点的不确定问题,我怀着深切的悲哀得知此事。在我看来,这似乎没有对上帝的话给予应有的尊重,上帝教导我们对于此生之后的灵魂状态以及灵魂不朽这一问题应持有的信仰态度……如果我们是带着这些感情失去了好兄弟,那会令人更加痛心。

这种态度上的分歧解释了为什么家人要违背克里斯蒂安的意愿,坚持请一位牧师到他的病床前。克里斯蒂安的宗教观点并没有随着死亡的临近而变得温和。他的一些经过深思熟虑的观点，以西塞罗式的关于荣耀和死亡的沉思的形式阐述，这些想法可能是 1689 年他去伦敦看望兄弟回来后写下的。《论荣耀》指出，我们存在于我们的创造中，天赋应该被引向善的结果和有用的目的。《论死亡》开头提出一个观念，即凭借过去的记忆加上现在的经验，我们成为独一无二的自己。接下来，基于笛卡儿的身体与灵魂分离的概念，思考存有记忆而失去身体的灵魂如何继续存在。在现实世界中，知道这两者之间存在联系以及身体必然衰败，因而想要活下去的愿望减弱了。这个想法引出了不同的思考，它们揭示了克里斯蒂安在生命最后几个星期中的精神状态。"谁不希望永生呢？"克里斯蒂安想知道。如果有健康的身心和永恒的青春，任何人都会选择长生不老，"但是，随着死亡的确定到来，随着身体的痛苦和衰弱，随着记忆和智力的丧失，当这些灾难逼近时，谁不想奋力挣脱，即使以生命为代价呢？"认识到疾病带来的痛苦是没有任何规律可循的，克里斯蒂安补充道："无论谁碰巧没有遭受这种折磨而死去，他都应该考虑一下，那些没能安然去世（这个词是用希腊语拼写的，其余文本是拉丁语）的人会有多么不开心。"

克里斯蒂安并不是同行中唯一一个对宗教持非正统观点的人。莱布尼茨提出了单子论，单子是非物质的存在元素，每一个单子都相当于一个灵魂，单子构成了一切物质。牛顿是一个反三位一体主义者，因此他终生被视为异教徒，他对神秘主和炼金术感兴趣。法蒂奥·德·杜利耶最终加入了一个千禧年教派。在这种背景下,克里斯蒂安失去信仰并不令人意外。然而,他与其他人的不同之处在于,他既没有找到一个现成的替代学说,又没有在构建自己完整的宗教哲学方面取得很大进展。也许他拥有的最接近信仰的事物,就是他对其他行星以及这些行星上存在新的生命形式的有趣的想象,这引出了一种关于造物主与万物、上帝与自然密切联系甚至臻于一体的想法。显微镜下展现的奇怪的新生命形式,以及画家用精确的笔触捕捉到的从遥远殖民地带回来的奇异动植物,一定强化了这一想象,因此很容易认为荷兰的"黄金时代"让这一想法具体化了。当然,克里斯蒂安的邻居、供应商和合作者巴鲁赫·斯宾诺莎的论述提供了简洁的哲学表达,他的《伦理学》将上帝与自然纳入同一性。

克里斯蒂安的作品更具试探性。1686 年或 1687 年,克里斯蒂安撰写了以"如何看待上帝?"为标题的 5 个编号段落,他首先指出:"拥有一个上帝的观念远非人类所能及。"他没有被自己的这一说法所阻止,而是发出了这样的劝诫:"让我们努力证明存在一个绝顶聪明的造物主,但他的智力与我们完全不同。"关于太阳系的奥秘,如行星的运动以及地球和土星那令人费解的倾斜轴线,他自信地断言:"尽管上帝对这些事情做了如此安排,但可以肯定的是,上帝是按照不可改变的自然法则行事的。"

***

克里斯蒂安·惠更斯被安葬在海牙的圣雅各布教堂，仅仅8年前，他的父亲被安葬在这里。

莱布尼茨在克里斯蒂安死后不到两周得知了消息。他对另一位朋友说："给不能回信的朋友写信，对于我来说是致命的。"他列举了最近去世的3名通信人。"失去杰出的惠更斯先生是不可估量的损失。很少有人像我一样清楚惠更斯先生的声誉，在我看来，他的声望可与伽利略和笛卡儿相媲美，得益于他们的成就，他已经超越了他们的发现。总之，他是照亮这个时代的杰出人物之一。"

克里斯蒂安的哥哥、弟弟和妹妹以及他们的许多孩子都活得更久。1647年，弗雷德里克·亨德里克授予老康斯坦丁泽勒姆勋爵爵位，老康斯坦丁于1687年去世后，爵位传给了克里斯蒂安。（小康斯坦丁成为瑞利赫姆勋爵。）在遗嘱中，克里斯蒂安指示这个头衔应该传给他的哥哥和弟弟的两个最年长的儿子中的一个，由抽签决定。最终爵位传给了洛德维克的儿子，他也叫康斯坦丁，是克里斯蒂安的教子。他还继承了克里斯蒂安的一个银质壁挂烛台，"因为他没有从我这里得到洗礼礼物"。

令家人惊讶的是，主要的遗产受赠人是苏泽特·卡隆和"她的大女儿，我在洗礼时抱着她"，克里斯蒂安给她们分别留下了 2000 荷兰盾和 500 荷兰盾，在遗嘱附录中又增加了 300 荷兰盾。少量的钱被分给了仆人，总共 1300 荷兰盾。额外的一些钱给了霍夫维克家宅园丁的妻子和她的母亲，她们在他最后一次生病时照顾过他。剩下的财产由他的 9 个侄女和侄子平分，这让只有一个儿子的小康斯坦丁颇感失望。克里斯蒂安的大多数论文遗赠给了莱顿大学，并附有相关指示和资金，以便安排出版他一直不愿称之为"成品"的有关光学和力学的重要著作。只有最具争议性的天文学著作《宇宙的注视者》，其出版事宜交由资助人、哥哥、行星观测伙伴小康斯坦丁监督完成。

后记

克里斯蒂安·惠更斯是介于伽利略与牛顿之间的那个时期生活在欧洲的最伟大的科学家,两位科学巨匠生活的年代相差近80年。虽然今天知道惠更斯名字的人可能很少,但他并不是一个默默无闻的旁观者,而且这一时期也不是无所作为的间歇期,而是与历史学家有时所说的"科学革命"完全吻合的时期,"科学革命"以新的方式认识世界,为启蒙运动奠定了基础。

克里斯蒂安的发现和发明是这一转变的核心。他不断改进的望远镜第一次对准了太阳系的新方位,而他准确分析所见事物的能力,加上视觉敏感性和数学技巧,使得他能够正确地把这些特征理解为土星的第一颗卫星和土星环。他一生致力于光学研究,最终形成了基本正确的光的波动理论,要不是牛顿粒子模型的不良影响,波动理论可能会把这个领域的研究向前推进100多年。他的钟摆比以前的装置更精确,尽管他和同时代的许多人一样，最终没能解决经度问题。尽管如此，这个实用性研究在一般力学领域产生了大量非常重要的理论成果，其中包括对离心力的描述，对振荡、撞击和浮选中心的分析，以及用最早的科学方程式表示的动能守恒原理。克里斯蒂安对各种运动物体的研究也使他不接受运动是绝对的这一观点。他认识到，如果不参照运动发生的环境，运动的概念就没有意义。他以此来描述线性运动，如驳船上的人经过站在运河岸边的人时经历的那种运动。由此，他本可以继续做出更大胆的断言：不存在绝对空间——即笛卡儿和牛顿为宇宙所构建的那种虚构的数学网格结构——所有参照系都是等价的。

牛顿多次记录了自己钦佩克里斯蒂安的发明、发现和研究方法，并感激克里斯蒂安对自己的研究工作作出的贡献。两个世纪后，阿尔伯特·爱因斯坦表达了他对克里斯蒂安的感激，并赞扬了他启发了相对论。

克里斯蒂安的研究动机并不是寻求一个宏大的宇宙理论。他早就意识到笛卡儿不是神，这一定使他消除了这种动机。一种明显的社会需求，或者至少是资助人的心血来潮，推动了他研究钟表、望远镜、幻灯机和装饰性喷泉。其他时候，他的创造是一种悠闲的机缘之作。他始终能得到经济支持——来自柯尔贝尔、父亲的津贴、地产收入——即使并不总是像他希望的那样自由。这使他可以自由地探索最感兴趣的题目。如果没有这样的支持，他可能不会深入地研究诸如曲线几何和概率法则之类的问题。

但是克里斯蒂安的科学贡献还有另一个重要的方面。牛顿寻求独处，克里斯蒂安则寻求联系。每当被隔绝在海牙时，他最渴望的就是回到巴黎或伦敦的朋友身边。他知道自己的科学研究工作有赖于同伴的专业知识。他与欧洲各地的学者保持着活跃的通信，并依靠他们了解最新的思想。在许多时候他与其他人密切合作，改进光学装置，开展力学实验。克里斯蒂安的望远镜借鉴了伽利略和其他意大利人的成果，并在与丹麦、德国、英格兰和苏格兰天文学家的对话中得到完善。他从事的与气泵相关的工作证实并深化了爱尔兰和英格兰物理学家的想法。他长期参与的法国数学家的工作极大地激励了他的数学研究。通过这个非正式的国际网络，克里斯蒂安和他的同伴能更容易地重复实验，证实实验结果，并加速向更广泛的世界传播他们的发现。

作为伦敦皇家学会的第一位外籍会员和法国科学院的一位实际创始人，克里斯蒂安看到了在专业机构内确立这种对话的价值。这些早期学院成员中的自然哲学家培育了现代科学方法。受到17世纪有教养人士的行事原则——礼貌——的影响，并在梅森、奥登伯格和法蒂奥·德·杜利耶等耐心的对话者的引导下，克里斯蒂安和他的科学同行认识到，交谈、写信、相互分享和比较结果通常是有利的。对于这些科学家中的大多数人而言，他们的国籍在大多数情况下并不重要。的确，值得注意的是，在科学活动最活跃的国家之间，几乎持续不断的战争对这种智力交流的影响是多么小，即使人们讨论的是经度钟或望远镜这些很容易被认为是军事秘密的话题。除了偶尔出现的一些实际上的不便之处，例如，丢失一封信，或者一些看起来奇怪的科学设备在边境被没收，科学家通常能不受干扰地继续他们深奥的研究工作。

当下，为什么这个故事很重要？

科学越来越依赖于国际联系，我们的生活也是如此。当我们望向更遥远的太空和更深入的物质核心时，望远镜阵列和粒子加速器的纯粹物理维度所要求的空间，超出任何单个国家的容纳能力。研究团队中庞大的科学家人数使得国际性成为必须。这种合作在更实际但同样重要的项目中也是必不可少的，例如，最大限度地减少传染病对全球公共卫生造成的风险；理解并应对日益明显的自然危机，这种危机表现在正在变化的气候和动植物物种的加速灭绝中。这需要欧洲大陆或全球性组织来协调这项工作，当今国家科学院得到了国际机构的协助，也反映了这一点。

科学网络的兴盛始于17世纪的私人友谊和便捷的合作。这条旅途中的每一步都需要耐心、宽容和跨越分歧进行沟通的意愿。然而，由克里斯蒂安这些人为了全人类的更大利益而苦心建立的一切，在群体肆意妄为之时，多么容易遭到威胁。

***

那么克里斯蒂安这个人呢？

一个科学家必须做些什么才能被人记住？按照任何衡量标准，他取得的成就都是重大的：新的物理学定律、新的天体、新的仪器。然而这个人还是淡出了公众的视线。

海牙圣雅各布教堂东区回廊的一块不大的牌匾，纪念了康斯坦丁·惠更斯和克里斯蒂安·惠更斯父子安葬于此。教堂通常不对参观者开放。附近的一则告示解释道："他们从未有过墓碑，在他们的葬礼过去 80 年后，他们的坟墓位置已经被遗忘了。"2007 年，在一次整修工程中，坟墓才被发现。

人们已作出零星且姗姗来迟的努力，试图以其他方式纪念克里斯蒂安·惠更斯。科学史家满意地看到，他的专著、论文和通信最终得以汇集并出版，这是一个规模庞大的国际编纂项目，持续了 60 多年，由荷兰科学学会负责协调。这部 22 卷本的《全集》多达 1.2 万页，以法语、拉丁语和荷兰语写作（偶尔使用英语、德语或意大利语），最后一卷于 1950 年出版。荷兰多所大学都建有惠更斯实验室或惠更斯图书馆。欧洲地球科学联合会每年颁发克里斯蒂安·惠更斯奖章。荷兰皇家科学院颁发惠更斯奖，该奖项每年在克里斯蒂安感兴趣的几个领域中轮流颁发。

年长一些的荷兰公民会记得,在25荷兰盾的钞票上,克里斯蒂安戴着假发的脸向外凝视,背景是霍夫维克,头顶上是土星在盘旋。荷兰的城市里到处都是奇特的惠更斯街或惠更斯路,但通常是纪念父亲康斯坦丁的。

规模最大的——如果不算是最显眼的——克里斯蒂安·惠更斯纪念碑,大概要数坐落于哈勒姆荷兰科学学会花园里的砂岩纪念碑,它矗立在一个被人忽略的角落里,侵蚀的痕迹正悄然蔓延。这座纪念碑雕塑——陡峭且分层——就像一个多级火箭,是古典和哥特式风格的笨拙混合体。纪念碑底部一侧的凹陷处安放了一座精心雕琢的克里斯蒂安雕像,他手握一根手杖。在他头顶的正上方有一个浮雕,浮雕图案是一个人坐着演示钟摆。4个穿着长袍的人(阿基米德和其他伟大的古人?)站在雕塑下半部的每个角落里,从那里升起一个八角形的柱子,顶部有一个圆形的黄道十二宫雕带(用这样一个装置来赞美理性主义的克里斯蒂安是错误的选择)。其上,4位长着翅膀、穿着紫铜色衣服的小天使高举着一个青铜浑天仪。整件作品大约有4米高。

这座雕塑于1909年在威廉明娜女王的丈夫亨德里克亲王的见证下揭幕,它实际上是按照1∶3的比例仿照一座更宏伟的纪念碑制作的。几年前,科学学会庆祝了《全集》的前10卷完成，其中包括他的全部通信。在庆祝过程中，最近去世的该学会一名成员的遗赠决定被宣读，他留下 4 万荷兰盾用于"在海牙建造 17 世纪荷兰著名物理学家克里斯蒂安·惠更斯的雕塑"。遗赠规定，纪念雕塑应该竖立在"普拉克广场、费弗贝赫、长前林荫道（Lange Voorhout）、短前林荫道（Korte Voorhout）及其邻近区域"，换句话说，雕塑应被竖立在城市的典礼中心、靠近国家政府所在地的宾内霍夫，以及约翰·德·维特和他的兄弟被血腥屠杀的地方。

然而，一个设计模型被临时竖立在长前林荫道上的茵德斯酒店对面后，海牙市民对这个项目并不热心。他们的主要反对意见是，这种设计更适合墓地，而不是公共空间。其他人说，像克里斯蒂安·惠更斯这样多才多艺、进步的科学家的纪念碑，当然应该采用现代风格来制作。很难反驳他们的评价。海牙市议会投票反对放置雕塑，这笔遗赠被用于为科学学会购置新地产。1999 年，学会询问福尔堡镇是否愿意接手雕塑制作计划，并将其放置在霍夫维克庄园前面。即便如此，这一试图在公众面前彰显克里斯蒂安功绩的最后努力也以失败告终，因为该镇拒绝了这一提议。

***

比较一下克里斯蒂安与他的英国同伴的命运。

也许没有人比巴黎新古典主义建筑师艾蒂安 - 路易·布

雷对牛顿或牛顿的思想更加着迷了。他在《建筑：艺术随笔》（Architecture, essai sur l'art）中召唤他的上帝："崇高的心灵！惊人而深刻的天才！神圣的存在！牛顿！请屈尊接受我微弱才能的敬意！"在这本他生前未能出版的兼具教科书与忏悔录性质的作品中，他像一个名人追踪者那样继续说道："你定义了地球的形状，我设想用你的发现作为防护罩将你包裹。"

布雷的建筑作品通常表现出最大限度的对称性，并大量使用完美的几何立体图形——球体、圆柱、锥体、立方体。他声称，这些图形源于自然，是超越的象征。他于1784年设计了牛顿纪念碑，它被设计为一个150米高的巨大空心球体，坐落在一个由柏树带环绕的圆形堡垒状的基座上。它比金字塔或罗马圣彼得大教堂还要高，旨在表达整个自然和宇宙及其根本性质——不可分割性和统一性。在内部，除了牛顿的坟墓，空空如也，拱顶凿穿了许多洞，营造出星星和行星的虚幻景象。参观者（崇拜者？）"像是被魔法"牵引，穿过这片开阔的通风空间，最终来到位于引力中心的坟墓前。"我想给牛顿一个不朽的安息之所——天堂。"

不同于他的同行克里斯托弗·雷恩，雷恩最后确实被自己设计的圣保罗大教堂（他的碑文写着"如果你想寻找他的纪念碑，就请环顾你的周围"）所围绕，牛顿从未得到他的热情崇拜者为他设计的纪念碑。1727年，伏尔泰欣喜若狂地参加了在威斯敏斯特教堂举行的"摧毁笛卡儿体系者"的葬礼。他写道,牛顿"就像一位为臣民做了很多好事的国王那样被埋葬"。4 年后,建筑师威廉·肯特和佛兰德雕塑家扬·米切尔·里斯布拉克,用灰白相间的大理石建造了一个更传统但依旧奢侈的纪念碑——牛顿庄重地倚靠在一堆书上,手随意地指向由两个丘比特举起的卷轴上绘制的几何图案。在他身后——布雷会很高兴——矗立着一座纯净的金字塔,金字塔支撑着一个地球仪,天文学女神有点儿不自在地躺在地球仪顶部。另一座新古典主义雕像装饰着牛顿的剑桥大学三一学院的门厅。此处,法国雕塑家路易-弗朗索瓦·鲁比利亚克塑造了穿着长袍的牛顿,他站立着,手里拿着棱镜,坚定地阐述着自己的观点。

此后,正如科学史家帕特里夏·法拉所揭示的那样,牛顿很快"进入了神话领域",完成了他向"传奇人物"的转变,今天他仍然被视为"传奇人物",一个"具有超人类能力的世俗圣人"。与克里斯蒂安不同,即使在生前,牛顿在他的祖国也不是广为人知,但他却成为理性和进步的象征、启蒙理想的化身和大不列颠知识分子精神的象征。当时最著名的诗人亚历山大·蒲柏写了一段贴切的(尽管对于教堂而言不甚贴切)碑文:"自然和自然法则隐藏在黑夜里。上帝说:'让牛顿降生吧!'于是一切都亮了。"里斯布拉克和鲁比利亚克都利用他们的委托业务,制作了牛顿半身像复制品,用来装饰英国乡村庄园的客厅,复制品可用大理石、陶土或石膏制成，以适应不同阶层人士的购买力。

尽管在仍忠诚于笛卡儿科学思想的法国，牛顿获得认可的过程相当缓慢，但他在那里获得的声誉比在英国还要显赫。从英国流亡归来的伏尔泰写了一部阐释牛顿思想的著作，很受欢迎。而他的情人艾米丽·杜·夏特莱翻译了《数学原理》并做了解释性注释，因而许多人认为它要优于最初的英语译本（译自牛顿的拉丁语版）。后来，皮埃尔-西蒙·拉普拉斯对观察到的与牛顿引力定律有关的某些异常现象做出了数学解释。例如，行星轨道上的周期性不规则现象，牛顿很乐于将它们留给神来裁决。拉普拉斯甚至把自己称为"法国牛顿"。世界已经准备好——几乎——迎接布雷疯狂的致敬。

将牛顿作为科学领域首位天才的形象塑造，在整个19世纪持续进行。制作牛顿雕塑的雕塑家使用的牛顿面部模型被广泛交易。人们对他的颅骨模型做了颅相学分析，不用说，这一分析证实了他的独特才能。"在他的一生中，除了数学，他从未表现出任何方面的非凡天赋，"《颅相学杂志》的一位记者认为，"在后来的日子里，他的头脑似乎特别缺乏激情和骄傲；他没有那种对声望的急切不安的渴望，这种渴望使与他同时代的胡克几乎丧失了令人惊异的敏锐。"如果不是爱因斯坦在下一个世纪出现，这一切可能会持续更长时间，爱因斯坦在牛顿的研究领域获得的成就，最终挑战了后者在大众想象中的至高无上的地位。

牛顿要获得这一崇高的地位，其他人必须被忘记。牛顿在英国物理学界的主要对手罗伯特·胡克于1703年去世后，牛顿尽其所能地摧毁他的声誉。对牛顿的崇拜实际上也损害了笛卡儿曾经作为科学家的巨大声誉，甚至在法国也是如此。这种影响对于克里斯蒂安来说更具有毁灭性。他都没有出现在比尔·布莱森的《万物简史》、威廉·拜纳姆的《科学小史》或帕特里夏·法拉的《修正主义科学：四千年历史》中。（当然，牛顿在所有这些著作中都占据了重要位置。）在《物理定律的性质》中，理查德·费曼论述了哥白尼、布拉赫、开普勒、伽利略和牛顿，但无论是在对力的论述还是在对数学与物理关系的讨论中，一次也没有提到克里斯蒂安。

这种遗漏并不十分普遍，必须说，约翰·格里宾和大卫·伍顿在他们所写的通史中都恰当地论述了克里斯蒂安，尽管伍顿——或者他的著作的索引编者——似乎对克里斯蒂安的国际主义感到困惑，甚至可能有点儿反感，为他添加了几个令人难以置信的条目："选择成为法国人（French by Choice）""移居他国（moves country）"。尽管如此，不平衡是显而易见的。检索剑桥大学（牛顿的大学）图书馆目录，显示"艾萨克·牛顿"的结果有656个，显示"克里斯蒂安·惠更斯"的结果为53

个。在莱顿大学（克里斯蒂安的大学），这种情况只有部分程度的改善，"惠更斯"有612个结果，"牛顿"有455个结果。

毫无疑问，克里斯蒂安和牛顿在他们各自的时代实际上是不相上下的杰出人物。尽管牛顿经常拒绝与许多同行直接通信，但他渴望与克里斯蒂安交流意见。克里斯蒂安对牛顿的理论提出了最持久和最有见地的批评，从而使自己成为牛顿认为必须认真对待其观点的极少数自然哲学家之一。比牛顿大13岁的克里斯蒂安，当时享有更大的声誉。1666年，当牛顿暗自经历"奇迹般的一年"时，克里斯蒂安已经赢得路易十四的欣赏。正如牛顿的传记作者理查德·韦斯特福尔所评论的那样：

> 牛顿和克里斯蒂安在自然哲学方面的相似之处是显著的。以同样的传统从事研究工作，在许多情况下他们看到了同样的问题，并得出了相似的结论。除了力学，在光学方面也有类似的研究。他们几乎同时受到同一本书——胡克的《显微图谱》——的刺激，他们想到了使用相同的方法测量彩色薄层的厚度。没有其他自然哲学家能接近他们的水平。

问题就在这里。在大众看来，任何时代的科学都只能容纳一个"天才"。对于牛顿和克里斯蒂安之前的一代人，如今人们普遍认为伽利略的声望在开普勒之上，而实际上，开普勒对天文学和物理学作出了更大的贡献。在克里斯蒂安生命的最后阶段，欧洲的主要科学中心不再是帕多瓦或布拉格，甚至巴黎，而是伦敦，这是由皇家学会的活动和英国的经济扩张所推动的。从那时起，尽管克里斯蒂安和莱布尼茨等欧洲大陆学者对《数学原理》持有批评意见，但它还是"席卷了英国"，激起了甚至那些不理解它的人的热情称赞。

在那之后，便没有什么能支撑起人们对克里斯蒂安广泛的尊崇了，尽管后来仍有许多事实证明他关于力和光的思想是正确的。惠更斯的名字始终未能像笛卡儿和牛顿那样衍生出对应的形容词——笛卡儿主义（cartésienne）和牛顿学说（Newtonian）（前者是在笛卡儿死后15年创造的，后者是在牛顿还比较年轻的时候创造的）。"惠更斯的"（Huygenian）只被用于技术语境，而且是在迫不得已时才使用，例如，泰坦（土卫六）在被命名之前叫作"惠更斯卫星"。

国际力学单位是牛顿，没有"惠更斯"。

***

克里斯蒂安还是留下了一些东西，一些更符合他对科学秉持的献身精神以及对荣誉所持的怀疑态度的东西。这就是荷兰人对天文学作出的非凡贡献。尽管荷兰以大地平坦而闻名，天空广阔，但人们仍然惊喜地发现，这片经常被云层覆盖的土地上诞生了如此之多的著名天文学家。20世纪，哈佛大学天文台台长哈洛·沙普利曾计算出银河系的大小，当一个荷兰人出现在他的门口找工作时，据说，沙普利称荷兰为"出产郁金香和天文学家以供出口的地方"。简·奥尔特、威廉·德·西特和杰拉德·柯伊珀是为太阳系和宇宙的特征命名的众多人士中的几位。

当然，克里斯蒂安·惠更斯与这种相对晚近的荷兰天文学家获得的优势地位并没有直接联系。卡尔·萨根曾与柯伊珀坐在一起观察行星，推测外星生命，就像克里斯蒂安和小康斯坦丁所做的那样。在萨根看来，荷兰具有的外向探索的历史传统，解释了"到今天为止，荷兰诞生的天文学家远远超过其人口比例的事实"。但克里斯蒂安的发现确实具有令人陶醉的吸引力。正如另一位美国科学作家所说，对于许多业余爱好者来说，自带光环的土星是他们天文爱好的"入门毒品"。

2005年1月14日，经过7年的旅行，欧洲航天局"惠更斯"号探测器借助降落伞穿过土卫六厚厚的含氮大气层，降落在卫星的泥泞表面。这艘探测器是法国制造的，这可能会让克里斯蒂安很高兴。另外一件事可能也会让他高兴，自从1980年和1981年美国国家航空航天局的两个"旅行者"号太空探测器经过土星及其卫星后，许多空间科学家都认为，在太阳系所有天体中，土卫六可能最适合生物分子的形成，甚至能够支持生命的存在。

在两个小时的下降过程中以及在卫星表面失效前的几分钟内，"惠更斯"号探测器将温度、密度、电活动和化学成分的测量数据传送到"卡西尼"号轨道飞行器，再由其传回地球。视觉图像显示了可能由液态甲烷流动产生的河道穿过嶙峋的水冰山。然而，对土卫六表面碳元素进行的同位素分析结果表明，其同位素特征与生物来源并不相符。克里斯蒂安的卫星太冷了，现在无法维持生命存在，也没有迹象表明它上面曾经存在过生命。但在数十亿年后可能诞生生命，那时太阳膨胀，其热量导致甲烷蒸发，冰山融化，形成富含有机化合物和矿物质的海洋。于是，土卫六可能会进入地球目前占据的"金发姑娘地带"（Goldilocks zone，亦称宜居地带），那里既不太热也不太冷，正好适合生命存在。因此，土卫六现在被认为可能"模拟"了远古的地球。美国国家航空航天局计划在 2026 年发射一个新的探测器，将一架无人机投放到土卫六的大气层中，它能够在各处飞行，寻找可能的宜居环境。

在"惠更斯"号探测器着陆前后的几个月里，"卡西尼"号轨道飞行器进行了几十次飞行，很靠近土星的 62 个主要卫星中的许多颗卫星，甚至穿过了土星环之间的一些间隙。它传回的数据证实，这些环主要由冰块儿构成，冰块儿大小不一，介于雪花与冰山之间，层厚仅 10 米。轨道飞行器还解开了一个谜——为什么这些环如此明亮，以至于克里斯蒂安能用原始的望远镜辨识出它们。"卡西尼"号执行任务期间探测到的太空尘埃数量表明，这些环应该很脏，反光性也差得多。但它们很明亮，这表明，它们比行星年轻得多，可能只有1000万年。人们还发现，这些环正在被慢慢地吸入行星本身，并可能在1亿年内再次消失。

当"卡西尼"号飞过土卫六时，它发现了极点附近的甲烷湖，面积相当于地球上的一些内陆海，这证实了这颗卫星的崎岖地形的成因是甲烷河曾经流经那里。"卡西尼"号还多次飞近较小的、被冰覆盖的土卫二。在这里，它发现了由冰颗粒形成的间歇泉从地下咸水海洋中冲上大气层。地下咸水被发现含有二氧化硅和有机分子，强烈地表明它是从卫星海洋下的热喷口释放出来的，因此卫星的核心是热的。离太阳这么远，靠太阳辐射是无法变暖的；土卫六和土星的表面温度达到寒冷的零下180摄氏度。人们认为，土卫二之所以发热，是由其巨大母行星的引力场波动引起的卫星固体核心的持续运动所产生的摩擦力所致，就像手里反复挤压壁球使之变暖一样。偶然间，这种剧烈的摩擦将温度提高到有利于生命出现的水平。

在《宇宙的注视者》开篇，克里斯蒂安深情地对深爱的哥哥说了一些关于太阳系奥秘的话——他曾请求哥哥在自己死后把这本书出版——哀叹他们一起在望远镜前度过的日子，"我们总是很容易得出这样的结论：探寻大自然喜欢做什么是徒劳的，因为探寻不可能结束"。克里斯蒂安如果知道一个印有他名字的太空探测器现在证明他是错的,那他一定会比看到任何石头纪念碑都更高兴。

致谢

首先要感谢荷兰文学基金会给予我在阿姆斯特丹的作家居所，这极大地拓宽并加深了我对克里斯蒂安·惠更斯及其同时代人所知地方的理解。感谢马艾克·佩雷布姆、弗勒·范·科本、汉内克·马廷和赫雷切·海姆斯克尔克，以及荷兰人文社会科学高级研究所的蒂姆·维瑟、希尔德·德·威厄特和法比安·克雷默，感谢他们对我的工作的慷慨支持。

感谢鲁思·斯库尔、帕特丽夏·法拉、米切尔·派伊、费利西蒂·亨德森、马克斯·波特和卡罗琳娜·萨顿，在我思想发展的早期阶段，他们与我进行了富有成效的对话。

这样的一本书，虽然不是为学术读者而写，其进步却取决于学者的善意，对于他们馈赠的时间、专业知识和人际关系，也许唯一的回报是看到他们所热爱的专业领域被讲述，而能否吸引普通读者亦未可知。伦敦国王学院的现代早期历史教授安妮·戈德加为我打开了大门，我非常感谢她的帮助。没有她的帮助，我就不会从其他许多人的独到见解中受益，特别是鲁道夫·戴克尔、阿德·莱林特韦尔德、帕梅拉·H. 史密斯和斯文·杜普雷。

感谢珂丽娜·泰钦森帮助我拿到博物馆卡，如果没有它，我肯定不会去看那么多与17世纪荷兰共和国有关的绘画和物品。有了这张卡片，我觉得自己变得荷兰化了。我的初级荷兰语水平在希亚·范·迪托科姆和克莱尔·科克莱尔的非正式对话课上得到了极大的提高："bedankt voor de moeite"（谢谢你们的努力）。我还受益于伦敦大学学院语言和国际教育中心提供的现代早期荷兰语课程，中心的安·卡斯塔涅娅被证明是一位果敢的教师。在我努力进行翻译，特别是翻译荷兰语时，伦敦城市大学文学翻译客座教授阿曼达·霍普金森的建议鼓舞了我。

我对17世纪荷兰光学科学的深入了解，来自莱顿布尔哈夫国立博物馆的蒂曼·科库伊特，该博物馆举办了一些关于克里斯蒂安·惠更斯的科学仪器的出色展览。当该馆因整修而闭馆时，我很幸运地在福尔堡惠更斯家族的霍夫维克家宅参观了一个关于克里斯蒂安·惠更斯的生平和工作的展览。保罗·乔恩格好意地向我介绍了如何以传统方式研磨透镜，因为莱顿仪器制作学校仍然教授这项技艺。

菲利普·兰斯伯根天文台的里克·扬·科佩扬带我参观了他在米德尔堡举办的关于望远镜发明的展览，而彼得·洛夫曼向我展示了他收藏的早期望远镜,这些是他在海牙以自己的名字命名的汽车博物馆的引以为傲的收藏品。我喜欢与维森特·艾克和夏洛特·莱姆尼斯讨论克里斯蒂安·惠更斯的天文学,与位于桑斯安斯(Zaanse Schans)的钟表博物馆的基思·格里伯根和皮尔·范·莱文讨论克里斯蒂安在钟表方面的创新。

惠更斯荷兰历史研究所的伊内克·怀斯曼向我讲述了惠更斯家族中的女性故事。加里·施瓦茨回答了我关于这个家族与伦勃朗的生活和作品的交集的问题。海牙莫瑞泰斯皇家美术馆的昆廷·布弗洛向我介绍了博物馆收藏的惠更斯家族画作的更多情况,而阿姆斯特丹荷兰皇家艺术与科学学院的肖尔斯·德克斯向我展示了克里斯蒂安的"孤儿肖像画"。蒂莫西·德·佩普对惠更斯家族位于海牙的房子进行了虚拟现实再现,为这一建筑的书面资料提供了有力的补充。

阿姆斯特丹大学的迪德里克·伯格斯迪克、哈勒姆荷兰皇家科学与人文学会的萨斯基娅·范·马南和《爱思唯尔周刊》的勒内·范·里克沃塞尔向我透露了尚未建造的克里斯蒂安·惠更斯纪念碑的情况。

还有许多人回答了我的各种各样的问题。其中包括:米德尔堡泽兰档案馆的马埃克·杜伦博斯和泽兰博物馆的卡罗琳·范·桑滕,惠更斯荷兰历史研究所的惠布·祖伊德瓦特,扎尔特博梅尔城堡的马约·斯洛瑟,布雷达皇家军事学院的布德维恩·范·卡尔塞伊德，乌得勒支大学的蒂伊斯·韦斯特泰恩和德克·范·梅尔特，莱顿大学的纳迪娜·阿克曼和苏兹·齐尔斯特拉，格罗宁根大学的克拉斯·范·贝克尔，奈梅亨拉德堡德大学的艾伦·莫斯，荷兰高等研究所的海尔默·海尔默斯、维姆·欧维、玛丽埃勒·哈格曼、安德雷·克鲁霍恩、莱昂努尔·博罗德尔和扬·保罗·舒滕。感谢诸位。

在巴黎，科学院的伊莎贝尔·莫兰·约弗尔和巴黎天文台的苏珊娜·德巴尔巴特解答了我的问题。其他要感谢的有塞巴斯蒂安·科克拉尔、克莱尔·贝克、亨利·杰尔斯玛、彼得·斯特纳斯、简·帕特纳、约翰·帕克、西蒙·沙玛、休·鲍登、德博拉·哈默、泰勒·斯凯里特、莎莉·霍洛韦、史蒂文·纳德勒、斯派克·巴克洛、马特·韦兰、劳拉·斯奈德、弗吉尼亚·米尔斯、詹姆斯·奈伊和塞巴斯蒂安·怀特斯通。

还要感谢剑桥大学图书馆及其成员馆的工作人员，感谢大英图书馆、皇家学会、海牙皇家图书馆的耶罗·范登梅勒及工作人员、莱顿大学图书馆、国立博物馆研究图书馆、阿姆斯特丹公共图书馆。我使用的海量在线资源的创建者也值得感谢，特别是荷兰文学数字图书馆以及参考文献中列出的其他资源。

菲利普·鲍尔、鲁道夫·戴克尔、费利西蒂·亨德森、伊内克·怀斯曼、里克·扬·科佩扬、马丁·坎普、阿德·莱林特韦尔德、亚瑟·米勒、史蒂文·纳德勒、劳拉·斯奈德和塞巴斯蒂安·怀特斯通热心地阅读了部分文本。非常感谢他们提出的建议和改正。当然，剩下的任何错误都由我承担。

非常感谢我的优秀经纪人帕特里克·沃尔什，他立刻看出了我写作主题的优点。如果没有他耐心且竭尽所能地帮助我完成写作计划，以及在研究和写作期间给予的鼓励，就不会有这本书。感谢他和他的助手约翰·阿什，阿什也给了我远超出其职责范围的支持。

乔治·莫里是负责本书的皮卡多出版社的编辑，她的工作鼓舞人心、令人愉快。她非常温柔地把我从自己设置的一些陷阱中解救出来，帮助我制定了一个更合乎逻辑的前进路线，同时还抽时间指出我写作道路上的一些可能性。

特雷弗·霍沃德的文案编辑工作使我避免了许多小尴尬。玛丽莎·康斯坦丁负责寻找图片。还要感谢劳拉·卡尔、尼古拉斯·布莱克、詹姆斯·安纳尔、林赛·纳什和麦克米伦公司的所有人。还要感谢我的荷兰出版商托马斯·拉普公司的阿伦德·霍斯曼、亨里克·德·戈德和凯瑟琳·范·希尔德，以及拉普公司的姐妹公司"忙碌的蜜蜂"的海耶·科宁斯维尔德和安妮·克莱默，感谢她们早期给予的鼓励。为了把我的作品翻译成荷兰语出版，伊内克·范·登·埃尔斯坎普和格特詹·瓦林加热心地让我了解了这种语言的一些细节。

家人再一次陪伴我踏上了创作这部作品的漫长旅程。永远感谢莫伊拉的历史洞察力，感谢她把我带回21世纪，也感谢我的儿子萨姆。如果不是他勇敢地学习欧洲语言，我永远都不敢尝试荷兰语。这本书是献给他的。

休·奥尔德西-威廉斯

诺福克郡，2020年4月

请扫码阅读原著
注释与参考文献